高等学校行政管理专业系列教材

总主编　王骚

西方行政制度

古莉亚　主编

南开大学出版社
天　津

图书在版编目(CIP)数据

西方行政制度 / 古莉亚主编. —天津：南开大学出版社，2008.10(2018.5 重印)

(高等学校行政管理专业系列教材)

ISBN 978-7-310-03026-2

Ⅰ.西… Ⅱ.古… Ⅲ.行政管理－管理体制－西方国家－高等学校－教材 Ⅳ.D523

中国版本图书馆 CIP 数据核字(2008)第 156926 号

南开大学出版社出版发行

出版人：刘运峰

地址：天津市南开区卫津路 94 号 邮政编码：300071

营销部电话：(022)23508339 23500755

营销部传真：(022)23508542 邮购部电话：(022)23502200

*

昌黎县佳印印刷有限责任公司印刷

全国各地新华书店经销

*

2008 年 10 月第 1 版 2018 年 5 月第10次印刷

230×170 毫米 16 开本 22.375 印张 395 千字

定价：48.00 元

如遇图书印装质量问题，请与本社营销部联系调换，电话：(022)23507125

编委会成员名单

总 序

在现代社会中，行政管理学，或称公共行政（Public Administration），既是一个新兴的社会管理领域，也是一门发展速度非常快的学科。为什么？一个最主要的原因就是现代人类社会需要民主、高效的行政管理。一般说来，人类社会可以分成私人与公共两大领域。就公共领域而言，多元价值的集合使得其行政管理行为更为复杂。行政管理学，或称公共行政（Public Administration）正是探索这一领域客观规律的实践性学科。其目的就是保障社会公共领域的公平、秩序、效率和发展。不论是教师、学生或各级行政管理人员，在步入行政管理领域时首先应该明确地认识这一基本概念的含义。

一

从历史发展来看，公共行政学的产生可以追溯到 19 世纪末期。1887 年伍德罗·威尔逊发表《行政学研究》一文，由此揭开了西方国家行政管理研究的序幕。根据伍德罗·威尔逊观点，在现代人类社会发展过程中，政治的职能是如何保障在多元价值条件下公平地制定公共政策，而如何有效地执行公共政策和保障政策目标的实现则是行政的职能。因此，政治学应该以公共政策为研究中心，分析各种法律、政令的产生、发展和变化。但是，社会政治关系包含着复杂的价值认识，无法进行科学性的研究，而作为研究政策执行的公共行政学则可以不受价值判断的影响，根据科学的方法客观地决定如何高效率地执行公共政策。随着现代社会的发展，公共行政不断地得到新学者们的释义更新和补充，公共行政领域中所包含行政决策因素的这一特征越来越明显，这也就使得伍德罗·威尔逊所阐释的公共行政概念的内涵和外延不断产生一些变化。

从 19 世纪末至现在，行政管理学的发展大体可以划分为三个阶段。19 世纪末至 20 世纪 60 年代是行政管理学发展的早期阶段，即传统的行政管理学。这个阶段主要强调充分体现在自然科学中的理性和技术对于行政管理的作用。20 世纪 70 年代至 80 年代是行政管理学的发展时期。在这一时期，行政管理学获得了突破性发展。这个阶段的行政管理学研究被称为新公共行政学。乔治·弗雷德里克森 1971 年发表的《论新公共行政学》一文是新公共行政学的重要文献。这短短的 20 年之所以能够作为行政管理学的一个发展阶段，是因为学者们开始强调公平、正义等价值对于行政管理的作用，改变了过去只注重强调理性和技术而忽视社会价值的研究取向。20 世纪 80 年代末以来，在“小政府，大社会”，“有限政府”等观念的主导下，社会非政府组织越来越多地担负起公共事务管理的职责，由此也就兴起了所谓的新公共管理运动。随着西方国家新公共管理运动的兴起，行政管理学又从新公共行政学逐步发展到公共管理学（Public Management）。公共管理学既保留了新公共行政学强调理性和价值的特征，同时又在方法和内容上进行了大量扩展，采用经济学的理论和方法对行政管理问题进行研究，并且将研究对象由原来的政府部门（Governmental Sector）扩大到非政府组织或第三部门甚至是具有公共性的私人部门(Public Sector)。

传统行政管理学、新公共行政学、公共管理学分别体现出西方国家行政管理学的不同研究途径和范式。不同的研究范式是根据政治、经济、社会环境的变迁而产生的，它们体现了行政管理学研究的进步，同时也推动着西方国家行政管理实践的发展。

从中国历史发展的角度来看，在古代中国封建社会的皇权专制体制下，行政仍是政府管理的重要内容和手段，其中也不乏当今我们可以借鉴的政治文化精华。在中国古代社会的政府管理过程中，郡县行政区划分、税赋、兵役、刑罚、科举、教育、商贸、外交等诸多领域都体现着当时社会背景下的政府管理思想和管理体系，也为当今行政管理学的研究提供了广阔的天地。在 19 世纪末西方行政管理学诞生之初，我国学者也给予了密切关注。1896 年梁启超在《论译书》中就提出“我国公卿要学习行政学”的倡议，并开始翻译有关西方行政管理学的著作。1935 年张金鉴撰写出版了《行政学之理论与实际》一书，被认为是我国的第一部行政管理学专著。同时，各高等院校开设行政管理专业和课程，政府成立行政管理学会，并出版和发行一批行政管理学著作和刊物。然而，由于历史原因，20 世纪 40 年代至 70 年代我国的行政管理学研究基本上处于停滞阶段。

中共十一届三中全会的召开，改革开放和中心任务的转变，既为中国行政管理学的恢复和发展提供了良好的政治条件和社会条件，同时也迫切需要加强行政管理学研究来适应新的社会条件，推动我国政府体制改革和公共管理领域的发展。自改革开放以来，现代中国在经济获得世人瞩目高速发展的同时，也显现出诸多社会公共领域管理的落后与不适应。解决这一问题的首要一点就是规范、系统地研究探索，教育培养新型行政管理人才服务于现代社会。由此，20 世纪 80 年代以来，行政管理学在我国高校得以快速恢复。可以这样说，行政管理学在我国既是一门具有一定历史传统的学科，又是一门正处于蓬勃发展的新兴学科。但是，在现代中国的社会条件下，综合考虑中国古代行政管理传统和现代西方行政管理理念，一个重要问题摆在我们面前，就是如何构建适应中国实践情况的行政管理学体系才能适应社会需求。这也是编写这一套教材丛书的基本出发点。

二

从社会现实需求出发，行政管理学的突出特征是实践性和应用性，即行政管理学研究必须来源于行政管理实践，并为推动行政管理的实践发展服务。自改革开放以来，我国行政管理学的发展明显体现出实践性和应用性特征，这一特征体现为政府体制改革和职能转变与行政管理学发展是一个相互促进、相辅相成的过程。20 世纪 80 年代以来，针对计划经济体制下政府管理存在的问题，我国政府相继进行政府职能转变、行政管理体制、人事制度、公共政策决策、财政制度、行政管理民主化和法制化等诸多方面的改革。行政管理学者对这些问题进行了深入研究，并提出了一系列对策建议，为推动政府体制改革、职能转变和提高政府行政管理水平发挥了重要的作用。相应地，行政管理学本身也得到了快速的发展，行政管理学建制已日趋完善。从现实情况看来，行政管理学日益受到各级政府的支持与社会的普遍关注。国家和各省市都基本上建立了各个级别的行政管理学会；行政管理的有关著作和刊物日渐增多，行政管理学术活动也日趋活跃；设置行政管理专业的高等院校数目日益增多，本科生、研究生的招生规模快速扩大。同时，行政管理专业人才也日益得到社会认可，党政部门、事业单位、大型国有企业甚至是私人企业对行政管理专业人才有着相当大的需求，各级行政管理人员的专业进修教育与实践活动也正在蓬勃开展。2004 年国家人事部人才信息中心发布的人才需求信息显示，在第二季度北京市招聘数量排前十位的专业中行政管理列为第二位；在其他省市，行政管理的人才需求也基本在前十名之列。

行政管理实践在推动行政管理学发展的同时，也对行政管理学发展提出了更高的要求。社会主义市场经济体制的建立和完善要求进一步转变政府职能，加快行政管理体制改革的步伐。21 世纪以来，我国行政管理领域存在着以下亟待解决的重大问题：如何界定和转变政府职能、理顺政府与社会的关系；如何优化政府的内部结构、提高效能，形成权责一致、分工合理、决策科学、执行顺畅、监督有力的行政管理体制；如何健全政府职责，完善公共服务体系，广泛推行电子政务，强化社会管理和公共服务；如何推进政企分开、政资分开、政事分开、政府与市场中介组织分开，规范行政行为，加强行政执法部门建设，减少和规范行政审批，减少政府对微观经济运行的干预；如何加大机构整合力度，探索实行职能有机统一的大部门行政管理体制，健全政府部门间协调配合机制；如何推进事业单位的改革；如何科学准确地衡量政府及非政府公共部门的工作绩效等等。这些问题既需要行政管理研究者进行深入分析和探索，又对行政管理专业的人才培养提出了新要求。尽快地解决这些复杂的问题，是中国行政管理走上有序、高效，达到社会各界满意的关键环节。未来一段时间内行政管理专业人才培养目标应该重点考虑以下几点：培养能够从事多种实际行政管理工作的应用型人才，他们能胜任一般层次的行政管理实际工作，同时又具备胜任高层级行政管理工作的潜能潜力；他们不仅应能适应政府机关的行政管理工作需要，同时还能对党务机关、国家权力机关以及各种人民团体、社区、企业事业单位的行政管理性工作具有适应能力；他们既要具备良好的政治、道德素养和心理素质，又掌握行政管理的基本理论和专业技能，能够适应我国行政管理改革的变化和发展的需要。

随着行政管理专业的快速发展，行政管理专业教学也遇到诸多问题和困难，其中最突出的是专业教材建设问题。专业教材是专业发展中专业基本课程体系的反映和载体，专业教材的健全与否和质量高低对专业发展和专业人才培养具有非常重要的意义。现代中国高等教育体系中，自行政管理学恢复以来，行政管理教材建设已经取得了较大进展。1987 年深圳大学编写了全国第一套行政管理系列教材，1998 年、2002 年和 2003 年厦门大学、东北财经大学、南开大学等高校也都相继编写了行政管理专业教材。然而，行政管理教材建设中仍然存在着一定问题。首先，现有教材的系统性不够强，一些教材丛书多则 10 余本，少则 4 本，没有将行政管理及其相关内容广泛囊括进来，多数教材丛书主要涉及公共行政和公共政策等主题，对其他相关主题缺少关注。其次，目前的教材多数供研究生、MPA 学员使用，缺乏专门针对行政管理本科教学的基础性教材。再次，目前的教材丛书的内容和体例较为混乱，缺乏统一体例，难以适应高校本科基础性教育的需要。在现实中，行政管理专业基本教材建设欠完善，对行政管理专业的进一步发展和人才培养在一定程度上起到了制约的负面作用。现实中有一些行政管理本科生不断在提出这样一个问题：在大学行政管理专业我究竟学到了什么？我学成以后究竟去干什么？当然解答这一问题，对教师说来也是一个非常复杂的工作。这一问题中包含着对行政管理专业教育目的、社会实践领域和教育内容体系的询问。通过教材与教师的指导向学生阐释这一问题是一个重要的教育环节。这就要求教材一定要明确体现出本专业的教育目的、社会实践对象和教育内容体系。因此，组织专家、学者编写高水平的适用教材具有重要的实践意义和理论意义。

三

本套“高等学校行政管理专业系列教材”正是为了推动高校行政管理专业教材建设，为培养应用型的适应新时期行政管理改革与发展的行政管理人才而编写出版，是我们为中国高校行政管理专业教材建设贡献的一份微薄力量。

经过诸多专家学者的努力工作，本系列教材推出 23 本，可分为以下 4 类：

1. 基础核心课程教材，包括:《行政管理学》、《公共政策》、《组织学》、《行政法学》、《政府经济学》、《行政伦理学》、《领导科学》、《当代中国地方政府》、《当代中国政府与过程》。这一类教材是行政管理专业知识的基础与核心。

2. 方法论与实践方法课程教材，包括:《公共政策分析的理论与方法》、《社会调查与研究方法》、《公共组织绩效评估——模型与方法》、《统计学》、《应用文写作》。这一类教材是行政管理专业的学生掌握基础核心课程内容，将理论知识运用到实践领域的手段和桥梁。

3. 思想与制度课程教材，包括：《中国行政管理思想史》、《西方行政管理思想史》、《中国古代行政制度》、《西方行政制度》。这一类教材从社会历史发展的角度，展示管理思想与行政制度方面的知识，启发学生智慧，使学生的知识结构更加完善，历史经验与他国经验更加丰富，为实践活动打下雄厚的基础。

4. 实践性管理课程教材，包括：《工商行政管理》、《市政管理》、《中国公务员制度》、《公共部门人力资源管理》、《公共关系学》。这一类教材展示一部分不同的行政管理社会实践对象，为学生步入社会实践领域打好基础。当然这一部分内容只是冰山一角，远远没有展示出行政管理实践对象的全部。例如，公共财政、教育管理、公共消防、公共交通、公共卫生与医院管理、突发事件与危机管理、电子政务等等，诸多领域公共管理知识与技能的教育，为教师和研究人员留下了广阔的教学空间和研究命题。

概括说来，本系列教材体现出以下特点：

第一，教材的系统性进一步增强。现实中政府行政管理事务具有复杂性，涉及多个领域和多种学科，需要行政管理人员尽可能地掌握更多的行政管理知识和技能。因此，与其他专业的教材相比，行政管理教材的种类更多。同时，行政管理的理论知识和技能必须符合行政管理实践的发展才能具有实用性，这就要求教材建设必须与时俱进。因此，本系列教材除了包括《行政管理学》、《公共政策》、《组织学》等核心课程教材外，还根据行政管理实践发展的新要求编写了相应的教材。根据公共部门绩效评估的日益重要性，编写了《公共部门绩效评估》；根据当前行政管理人员公文写作能力不够强的现状，编写了《应用文写作》；根据政府公共关系的处理日趋受到重视，编写了《公共关系学》。

第二，教材形式比较丰富。因为学生对专业知识的理解处于启蒙阶段，因此，本科教学是一件十分艰难且不易取得明显效果的事情，要获得良好的教学效果，就必须要吸引学生的注意力，引起学生的兴趣。本系列教材不仅介绍行政管理的理论知识和技能，还引入了一定量的背景资料、案例。这不仅有助于扩充学生的知识面，而且还能够引起学生的兴趣，提高教学效果。

第三，教材创新性较强。行政管理的理论创新主要体现于学者发表的专著和文章中，但专著和文章不能等同于教材，因为专著和文章主要论述作者自己的观点，逻辑推理较强，且通常是一家之见，而教材则强调对基本和通用理论知识的介绍。然而，教材也不能够与专著和文章的观点脱节，它必须吸收专著和文章中的观点以体现行政管理的最新研究成果。本系列教材就是在广泛吸收国内外最新相关文献和观点的基础上写成的，体现出较强的前沿性和创新性。

第四，教材适合本科教学要求。为了满足本科教学的特点和要求，每本教材都有本章重点和课后练习题。本章重点引导学生从整体上把握本章的内容，课后练习题供学生思考之用，有助于加强对章节内容的理解和把握。

本系列教材主要适用于行政管理专业本科教学，也可适用于公共管理硕士（MPA）专业学位教育的教学，还可以作为相关专业社会办学和培训的教材与参考书，同时也可作为公务员扩充行政管理知识与技能的阅读书目。

本系列教材的编写以南开大学周恩来政府管理学院牵头，邀请了天津师范大学、广东外语外贸大学、山东大学威海分校、西北师范大学、南昌大学、中共天津市委党校等兄弟院校参加。南开大学周恩来政府管理学院参与编写的人员与书目有：王骚、蒋建荣，《应用文写作》；金东日，《组织学》；郭大水，《社会调查与研究方法》；李瑛，《公共组织绩效评估——模型与方法》与《统计学》；蔡声霞，《政府经济学》。天津师范大学政治与行政学院参与编写的人员与书目有：吴春华，《行政管理学》与《中国公务员制度》；赵冬，《公共政策》；仲崇盛，《公共部门人力资源管理》。广东外语外贸大学政治与公共管理学院参与编写的人员与书目有：王达梅，《公共政策分析的理论与方法》。山东大学威海分校法学院参与编写的人员与书目有：葛荃，《中国行政管理思想史》；张铭，《西方行政管理思想史》；赵沛，《中国古代行政制度》；古莉亚，《西方行政制度》；

马春霞，《工商行政管理》；范广垠，《市政管理》。西北师范大学政法学院参与编写的人员与书目有：张文礼，《当代中国地方政府》；周红，《行政伦理学》；孙健，《领导科学》；杜睿哲、齐建辉、张芸，《行政法学》。南昌大学公共管理学院参与编写的人员与书目有：吴光芸，《公共关系学》。中共天津市委党校参与编写的人员与书目有：沈莘，《当代中国政府与过程》。

编写教材是一件很累人的事情，对于各兄弟院校参编教师所付出的辛勤汗水以及给予真诚合作，我们表示诚挚的敬意和感谢。任何事物都不可能至善至美，教材编写也一样。对于不完善乃至错误之处，敬请专家学者和广大读者给予批评指正。

高等学校行政管理专业系列教材编委会

执笔：王骚

2008 年 3 月

前 言

中外行政制度是行政学的基础学科之一，本书是为高等院校行政管理学专业的本科生编著的《西方行政制度》专用教材。近年来，我国学者十分重视西方行政制度的研究，已有多种著述问世。不过，就现有的研究来看，研究者的学术视野主要集中在当代西方行政制度，以及西方国家之间的横向比较。对于西方行政制度历史发展过程，即所谓纵向研究，往往只是略有提及，而少有详述。本书试图弥补这一缺憾，通过追溯西方行政制度的源起，描绘它在中世纪的发展变化，并且分国别介绍西方主要国家行政制度的历史变迁，以理清西方行政制度的演变过程，展现其中的变化与连续性。

既然讲述西方的行政制度，那就有必要首先对“行政”的概念做一界定。

“行政”一词，在中国历史典籍中早就出现过，意思是推行政令，执掌政务。在西方，两千多年前的古希腊哲学家亚里士多德就使用过行政一词。现代英语中的行政源自拉丁文 Adminiastrare，意为国家事务的管理。学科意义上的解释则因研究者的视角不同而各异。这里梳理了一下西方学术界的认识，主要有三类说法。

一是从政治与行政两分法立论，认为“政治是国家意志的表现，行政是国家意志的执行”，凡属执行国家意志的活动即为行政活动。政治与行政两分法也是行政学研究中出现的最早的一个范式。其代表人物美国学者古德诺在《政治与行政》一书中，认为“政府有两个截然不同的功能”，即政治与行政。“政治涉及的是政策和表达国家的意愿”，而行政“涉及的是政策的实施”。分权是这种区别的基础。立法机构在司法机构解释的协助下，表达国家意志并制定政策，行政部门则公正地、非政治性地执行这些政策。

然而，使用两分说的定义，难以划定行政学的研究对象，因为司法活动亦被混同于行政。而且，行政与政治实际上也无法完全分开，表面上似乎超脱价值观念的行政实际上是充满价值观的政治。在实际管理过程中有一个明显的事实，就是行政职员对于政策的形成能起到一定的作用，这也使得不少研究不能认可这一界定。①

二是从“三权分立”立论，认为行政是与立法、司法并立的“三权”之一，凡属行使行政权力的活动，即属行政活动。然而，三权分立思想与实践都是西方近代历史时期才出现，就本书而言，这一定义无法使用于近代之前的西方行政。

三是从管理角度来理解，认为行政是一定的社会组织整合自身资源，包括人、财、物等，以有效地实现组织目标的行为过程。按这种观点，行政可被分为两大类。一类是社会公共管理机关基于公共利益而对社会进行的组织和管理，这被称为“公共行政”；另一类是一般组织内部事务的组织和管理，这在西方被称为“私人行政”或“非公共行政”。本书所提“行政”指的是“公共行政”。②

实际上，英美行政学教材的书名涉及“行政学”时，皆用 public administration 一词，从未单独使用 administration 一词。“行政”被看作是“公共行政”的上位概念，行政活动可以发生在各种各样的环境中。在形形色色的团体组织中，如商业公司、工会、教会、教育机构或政府部门都存在着行政。公共行政不同于私人行政，其行政部门处于政治环境中，运行过程与目标都具有独特的特征。例如，效率是私人管理最终的标准，而公共行政官员必须既有效率又公平地进行管理。③

本书将行政定义为一种社会公共管理活动，凡社会公共管理机关进行的管理活动都属行政活动。

在此意义上，行政可以分为中央行政和地方行政：前者是由中央国家行政机关实施的社会公共管理，后者是由地方国家行政机关完成的社会公共管理。行政又可分为国家行政与自治行政。自治行政是指在实行地方自治体制的国家里，地方自治机关在国家授权、认可和监督下进行的对本地社会事务进行的公共管理，属于国家间接行政，而前者是由国家行政机关直接完成的社会公共管理。本教材在研究范围上涉及上述各类行政。

行政制度包括哪些内容呢？这里需要指出的是，学术界对于“制度”的内涵有不同的理解。例如，规范制度主义或社会学制度主义认为，制度可以被看作是“规则”，包括各种惯例、程序、习俗、角色、策略、组织形式、使政治行动得以建构的技术，以及“包围、支持、解释及反驳那些角色和惯例的信仰、

① [美] 尼古拉斯·亨利著，《公共行政学》，华夏出版社，2002 年，第 24～28 页。

② 刘小康编著，《公共行政学基础》，华文出版社，2003 年，第 1～2 页。

③ [美] 詹姆斯·W. 费斯勒、康纳德·F. 凯特尔著，《行政过程中的政治——公共行政学新论》（第二版），中国人民大学出版社，2002 年，第 9～11 页。

范式、法规、文化和知识”，这可以说是一种最广泛的看法。[①] 与之相对应，理性制度主义理解的制度则要狭窄得多，主要是指行为互动中正式的规则。历史制度主义的看法介于两者之间，他们将制度界定为嵌入政体或政治经济组织结构中的正式或非正式的程序、规则、规范和惯例。其范围涵盖宪政秩序、官僚体制内的操作规程和对工会行为及银—企关系起管制作用的一些惯例。[②]

本书采用的是历史制度主义的认识，认为行政制度既包括正式的规则也包括非正式的程序、规范和惯例。

结合上述行政与制度的定义，本书认为行政制度是社会公共管理机关进行管理活动时形成的一系列规则、程序、规范和惯例。本文所涉及的行政制度包括行政组织、行政职能、行政组织内部的人事管理与财政管理、行政责任、行政决策、政府间关系等各个方面。

西方行政制度的演变比较繁复。本教材首先探讨西方行政制度的源头，即地中海城邦（包括古希腊城邦和罗马共和国）与罗马帝国的行政，随后分析西罗马帝国灭亡后，法兰克王国与基督教会在西方行政制度由古代向中世纪转变过程中的过渡作用。接下来，本教材分国别讨论英国、法国、德国、美国和日本行政制度的演变历史。最后，总结西方行政制度的总体演变趋势及其对中国行政制度改革的启示与借鉴意义。

综上，本教材力求追根溯源，理清西方行政制度发展脉络，同时，也要将西方主要国家的行政制度展示给读者。线索清晰，重点突出，为行政学专业的学子们提供一本既有知识性又有可读性的案头书。

---

① 参见魏姝，《政治学中的新制度主义》，《南京大学学报》，2002 年，第 1 期，第 65 页。

② 彼得·豪尔、罗斯玛丽·泰勒，《政治科学与三个新制度主义》，《经济社会体制比较》，2003 年，第 5 期，第 21 页。

目 录

第一章　西方行政制度的起源

本章重点

1. 雅典的行政制度。
2. 罗马共和国的官职体系。
3. 罗马帝国的行政制度。

西方文明的源头是古希腊与古罗马。追溯西方行政制度的发展轨迹，也需从古希腊和古罗马时期开始。大体而言，古希腊诸城邦及共和国时期的罗马城邦的行政是小规模的，业余性的，而罗马帝国的行政制度建设则达到了相当高的水平，并为后世留下了丰富的遗产。西罗马帝国灭亡之后，法兰克王国与基督教会成为结束混乱、恢复秩序的两支重要力量，并在西方行政制度从古代向中世纪的发展过程中充当了中介者的角色。

第一节　古代希腊各城邦的行政

古代的希腊并不限于今天称为希腊半岛的这块地方，它是指以小爱琴海为中心的广大地区，包括希腊半岛、爱琴海中的各岛屿、克里特岛和小亚细亚半岛的西部海岸地带。这块地方是现代西方文明的摇篮。与世界其他古代文明不同的是，在古希腊地区，出现的不是规模庞大的统一的帝国，而是数百个独立自治的城邦。

城邦是一个以城市为中心的独立主权国家。它基本上是一种公民轮番为治的局面，行政管理也主要依靠公民。不管其职位如何重要，官员的任期是短暂的，行政管理实际上具有一种业余性质。不过，在高级官员之下存在着大量由奴隶承担的次级职位和仆从性的职位，例如警察、传令员、书记官和各种类型的工匠等。这些职位具有更为长久的性质，因而正是在这一较低层次，职业化的行政服务开始出现。

古希腊城邦行政机构的职能最初十分简单，只是为维护城市的安全和良好运作进行一些常规事务活动。城邦后期，由于城市建设工作要求大量的建筑与工程技术以及相应的财政支持，行政机构的职能开始复杂起来。到了马其顿统治下的希腊化时代，社会服务开始得到更高阶段的发展，教育、食物检查、洗浴、健康等内容被纳入行政机构的职责范围。

一、克里特文明和迈锡尼文明

根据考古发掘，克里特岛大约在公元前6000年就有人类居住。公元前2000年前后，克里特岛开始进入青铜时代，同时出现了一群奴隶制小国，它们各自以一个领导城市为中心。其中，克诺萨斯是最为强大的一个，大约在公元前17世纪到16世纪，它曾经控制过整个克里特岛，建立了统一的王权，并使克里特岛进入了经济、文化上的繁荣时期。克诺萨斯的米诺斯王朝还拥有当时最大的海军，建立了在爱琴海上的霸权。

在克诺萨斯王宫出土的许多刻在泥版上的线形文字，为我们提供了大量关于公元前1600年第二克诺萨斯时代的政府特别是行政管理的信息。当时的各个王国处于君主统治下，边远地区由对国王负封建责任的王族或贵族管理。国王"如同埃及法老王一样，一身兼任祭司和军事首领之职"。国王既是统治者又是管理者，是为自己的统治服务的一位最主要的官员，不过，对于国王的助手们所知甚少。在出土的泥版文献中提到过"人民的领导者"，其级别仅次于国王。这一头衔并不带有任何民主含义，"人民的领导者"可能相当于伊斯兰国家的元老，或者拥有王位继承权的人。泥版文献上也提到了国王家庭的成员，如国王的卫士、国王的漂洗工、国王的陶工。王国里还有先知、巡视员、抄写员等。在村庄里有国王的代表或市长，他们以国王的名义行使权力。

克诺萨斯王宫十分豪华，它拥有先进的排水功能和奢华的洗浴设施，绚丽的建筑与壁画。同时，王宫中有大量的办公场所，表明它是公共行政的一个中心。王宫里有用来收藏经济档案的保管室，有用来储藏日常税收以及一些额外收入的许多仓库，还有征收税款的办事机构。王宫所在地也是一个大型贸易中心，这十分有利于国家征税。在克诺萨斯出土的一副泥版上刻了这样一句话："在宫殿门口登记"，这是因为征收税款的机构就位于宫殿主门旁边，以便于监督商品的流通和保证税收。官员们都是算术计算的专家，当时也有一套完备的度量衡体系。

出土的一些泥版间接暗示了人事方面的流动，例如，将划手分配给一艘船或者派几位泥瓦匠去修建城墙；同时，有很多条目涉及一些职业的个人，这意味着当时已经出现了劳动分工。为了适应分工带来的需要，国家官员已经开始有意识地进行一些基本的记录活动，而记录是从古至今行政工作的核心内容之一。①

大约在公元前 1400 年前后，克诺萨斯王宫突然遭到破坏，在此之后，克里特各地也遭到了同样的命运，造成破坏的原因不明。此后，克里特文化迅速衰落。

大约在公元前 1600 年左右，伯罗奔尼撒半岛东北部的迈锡尼等地出现了王制国家，迈锡尼文明兴起。到公元前 14 世纪，迈锡尼的王宫和卫城改建得规模宏大，城市不仅是王宫所在地，而且成了政治经济中心，聚居着王廷的文武人员、工匠和奴隶。巨石城垣、狮子门和豪华圆形墓等建筑物，都是迈锡尼文明的代表性成就。关于迈锡尼王国的政治体制，由于出土的泥版文书是经济文书，所以所知较少。不过，从现有材料中出现的官职名词仍可看出当时国家政治组织的概况。最高统治者叫“王”，王以下是军事指挥或将军。在派罗斯出土的一些泥版文书还指出当时存在一批专职人员、各类工匠和商人。公元前 1194～1184 年左右，特洛伊战争代表着迈锡尼文明的最高峰，但也使它元气大伤。数十年后，迈锡尼诸国在从北方来的多利安人和其他民族的打击下逐渐衰亡。

二、荷马时代

希腊有文字记载的历史是从荷马史诗开始的。诗人荷马创作的史诗《伊利亚特》和《奥德赛》，虽然充满了神话色彩，却反映了公元前 11 世纪至公元前 9 世纪希腊的历史情况。②

当时古希腊各城邦的统治者为巴塞勒斯（Basileus，意为“王”）。他身兼三职：他是大祭司，掌握教权；也是国家的最高军事指挥官，掌握军权；还是国家的最高裁判者，掌握司法权。在国王之下，各城镇都存在贵族阶层，例如，在多利安人建立的诸多殖民城市里，“在王政下面，区别于人数更多的非希腊本地人的全体希腊人，构成贵族……不过当自然增殖和四面希腊人的连续移入，使得希腊人贵族很快变成城邦居民中的多数的时候，他们内部又出现了新的差

---

① E. N. Gladden, A History of Public Administration, London : Frank Cass, 1972, vol.1, pp.76-78.

② 关于希腊有没有王政时代，目前仍然存在争议。顾准在研究希腊政制时曾经提到过有关争论：英雄传说中有王，希腊各邦各有自己的英雄传说，传说中无例外地都有王。传说中有王，有许多史迹可凭，所以，希腊有王政时代，古代希腊国家全都承认，近代史家对此也毫不怀疑。然而，往上推溯，王政渊源于难以凭信的英雄传说。往下数去，到了有信史可凭的历史时代，希腊各邦的王都已被贵族阶级的专政所取代。于是，有些著名的历史家就把希腊的王解释为不同于“东方专制主义”中的王。顾准著，《顾准文集》，贵州人民出版社，1994 年，第 86~87 页。

别。有一些小小的集团获得了权力和特殊地位，并把它掌握在手来对抗其余的希腊人。伊奥利亚诸城邦的最初历史，记载着那里的希腊人阶级早已分化为拥有土地的一批寡头和无特权又心怀不平的潜在的民主主义者了。"[①]王通过议事会与主要部属及贵族商议重大问题，并作出决定，然后交由全体成年男子组成的人民大会作形式上的表决。

此时的行政仍然是家庭式的行政，由一些具有特定功能的国王的家仆来完成，然后他们又由一群从贵族家庭招募来的高级仆人辅助。这些负责行政工作的家仆分为各个等级，最高级别的人协助国王履行宗教职责，亦可携带国王的权杖或佩戴国王的徽章代表国王出席公共场合。来自贵族家庭的高级仆人们在王家节日时提供服务，他们还可以作为国王的使者召开民众会议，向人民发表演讲，在战场上传达国王的命令，被国王指派出使国外。较低等级的人员责任相应较轻，例如管理马匹和盔甲。就整个国家的管理而言，是以个体所属的氏族或部落为单位来组织的。军队的招募、满足公共开支的物资的供应都按照部落来分配。[②]

荷马时代的王权，部分依靠神所赋予的特权，部分依靠拥有出类拔萃的体魄、勇敢和智慧的人。当一系列的世袭国王中产生了柔弱无能的人，随着财富的增加和对外交往的扩展，拥有固定特权的世袭王权衰落了，而贵族确立了自己的统治。王被剥夺了政治、军事上的实权，他唯一代替不了的职务是主持祭祀大典等宗教权力。王政的消失和贵族统治的确立在公元前 8 世纪前后在古希腊各地几乎都已经完成。

三、贵族统治下希腊城邦的行政

从公元前 8 世纪开始，希腊世界进入了各方面蓬勃发展和剧烈变革的时期。爱琴世界明显地表现出革命性的变化。尽管当时希腊城邦众多，但我们只需考察其中两个，即雅典和斯巴达，就可以获得当时的国家行政的大致认识。

（一）贵族统治下的雅典（公元前 8 世纪～公元前 6 世纪）

雅典位于希腊大陆东南的阿提加半岛，是古希腊世界里三个面积最大的城邦之一。雅典人是爱奥尼亚人的一个分支，公元前 1600 年左右来到阿提加地区。多利安人南下时，并没有进入阿提加，或者因为这里土地贫瘠，或者因为遇到了顽强的抵抗。在多立斯人南下的浪潮中，阿提加成了一个安全岛，其他一些

① 转引自顾准著，《顾准文集》，贵州人民出版社，1994 年，第 118 页。

② E. N. Gladden, A History of Public Administration, vol.1, p.79.

地方的居民纷纷逃避到阿提加，与原有居民杂居。同时，原有氏族成员内部也出现了贫富分化，一些氏族成员离开本氏族聚居地到别处谋生，有的甚至迁往海外殖民地。由于人口的流动，原有氏族血缘关系开始受到破坏。建立在血缘关系基础上的氏族部落组织无力管理一个各氏族杂居的社会，各部门之间也不断发生争执，在这种情况下，出现了最终导致雅典城邦建成的“统一运动”。

古典时代的作家一般把雅典的统一运动归功于提秀斯。当代许多史学家认为，古代关于提秀斯的传说，可能是把在公元前1000年到公元前8世纪所发生的一系列变革归在他一人名下。据古希腊人的说法，提秀斯生活在迈锡尼文明末期，是雅典第十代巴赛勒斯。他取消了阿提加境内各独立市镇的政府和议事会，把分散的政治权力集中到雅典一个城市中来。他把雅典以外市镇的贵族集中到雅典城，组成了统一的中央管理机构，即雅典总议事会。以前由各部落独立处理的一部分事务，现在转交给总议事会负责。雅典成了全阿提加唯一的政治中心，原来彼此独立甚至互相对立的部落也因此而统一为一个雅典部族了。部落的区分被降到次要地位，大家都成了雅典的公民。统一运动在原有的氏族部落组织之上生成了一种跨越血缘关系，以地域为基础的新型社会组织，即城邦。

提秀斯采取的另一个措施是打破部落和氏族的界限，按个人财产多寡和职业，把全体居民分为三个部分：贵族、农民和手工业者，其中只有贵族才能担任公职。他们掌管宗教仪式，讲授法律，解释神意。

如同希腊其他城邦，“数百年来，统一的阿提加的最高统治权，是属于雅典的巴西琉斯的，在公元前8世纪左右，雅典的王权绝迹了”。[①]提秀斯改革之后，随着贵族特权的法定化和贵族势力的不断增长，贵族开始在政治上取得优势，他们逐渐排挤了王的地位，垄断了一切权力，国家成为贵族政体。雅典的全部政权都属于贵族的后裔。担负高级职务的执政官以及元老院的成员只能从他们中间选出。他们决定着国家大事，判定着法庭争讼，指挥着对外征战。

到公元前6世纪中叶，雅典出现了“执政官九人团”的组织：（1）首席执政官，初时掌握大权，但后来权力也受限制；（2）祭仪执政官，即巴赛勒斯，主要是尽祭司的职责，兼处理有关宗教崇拜的审判事宜；（3）军事执政官，即元帅，是雅典国民军的领袖，兼司邦交大事；（4）其余六个司法执政官，乃是法律的维护者，兼各种审判委员会的主席。[②]执政官是尽社会义务而不收报酬的。任职期满以后，执政官便进入元老院。

---

① 顾准著，《顾准文集》，贵州人民出版社，1994年，第143页。

②《亚里士多德全集》（第十卷），中国人民大学出版社，1997年，第3～5页。

雅典的另一机构是战神山元老院，由历届退任的执政官组成，终生任职，其权力包括推选、监督和制裁执政官，审判刑事案件，维护法律，监督人民生活。随着执政官人数增加和任期缩短，执政官权力逐渐减弱，元老院权力不断增强，亚里士多德说，事实上它管理最大多数的和最重要的国事。

雅典的行政管理最初以四个血缘部落为基础进行，每个部落分成三个氏族。随着海军重要性的增强，四个部落进一步分成十二个舰区（naucraria，雅典的古老地方基层组织），每一舰区负责一艘战舰的供应与人员装备。每个舰区中设置一名长官，即舰区主事，主管征收和开支，负责组织舰队。①

（二）斯巴达

斯巴达位于伯罗奔尼撒半岛南部的平原上，土地肥沃，农业发达。斯巴达起源于种族征服。公元前 1100 年，多利安人侵入拉哥尼亚地区，摧毁了迈锡尼时代的文明，征服当地居民，随后又征服米赛尼亚地区，把大多数米赛尼亚人变成了国家所属并由国家分配给各户的农奴，称希洛人，专事生产。公元前 9 世纪，传说中的英雄“来库古”（Lycurgus） 创立了斯巴达的政治体制，建立了一个正式而且稳定的公共权力体系。

根据来库古立法建立了一种双王体系，两个国王分别来自斯巴达的两个最有势力的贵族家族，他们联合行动、相互制约。双王掌握教权和军权，他们是斯巴达的高级祭司和军队指挥者，平时主持国家祭祀和处理家族法案件。国王只不过是元老院的一员，要执行元老院的决议。

斯巴达的最高政治机关是元老院。元老院由来自 28 个贵族家庭的必须超过 60 岁的成员和两个国王组成，由公民会议根据美德原则选出。元老院处理国家行政事务，讨论、提出提交给公民大会的事关国计民生的政策法令，主持刑事审判，可以审判被指控犯罪的国王，并有权决定王室婚姻和继承义务。

元老院有权提出议案和解散集会，公民大会则接受提案并有决定它的权力。然而，公民大会的权力十分有限，因为它不能独自拟订和提出方案，他们甚至没有讨论权，只有表决权。表决的形式是呼喊，表决结果是根据呼喊声的音量大小来判断。因此，公民大会并不是一个集中了国家最高权力的机构。每个超过 30 岁的斯巴达公民都有权利和义务参加公民大会，大会最初由国王召集，后来这一权力转移给了民选产生的监察官，这也是斯巴达政治体系中最有特色的部分。

五名监察官由公民通过抽签产生，任职一年，每个行政区一人。监察官最

① 《亚里士多德全集》（第十卷），中国人民大学出版社，1997 年，第 9 页。

初是人民权利的保卫者，然而，随着监察官的职权逐渐增大后，国王的权力被削减，他们变成了元老院决议的执行者，其性质也转变为一种保障斯巴达公民的上层阶级的寡头机关。监察官的权力很大，他们不仅可以监督斯巴达城邦的一切官员，而且后来竟然有权审判甚至处死国王。他们在所有官方场合陪伴着国王，并且有权力责问他。他们亦管理民事审判，并且负责国内的秩序与纪律。不过，他们对公民大会负责，宣战媾和等重大决定，要由公民大会通过。[①]

斯巴达社会体系给它打下了深刻的烙印。为了保证对希洛人的控制与压迫，斯巴达建立了一套军事化的经济、教育与文化制度。斯巴达的上层公民构成一个特权阶层，他们的全部生活为国家服务，实际上他们就是国家，就是国家的行政机构。斯巴达人对国家的献身精神为古希腊其他地区的人所羡慕。直到伯罗奔尼撒战争之后，由于公民内部贫富差距加大、与外界的频繁接触等原因导致斯巴达精神的逐步堕落，城邦也随之衰落下去，最终被罗马征服。

四、雅典的民主化与行政体制的发展

与斯巴达保持了相当长时间的稳定的贵族统治不同，雅典政治制度发展的趋势是稳步向着更民主的形式前进。随着民主改革的进行与民主制达到极盛，雅典的行政体制也随之有所变化与发展。

（一）梭伦改革

公元前7世纪晚期，雅典经历了贵族统治的政治危机。当时，由于土地兼并和债务奴役的盛行，雅典内部出现了社会动荡。公元前594年，梭伦成为雅典的首席执行官，被授权为仲裁者和立法者，此后经过约二十年的从政，他获得了雅典政治、经济和立法的全部权力。梭伦改革打下了雅典民主的基础。

梭伦创始了每年进行一次的家庭财富统计，依财富的拥有量（以粮食、橄榄油和酒为标准）把公民分成四个等级来参与政治生活的管理。他没有改变政治局式的“元老院”；这个组织是古希腊各城邦的传统机构，是最重要的行政、立法和司法议事机构。但他规定一、二两级公民有权担任最高行政首长，即9名执政官。执政官由每一部族预先选出10位候选人，共40位，作为9名执政官的候选人，再从他们中抽签而定。第三等级的人可以担任一些低级官职，像财政官（司库）、主卖官、“十一人”和掌俸官等。第四等级不能担任任何官职，只享有参加公民大会和陪审法庭的权利。

梭伦规定全体公民都能参加的公民大会必须定期举行，公民们在公民会议

---

① 刘小荣，《来库古政制改革辨析》，《南开学报》（哲学社会科学版），2002年第2期，第100～108页。

中集会，直接选出执政官和其他官员（如司库等）。他设立了新的政府机关——四百人会议，类似于公民会议的常设机构，为公民大会拟订议程，准备和预审公民大会的提案。四百人会议由雅典的四个部落各选100人组成，但由前三级公民中选出，排除了占人口绝大多数的第四等级，由抽签选出。

梭伦保留了元老院的重要作用，仍然由元老院负责护卫法律，督察政治生活中大多数最重大的事务，监督担负国家职务人员的活动，制裁犯罪者，拥有罚款和判刑的决定权。

梭伦建立了新的陪审法庭，陪审团成员用抽签的办法选出，所有年满30周岁的公民都可当选，参与各种案件的审理。陪审团逐渐成为雅典的最高司法机关，而执政官的司法功能随之逐步丧失。

梭伦改革其实是以"财富"原则代替了"地位"原则。投票、官职、教职，应同时由贵族与下层阶级分享。尽管梭伦实行的制度并未实现公民之间的真正平等，但它意味着即使身为贵族，如果财产少，也享受不到过去那么多的政治权利，而新兴的工商业阶层可凭借自己的私有财产，跻身于城邦政权。这就打击了贵族依据世袭特权对行政事务与官职的垄断，为非贵族出身的自由民开辟了取得政治权利、参与国家管理的途径。

（二）克里斯提尼改革

梭伦建立的两种制度有两种敌人：怀念往昔特权的贵族和抱怨现时不平等的穷人。[①]下层人民支持地方领袖庇西特拉图出面实施专制，穷人阶层成了专制制度的主要社会基础。庇西特拉图是个靠暴力夺得政权的"僭主"，实施专制统治。但是他保存了梭伦宪政的形式，甚至以其权威使梭伦的宪政真正得以实施。庇西特拉图统治下的雅典开始建设城市，把从商业和租税得来的财产，用来修建巨大的公共建筑物。

公元前527年庇西特拉图逝世，其子即位。公元前510年，斯巴达的军队将雅典从僭主专制中解放出来。经过短暂的混乱时期，公元前508年，伊萨格拉斯被选为主执政官。主张民主的克利斯提尼未能当选，但公民大会通过了克利斯提尼建议的改革。

改革的主要内容是改变社会结构，以重划行政区域来削弱氏族宗法基础，根据地区原则划分雅典的基层组织。过去以血缘为基础的四大部落被取消，代之以十个新"部落"，均以雅典神话中的英雄命名。克里斯提尼将全阿提加按照

① ［法］库朗热著，《古代城邦：古希腊罗马祭祀、权利和政制研究》，华东师范大学出版社，2006年，第266页。

居住区分为 30 个“三分区”（trittys），城市周围的地区、沿海地区和内陆地区三个一组编入每一个部落。这样，每个部落并不是集合在一片毗连的地带，而是跨越地域和利益的三个区域的一种人为的集合。各部落唯有在公民大会表决期间才得以集合起来。

三分区之下是雅典社会的基层组织“自治村社”（demes），在农村地区是村落，在城市及近郊的按街坊划分。每个区域内的一个三分区，有的辖本区的一个村社，有的辖几个，所以全阿提加部落和三分区的数目一直保持不变，村社则逐渐增加。在克利斯提尼时代当时大约有 100 个村社，300 年后增为 174 个。村社取代以前的“舰区”，构成行政管理的基本单位，有自己的官员、公民会议和集体财产。招募重装部队，用抽签法选出陪审员，都在村社内举行。民选长官则与以前的舰区主事有着相同的职责，他还负责将村社中年满 18 周岁的男丁登记入公民和兵役名册。

部落改革之后，克利斯提尼把梭伦的四百人议事会变成了五百人议事会，由每个部落出 50 人组成。这 50 人是从各村社按人口比例选出的候选人中以抽签方式产生的。第三、第四等级的公民依然没有资格进入五百人议事会。议事会选出议长委员会，共 50 人，这 50 人分为 10 个组，每组 5 人，每组轮流主持日常政务 35～36 天。每组每天抽签选一个主席，他在公民大会召开时还任公民大会主席。五百人议事会的工作实质上是执行性的，除了为公民大会准备议案外，还负责执行公民大会的决议，对绝大多数公共事务负责，因而在一定程度上起着政府的作用。执政官和其他长官必须向议事会汇报。议事会控制财政，但是实质性的财务工作委托给由十个部落分别推选产生的十个财务官员管理。

高级行政职位依旧有财产限制，但也是通过抽签产生的。克里斯提尼还另设立一新的执政官，名曰将军，意为军队的首领，其性质及职务都较适合当时的需要。每个部落选出一个将军，统率本部落征集的公民军，并组成一个“十将军委员会”统率全军。①

（三）伯里克利时代的雅典

波斯帝国于公元前 492 年开始进攻希腊本土，引发了长达 43 年的历史上著名的希波战争。公元前 480 年，希腊人赢得了撒拉米斯大捷。希腊人的胜利，特别是雅典海军的胜利，也加强了民主政治。因为划船投入战斗的划手都是无财力将自已装备为重甲步兵的贫民，他们这时在军事上所起的作用甚至比有财

① 顾准著，《顾准文集》，贵州人民出版社，1994 年，第 179～180 页；《亚里士多德全集》（第十卷），中国人民出版社，1997 年，第 23～24 页。

产的重甲兵还要大，这自然促进了民主政治的发展，于是产生了雅典历史上的第三次重大改革——伯里克利（公元前 495—前 429 年）改革。伯里克利时代也是雅典城邦的极盛时代，雅典民主制的极盛时代。

雅典虽然是高度民主的体制，但它却是立法、行政、司法完全统一的，元老院、五百人议事会、执政官、公民大会，都是既负责立法，又负责行政和司法的。格罗特在《希腊史》中说道："雅典的执政官不仅主持行政，而且执行司法权——判断曲直，解决纷争，审讯罪案，并且判处刑罚。阿雷奥帕古斯元老院的职能具有同样混合的性质，甚至连由克里斯提尼创立的一年一届的五百人大会也是如此。将军也和执政官一样，在掌管陆军、海军、外交等方面无疑都具有双重的职能。"①

1．国家管理的民主化

第一，元老院权力的缩小。元老院是雅典政制中最具贵族性的成分，其议员为终身制。在希波战争中，由于元老院忠勤为国，事事领先，深为人民所感戴，从而又使它得以扩大其职权范围。元老院拥有广泛的司法权，拥有可以干涉公民的行为和生活习惯的监察权。特别重要的是，元老院具有一种对公民大会与高级官员进行监督的权力，决不容许会议有一项议程或官员的活动越出常轨，违犯国家既成的法律。然而，在伯里克利时代，元老院对政事的监督权几乎被剥夺殆尽。它原来的职权转给护法官、陪审法庭、五百人议事会和公民大会，仅保留审理杀人放火等案件和监督宗教仪式之权。

第二，设置护法官，定员 7 人，负责监督行政长官与公民大会。当元老院或公民大会开会时，护法官便坐在主席旁边，遇有任何措施或任何提案与现行法律不合，他们就有进行干涉的责任。他们也有权干涉行政长官，限定其只能按照法律行事。但是，护法官从未获得任何像元老院本身过去所行使过的那种大权。

第三，官职向所有阶层开放。之前，只有第一、第二等级的公民才能担任高级官吏。公元前 457 年，第三等级取得了担任执政官的资格。不久，第四等级的公民也取得了担任这一职务的资格。执政官选举的程序是，先由各自治村社选出 500 人（一说为 100 人）为执政官候选人，然后再由公民大会在候选人中用抽签办法选出 9 名执政官。

第四，雅典的一般官吏，包括执政官、公卖官（负责出租一切公共事业、出包矿坑和赋税等）、收款官、会计员、查账员、查账助理员、乡村巡回法官、

① 格罗特著，《格罗特希腊史选》，商务印书馆，1964 年，第 10 页。

街道建筑官、祭祀官、谷物看守人、市场监督官、警吏及五百人议事会议员、陪审法庭的陪审员等都由抽签选举，但并非每种官吏均由全体公民中自由抽签选出，大多数官吏均须由各村落首先推举出一定数量的候选人，然后再在候选人中进行抽签。有的官吏如军事基金司库官、观戏基金管理官、水井监督官及所有军官和将军，则用举手方式选举。

第五，给予官员生活津贴。执政官每人每日 4 个奥波尔（每人每日的生活费约为 1 至 2 个奥波尔）。公民担任陪审员和议事会成员亦可获得一定的津贴。

第六，公民大会经常化。伯里克利时代，五百人议事会被分为十组，每组轮职一期，在每组的轮职期间，召开公民大会四次。公民大会在每组轮职期的第 11 天举行第一次大会，这次大会主要是检查法律的制定和执行情况，检查官吏有无贪污腐败或失职行为，如有此类行为，立即移送陪审法庭审理。同时讨论粮食供应和国防等重大问题。第二次大会允许公民自由发言。第三、四次大会则讨论其他问题，如陪审人员和其他公职人员的选举安排问题，生活津贴的发放问题。在雅典，只有年满 20 岁的男性公民，才能参加公民大会，而且，只有父母均为雅典公民者，本人才能成为雅典公民，奴隶和异邦人均不能进入公民大会会场。

第七，司法权转归新成立的、由国家支付酬金的陪审法庭掌握。伯里克利将行政长官的行政权和他们从前所一向连带享有的司法权分开，各个行政长官的权力，只限于办理行政事务和司法预审，以及判处小额罚金。①

2．将军权力的上升

伯里克利统治时期，由于战争频仍，军队统帅权长期保持在战胜的将军手中。首席将军逐渐掌握全部政务，执政官变成处理日常政务的机构。这样，雅典政制一方面急剧地民主化，一方面又有事实上可以成为终身职务的首席将军在指导全国国防、外交等重大政务，雅典的最高政权实际上掌握在十将军委员会手中。他们不仅是军事上的最高统帅，而且管理城邦与城邦间的交涉，管理财政及城内的警务。伯里克利本人连任了首席将军 15 年，成为掌握最高权力的"第一公民"，当时的雅典只不过"在名义上是民主政治"。②

3．公共财政体系

民主的来临并不意味着公共开支主要来源于贫穷公民，除了危机时刻之外，国家的税收主要由富有的公民承担。为了保证满足军事上的需要，雅典建立了

---

① 参见格罗特著，《格罗特希腊史选》，商务印书馆，1964 年，第 15～24 页。

② 顾准著，《顾准文集》，贵州人民出版社，1994 年，第 217 页。

三层桨指挥官职务，富有公民负有装备和发动一艘军舰的责任。虽然船体和某些装备已经由国家供应，但是由指挥官个人负责训练划桨手，保持军舰处于良好状态，在其担任职位期间，这些指挥官就像这艘军舰的“领主”一般对它全权负责。同时，公共活动所需的大量开支亦由富有公民承担。虽然国库拨出大量的钱用于宗教事件或者宗教节日，但是资金仍然短缺，于是雅典采取在军事方面相似的办法，任命一位公民作为负责的官员，由他个人出资填补资金缺口。例如，每年每个部落任命一名富有的成员作为赞助人（choregos），其责任是提供一位老师教习将要演的戏剧中的舞蹈和歌曲。艺术竞争中获胜带来的荣誉鼓励这些公民慷慨解囊，而对于城邦的热爱也促使他们为雅典作出贡献。此外，雅典还实施一种提供特别支付和救济的方法，即建立一项特殊基金，其资金由一项主要针对富人征收的财产税来提供。公民被划分为二十个斯默里（symmories）。向国库支付税收的责任由每个斯默里中最富裕的公民承担。

（四）伯罗奔尼撒战争后的雅典

短暂的辉煌过后，雅典开始走向衰亡。伯罗奔尼撒战争中的惨败成为雅典城邦历史的转折点。斯巴达占领雅典之后曾经一度建立起寡头制，但是，雅典平民不久之后就控制了局势，重新恢复了民主制，一直延续至雅典被马其顿统治。在这段时间里，民众的势力不断增强，平民使自己成为所有事情的主宰，依靠公民大会与陪审法庭管理一切，即使是元老院残留的一点审判权也交到了平民手里。这一时期，雅典的行政体制进一步民主化。

1. 五百人议事会及其行政职能

五百人议事会仍为公民大会的常设机构并兼有政府职能。它的产生方式不变，采用抽签选举，每一部族出 50 人，任期一年。每年分为十期，由每一部族的 50 人轮流担任主席团。他们全凭抽签决定顺序，最先的 4 位每人任职 36 天，以后的 6 位每人任职 35 天。现任主议官者在圆形官邸中共同进餐，从城邦领取一份薪金，负责召集五百人会议与公民大会。

五百人议事会主持对大多数官员的审判，尤其是对那些掌管钱财的官员，不过，它的判决并非是终极性的，而须服从于陪审法庭。私人也可以出面指控任何官员不遵守法律的行为，在这类情况下若是议事会判定有罪则可向公民大会申诉。议事会还对将在翌年担任议事官者以及 9 位执政官进行考察。如果这些人被认为不合格，他们可以向陪审法庭提出申诉。

五百人议事会承担了众多的行政职能。它负责监管业已建成的三层桨舰，连同其缆具及棚顶，并建造平民表决决定的任何三层桨舰或四层桨舰，以及与它们配套的缆具及棚顶。为建造这些桨舰，从自身成员中选出 10 人为造舰官。

五百人议事会与其他各类官员共管大多数事务。例如，有10名雅典娜司库，经抽签从每一部族选出一名，他们掌管雅典娜神像、诸英雄塑像等，还在五百人议事会面前掌管钱财。然后是10名主卖官（监契官），从每一部族抽签选出一名。他们租让所有的公共契据，与军队司库和掌管祭祀的官员一道当着五百人议事会的面租卖矿藏及赋税。他们当着它的面卖出为元老院所流放者以及其他一些人的财产，还拟出并向议事会提交登到写字板上的卖出一年的赋税的清单，清单上注明购买者的姓名及出价。他们还撰写在法庭中被注销和卖掉的田地与房舍的清单，这些买卖也由他们主管。有10名分由各个部族抽签选出的收钱人，这些人掌管那些写字板并当着议事会的面在议事院中擦去付过的款项，再将写字板交回公职人员。议事会还从自身成员中抽签选出10名稽核人，他们按每一主议官任期核计各类官员的账目。他们还抽签选出审查官，每一部族选1名，并为每一名审查官配备两位助手，他们必须在集市时间按各部族的名称分别去各部族坐值。

五百人议事会甚至考察城邦的马匹；假如一个人拥有骏马却被发现在胡乱喂养，将罚其谷物的价钱。它还考察与骑兵一道作战的步兵是否合格，经表决否决了谁谁就停止领取薪饷。有一条法律规定凡是身体残疾因而没有能力从事任何劳作的人均由议事会查管，从公库中给他们每人每天发放一定数额的膳食费，为他们专门设有一名经抽签选出的司库。①

2．雅典的官职体系

亚里士多德在《政治学》一书中，将古希腊各城邦必不可少的官职分成两个层次。其中，要求具备更多的经验与忠诚的高级官职包括：（1）负责城邦防卫以及一切军事行动的指挥的将军或指挥官，他们的职责包括守卫城门和城墙，召集和指挥城邦的公民。某些城邦在军事方面设置了应有尽有的官职，有的城邦则仅仅设置了少数几种。（2）核算和审查其他部门账目的财政官员，例如审计员、会计、稽核和财务长官。（3）在平民当政的地方，负责总体控制整个公共职务体系和负责召开公民大会并向公民大会提交建议的人，在寡头制下，他们由于主持预先的议程而被称为“预议官”，而在举行公民大会的平民制城邦中，他们被称为“议事官”。

第二层次的六种官员，亚里士多德认为他们是绝对需要的，虽然其职责不像顶层职位那么重要。第一种是负责管理市场，监察各种契约和维持秩序的官员。第二种官职与第一种相近，即城市法监，主管城镇的公共和私人建筑，维

① 《亚里士多德全集》（第十卷），中国人民大学出版社，1997年，第46～53页。

护其良好的面貌，保持和维修破旧的房屋和道路，划分各种建筑相互间的界限等。第三种官职与第二种类似，管辖同类的事务，不过是在城镇之外的乡间，这些官员被称为“乡村法监”或“林木法监”。第四种官职负责征收公共的财政收入，其管辖的范围划分为若干个别的部门，他们被称为“司库”。第五种官职负责注册登记各种私人契约和法庭的判决，以及此外的一切诉讼安全和法庭预备审理程序的记录。这一官员有时又分为若干部门，所有部门由一名官员总管，他们被称为“（神圣）登记员”、“书记官”或“登记员”。第六种官职在所有官职中最为必需也最为艰难，它执行各种司法判决和登记在册的种种罚款，并且负责监管犯人。这六种官职构成了城邦的具体执行管理者。他们的任务是确保城邦的日常事务以良好秩序进行。

亚里士多德还提到了一群特殊的官吏，他们专管宗教事务，例如祭司和祀庙主持，负责保护和修缮神庙及其他一切与祭神相关的建筑。掌管这类事务，有的城邦只需一名官员，有的城邦则设置许多官职来行使祭祀的职能，比如祭祀主持、坛庙守护、用于祭祀的财物监管等。与此相近的是任命总管所有那些在法律规定的祭司权限之外的公共献祭事宜的一个官职，这一职责法律上并不指派给祭司而是指派给一位执政官或王，这是他所剩下的主要功能。

最后，亚里士多德注意到在较为繁荣的国家会出现某些负责维持良好风尚的职位。这些官员负责的事务包括：监护妇女、保证公民遵守法律、监护儿童、主管体育训练，管理体育竞赛、狄奥尼索斯节竞赛以及其他类似的活动。

雅典的官职体系比较完备，亚里士多德提及的诸种职位在雅典都可以发现。9 位执政官仍然是雅典的最高官员，他们轮流从每一部族选出。执政官、君王和督战官可以按其意愿每人挑选两名助理，他们任职结束时也要呈交待审报告。上任之后，执政官要为节庆日上演的剧目委任 3 名合唱队领班，选自所有雅典人中最富有的人，然后审查和接纳各部族指定的合唱队领班。他还监管游行，主管节日期间的竞赛。状告及诉讼均须呈传到他面前，经过初步审理后他再将其提交陪审法庭。他还监管孤儿、嗣女以及在丈夫死后声言自己已经怀孕的那些妇女。

君主监管的事务首先是宗教秘典，由平民们经举手表决选出的监管人协助；其次监管节日游行和竞赛。他还主办所有的火炬赛跑，主管一切祖先祭祀。渎神、有关某一祭祀职位的讼争、宗族及祭祀方面的讼争，以及所有有关凶杀的案件均要呈传到他面前。

督战官承办献祭，并安排为那些在战争中遇难者举行的葬礼，审判涉及外邦人的案件。

立法官们的职权包括预拟陪审法庭开放日期，给法庭派遣官员，向公民大会呈报各种起诉，向大会提呈所有免除官职的表决和各种初步的对官员的控告，还有对非法提案的指控、对制定不适当法律的责难。他们还受理要收缴费用的那些案件。

除议事会与上面提到的收钱人、主卖官等官职外，雅典还抽签选出10人作为神庙修缮人，从收钱人那里支取30米那以修缮那些最需修缮的神庙；10名城市法监，负责维持城市街道、建筑维持良好面貌；10名市场法监，一切在市场上卖的东西均归他们监管，以使所卖之物无假；10名量度法监，监管一切度量及重量，以保证商贩使用公平的量衡；还有抽签选出的若干名谷物护持，监管市场上未磨过的谷物以公平的价钱出售，磨坊主以与大麦相称的价格出售大麦粉，面包师以与面包相称的价格出售面包；10位商埠监管，促使商人们把从海上运抵谷埠的谷物中的2/3运送入城市；11名负责典狱的官员，他们监管监狱中的犯人，并处死抓到的小偷、绑匪、劫盗中所有供认不讳者，若是他们不承认则将其送交陪审法庭，假如被判无辜就释放之，如若不然这时再予以处死，把宣布充公的田地与房舍的名单提呈陪审法庭并把法庭决定没收的各项移交给主卖官；5名呈案人，呈报须在一个月内审理的讼案，每人负责两个部族；5名道路修筑人，负责维修道路；10名稽核人及他们的10名助手，所有行将离任的官员都必须向他们呈交账目报告；主议官文书，专管各种文件，保管投票通过的各项决议，以及核查其他一切文件的抄本并列席议事会会议；监管法律文本的文书官，他列席议事会会议，核查这方面的一切抄本；宣读文件的文书官，向公民大会以及议事会宣读文件，他由公民举手表决选出；10名祭祀主持，由公民大会抽签选出，被称为献祭监事，他们奉献由神谕指定的祭物；10名年祭主持，主持某一些献祭并主管除祭神庆典外的全部四年一度的节日；10名主赛人，每一部族一人，通过考察后任职4年，主管游行、音乐比赛、体育比赛及赛马，向竞赛中的获胜者颁发奖品等。人们通过举手表决选出所有军事官员。

领取酬金的公务有下列一些：首先，平民参加其他各种公民大会领取1个德拉克玛，参加最高会议领取9个奥布洛斯。[①]其次，陪审法庭的成员领半个德拉克玛；议事会成员领5个奥布洛斯；担任主议官的那些人额外领取1个奥布洛斯膳食费；9位执政官每人领取4个奥布洛斯的膳食费，并要供养一名信使和一名笛师。[②]

---

① 奥布洛斯（Obolos）、德拉克玛（Drakhme），为希腊币名，亦为重量单位，奥布洛斯的币值为1/6德拉克玛。

②《亚里士多德全集》（第十卷），中国人民大学出版社，1997年，第53～64页。

此外，在雅典，还有公共奴隶提供抄写服务。

雅典以及同时期古希腊其他城邦的官员并不是专业的行政官员，因为各城邦大都以官职轮换为规则，每位官员任期有限，通常只有一年。官员的选择通过抽签进行，但是，尽管相信抽签体现神的意志，但是也有一些高级职位逐渐通过选举进行。官员的选择范围常常还要受到财富的影响，因为即使在民主制度下，有些职位也需要承担者拥有一定的财产，因而不得不限于有钱人。

由于采用这种"轮番为治"方式，担任国家官职的公民大多缺乏专业知识，不过，由于他们在成年之后参与每一项国家事务的管理，所以这一点可以通过从中得到的关于国家管理的信息与受到的相关训练所弥补。此外希腊还采取两项措施以帮助承担特定职位的官员获得经验：第一，通过委员会体系集体承担责任；第二，给官员任命助手，助手们的功能是协助官员工作，分担官员的责任，他们在官员任期结束时也会受到详细审查。官员还可以得到奴隶的帮助，奴隶常常从事的是抄写工作，并且可以提供一种由经验获得的基础行政知识。

雅典以及同时期古希腊其他城邦的官员们的活动，从申请职位开始到离职的所有阶段都受到严格的审查。通过抽签或其他方法被选上之后，待任者就处于严密考察之下，并且必须证明自己有资格担任这一职务。他需要证明他的纯正雅典血统，为国家服过役、向国家交税、完成了宗教义务。任何一位公民都可以在法庭前表明为什么待任的官员不应当担任这一职位。在通过考察之后，新任官员必须进行宣誓。此时，公民还可以再次检举他。在离职前，他在职期间的表现和账目受到一个专门委员会的详细审查。这个委员会的报告将呈交给法庭，或者指控他没有尽到职责、账目不清；或者认为他履行了其职责、账目清楚，并且允许他离开。即使在委员会给出了一个肯定评价后的情况下，公民仍然可以向法庭指控他，并且证明为什么不应允许他离职。正因为存在这种连续的公共调查体系，雅典与古希腊其他实行民主制的城邦的行政官员通常是保守的、无进取心的。此外，由于政策易于受到政治家们漂亮的修辞的影响而变得不稳定，行政官员们的主动性因而也受到了影响。[①]

雅典官员们亦无法完全按照正常逻辑作出决定，因为希腊城邦的公共事务受到占卜的影响，并且有些时候必须按照神意采取最紧急的行政步骤。例如，在伯罗奔尼撒战争期间，雅典大将尼西阿斯率领大军征战叙拉古，受了重大损失后正准备趁海面尚未被封锁时撤军，忽然遇见月蚀。他亟问于卜人，卜人答称卦象不吉，宜等候三九二十七天。尼西阿斯遵从，在此时间内，他按兵不动，

---

① E. N. Gladden, A History of Public Administration, vol.1, pp.90-91.

每日只是献祭以平神怒。敌人于是抓住时机将海封锁起来，并将他的战舰摧毁，他与全军遂无人逃出叙拉古人的手。[①]

演说与古希腊民主

演说是古希腊民主政治中一个极为常见的现象。柏拉图曾指出，演说是演讲者在雅典法庭和公民大会上制胜的法宝。

在雅典，太阳升起公民大会就开始，一般持续上午半天，但最迟也是在天黑前结束。大会开始后，第一个程序为女传令人宣读大段咒语，接着传令官宣读议事会对本次会议执行主席和秘书人选的安排，并提出主席团事先拟订的议题。然后，随着传令官一声“谁要发言？”大会进入自由发言即辩论阶段，演说者开始直接面对城邦公民，阐述自己的提议和政策，任何持不同观点的公民都可以发表自己的意见。在演说者发言辩论之后，大会开始就议题进行集体表决，如果多数人赞成即为通过并生效，任何个人都无权更改大会的决定，除非再次召开公民大会，重新对之进行讨论和表决。在公民大会上，民众易受演说的影响。正如雅典一位政治家与演说家所言：“你们（指民众）经常是言辞的欣赏者；至于行动，你们只是从人家的叙述中听来的；如果将来需要做什么事情的时候，你们是从听到关于这个问题的一篇好的演说词来估计可能性……你们是悦耳言辞的俘虏；你们像是坐在职业演说家脚下的听众，而不像是一个讨论国家事务的议会。”

雅典历史上著名的“密提林辩论”最能说明演说对公民大会决策的影响。公元前 427 年夏攻陷密提林后，雅典人召开公民大会讨论如何处理战俘问题。克里昂和戴奥多都斯分别代表正反两方面的观点，在公民大会上发表演说。公民大会通过了克里昂的提议，决定处死密提林全体成年男子，而把妇女和未成年的男女都变为奴隶。但是第二天，雅典人突然改变了自己的想法，他们开始想到这样一个决议是多么残酷和史无前例。于是雅典人再次召开公民大会，重新讨论密提林战俘问题。和上次公民大会一样，还是克里昂和戴奥多都斯分别代表正反两方面的观点在公民大会上发表演说，但是这次戴奥多都斯的建议通过了。相同的议题、相同的演说，却产生完全不同的效果，令民众作出截然相反的决策，为什么呢？修昔底德从演说者发表演说时民众

① ［法］库朗热著，《古代城邦：古希腊罗马祭祀、权利和政制研究》，华东师范大学出版社，2006 年，第 210 页。

的心理进行了分析。第一次公民大会召开时，密提林战争刚刚结束，民众的心理依然处于愤怒状态，对密提林人充满了痛恨和怨愤。然而，经过一天一夜的消磨，民众的心理有了明显转变，“受害者的怒火已经消失了”。

蒋保，《演说与古希腊民主政治》，《历史研究》，2006年第6期，第138～145页。

五、希腊化时代希腊城邦的行政

在整个希腊化世界中，城邦主要是作为一个通常的地方政府而存在。尽管这些城邦的规模和财富存在巨大差异，但是它们的外表与运作十分相似。这是一个伟大的艺术繁荣的时代，文化繁荣的后果之一是延伸了城邦的服务范围，例如它们开始积极承担教育和食物管理等事务。通过高级官员的选举，民主形式总体上维持着，然而，实际权力已经落入了富人的手中，因为富人们的资源对于公共服务的有效提供是必需的。

对于政府的首要责任，即维持法律与秩序的安排，我们知之甚少。而一般市政服务，例如道路的修理与桥梁的修建等，由一个特定的城镇管理者委员会处理。大规模的市政建设计划包括修建有柱廊的街道和市场，大型礼堂和给人留下深刻印象的导水管，这些设施的建设在临时任命的特别委员们的指挥下进行，资金主要依赖于富有公民的自愿捐献。委员们主要负责数量调查之类的技术性任务，并且要向出资者提交资金使用的详细报告。某些城市还雇佣一个官方建筑师就公共建筑的修理与维护提供建议。

在希腊化时期，城市开始任命一些委员负责管理进口谷物的分配。某些城市为了保护公民的健康，设立公共医生职位，由城市给他们支付工资。这些公共医生在为市民看病时可以收费，但在公民付不起钱时则不收费。他们还负责查明公民突然死亡的原因。

在城市的预算上，公共浴室的提供与管理总是一个重要项目。它的运行需要充足的水的供应，还需要浴室服务人员、司炉工等，这些人员通常来自公共奴隶。公共浴室一般要收取一定费用，不过金额不高，通常只相当于成本的一小部分。

我们可以看出，希腊化的希腊城市所提供的社会服务范围越来越大，特别值得注意的是，教育逐步成为城市的一项公共功能。而在公元4世纪前，教育完全是由私人进行的。城邦对教育活动的参与通常开始于设立一个体育中心，例如，“在米利都有四位老师和四位体育训练员，他们由人们每年选举产生，并且每月分别获得四十和三十银币的工资”。渐渐地，虽然仍然由私人提供具体的教育服务，但是城邦开始任命官员进行监督。

希腊城市财政向来是危机重重，在希腊化时代也没有什么改善。城市运作中要使用大量金钱，如大量仆役雇佣者的工资，公共竞技的奖金和补助金，维持向帝国派遣的恰当规模的使团的费用，诉讼费用，以上所说的城市与服务的一般运行与维持等。然而，当时没有什么正常预算的观念，部门账目数量庞大而且重复，只有专业人士才能看懂。具体财政事务一般都会委托给地位较低的财政官员们，由他们支付工资、保存账簿并且保管金钱。各部门的账目由官员委员会审计，它向城邦设立的一个负责监督财政的委员会提交报告。

在希腊化时代，公共服务模式并没有太大改变。仍然由选举产生的官员为政治行政负责，为主要的技术性任务负责。不过，随着服务范围的延伸，专业技术人员开始出现了。同时，附属人员和仆役官员的数量也上升了。业余因素仍然重要，但是职业因素正在扩展。由于需要做越来越多的记录，通常都会任命一位秘书或书记官协助高级官员或委员会工作。秘书反过来又由一群永久雇员与公共奴隶协助。①

第二节　罗马共和国的行政制度

在希腊人在阿提加半岛创建雅典国家的同时，拉丁平原上的另一个国家也在逐渐形成，这就是历史上著名的罗马。罗马位于意大利半岛的中部，意大利半岛的地理和自然条件对于罗马国家的形成和发展产生很大影响。

意大利半岛远在旧石器时代就有居民居住。公元前2000年左右，属于印欧语系的部落从北方越过阿尔卑斯山陆续进入意大利，这就是意大利人的祖先。与此同时，另一个被罗马人称为埃特鲁里亚的民族也从海上来到意大利。公元前8至公元前6世纪，希腊人开始向意大利南部和西西里大规模移民。公元前7世纪，迦太基势力渗入撒丁尼亚和西西里西部，并随即与埃特鲁里亚人结盟，和希腊人争夺海上的霸权。迦太基、希腊、埃特鲁里亚都对罗马的政治、经济与文化产生过重要的影响。

古代罗马的历史可以分为三个时期：王政时代（约公元前753～前510年）、共和国时代（约公元前510～前27年）、帝国时代（公元前27年～公元476年）。

① E. N. Gladden, A History of Public Administration, vol.1, pp.93-95.

一、王政时代的罗马

这一时期，罗马处于勒克斯（Rex，王，相当于荷马时代的巴塞勒斯）的统治下。国王具有特定的宗教功能，这一功能他委托给由他在贵族中选出的官员们。神圣法由五位大祭司以及三位先知组成的团体进行解释。国王负责对外关系，签订条约，进行战争，审判刑事案件，负责任命法官。王由库里亚大会选举。库里亚大会是按胞族召开的民众会议，由全体氏族成年男子参加。库里亚大会可以由王在任何时间召集，但它只能对国王的建议用欢呼表示通过与赞成，甚至进行讨论的权力都没有。

公元前6世纪时，罗马平民与氏族贵族之间的矛盾不断发展，导致第六代王塞尔维乌斯·图里乌斯（约公元前578～前534年）的改革。塞尔维乌斯首先按财产多少划分居民等级，再按照各等级来组织兵役、选举和税制。拥有不同财产的等级出不同数目、不同兵种的百人队，百人队组成森都里亚大会。库里亚大会的一些重要职权，如宣布战争、选举官吏、重大案件的审判等都转归了森都里亚大会。这个体系与希腊雅典的财权制很像，只是罗马以百人团单位投票，而不像雅典是一人一票。实际上，除了个别争议极大的问题外，第二等级以下几乎没有投票机会。

家庭是城邦的基本单位,父亲在他自己的小王国内行使独裁性的法理权力，在王政时代，民政由各家族的父系家长管理。因此，如同希腊与其他同时代的共同体一样，行政管理也是以部落为基本单位，由部落官员根据国王的命令征集士兵与税收。最初，罗马有三个部落，分成三十个库里亚。这些部落的联合会议构成最初的罗马人民大会。塞尔维乌斯改革后，在罗马城内建立四个地域部落作为管理居民的行政单位，以代替原来的三个血缘部落。它们各以所在山丘为名；城郊农村则划分为15个地区部落。

虽然王拥有无限权力，但他的职位并非是继承的。国王死后，国家权力回到元老院的手中，它任命一位过渡王，并帮助任命下一任王。因此，元老院在王政时代的罗马发挥着重要作用，即使从法律上来说它的意见只是建议性的，但是却具有重要的权威。

王政时代的罗马公共管理体系并不需要大量金钱，绝大多数开支由国王私人地产、关税、盐专卖权、罚金来提供。多余的资金则储藏在神庙的国库里，国库的钥匙由财务官掌管。罗马在宗教上采用多神崇拜，宗教与政治的关系十分紧密，常常城邦在采取某些行动，例如打仗之前必须请求神意，神意由一群专业的巫师解释。这些巫师即为最初的罗马官员中的一类。

不久，如同其他城邦一样，罗马发生了王与贵族之间的斗争，并以贵族取胜、王政时代结束而告终。

二、罗马共和国的行政制度

罗马共和国由元老院、三个民众会议及一系列官员统治。和希腊城邦一样，罗马共和国并没有对立法、行政、司法的权力进行严格的划分。就行政管理而言，主要通过由人民大会选出的行政官员进行，元老院也具有重要的行政功能。在罗马共和国的历史上，平民与贵族之间的长期斗争曾经导致两套相互独立的行政体系并行的局面，直到平民取得斗争胜利之后两者才逐渐合一。

（一）罗马共和国的官职体系

罗马共和国的官职体系是在平民与贵族的斗争中，随着罗马城邦的不断扩大而逐步形成的。与王政时期相比，罗马共和国的官职体系采用同僚性和年度性的原则，多数官职任期为一年，除独裁官和骑兵长官外，所有其他官职皆是两人或多人就任，没有正职和副职之分。[①]罗马的官员基本上都由人民大会选出，对担任官职的年龄、兼职和重复担任同一职务，均有法律和法规予以限定。而且，罗马共和国的官职体系中存在着鲜明的等级，并形成了逐级升迁的制度。

1. 执政官（Consul）

执政官是罗马共和国的最高官职。执政官的名称与顾问、询问有关，是指应向人民和元老院请教的人。共和制建立后，执政官代替了王，执行王的权力。执政官定员两人，任期一年，由百人团会议选举产生，经元老院批准后上任。执政官可以连选连任。年龄上的限制是大于四十岁。

公元前 376 年，李锡尼和赛克斯都当选为保民官，他们提出的法案规定，在两名执政官中必须有一名由平民担任。经过十年的斗争，保民官的建议获得通过，执政官的选举得以进行，塞克斯都成为第一个从平民中选出来的执政官。然而，虽然理论上两位执政官之一必须是平民，实际上却很少有平民当选，平民宁愿选举有教育、有训练的人去保卫他们的生命与财产。选举的过程也有利于贵族：在选举前夕，负责选举的选任官员夜观星象，看看所提名的那些候选人名字是否与星象相宜。翌日，他作为百人团大会主席，只把星象示有祥兆的名字提请大会选择。选举时，候选人身着纯白衣袍出现在会场。有时会有候选人撸起衣袖，露出战争中留下的疤痕，以争取选民的支持。当选的两人将在每年的 3 月 15 日开始行使正式的职权。

---

① [德] 特奥多尔·蒙森著，《罗马史》（第二卷），商务印书馆，2004 年，第 5 页。

执政官的责任主要包括：主持国家的各种宗教仪式；召集市民集会和元老院会议，担任会议主席，提名官员候选人和提交法案，并依会议的结果签发执行各种法令，处理司法案件；有战事时要负起全面指挥和统兵作战的责任。此外，执政官在外国元首面前代表着罗马共和国，执掌国库和国家档案库。

两人执政官通常各统罗马军的一半。如果对手不厉害，就只有一位执政官带兵出战，另一位则带另一半的兵力防守罗马兼理内政。如果敌人人多势众，两人便分统全军迎敌。这时罗马的内政和防守任务便由行政长官来代行。在罗马共和国期间，两名执政官经常同时作战。公元前 264 到前 146 年，通常安排一名执政官负责意大利，另一名负责意大利之外的地区，如希腊或马其顿。当一个执政官阵亡或被俘时，另一个便接管全军。两人全部阵亡或被俘时，元老院宣布五天的空位期，并任命“临时王”，临时王的制度也是全面继承了王制罗马时代的制度。

从理论上说，执政官就是王权的继承人，但执政官与王的权力在实践中存在着一些重要的差别。执政官并非宗教首脑。虽然他们仍然主持国家公祭，负责在决定国事前请求神意，但是他们不拥有王的任命祭司的权力。共和制下设立了所谓“圣王”或“祭祀王”，他们作为过去王在宗教领域职能的继承者，已沦为一种象征，地位卑微，由大祭司长任命和管辖。执政官并非终身任职，在一年任期结束后可能会面对民众集会的指控，[①]一个前执政官必须经过十年才能再次当选。两个执政官的地位相同，如果对同僚的想法和做法有不同意见，可以行使否决权。“最高权不是一起移交给两位长官，而是每一执政官均完全而充分地拥有和行使最高权，与国王无异；……每一执政官权限以内的事，另一执政官依法可以随时任意干涉。所以，有时最高权与最高权对抗，一个执政官发号施令，却被另一执政官所禁止，于是两执政官的号令便互相抵消，这种相互竞争最高权力的制度，即使非罗马人所特有，也是拉丁人所独具。”[②]可见，不经两位执政官的同时认可，任何政策都无法得以实施。在执政官的权限上，还存在着罗马城内部和外部的区分。在内部，他们的权限受到例如“向人民申诉”和保民官的否决权的限制，只有在罗马城之外，执政官才可以完全行使其军事和司法权力。可见，执政官的权力不能与王权相比拟，更不是无限的。

---

① 这也是执政官与国王的一个差异所在。国王若犯罪，既没有审判他的法庭，也没有惩治他的刑罚，因为据罗马人的见解，最高法官不能在自己那里受到控告。至于执政官，如果他犯了杀人或卖国之罪，只是在任职期间受其职位的保护，一旦离职，便与寻常公民无异，也受寻常刑律的追究。［德］特奥多尔·蒙森著，《罗马史》（第二卷），商务印书馆，2004 年，第 6 页。

② ［德］特奥多尔·蒙森著，《罗马史》（第二卷），商务印书馆，2004 年，第 5 页。

执政官有表明其身份和地位的标识，平时身着镶紫色边白长袍，坐象牙圈椅，战时和举行凯旋仪式时，则身着将军服。为显示他们具有强制权力，执政官在罗马城内有肩扛法西斯的十二名仆从前行开道；一旦离开罗马城，则在法西斯内插入斧头，以示执政官从所行使的民事权力转换成了没有限制的军事权力。

平民与贵族的斗争结束之后，执政官权力有所削减。他的最重要的职权——裁判权、元老的选举权、资产调查和财政管理权都自执政官职中分出，转移到另外几个高级官员手中。

2．监察官（Censor）

监察官是罗马共和国的另一重要职位，也被认为是威望最高的职位，定员两人。最初，监察官只是负责人口调查的官职，不像其他官员任期通常都为一年，而是每五年选举一次，因为人口调查是五年进行一次的。只有前任执政官可以担任监察官，监察官是极有威信并受到尊敬的高级官职，被称为“最神圣的高级官职”。监察官的外袍上如执政官一样镶着紫边；而在埋葬时可用象征王室地位的紫袍裹尸。

监察官的职责的实际权力相当大。第一，监察官自己就可以决定谁是奴隶谁是自由民，谁有公民权谁没有。第二，罗马公民被按财富分成不同等级，不同等级的人享有不同的政治权利，在森都里亚大会中享有不同程度的投票权，不同等级的人在可以担任的官职上也有差异。监察官的一项重要职责就是调查户主的财政状态，根据这项调查结果来决定公民属于哪个具体的特里布斯和百人团，决定各市民今后五年的税额和兵役期限，决定他们在人民会议中享有的投票权，决定他们能够担任何种官职。第三，从公元前312年起，监察官负责审查元老的名单，决定补充元老院的人选，清除不合格者。这意味着监察官可以取消他们不喜欢的那些候选人入选元老院的资格。第四，监察官在国家的财政运作方面起重要作用。他们将国有土地和资源，如矿山、渔场等，出租给私人，以增加国家收入；把中央的各种税收和地方行省的各种税收的征收权承包给包税人；他们也可使用国库资金兴建公共工程，如道路和公共建筑，把每个具体项目承包出去。不过，在行使财政权时监察官们要处于元老院的监督和控制下，他们只能根据元老院发布的命令从国库支取一定额度的资金。第五，监督公民的道德。这是一项特殊的权力，也是这一官职的特点所在。其目的在于惩罚那些法律涉及不到的，其他官吏也管不着的不良行为，以维护良好的风俗、习惯和社会风尚。官员滥用权力、公民未完成其公共责任、私人道德上的问题，皆属于监察官注意的范围，像是虐待孩子、不敬父母、暴饮、奢侈、对奴隶过分残酷等，监察官都有权干预。一个人如荒废自己的土地，不精心照料自己的果园，一个骑士不精心饲养自己的马匹，甚至一个人在法庭上大声清晰地打呵欠，都属于监察官的权力范围。每一次人口普查结束后，凡是他们一致认为有违道德的行为都可记录在案并说明理由，附在公民册该公民的名字后面，称“审查记录”。凡入审查记录者即被宣告“丧廉耻”，监察官可根据不同情况进行惩处，削减或剥夺他们的政治权利。例如，若为骑士，则将其从该等级中剔除，责令对方：“卖掉你的马。”①

监察官基本上也不需解释他们行使这些职能的方式。对于他们的唯一限制是两个监察官之间的否决。虽然他们并不明确拥有相互否决的权力，不过，在实践中他们是这样行事的。因为“监察权”在当时被看作由某些人员同时掌有的单一和不可分的责任，两位监察官中的任何一个都是以整体的名义来行使职责，每一位监察官都要为另一位监察官的行为负责。相互否决权的行使意味着监察官采取任何行动都需要两人达成一致。

3．行政长官（Praetor，又称为大法官）

行政长官出现于公元前 367 年以后，任期一年。行政长官拥有的权力与执政官所拥有的并无分别，只是其权能要比后者小。当执政官都去了战场、不在罗马城中时，经元老院允许，行政长官留在罗马代理征兵等执政官的其他日常职责。在必要时，他们也可以指挥军队。和执政官一样，行政长官也有权召集和主持人民大会，但这些会议一般只是选举低级官员和通过并不特别重要的法律。在执政官不在罗马城时，他们还有权召集和主持元老院会议。不过，行政长官最主要的职责还是主持司法事务。②

行政长官一职最初只设一人，年龄下限为 40 岁。后从公元前 242 年起增设一人，主管异邦人的事务，称外务行政长官，原来的那位行政长官则称都市行政长官。到罗马共和国末期，随着行省数量的增加，行政长官的数目也不断增加。如同执政官，行政长官通过抽签决定每个人应当负责的范围是罗马城中的公民或外邦人，还是意大利和海外的各省。

负责罗马城事务的两位行政长官被法律禁止不得离开罗马超过十天，其中一位负责审理公民之间的纠纷，另一位负责审理所有涉及外邦人的案件。通常行政长官在就职时都会发布一项谕令，对法律进行一番具体解释，他会声明：“在如下情况下，我会采取罚款，或者我会要求宣誓不再犯。”原则上，这些法令只在行政长官一年任期内有效，但是每一个继任者通常都会基本上接受他的

---

① 陈可风著，《罗马共和宪政研究》，法律出版社，2004 年，第 77～78 页。

② 陈可风著，《罗马共和宪政研究》，法律出版社，2004 年，第 70～71 页。

前任的谕令，只做细微的修改。这些连续发布的谕令是罗马法的一个重要来源。行政长官拥有强行执行判决的权力，他们发布的谕令和作出的判决也是罗马法的重要渊源之一。①

4. 营造官（Aedile）

罗马共和国存在着两种营造官，即平民营造官和贵族营造官。他们具有相似的功能，但是由不同的民众集会选出，拥有不同的法律地位。严格来说，平民营造官并非国家官员，他们在卸任后没有资格进入元老院。两位平民营造官对平民会议负责，他们是公元前5世纪在平民与贵族对抗中为了辅助保民官而出现的。②贵族营造官产生于公元前 367 年后，是贵族对于平民行为的回应。两位贵族营造官由特里布斯大会选出。由于他们被承认为罗马的高级官员，因此卸职后可以进入元老院。后来，随着贵族与平民斗争的结束，贵族营造官分别由平民和贵族轮流担任，二者的区别完全消失，文献资料也是以其担负的职责来称呼他们，如都市监理官、粮食督办官、公共娱乐和节庆督办官。

营造官主管城市的日常物质需要。他们负责街道与建筑的安全、修缮和清洁，负责管理水的供应，监督市场，保证价格稳定，负责罗马城的粮食供给，负责监督罗马城内及城郊一里范围内的社会秩序，负责召开各种竞技比赛大会、庆祝式典，有些有从政志向的人有时甚至会自己掏腰包来举行一些可以博得市民欢心的活动。

5. 财务官（Quaester，又称会计官）

财务官最初是罗马执政官的助手，由执政官委任，公元前5世纪中期后担任该官职者由特里布斯大会选举产生。财务官的主要责任是财政方面的。他们保管国库的钥匙以及国家的文件和档案，他们从租种公共土地的人那里收取租金，出售如公共土地或者战利品这样的公共物品。公元前421年该官职向平民开放后，人数增至四位，原先两位职责不变，称"都市财务官"或"国库财务官"。新增设的财务官分别作为两执政官外出作战时主持财政的助手，掌管收支和发放军饷，并负有制止浪费军费的责任。到共和制末期罗马设置行省之后，财务官还承担了监视派往外省任总督的执政官或行政长官财政状况的职责。财务官的职责领域由元老院根据国家行政管理的需要逐年决定，并通过抽签具体分派到个人。

---

① S. E. Finer, The History of Government from the Earliest Times, Oxford: Oxford University Press, 1997, p.403.

② Adilen plebis，这种官职原看守存放在阿芬丁山脚下的谷神神庙中的平民决议，后帮助保民官从事司法工作，有审判权，最后成为管营造的市政官员。

任财务官的年龄下限是三十岁，任期一年。财务官是高级官职中的最低一级，一般做官都从财务官开始，按一定次序升迁，直到最高荣誉职务执政官。

6．独裁官和骑兵长官（Dictactor et magister equitum）

当两个执政官出现意见不一致，无法共同解决难题，或者当情况危急需要迅速作出决定时，罗马共和国便会任命独裁官，任期六个月。独裁官有权随意任命自己的一名副官，即骑兵长官。

替独裁官开道的侍从为24个，他们肩扛的法西斯无论在城内还是城外都插着斧头，表明权力不受执政官权力所受的任何内外制约。罗马的其他官职都是选举产生的，只有独裁官的产生时没有人民参加，而由两个执政官中的一人推举，经元老院认可产生。独裁官一被任命，其他官吏、包括仍然在任的执政官便须依法一概受其管辖。独裁官对于全体人民及其财产，几乎有绝对的、完全的权力，唯一的限制是没有取得元老院的同意，不能运用公共基金。独裁官通常出现于国家由于外患或内乱而处于严重危机的时刻。

在罗马共和国早期，这种在特殊时候把全部大权集中于一人的方式，是对军事和行政官吏以及各种机构间互相分权与制衡制度的一个必要补充。这一时期的罗马是不轻易指任独裁官的。从罗马建立共和制的公元前509年到高卢人入侵时的公元前390年的119年间，虽然或有缺漏，后人只知道罗马仅有过七个独裁官。公元前202年后，罗马不再启用独裁官。到了共和制末期，独裁官的内涵渐渐发生了变化，凯撒就曾担任终身独裁官，这样的独裁官已经相当于一个独裁者了，不再具有共和制度所赋予它的含义。

7．保民官（Tribunus plebis）

共和国初期，官员们以及元老院成员们由一个狭窄的古代贵族家庭圈子控制，把平民排斥在外。政治上无权，再加上早期共和国经济形势的恶化，导致平民发起了“圣山”运动，他们选出了自己的官员，建立了自己的平民会议，在一段时期内罗马共和国出现了两套政治体系并存的局面。除上文提到的平民营造官之外，在平民不断争取之下设立的另一只能由平民担任的重要官职是保民官。

保民官是一项平民官职，由平民会议选举，且严格限定只有平民才能当选。保民官任期一年，最初两人，到公元前5世纪中期增至十人。保民官虽被纳入罗马官职体系中，视为一级官阶，但并不是仕途升迁必须担任的一级官职。保民官没有经过库里亚大会授权，因此也不拥有统治权及其外部标识。

保民官最主要的职责是保护平民的权益。为此，保民官在共和体制内广泛行使否决权，可以否决国家官员的决定乃至国家机关的法案，并禁止其实施，阻止人民大会和元老院会议的召开，或对正在进行会议中的关键程序予以终止。无论何时，只要其中有一名保民官认为必要，只用“veto”一个字就可阻止整个国家的行政机关之作为。但是，保民官的否决权在战争时期不能使用，就是说，绝不能反对独裁官的权威，也不能反对执政官在罗马城以外的权威。

保民官扮演着保护弱小免受权贵欺凌的角色，其对抗执政官的救助权逐渐演变成在共和体制内一项抗衡高级官员统治权的特殊权力。在保民官住所内，任何人不得实施拘捕行为。未经人民大会判决由高级官员监禁者，任一保民官可行使救助权。因此，为保证平民随时可以获得保护或帮助，保民官不得在城外留宿，他家的大门须24小时一直敞开。

对于忽视保民官权利的人，尤其对于违法乱纪的官员，如果不给保民官一种立即生效和不可抗拒的强制权力，那么，这些权利就不会起作用。为此，保民官被赋予某种“神圣性”，这对所有罗马公民都有效。在圣山上，每一个平民都曾一个一个地为本人也为他的后代发过誓，无论是现在还是将来，都要坚决保卫保民官，使他免遭一切损害。平民机构把他们自己的长官处于谷神的保护之下。保民官任职期间，人身神圣不可侵犯，任何人如向他们动手逞凶，都被视为不但当受神诛，而且要被依法判处死刑，因而，执政官与元老院不能对保民官的行动自由有任何妨碍。保民官还拥有司法权，可以处以罚金、没收财产、拘捕公民和高级官员（甚至执政官）以及实施死刑。保民官实施司法权主要针对冒犯其神圣性、干扰平民会议的举行和违反罗马宪制与法律的行为。①

保民官虽然是为保护平民利益而设，但对贵族统治的延续却不无助益。随着保民官的设立，人民的呼声就有了一个合法的、制度化的上通渠道，就可以避免积怨已久的人民铤而走险。保民官既然是罗马公认的国家官员，而且卸任后还可以进入元老院，实际上就不会一味采用过激的对抗手段，他们往往成为贵族和平民间的调和人。而且，保民官互相之间也存在一种平行的否决权，贵族一般都可以在其中找到他们的支持者和代理人。于是，“保民官竟然成为最常用和最有用的政府工具之一，他们被元老院用来操纵市民，尤其是制止长官的不法行为，用来敷衍受苦的穷人，使他们认为他们在现行政治体制中有自己的代言人”。②

8．低级官员

罗马的低级官员一共为26人，全部由特里布斯大会选举产生。他们不仅无

① 陈可风著，《罗马共和宪政研究》，法律出版社，2004年，第84～86页。

②［德］特奥多尔·蒙森著，《罗马史》（第二卷），商务印书馆，2004年，第64页。

统治权，而且被排斥在罗马官阶之外。有确凿证据证明，至少在公元前3世纪初，他们已在共和制度建构中出现。共和末年时，罗马人习惯将其统称为二十六吏。具体包括：刑事三吏，负责罗马治安，因夜间常在罗马街头巡视，故又称巡夜三吏；坎帕尼亚四法官，是行政长官派往卡普亚和库玛等坎帕尼亚城市负责司法事务的官员；十人争讼审理团，主要审理自由身份之诉；铸币三吏，负责铸造铜币、银币和金币；罗马城环卫四吏，负责维护罗马城内的道路；城外环卫二吏，负责维护罗马城邻近地区的道路。奥古斯都时，城外环卫二吏与四法官被取消，故此后罗马的低级官员此后称为"二十吏"。①

另外，罗马共和国的行政体系中还包括一些低级公职人员和国家奴隶。低级公职人员一般由被释放奴隶构成，他们靠薪金生活，是高级行政官员的办公人员，充任秘书、侍从、小使、公告人、传令兵等，领取公职薪俸。国家奴隶执行低级任务，担任狱卒、刽子手、神殿的勤杂人员等。

9. 高级官职的逐步开放

经过平民与贵族的不断斗争，共和国的高级官职开始逐步向平民开放。公元前366年，罗马产生了第一位平民执政官。公元前356年，平民获得了担任独裁官的权利。公元前337年，平民又取得了担任监察官和行政长官的权利。另外，管理罗马市政的营造官和管理财务的财政官也可以由平民任职。公元前287年，平民出身的独裁官霍腾阿西阿颁布法令，规定特里布斯大会通过的决议，不必经过元老院的批准即对全体公民具有法律效力。特里布斯会议由平民会议变成享有最高立法权的公民会议。罗马全体公民在会议上表决国家立法，选举保民官、财务官、营造官以及低级官员。原先的库里亚会议和森都里亚会议依然存在。后者表决国家的和战问题，选举执政官、监察官、大法官等高级官吏；前者已经完全丧失了政治意义，仅在形式上授予高级长官的职权而已。

官职的开放和选举方式的变化意味着平民在罗马共和国政治体系中的作用日益上升。不过，经过平民与贵族斗争后的罗马仍然是一个贵族共和国。公元前4世纪下半叶和公元前3世纪初，平民上层与贵族逐渐合流，形成所谓的"新贵"，共同把持政权。而且，在罗马共和政体中，体现贵族成分的元老院仍然处于中心地位，决定着内外大政，是罗马共和国最重要的国家机关。元老院在罗马共和国的行政中也起着重要作用。②

---

① 陈可风著，《罗马共和宪政研究》，法律出版社，2004年，第87～89页。

② 杨共乐、杨俊民著，《璀璨的古希腊罗马文明》，中国青年出版社，1999年，第247～248页。

（二）元老院的作用

罗马的官职体系中存在着大量的分割与重合，制约与平衡，而元老院恰恰起到了一种行政协调的重要作用。

第一，控制独裁官的选举。当遇有非常情形时，元老院可以决定何时设立独裁官，独裁官虽然是由执政官推举，但习惯上要得到元老院的建议和认可。

第二，控制官员的具体职权分配。两个执政官虽然在法律上地位完全平等，但是为避免相互行使否决权而不能作为，需要对他们行使权力的范围做必要的划分。这在最初只由双方自由协议，无法达成协议时则由抽签决定。但是，元老院对执政官实际职权的划分逐渐进行干预。元老院虽然不把职务直接分配给两个执政官，却以忠告和建议的方式对于这一问题发挥决定性影响。元老院每年也对其他官员发布训令，规定他们的职责范围。

第三，元老院拥有特免权，即当有合理理由时延长一个在职官员的任职期限，使其不受法定任期的约束。在罗马建立行省后，元老院通过这一权力从卸任的长官中指派行省总督。

第四，发布元老院紧急状态令的权力。自格拉古兄弟改革起，针对共和国内部的激烈矛盾与纷争，元老院为维护自身利益，常以保护国家为由采取这种极端措施。元老院通过发布紧急状态令，授予他们比较信任的某位长官（一般为执政官）以非常权力，包括不经申诉直接判处罗马公民死刑的权力。

此外，元老院控制着罗马共和国的财政与外交。

元老院牢牢掌握着国家金库，主要费用的支出都须得到它的批准。虽然所有官员在其职权内都有权支配一定数量的经费，但须得到执政官的授权，而执政官又须与元老院协商具体费用额度，因而实际上是由元老院决定每一高级官员可以支配多少金钱。此外，何时征税以及征税比率虽由执政官宣布，但却是由元老院决定的。例如，对于公元前215年地产税的征收，李维的记载便是："元老院决定……该年度征收千分之二的地产税。"

对外而言，元老院是罗马共和国的象征。罗马许多官员的权力限于罗马城，罗马与罗马以外地区的关系及涉及罗马以外地区的事务，如派遣驻外使节、接见外国使节以及日常外交活动，均由元老院负责。当外交使节或寻求帮助，或表示归顺，或请求仲裁，抑或仅仅出于礼节性的拜访等前来罗马时，他们首先要求的是得到元老院的接见。元老院还派出使团处理各种外交事宜。此外，罗马对外宣战、媾和、签约、结盟等都要由元老院讨论决定，而后交百人团会议表决。①

① 陈可风著，《罗马共和宪政研究》，法律出版社，2004年，第101～113页。

与其他机构相比，元老院在行政方面具有一些独特的优势：第一，元老院成员大多来自刚刚卸任的高级官吏，他们不但具有丰富的行政和军事经验，而且对于内外形势都十分了解。第二，与高级官员的不断更替相比，元老院成员终生任职，保持着连续性。第三，元老院始终保持着紧密团结。第四，人民大会只是表决机构，本身不具备处理事务的能力。而且当罗马国家扩展到广大地域以及公民数量达数十万之众以后，人民大会显得十分“笨重”，元老院则规模小得多，有利于迅速作出决定。

罗马共和国的三个人民大会

罗马的人民大会不是一个而是三个，即库里亚会议、百人团会议和特里布斯民众大会。

库里亚会议，是建罗马城的时候开始的最老的集会，只有贵族参加。共和制初期曾经起过选举执政官的重要作用，但其机能渐渐地转给了百人团会议和特里布斯民众大会。不过，它仍然拥有一种形式上的权利，即举行大会并以投票的方式通过“授权法”，授权法把管理国家的最高权力授予由百人团会议选出的高级官吏。

百人团会议（Centruria），又叫做森都里亚会议，是罗马的武装市民的集会。罗马的一切高级官吏都必须经它选举，一切重要的法律必须在此通过才有效。它没有创制权，也不能讨论和修改议案，只能对议案全文通过或全盘否决。百人团会议还有接受申诉权，有权审理一切涉及剥夺被告罗马公民权的刑事案件。投票方式是以百人团为单位，每一团都有一票表决权，不同等级票数有异，其中，最富有的第一等级表决权数超过半数，而且表决按等级顺序进行，因而百人团会议基本上由第一等级操纵。

特里布斯民众大会（Comitia tribus），是罗马最民主的一种人民大会，它不分等级而且不要求财产资格。最初只是平民的集会，会上所作出的决定只对平民有约束力。公元前287年以后，它才获得了正式的立法权，即它所作出的决议全罗马国家的人民都必须遵守。此后，特里布斯大会不仅有平民参加，许多贵族也来参加。不过，在平民选举自己的保民官和自己的高级官吏及解决平民自身问题时，平民仍单独集会，这种集会称为特里布斯平民会议。公元前287年以后的特里布斯民众大会在实际上已经取代了百人团会议而成为罗马的主要立法机构，但与百人团会议一样，它也没有创制权，只有表决权。罗马的许多官员亦须经特里布斯会议选举。此外，它还有权审理一切有关判处罚金的案件和一切刑事案件。投票方式比起百人团会议要民主得多。表决时分两级投票：首先在特里布斯内部个人投票，然后根据投票结果再以特里布斯为单位投票。

罗马的人民大会是公民直接行使民主权力的机构。然而，他们公民的人数已超过希腊最大城邦公民人数的数十倍，这种直接民主就显得十分不适应。并且，他们的人民大会也没有希腊人早已创造的常设机构，所以，难以使它充分发挥作用，实现工作的有序化和高效率。由于人民大会固有的这些缺陷，使许多权力落入元老院和高级官吏的手中，这是很自然的。实际上，罗马的人民大会从来不是国家真正的最高权力机构。

（三）罗马共和国的扩张及其管理

同周围的伊特鲁尼亚城邦、希腊城邦、迦太基国家相比，罗马是一个文化上较为落后的国家。然而，它却征服了整个意大利和地中海地区。这得益于它位于意大利半岛中部的地理位置，得益于罗马的军事力量和有效组织，但是如果没有管理国家的本领的话，这些因素都不足以使它保持对广大地域的统治。罗马人拥有帮助他们巩固军队胜果的行政手段。

1．对于意大利的管理

到公元前265年第一次布匿战争前夕，罗马的统治地位已经在意大利半岛得到确认。为了确保在意大利的统治，罗马采用了以下方式：

第一，通过建立一个道路体系，有效保证与其征服地之间的联络。罗马人投入大量人力、物力修筑道路。其中在意大利境内比较著名的有：通往南部的“阿庇安大道”，由罗马经坎佩尼亚延伸至他林敦；通往北部的“弗拉米尼大道”，由罗马直达翁布里亚东海岸；通往东北部的“瓦莱利亚大道”，从罗马向东沿阿尼奥河上行，穿过亚平宁山口到亚得里亚海岸，等等。道路多用石料建造，中间略作凸状，宽度测量相当准确。

第二，在战略位置重要的地方设置罗马、拉丁殖民地。罗马早在公元前4世纪初期就着手建立罗马殖民地。这些罗马殖民地都是经过精心选择的战略要地，主要建立在沿海地区，用于防守海岸线。这种殖民地一般规模不大，由约300个罗马家庭组成。到公元前218年，罗马已建立了12个沿海殖民地。为了进一步稳定拉丁人，罗马在一些具有战略意义的要塞地区建立拉丁殖民地，有计划将拉丁人殖民到这些地区。到公元前339年，罗马在意大利半岛上建立了21个拉丁殖民地。罗马与拉丁殖民地其实就是罗马设在要害地区的战略据点，既可以对周边地区起到一定的震慑作用，又成为罗马向外扩展势力的强大支撑点。而且，殖民地的设立缓解了拉丁平原人口增长与土地不足的矛盾，保障了罗马共和国的稳定与发展。①

第三，罗马在征服意大利过程中形成了一套以公民权为核心的复杂管理体系，根据不同地区、不同城市、不同部族与罗马城距离的远近、文化上的联系以及战略地位的重要程度，采取不同的统治方式，分而治之。

对于罗马城附近拉丁地区的土地，它们与罗马具有语言与文化上的亲缘关系，罗马采用直接兼并的方式。例如，公元前381年、公元前338年，罗马将位于它东北和西南的阿里基亚、拉努维乌姆等地分别并入。这些被兼并的、享有全部公民权的城市和共同体被称为“罗马公民城镇”（Oppida civium Romanorum）。对于这些地方的管理，在很长一段时间内原先存在的地方政府或地方任命的官员得到了相当大的保留。只是为了保证国家在兼并领土的财政要求得到满足，罗马在这些地区任命和驻守着财务官吏，并派遣外省执政官或外省行政长官进行巡视，起到一种监督的作用。“联盟者”（Socci）一般与罗马的关系相对疏远，多数是通过激烈征战降伏后并入罗马联盟体系的共同体，它们与罗马在语言、文化、地理上都可算是外国，政治建构也不同于与罗马同一源流的拉丁诸邦。对于这些“联盟者”，罗马让其保持内部独立，外交权则掌握在罗马手中。同盟者还要向罗马提供辅助部队，并且承担它们条约中具体规定的其他义务。但它们不需交税、不受罗马官员的监督。或者说，它们与罗马是紧密联系在一起的独立的联盟。它们在罗马军事力量保护之下分享它的胜利成果，但是，如果它们背叛的话，会受到罗马军事力量的无情打击。介于上述两种形式之间的是“自治市”（Municipium）和“罗马管区”（Praefectura），它们的含义随着历史发展有着很大程度的变化。大体而言，自治市具有相当大的独立性，其市民享有罗马公民权，但不受任何罗马法律的约束，除非他们自己的公民大会予以采纳。罗马管区则多在国家机构发展不充分的落后地区推行，由罗马直接监管这些此前可能还处于部落社会的无投票权的新罗马公民。此外，对于与罗马人同一种族、信仰、语言、风俗的拉丁人的共同体，罗马采用的是一种特别的管理方法。一般罗马不干预拉丁各邦的内部事务，但对重大事情，特别是军事事务，罗马的控制却相当严格。而随着罗马日益强大，拉丁各邦也就越来越依附于它，逐渐丧失其自治特性而更多地成为听命于罗马的地方政府。②

2．对于行省的管理

① 宫秀华著，《罗马：从共和走向帝制》，高等教育出版社，2006年，第39～40页。

② 陈可风著，《罗马共和宪政研究》，法律出版社，2004年，第156～174页。

公元前241年，罗马赢得了第一次布匿战争的胜利，将迦太基人手里的西西里岛变成了罗马国家的第一个行省。此后，又陆续建立了撒丁·科西嘉行省、近西班牙行省、远西班牙行省、阿非利加行省、马其顿行省、亚细亚行省等。到恺撒掌权的共和末年，罗马行省数目达到14个。与在意大利实行的联盟政策不同，在行省，罗马推行的是帝国主义政策，其实质就是掠夺，管理机构也相对简陋、粗糙。

罗马派驻各行省的最高官员，现在一般称之为行省总督。最初罗马元老院是通过增设行政长官的办法来解决西西里和撒丁·科西嘉行省的管理问题的，新设立的两个“管理外地人”的行政长官通过抽签方式确定派遣的行省，任期一年。公元前197年，随着两个西班牙行省的建立，罗马又新增设两个行政长官职位。此后直到苏拉改革，罗马行政长官职位固定为6位，不再增加。然而，随着新行省的不断设置，罗马高级长官人数无法满足日常管理的需要，罗马不得不采取变相延长“统治权”的做法，所有在任执政官及行政长官在一年任期届满后，可以以卸任执政官和卸任行政长官的身份继续在海外再任职一年。

行省总督集军事、民事和司法等权力于一身。作为行省军事统帅，总督有权在意大利征募军队和召集所在行省的老兵，有权在行省内进行军事活动。行省总督同时也是其管辖地区的最高法官，一般由他巡回主持司法审判。行省财政虽然是由财务官负责，但财政大权实际上掌握在总督手中，他有权减免税收和制定影响征税的方针政策。因此，对行省居民而言，他们的福祉或灾难很大程度上取决于总督对待包税商和银行家的态度。如果他对包税商和银行家一味迁就和纵容，那么行省居民遭受的盘剥和压榨将难以限量。

总督的下属官吏中，最重要的是财务官。财务官并不由总督直接任命，一般通过抽签产生或由元老院分派。除西西里有两位行省财务官外，其他行省各一名。他们的常规职责是管理财务，并有相应的司法权。作为总督助手，行省财务官实际上也可以招募军队、购置武器甚至在紧急情况下直接指挥军队。根据各行省的具体情况，元老院还会委派数目不等的特使，其地位和职能相当于总督副手。特使并不是罗马官阶中一级正式官员，担任行省特使者多为总督的亲朋好友，负责某一专项领域的工作。此外，随同总督前往行省的还有随从和其他辅助人员，如翻译、车夫、侍从、负责看管犯人的看守等，他们都是需要公共财政支付费用的公职人员。[①]

① 陈可风著，《罗马共和宪政研究》，法律出版社，2004年，第194～198页。

（四）共和制度的衰亡

从公元前 146 年布匿战争的结束到公元前 30 年前后的这段时期，是罗马历史上极为重要的社会转型期。由于以上所述及的胜利征服的影响，罗马的共和体制逐渐瓦解崩溃，伴随军事独裁的产生而一步步向帝制演变。

共和国末期，随着疆域的不断扩大，罗马行政机构的能力与效率逐步下降，官员缺乏监督，腐败问题层出不穷，人民当中出现了广泛的不满情绪，而奴隶起义则是这种情绪的集中爆发。为应对共和国所面临的问题，需要对政治与行政机制进行改革。

共和国晚期的第一次大规模改革发起者是格拉古兄弟，此后共和国又经历了马略的军事改革，苏拉的独裁统治及改革。尽管经历了不断的改革，在恺撒之前，罗马并没有做什么真正的努力以推动行政机器的改革与发展，使之适合于罗马扩大了的疆域，所进行的只是一些修修补补的改革。例如，为了减轻官员中出现的一些令人深恶痛绝的恶行，罗马建立了专门法庭以处理官员的渎职行为。公元前 149 年，设立一个专门法庭审理外省总督过度勒索的案件。接下来的五六十年里，又先后设立了两个专门法庭，分别审理通过非法拉选票和贿赂取得官职的案件，审理公共资金滥用与挪用的案件。这些法庭作用有限，并不能有效地“纯洁行政”。此外，当时还出现了一个职业抄写员阶层。共和国早期，行政职能相对简单，官员们通常只需由他们的一些家庭成员协助。随着行政事务的复杂化，到共和国末期已经产生了附属于各个官员的抄写阶层。由于他们任职时间较长，这一阶层能够对短期任职的高级官员施加重要影响。

一直要到恺撒独裁时期，罗马人才意识到渐进主义的解决方法不再足以应对当时的局面。恺撒开始彻底检修行政机构，以建立更好的公共秩序：

1. 改革罗马官制。恺撒把行政长官增至 16 人，财务官增至 40 个，市政官增至 6 人，以加速处理公务。他对市政事务屡加过问，并置有私人的眼线监督市政官员，如有耽搁或延误公事，绝不容忍。在市政规章里，对于选举中之贿赂行为和行政上缺乏效率，恺撒均明文规定要处以重刑。在行省方面，规定执政官级别行省官员任期为 2 年，行政长官级别任期为 1 年。行省总督在任职期间只有司法权、行政权，无军权。同时，恺撒颁布新法律，严惩犯有贪污勒索罪的行省官吏。①

2. 整顿财政。为了维持货币的稳定，恺撒以黄金的多寡作为发行货币的标准。罗马推行一种新的单一金币制，新的金币上印有恺撒肖像，这是罗马有史

① 宫秀华著，《罗马：从共和走向帝制》，高等教育出版社，2006 年，第 117 页。

以来第一个刻在货币上的活人头像。规定领取政府赈济品的标准，使得申请者从32万人降低到15万人。在恺撒的治理下，帝国的财政制度有条不紊，以致当恺撒死后，国库盈余苏斯特斯7亿之多，他自己私产也有1亿苏斯特斯。

3. 进行人口普查。为了便于征税和行政管理，恺撒于公元前48年颁布《朱利亚自治城市法》，开始对意大利半岛居民展开规模较大的人口普查。这项工作或交由地方行政长官负责，或委派代理长官主持进行，调查重点是财产登记。如果居民在限定期限内没有按时登记注册，将被处以没收财产或取消公民权利的重罚。恺撒还打算对整个帝国作同样的调查。①

公元前48年，恺撒被宣布为永久独裁官，显然是朝君主走近了一步。虽然有很多人认为建立帝制是唯一为一个地域广大的国家提供有效管理的方法，因而支持恺撒的这一举措，但是，一些元老院议员仍然坚守共和国理想，他们谋杀了恺撒。不可避免的内战过后，罗马政治与行政的一个新时期开始了。

第三节 罗马帝国的行政制度

一、屋大维与“元首制”帝国行政制度的建立

罗马共和国末期内战的最终结果是屋大维元首政治的建立，其根本特点是在保留共和形式下的个人专制统治。公元前31年亚克兴战役之后，罗马国家的统治权转移到屋大维手中。公元前29年，屋大维从东方返回罗马，郑重地举行了关闭亚努斯神庙的古老仪式，向人民表明“和平时代的到来”，赢得了渴望和平安定的罗马人民的拥戴。随后，他获取了一系列的荣誉和权力。公元前27年，屋大维被授予“奥古斯都”的称号。公元前23年，奥古斯都辞去执政官职务。元老院则通过一条特别法令，授予他与执政官享有共同权力的执政官权。公元前19年，这一权力又变成终身。在这之前的公元前30年，他被重新确认为终身保民官，这实际上也就重新明确了他的人身不可侵犯性以及对元老院和人民大会所通过的决议具有否决权。

奥古斯都虽然集各种权力于一身，但他精心建立起来的帝政却以共和制为外衣。他以国家“首席元老”、“第一公民”的身份操纵着罗马大权，元首成为最高主宰。奥古斯都借鉴前人的经验，改革并扩展了罗马共和国的行政制度，

① [美] 威尔·杜兰著，《恺撒与基督》，东方出版社，2003年，第245~246页。

建立起了一个适应于世界性帝国的政府体系。

（一）新政府机构的建立

奥古斯都应人民的要求在罗马城接管了几项具体事务，即负责罗马城的供粮、供水和公路修筑。这些事务他不再通过共和时代各级官员去执行，而是另派专人去管理。由奥古斯都特派的这些专员是元首制下新的政府官员。初时人数很少，后来随着元首职权的增长，管理事务的增多，这种专员也越来越多，不仅在罗马城和意大利，在行省也派这种专使来处理事务。而且，各种专员机构也相继出现，并逐渐形成了一整套与共和制政权机构并存的元首制新官僚机构。

从公元前 27 年开始，奥古斯都组织了一个类似元老院常委会性质的理事会，由两名执政官和其他每种共和制官职各一名代表，再加上 15 名抽签选出的元老院议员组成，任期 6 个月。这个“常委会”既是奥古斯都的助手和顾问团，又是为元老院准备议程方案以加快元老院处理事务的速度的机构。公元 13 年以后，奥古斯都家族内的 3 个人成为这个“会议”的永久成员，一些骑士阶层的人也进入这个委员会，原先抽签选举的元老院议员改由元首亲自圈选，不必经元老院同意。于是，这个议事会的性质便从原来的“元老院常委会”变成了奥古斯都的“皇家御前会议”。虽然也有一些元老一同参加，但他们已经不能代表元老院意志了。

随着元首制政治的确立，管理元首办公室和宫廷内部事务的成员越来越多，这些人从奥古斯都自己的被释奴隶或亲信中选任，其中最主要的有掌管书信文书的侍从、掌管皇家金库的侍从、掌管申述的侍从、掌管司法事务的侍从、掌管国事研究的侍从等。这些人名义上是奥古斯都的私人助手，实际上权力很大。当时元首的公私事务很难分清，因而这些侍臣对于很大一部分公共事务也有处置权，甚至比元老院及其他官吏有更大的直接参政权。[①]

奥古斯都在元老、骑士、被释奴隶级官员间作出区分。其中，元老可以担任国家的高级官吏，可以出任行省总督和军事长官；骑士可以担任重要的军职和官职，包括近卫军长官、行省的各种财政经济官职和各级军官。

（二）罗马城的行政管理与重建

奥古斯都十分重视罗马城的建设与管理工作。

在好友阿格里巴的协助下，奥古斯都着手重建罗马城，这一工作始于公元前 29 年。据《奥古斯都自传》记载，仅在公元前 28 年，他就在罗马城修复了 82 座神庙。为了加强对罗马城建筑工作的管理，奥古斯都设立了常设工程部，

① 杨共乐、杨俊民著，《璀璨的古希腊罗马文明》，中国青年出版社，1999 年，第 319 页。

任命两名工程专员专管城市建设和修缮事宜。为了加宽和疏浚台伯河的工程以防洪水涨溢，公元前 15 年，奥古斯都还特设台伯河治河专员，由执政官级官员担任，以示对这一工作的重视。

防火是罗马城的一件大事。火灾在城市的木屋区特别容易出现，这些地方的街道狭窄，一旦起火，火苗就会毫无障碍的到处蔓延。公元前 22 年，奥古斯都命令罗马市政厅用 600 名公共奴隶组成一支消防队，负责罗马城的救火工作。公元前 6 年，他命令保民官、行政长官等协助市政官组织正式消防军。罗马城被分为 14 个区，每个区都拥有了自己的消防队。公元 6 年，奥古斯都又任命一位骑士级军官作为消防主管，他率领着共 7000 人、分为 7 个队的消防军团，负责全意大利的消防事务。

奥古斯都也开始着手处理安全与警务的问题，他按照军队模式建立了一支由 4000 人组成的警察部队，由市政长官统一指挥，以维持公共治安。警察部队具有半军事性质，后来发展成为警察厅，是帝国统治的重要机构。①

为了解决罗马城的粮食供应，奥古斯都特设一名粮食督办专管一切粮食事宜，他拥有广泛的权力，包括租用足够的船只运输粮食，惩罚试图囤积供应品的私人交易者。奥古斯都还建立了一个粮食发放分配委员会，负责控制与管理粮食的免费发放。

（三）人口普查制度的基本系统化和定期化

了解治下人民的人口、土地和财产状况，是统治的需要，也是税收的需要。奥古斯都时代，人口普查制度趋于系统化与定期化。他在向各行省展开广泛的、复杂的人口普查过程中，逐渐形成一套比较规范、系统的人口普查制度。

第一，获知关于帝国的每一位居民的个人财产及家庭情况。在绝大多数地方，居民都要在宣誓不说一句假话、一切如实上报之后，逐项申报，极少数地方由调查委员会挨家挨户进行调查。

第二，建立档案管理制度。居民的声明记录下来后，按被调查者姓名的字母顺序排列，有时也按年代顺序排列，分类归档。每一份存档的声明都要附上一份声明人的确切住址，以备调查核实时使用。

第三，完备地籍管理制度。普查的过程中对原有土地和新占有的土地进行全面的丈量，分门别类加以登记。清楚表明哪些是国家的公有地、皇室领地、私人土地等，并且注明各类土地的面积。

第四，建立健全人口登记制度。新生婴儿、死亡人口都要到户籍监察官那

① 宫秀华著，《罗马：从共和走向帝制》，高等教育出版社，2006 年，第 208 页。

里登记注册，使帝国统治者能准确及时地掌握帝国人口的真实数据。

第五，在规定的截止日期内，各地的调查官员将调查结果抄送罗马。奥古斯都根据这些统计数据和资源情况，组织编写了《帝国概论》，列举国家的资源、公民的数量、同盟军队和舰队的数量、下属王国和行省的数量、直接税与间接税的数量以及必要的支出情况和惯例的地方赔款等，可说“是一份记录全国实力的清单”。

奥古斯都时期，进行了多次人口普查。人口普查提供了大量的科学数据，为罗马帝国的统治者们管理帝国提供了一个比较清楚的概念，支撑起帝国税制的顺利运行。这样，到他的统治结束的时候，奥古斯都给他的继任者留下“一套抽取整个帝国资源的机制”。①

（四）财税体系的进一步建立健全

奥古斯都时期公共建设和政府的扩展造成史无前例的庞大开支。公务员的薪俸、维持强大的陆海军、建修房屋、赈济穷人用的粮食与开办娱乐设施以收买人心等，都用钱无数。这些花费须以现行税收来应付，不能举债，所以奥古斯都的税政就成为一项科学而永不松懈的事业。

奥古斯都时期，国家收入来源于土地税、关税、财产继承税、奴隶买卖税等。其中，土地税是国家最重要的财源。在全面的人口普查基础上，奥古斯都使土地税的征收趋于合理化、制度化和定期化。他将土地分为七种类型，按不同类型征税。土地税可用现金支付，也可以用农产品支付，土地税率基本上是占收成的20%。奥古斯都时期，关税制比较规范化，根据不同的地区实行不同比率的关税制度，关税的额度也相对稳定。西西里行省的关税率为5%，西班牙是2%，高卢是2.5%，埃及则是25%～50%。奥古斯都还增设了财产继承税和奴隶买卖税、拍卖所得税。

奥古斯都还建立起了一整套的货币生产和发行体制。公元前23年，奥古斯都以元首的名义向罗马世界发行了统一的金银货币，以清理混乱的币制。公元前15年，他下令关闭了帝国境内所有的造币厂，在高卢行省的路格敦姆建立了帝国造币厂。此后，为补充东方行省的货币不足，在安条克、亚历山大里亚设立造币厂生产银币和铜币；在高卢、西班牙和非洲行省设立造币厂，生产面向这三个地区行省的地方货币。除了上述造币厂发行的货币，其他货币一律无效。从公元前18年开始，奥古斯都的头像便被铸造在帝国的金币和银币上。

罗马共和国末期内战不断，国家财政状况也相当混乱。奥古斯都执政后，

① 宫秀华著，《罗马：从共和走向帝制》，高等教育出版社，2006年，第158～259页。

致力整顿、改造和强化帝国的财政管理机构。在共和制下，元老院是国家管理财政事务的最高权威。元首制度建立之后，元老院的财政权被剥夺，财政决策的制定、财政官职和机构的调整、收支项目及税额增减等所有重大事务都是由元首行使最终裁决权。

奥古斯都时期，财政管理分如下几个机构：

1. 元老金库（Aerarium Saturni）。它曾经是共和国下的唯一国库。在划分了元首省与元老省之后，元老金库只服务于后者。其资金来源于元老行省的税收。随着国家财政的逐渐集中化，它最终被取消。

2. 帝国金库（Fiscus）。它的收入来源是帝国所有行省的税收，由帝国的代理人征集和传送。它的主要开支是支持与供应军队、官员薪饷、购买粮食、修建道路、驿站与公共建筑修建等。罗马帝国财政发展的总体趋势是帝国与元老资金皆流入罗马的帝国金库，因而它逐渐发展成为一个集中化的国库，并在罗马城和每个行省城市也都设有地方金库。

3. 御库（Patrimoniu Caesaris）。管理元首个人的产业收入。元首的收入包括私人产业收入（包括来自埃及的收入）、朋友和友善人士的遗产，这种遗产在奥古斯都一生中共达 14 亿苏斯特斯之多。

4. 军人金库（Aerarium Militare）。公元 6 年，奥古斯都以他和提比略的名义为军队捐赠 1.7 亿苏斯特斯，建立军人金库基金。同时，又规定从该年开始财产继承税和拍卖品交易税也归入军人金库。金库专用于支付有 20 年以上军龄的老兵薪饷与退役老兵的退休金。

此外，在行省方面，奥古斯都取消了一些行省的包税制，选派有经验、有能力的财务督察使监督行省的税收工作，对一些仍保留包税制的行省制定了一系列的法律来约束包税人的非法征税，还派遣财务督察使不定期地进行检查和监督，从而使共和体制下负责征税的包税商的影响力大大下降。[①]

（五）行省管理制度的改革

罗马行省的设立最初是没有计划的，管理方法也不成体系。奥古斯都统治时，帝国已经建立了 20 多个行省，他根据共和国行省统治的经验与教训，对行省的治理进行了整顿，在各行省建立起比较完备有效的行政管理体制。

1. 划分元首行省与元老行省

划分原则是元首控制一切需要驻军的省，把早先征服、已比较安定、无须驻军的省划归元老院。名义上，元老院省总督的人选基本沿用共和时代做法，

---

① 宫秀华著，《罗马：从共和走向帝制》，高等教育出版社，2006 年，第 159～170 页。

仍从任满的执政官和行政长官中的合格人选中抽签选派，任期一年。实际上，奥古斯都保留了对元老行省总督任命的建议权，有时甚至不经过元老院直接任命元老省督。而且，元老行省还有元首派去的3名特使监督行省事务。元首省总督由元首亲自选派，行省执政大权掌握在元首手中，派去的总督是元首的代理人，任期随元首旨意而定（约三年）。

划分行省以后建立的新行省统统归属于元首行省。最初行省划分时，元首行省有12个，元老行省有10个。到奥古斯都统治末期，元首行省增加到18个，元老行省有11个。此外，埃及为特别区，作为皇帝私产由元首亲自控制。

2. 加强对各行省总督的监控

这一时期的行省总督仍然是行省的最高国家官员，握有行省的军权、行政管理权，不过，他们的行为受到的制约与监督比共和制下要严密得多。

奥古斯都严格要求每个行省总督都要定期如实地向他报告其行省的一切情况。一个做过埃及省督的人说："我在作出每一项决议之前，都要写信给奥古斯都，将决议制定的前因后果向他汇报，待他同意之后，我才作出最终决议。"

为了监督各行省总督，奥古斯都派遣监察御使到各省去巡查。凡胡作非为的省督要受到高等法院审判，判以罚款、没收财产、流放和开除出元老院的惩罚。奥古斯都本人也经常到各行省去视察，了解行省事务。

奥古斯都还在各行省建立行省议会，约束行省总督行为。行省议会的负责人由他亲自任命，其一项重要议事日程就是对现任总督的业绩、劣行进行评议和投票表决，最后形成文件，文件中列举总督在行省工作的成绩和缺点，甚至还有是否酗酒等不良行为的内容。这些文件不经总督本人审阅，由议会派专使直接面交皇帝，而皇帝的决议也直接下达行省议会。[①]

此外，每个行省总督都发给固定薪俸，以限制他们榨取百姓的企图。

3. 改善行省交通联络

交通不便导致政令下达不及时，这是国家对行省实施严密控制的一个巨大障碍。奥古斯都时代，修建了在当时条件下最先进的道路网络和邮政系统。这一时期，帝国境内任何一个地区都修建了道路。例如，罗马在不列颠行省修建了一条长达5000公里的道路系统，从地图上看去，以伦敦城为中心的条条道路伸向不列颠行省的四面八方。奥古斯都时期，还建立起帝国的邮政系统。罗马道路上每隔12公里的地方就设有一个驿站，每个驿站都备有快马、信使及供政府官员使用的马车和马车夫。公用驿道和邮驿制使罗马城与各行省交通方便，

① 宫秀华著，《罗马：从共和走向帝制》，高等教育出版社，2006年，第186～190页。

信息传递迅速，奥古斯都能及时收到报告，便于控制。①

奥古斯都时代，建立了一些新的官僚机构，将人口普查这一项最基本的行政工作基本系统化和定期化，进一步建立和健全财税管理制度，发展与完善了行省统治制度。帝国行政制度的不断健全完善为罗马从共和国向帝制的顺利过渡打下了良好的基础。

二、3世纪之前罗马帝国行政制度的发展

奥古斯都于公元14年去世，之后，元首制帝国先后经历了三个王朝：克劳狄王朝（公元14～68年）、弗拉维王朝（公元69～96年）、安敦尼王朝（公元96～192年）。这一时期，罗马帝国的行政制度经历了一些发展与变化。

（一）帝国政府体制的形成与发展

奥古斯都的宫廷里已经出现了一些元首的私人助手，到卡里古拉（37～41年）统治时，宫廷有了一套严密完整的组织。此后又经过克劳狄一世（41～54年）的努力，打下了帝国官僚机器的基础。

克劳狄建立了四个宫廷办公厅，一是宫廷总秘书处（称为 ab epistulis，意为关于书信的），负责管理元首的大量书信和按元首的指示起草各种文书；二是宫廷财务处（称为 a rationibus，意为有关计算的），负责管理元首的财政；三是宫廷司法处（称为 a libellis，意为有关请求事件的），负责管理一切交给元首的申诉书、质询书、请求书；四是宫廷庄园和不动产管理处（称为 a patrimonio，意为有关世袭庄园事务的），负责管理元首大量的庄园和不动产。

宫廷办公厅在成立之初是用来管理元首家务的，但是在古代公法与私法之间界限不明的情况下，再加上元首政权的威信日益增长，这四个宫廷办公厅渐渐地变成了元首制帝国政府的主要部门，即：（1）帝国总秘书处，接受总督和军事首脑的报告，发布任命他们的命令，起草对官吏的指令，公布元首的敕令等。（2）帝国财政部，集中管理帝国的财政和税收，计算罗马城粮食的供应，拨调建设、铸币、元首官吏的薪俸的用款等。原先负责管理元首庄园和不动产的管理处也逐渐为帝国财政部所取代。（3）帝国司法部，接收各地区官吏和居民的控诉，按照元首所拟定的关于审判和司法原则做各种指示和决定。

被释奴隶在克劳狄的官僚体制中占据着重要的地位，上述所有部门当中，从最高官吏到办事员多由被释奴隶充任，元老贵族以及骑士阶层则被排挤出去。有才干的被释奴隶那喀索斯、帕拉斯和卡利斯塔斯分别担任上述三个部门的最

① 杨共乐、杨俊民著，《璀璨的古希腊罗马文明》，中国青年出版社，1999年，第330页。

高官员，他们的副手也来自被释奴隶，而较低层次的雇员，如书记员则由国家奴隶担任。那喀索斯等人的当权是被释奴隶阶层地位普遍提高的象征，这种变化已经持续了几个世纪，但在克劳狄时代又达到一个新的顶点。

克劳狄时代，帝国中央国家机关的管理机构开始出现，到安东尼王朝的哈德良（公元 117～138）统治时期，帝国政府机构得到进一步发展。

1．元首顾问会最终形成。早从奥古斯都时代起，这种顾问会便已存在。此后，它渐渐地有了比较固定的组织，职权范围进一步扩大。哈德良则把顾问会完全变成了一个为元首服务的帝国官僚机构。他向经常参加顾问会的成员发放薪金，就像给予普通的官吏一样。从此会议便失去了本身独立的最后的痕迹，变成了仰承元首意旨的一个驯服的工具。顾问会的最终形成对元老院的地位有很大影响。

2．帝国行政机构中被释奴隶官员数量下降，骑士数量增多。哈德良当政时，将大量原本由被释奴隶占据的高级行政职位交给了骑士。

3．设立一些新的官职与机构。哈德良设立了财务法官职位，负责在法庭面前保卫元首财库的利益；指派一位财政顾问，负责探查税款的贪污情况，使国家税收大增；设立邮政长官职位，负责帝国的邮政事务等。更为重要的是，哈德良设立了一个秘书处性质的机构（a memoria），负责给皇帝提供必要的内政、外交和军事方面的基本信息，

4．官阶制度的出现。哈德良在各类官职中进行比较严格的排序，并且授予每一官阶相应的荣誉称号。元老的称号是 viri clarissimi（最光明的男子），高级骑士职位的代表者（例如近卫军长官、埃及总督）获得了 viri eminentissimi（最著名的男子）的头衔，中等官阶的官吏称为 viri perfectissimi（最优秀的男子），骑士等级的低级官吏称为 viri egregii（杰出的男子）。

5．民选官吏权力的下降。哈德良大大缩减了民选高级官吏的审判职权，行政长官和营造官被禁止把新的法规载入自己每年的命令。然而元首的官吏，例如市长的审判职权却被加强起来了。

哈德良在位期间是帝国从元首制向君主制发展的一个重要阶段。元老院的行政权力受到极大的限制，帝国一切官吏皆由皇帝直接任免，而官僚等级制的发展等，都使元首制趋向君主专制。

（二）公共服务的发展

在罗马帝国相对稳定的这段时期内，政府为公民们提供了大量的公共服务。意大利各城镇为市民们提供有关健康、卫生、娱乐和文艺活动的各项设施。以很少的费用为私人铺设水管，供应净水；以低廉的价格为穷人提供粮食；通过

私人的补助经常提供免费的公共浴室，并为穷困的人家供应营养食品，协助其抚育儿女；兴建学校、图书馆，演话剧，举办音乐会，安排竞赛会。

帝国在公共服务方面最为突出的一项新措施是国家慈善制度的建立。公元1世纪末期，大量帝国公民陷入极端贫困的境地，原先的发放赈济物资以及养活罗马城居民的其他措施已经远远不足以满足需要。在这种情况下，皇帝涅尔瓦将一些富人已在个别地方应用的慈善抚养制度扩展至全帝国，由国家帮助自由居民中最贫困的阶层来抚养他们的孩子。涅尔瓦从国库中拨出一笔基金，以低利息向地主提供贷款，所得利息收入缴入自治市的财库，建立地方资金，用于发放补助金给贫苦家庭来抚养他们的孩子以及孤儿。图拉真当政时期，国家慈善制度获得了进一步发展。穷人家的孩子和孤儿每月都能够领到一定数额的津贴。地方自治当局在帝国中央政府的监督之下直接负责管理相关事务，有的地方还为此专设抚郯使这一官职。

这一时期，在罗马帝国境内出现了许多城市。所有这些城市，通过公共的大道彼此连接在一起，并和首都相连。大道从罗马的运动场出发，穿过意大利，遍布各省，然后一直通到帝国边疆的尽头。从帝国的西北端到东南端的交通长链，按其实际长度计算，不少于4080罗马里，道路把相距最远的省份的居民都连接在一起。

元首们也开始重视教育的发展。韦斯帕芗创立了由国家出资聘请教员的希腊与拉丁修辞学校，在罗马打下高级教育的基础。哈德良则把领公俸的教师纳入一个大学，给予优厚待遇。

（三）行省管理

历任元首十分重视对行省的管理，不过在制度上没有什么创新。图拉真十分关心行省人民的疾苦。哈德良统治期间则对行省进行系统的检查性出巡：他统治的二十一年中间，有一半以上的时间是在意大利之外度过的，帝国所有省份没有一处他不曾光临。

元首们继续加强对行省总督的监督，特别是在图拉真当政期间，行省总督完全受到皇帝的控制，没有丝毫主动权。元首们还不断地扩大被授予罗马公民权的行省居民人数，在元首制后期，行省与意大利基本上不再存在差别。

安东尼王朝的最后一位皇帝康茂德死后，帝国陷入深刻的政治、经济与社会危机之中，农村凋敝，城市衰落，内战不断发生，帝国政府全面瘫痪。这段时间又被称为3世纪危机。直到士兵出身的皇帝奥勒良（270～275年在位）当政，才使帝国初步稳定下来。公元284年，宫廷近卫军首领戴克里先由军队拥立为帝。他不再称自己为元首，而称自己为多米那斯（dominus，意为统治者或君主)。从此，君主代替了元首而成为皇帝的正式称号，罗马帝国也正式进入了君主制统治时代。戴克里先当政期间，为挽救罗马帝国，维护和加强统治，开始进行包括行政在内的各方面的广泛改革，他的改革到其继任者君士坦丁统治期间得以最终完成。

三、戴克里先与君士坦丁的行政改革

在戴克里先开辟的罗马帝国最后阶段——君主制帝国时期，共和国的外衣已经被完全抛弃。共和国时期的民选长官绝大多数被撤销，人民大会已经停止召开，元老院失去了任何意义，皇帝的权力已经不再受到任何限制。

戴克里先与君士坦丁统治期间，进行了一系列行政改革，建立起庞大的等级森严的专制政治的管理机制。

（一）戴克里先的行政改革

戴克里先进行的改革涉及宗教、行政、军事等各方面，行政改革是其中的一个重要组成部分，他采取的改革措施主要有：

1．君主制官僚体制的初步建立

戴克里先非常注重提升皇帝的威严。他公开仿效波斯君主，以地上之神自居，宫廷日益豪华，宫中的礼节日益隆重。与几乎所有前任满足于简单的紫色皇袍不同，戴克里先在 293 年之后穿上丝质绣金外套，甚至鞋子上都饰以珍珠宝石；他头戴冠冕，系一条镶嵌珍珠的白色带子。戴克里先钟情于盛大浮华。各种繁文缛节使神圣不可侵犯的他变得一天比一天难以接近。假如谁的事情或官衔使他得以接近皇帝，那他必须遵循东方惯例，匍伏在地对皇帝讲话。[①]凡涉及皇帝本人的一切设施都冠以“神圣的”这一形容词，例如，神圣的宫殿、神圣的会议等。皇帝成为神圣的人物，成为罗马帝国权力的唯一来源，皇帝的任何意志都是法律。

为加强对帝国的管理，戴克里先设立了枢密院（consistorium principis，又译为御前会议)，它是皇帝直接主持的最高国务会议，枢密院的成员是由皇帝任命的高级官吏，是根据皇帝的意志进行决策和对全国进行管理的最高机关。[②]

在戴克里先开创的君主制帝国中，一切官吏皆由皇帝任免。戴克里先登基后，在未与元老院商量的情况下就于 285 年任命马克西米安为恺撒，次年又晋升他为奥古斯都。随后两人于 292 年提升两位将军为凯撒，而元老院只能承认

① [美] 汉斯·A. 波尔桑德尔著，《君士坦丁大帝》，上海译文出版社，2001 年，第 34 页。

② 马啸原著，《西方政治制度史》，高等教育出版社，2004 年，第 41～42 页。

他们。戴克里先统治时期，一切官吏为皇帝服务，听皇帝的命令行事。共和制下的官职虽然有的仍然保留下来名称，但是到这时已经完全失去了原有的意义。以共和制下的最高官职执政官为例，戴克里先在写给两位当选的执政官的信中明确声言，他们的官职完全是由他独自决定的。在完成了传统的就职典礼、庆祝仪式等活动以后，便可以随意退到幕后去过他们自己的生活，“他们不再需要主持国家的政务会，不再参与和平还是战争的抉择。他们既无才能，实际也无关紧要。而他们的名字也只不过作为记录之用。”[①]

此外，戴克里先初步建立了皇位以下由官衔和品级构成的等级制帝国官僚体系，设立了一些新官职，赋予不同官职相应的品级。不过，这一制度的最终完成要到君士坦丁时期。

2．分割帝国与行省

分割是戴克里先行政改革的主要原则。他把帝国划分为 4 个部分，由 4 个统治者治理。东西两大部分各设一名“奥古斯都”，分别由戴克里先和马克西米安担任。戴克里先管辖亚细亚、埃及、昔勒尼、色雷斯和下美西亚；马克西米安管辖意大利、阿非利加、里西亚和诺里克。还有两名副职称“恺撒”，加列里乌斯管辖巴尔干其他行省和多瑙河地区；君士坦丁乌斯掌管西欧各省和毛里塔尼亚。首府分别设在尼科米底亚、米兰、西尔米伊和特里尔。奥古斯都缺位时，由恺撒继任。四帝共治制的设立分散了皇帝的行政负担，行政事务得以在深思熟虑之后从容应对，并可以按照既定的共同规划非常顺利地实施。[②]另一好处是有利于保证固定的王位继承，防止王位被篡夺：每一个奥古斯都在二十年期满之后都要交卸政权并把地方让给恺撒，而恺撒则再任命自己的助手，这样，王位有一个明确的继承制度；而且，吸收杰出的统帅参加统治，也保证了他们不会非法夺取帝国政权。

为了管理上的方便及防止行省分立，戴克里先缩小行省规模，行省数量由原先的 47 个扩大到 101 个，每 10～12 个行省合成一个大行政区，全帝国共划分为 12 个行政区。行省由总督和副执政官管理，军政分治，总督和副执政官不兼有军权。行政区则由近卫军卫队长和副卫队长管辖。在戴克里先时代，近卫军卫队长掌握着民政权和军权。

3．财税改革

四帝共治制的实施以及行省的重划带来一个庞大的官僚体系，伴之而来的

---

① ［英］爱德华·吉本著，《罗马帝国衰亡史》（上），商务印书馆，1997 年，第 390 页。

② ［美］汉斯·A. 波尔桑德尔著，《君士坦丁大帝》，上海译文出版社，2001 年，第 27 页。

是庞大的行政费用。而由于3世纪危机导致的金融经济的衰落和居民的贫困化，资金筹措更加困难。为了维持这些官僚、朝廷、军队，以及都市建筑计划和赈济品的发放，戴克里先不得不进行全面的财政税收改革。

（1）税收改革

戴克里先首先做的是统一税制。他把帝国的领土分成若干固定的税区，全部农村居民要缴纳货币形式的联合的人头土地税。人头税的单位是头（caput），成年的男子纳全税，妇女减半。土地税的单位是犹古姆（iugum），这一单位的大小根据土地的质量和种植物的性质而有所不同。例如耕地的犹古姆就比种植葡萄的土地要大。从事手工业、商业和其他职业的市民要缴纳各种不同的税。官吏、老兵、无产者和奴隶则免税。

税收改革加重了帝国人民的负担。不仅因为税收总额增加，而且对土地的面积和居民的仔细计算要求扩大官僚机构，维持这一机构的费用也同样要由那些纳税者担负。因而，在4世纪前半期的基督教作家的著作中我们读到："租税空前地提高了，收税人的数目超过纳税人的数目到这样的程度，以致破产的隶农抛弃了土地，而耕地上则长了树林。由于一切的行省都分成了不同的部分，而每一地方、每一城市都派去了大批的官吏和税吏，人们更感到可怕了。"①

由于在当时的条件下，要准确地计算人口，就必须使居民牢固地定居在当地。于是，隶农被束缚在土地之上，手工业者被固定在自己的同业工会里，甚至市议员也被固定在市议会里，因为如果从市民身上征收的税额不足的话，他们必须自己掏腰包补足。

（2）币制和物价改革

奥古斯都一度确定了固定的重量和不同钱币之间的关系，但从他的继承者开始，钱币的价值便一直在跌落，黄金重量不断减少，合金的杂质成份不断增加。经济越困难，元首越加广泛地采用铸造劣质钱币的办法。为了整顿币制，戴克里先规定了新的硬币标准，每个标准金币的含金量为5.45克，比奥古斯都制造的金币减少了1/3。

公元301年，为了抑制物价，戴克里先颁布物价敕令，对各种物品和工资标准都作了具体规定。在敕令中，对农业工人、石匠、木匠、铁匠、面包匠、烧石灰工人、赶骡夫、牧人、挑水人、读写教员、几何教师等劳动者的工资等级作出规定，还规定了亚麻和麻织品、各种鞋子、牛肉、羊肉、小羊肉、猪肉、

① [美] 汉斯·A.波尔桑德尔著，《君士坦丁大帝》，上海译文出版社，2001年，第49页。

各种酒的最高价格。违反公定价格的要受到严厉的惩罚。[①]不久，这个敕令就名存实亡了。在国家当时还不能对生产进行有计划调节的条件下，规定固定价格只会使投机之风更加增长。帝国只得放宽敕令的要求，以恢复生产及分配，最后这一敕令被君士坦丁大帝取消。

305 年，戴克里先退位，他所制定的各种措施也就失去了作用。戴克里先的几个继承者之间开始了长期的内战，直到 323 年，君士坦丁才统一了帝国。

（二）君士坦丁改革

君士坦丁首先废除了四帝共治制，加强了皇帝的个人独裁统治。更为重要的是，他统治期间建立起了一套完整、严密的等级制官僚体系，不同等级的官员由皇帝赐予不同的头衔和称号。君士坦丁发明了各种荣誉头衔，“见到帝国的高级官员，甚至包括君主本人，总给他们加上一些让人完全莫名其妙的称谓，如真诚的阁下、庄严的阁下、高越的阁下、高超的阁下、崇高和绝妙的伟大的阁下、辉煌和雄伟的大人阁下等……表示官阶的象征物有时陈列在他们的大客厅里，有的则当他们公开露面时出现在他们的浩浩荡荡的仪仗队的最前面，他们的一举一动、他们的服装、他们的装饰物以及他们的随从人员莫不曾经过精心安排，以求引起对那些皇帝陛下的钦差的最大崇敬。”[②]

官员们享有一些特权。他们可以免除某些税收和服务，拥有固定薪金，十五到二十年之后就可以退休并享有退休金。政府官员亦不由普通法庭审判，涉及他们的刑事与民事案件由所在部门的领导者审理，且判决不可以上诉。

君士坦丁时期级别最高的官员为“杰出者”，这称呼只可以用于：

（1）执政官和贵族，这些人已经不再掌握任何实权，只保留了空洞的头衔而已。

（2）近卫军卫队长。君士坦丁将戴克里先的 12 个大区和一百多个行省组合成四大辖区——东方、伊利里亚、意大利和高卢，由四名近卫军长官分别担任最高行政长官。不过，他们的军权已经被剥夺，只掌有民政权。

（3）管理罗马城和君士坦丁堡的最高行政官员。由于这两个城市的特殊地位和无比重要性，不受近卫军卫队长的管辖。管理它们的最高行政官员与四个卫队长之间的地位完全平等，他们负责各自城市的安全、富足和卫生清洁。

（4）皇宫中负责侍奉皇帝的七位大臣。包括：神圣卧室长官，管理皇帝的寝宫；国务大臣，皇宫中的最高行政官员，并且接受来自帝国各地与大批特权

---

① ［美］汉斯·A. 波尔桑德尔著，《君士坦丁大帝》，上海译文出版社，2001 年，第 53～54 页。

② ［英］爱德华·吉本著，《罗马帝国衰亡史》（上），商务印书馆，1997 年，第 387 页。

人物有关案件的上诉；司法官，负责代皇帝草拟向元老院会议宣读的演说与书信，他们拟定的这些文件常常成为法律的来源；国库财政总管，负责管理国家财政收支账目，管理矿场、铸币厂以及一些最重要城市的金库，管理帝国的外贸活动；负责管理皇帝私人财产的伯爵或司库大臣，这些财产绝大部分来自没收和侵占的他人财产；保护皇帝人身安全的骑兵队长；保护皇帝人身安全的步兵队长。

在国务大臣与国库财政总管之下，又设立若干机构处理具体事务。例如，设立负责纪念事宜、书信、请愿书、文献和各种法令法规的四个办公室，归国务大臣管辖，雇佣 148 名秘书处理皇帝的各种文件，这些秘书大部分从法律工作人员中挑选出来。为管理账目，国库财政总管之下，设立了 11 个办公室，雇佣几百位雇员。各办公室按专业分工，负责检查和监督他们各自负责的工作。

除中央机构之外，帝国 100 多个行省各自维持着一个花费巨大的庞大的行政机构。行省总督仍然是最高官员，他们的办公室里雇佣了大量的秘书、文书和信使等工作人员。[①]

如此庞大的官僚体系自然需要国家财政的大力支持，君士坦丁不得不为此征收新税。由于缺乏基本资料，这一时期的财政状况并不清楚，不过从君士坦丁颁布的一系列法律中可以看出，人们通过各种手段逃避担任市议会成员，以免于承担地区税收之责。国家成天忙于杜绝对税收责任的规避。

君士坦丁采取的另一项具有重要影响的措施是迁都。由于罗马帝国经济文化中心已经转到东方，为了便于统治，公元 330 年，君士坦丁迁都拜占庭，并改名君士坦丁堡。

337 年，君士坦丁死后，罗马帝国陷入分裂状态。狄奥多西（379～395 年在位）统治期间，虽然短时期内恢复了统一的局面，但他一去世，罗马帝国随即正式分裂为东、西两部分。晚期的罗马帝国危机四伏，在各种内外力量的打击下，帝国日趋衰落。476 年，帝国军队中的日耳曼雇佣兵首领奥多亚克，率军推翻了西罗马帝国的最后一个皇帝罗慕洛斯·奥古斯图斯，宣告了西罗马帝国的最终灭亡。

---

① ［英］爱德华·吉本著，《罗马帝国衰亡史》（上），商务印书馆，1997 年，第 388～402 页。

第四节　封建制度形成时期的欧洲行政

从公元5世纪西罗马帝国崩溃到9世纪末加洛林帝国瓦解，是欧洲历史上的大动荡大转变时期。在阿拉伯人、日耳曼人和斯拉夫人南北两面的双重入侵之下，欧洲内部处于持续的混乱状态。在日耳曼人的不断入侵下，西罗马帝国已经成为一片残垣断壁；东罗马帝国在公元535年之后部分恢复了在西部的统治，但也转瞬即逝。在西罗马帝国的土地上建立起来的是一群日耳曼王国，它们在入侵罗马之前大都处于原始社会阶段。为了拓展其部落机构的控制范围，这些王国不得不发展各自的政府能力。在诸多日耳曼王国当中，只有法兰克王国成功地将罗马帝国的原则与日耳曼因素结合起来，将所征服的地区进行重新组织与管理，建立起封建制度，使欧洲得以稳定。

在这一时期西方行政制度的发展演变中，另一个不可忽视的因素是基督教会，不仅教会内部建立起一套严密的组织制度，而且它还积极参与世俗王国和城市的行政管理。教会在保存罗马帝国时代的行政遗产方面起到了重要作用，正如汤普逊在《中世纪经济社会史》中所言：“只有法兰克人连同教会，才是注定要完成这古代世界和中世纪世界间的过渡工作的。”①

一、法兰克王国的行政制度

随着西罗马帝国的灭亡，它的制度与管理方式已经不再发挥实际作用，不过，罗马的统治方式已经被各地的居民熟悉与接受，并且通过基督教会保存下来。虽然北非的汪达尔人认为罗马的安排方式太过复杂，所以忽略它们，任其衰落，但是其他日耳曼王国则在教会的帮助下，或者通过直接向当地居民学习罗马的组织方式并且吸收他们的习俗，将部落传统与罗马因素结合起来，试图有效控制与管理他们征服的土地与人民。由于宗教、人口构成、管理方式等方面的原因，这些日耳曼王国大多迅速解体，唯有公元486年开始形成的法兰克王国，延续时间较长，并于8～9世纪发展为统一西欧、中欧大部分地区的查理曼帝国。在其产生与发展的过程中，法兰克国家的行政制度同样经历了巨大的变化。

① [英] 爱德华·吉本著，《罗马帝国衰亡史》(上)，商务印书馆，1997年，第255页。

1．墨洛温王朝的行政制度

法兰克人是日耳曼人众多部族中的一支，在公元3世纪中期罗马帝国内乱时曾入侵罗马边界，从此开始见于罗马人的记载。

法兰克人部落首领克洛维（公元481～511年在位）在公元486年于苏瓦松战役后占领罗马在高卢北部的分立区域，这可以说是法兰克人建立国家的发端。克洛维在位期间，初步建立起国王的权威和地域性国家。克洛维颁布了《萨利克法典》，确立法兰克人的社会等级以及王权的权威性。法典明确将法兰克自由人、罗马人、半自由人、奴隶划分为不同的等级，并且赋予与王权有关者以特殊地位。以法典规定的偿命金为例，自由法兰克人为200金币，自由罗马人为100金币，为国王服务的法兰克人、伯爵为600金币，为国王服务的罗马人、奴仆为300金币。[①]克洛维所做的影响十分深远的另一件大事是率法兰克人皈依基督教，使法兰克人和高卢－罗马人的宗教信仰统一起来，并利用罗马教会的教阶组织加强王国的统治。国王将教士列入相应的臣属和贵族等级：宫廷教士和担任文书官的教士与宫相、御膳官、掌酒官、宝库官、御厩官、御马官等并列宫廷贵族之列，大主教、主教、修道院长则被列入与公爵、伯爵这些地方官员相应的等级。[②]

公元511年克洛维去世时，法兰克王国已成为一个领土广大且相对稳定的国家。王权观念及权威已经形成。像任何日耳曼民族领袖一样，法兰克国王可以发布命令和禁令；他还行使着某些来源于罗马传统的权力，例如发行货币权和征税权，特别是罗马法中冒犯君主罪的有关条文为王室人员提供了一种保护。国王拥有司法权，国王的审判是国家审判的最高等级。但是，总的来说王权的基础，还是薄弱的，克洛维开创的墨洛温王朝，缺乏国家观念与有效的控制手段，王族对分封给教俗贵族的领地的控制能力并不强。当时的法兰克人还没有习惯于受遥远的和非个人性质的国家权力机构的管辖，只了解人与人之间的直接关系，服从直接效忠的首领。法兰克王国的统治者们也没有国家观念，国王的政治控制是高度人格化的，他要求其部属的私人效忠并且提供私人保护。国王与人民的关系是私人性质的，人民被看成国王的下属，通过宣誓来神圣化他们之间的联系。在这种体系下，有关政治安排的任何决定只有国王在世期间有效。王国是国王的财产，国王可以做他自己喜欢的事。但是，一旦国王死去，他的继承人要想继承立法与行政权力就需要进行新的忠诚宣誓。国王死后，他

① 《外国法制史资料选编》，北京大学出版社，1991年，第177～178页。

② 转引自施治生、徐建新主编，《古代国家的等级制度》，中国社会科学出版社，2003年，第356页。

的王国也像任何其他私人财产一样分给他的儿子们。因而，在墨洛温王朝统治期间，不断发生分裂和内战。就这一时期的法兰克王国而言，与其说它是一个统一的封建国家，不如说它只是一个承认墨洛温家族优先地位的众多贵族领地的联合体。

这时的行政管理还处于萌芽状态，国王无法支配整个王国的事务。国家的行政机构很不健全。国王的宫廷由顾问、官员和护卫组成，是唯一的中央行政机构，在很多年里并不拥有专门的行政管理人员，也不拥有任何办公机构或者官僚机构。国王的家仆就是各部的部长，其中最高官吏称为宫相，他负责总管国王宫廷事务。宫相原是一个卑微的职位，甚至常常由奴隶出身的人来担任。当时，因为王廷是流动性的，从一个王室庄园巡游到另一个王室庄园，宫相遂负责查核这些庄园的账册。这样，宫相成了国王进款的控制者，也是国王恩赐的土地及其他财物的分配者。于是，宫相就不知不觉成了一个极具权力的官职。如遇国王未成年或较懦弱时，宫相就会成为真正的摄政者。他可以代行国王在行政、司法、财政及军事方面的一切权力，包括要求提供军事力量，主持民众会议，控制行政机构，批准让与王室领地，征集赋税等。①

宫相的主要助手是宫廷伯爵以及审查官。前者负责王室的司法事务并在需要时领军作战，后者的任务是准备布告和命令，负责保存和加盖国王的印章，处理信件等。审查官也是罗马官职体系唯一保存下来的职位。仆役性质较强的官员是负责照料马匹并兼有军事权力的御马官，还有负责提供与组织家庭服务的管家。这些家仆们最初多由非自由人构成，但是，由于他们是为国王服务的人，拥有特权和特殊的身份，与伯爵、男爵等贵族享有同等地位。

法兰克国家为占领和控制广大地区进行了有组织的殖民。通过殖民，以战略要地作为王家地产，将法兰克“自由人”按“百户”为单位较为集中地安置下来，由国王任命的伯爵和副伯爵管辖。自由人的主要义务是服兵役，由奉国王命令的伯爵招募。这种伯爵最初并非世袭的贵族，但也不是制度化的王国官员，而是国王的亲戚、侍从、将领等。国王赐予他们某个地区的大片地产，并授予其管理这一地区、维持秩序、保证法律的执行、征收王室税收或罚款、贯彻国王命令的权力与责任。伯爵领地享有行政、司法和军事上的独立，唯一的义务便是为国王提供一定的军事力量。实际上每一个伯爵领地都是一个独立的国家。

王国也没有固定的首都。随便什么地方，国王临时驻扎在那里，就是政府

① ［美］汤普逊著，《中世纪经济社会史》（上），商务印书馆，1997 年，第 258 页。

所在地，他的官吏、随从、服役者、卫兵和家奴的整个队伍，跟他一起从一个庄园移动到另一个庄园。

墨洛温王朝时期，没有行政机构、常备军和全国统一的税收，因而财政体制十分简单。当时的开支主要有两项：维持国王的巡回法庭和维持王室宫廷。这些花费主要通过不断旅行来解决。“当时商业和贸易稀少，道路又破败，而现款税又是很少的。国王正像俗语所说，是吃着穿着自己的东西的”。①所以，国王拥有的王室地产成了他收入的最重要的源泉。每个王室庄园都是一个独立的领地，它有自己的法庭和税收体系，由一位王室成员直接管理。王室的其他收入来自根据日耳曼法征收的罚款和没收的财产，以及自由人的（通常只是名义上的）自愿贷款。墨洛温王朝一度对高卢－罗马人继续征收罗马式的税收，但是一直没有能够成功地将这些税收延伸至法兰克人，而且税收体系本身由于种种原因陷入混乱之中。此外，对进入城镇和港口的商品征收的货物税和关税，以及官员对商店征收的直接税，都是对王室收入的补充。这一时期并不存在独立的国家财政部门：所有征集上来的税收都储存在王室的柜子里。有盈余时，国王们通常都是大手大脚地花掉，他们常常把大量土地和财产送给重要部属以保证他们的忠诚。②

6 世纪末 7 世纪初，贵族们开始在奥斯特拉西亚、纽斯的里亚和勃艮第形成了三个地区性的集团。7 世纪末，贵族中具有地区性领袖地位的人往往占据着宫相职位，成为法兰克各地区的实际主宰者。在加洛林家族出身的查理·马德担任宫相的时期（715～741 年），他巩固了法兰克国家的统一，并且掌握了国家的一切权力。查理·马德死后，他的儿子丕平继任宫相。751 年，丕平取得教会的支持，由教皇亲自加冕为国王，建立了加洛林王朝。768 年丕平死后，他的儿子查理继承王位。查理在位期间，先后进行了 50 多次远征，征服大片土地，创立了一个规模稍次于过去西罗马帝国的幅员辽阔的国家。800 年，教皇利奥三世加冕查理为皇帝，并给了他一个神圣罗马帝国皇帝的称号。

2．加洛林王朝

丕平建立加洛林王朝之后，取消了宫相职务，由宰相取而代之。宰相不再管理国王的宫廷事务，一般也不再过问司法和军事，他的主要职责是代表国王管理国家的行政事务。宰相之外，设宫内大臣，管理国王的一切私人事务和王宫侍卫；设财务大臣，管理国家财政和国库；设元帅，统率王国的骑兵等。

---

① ［美］汤普逊著，《中世纪经济社会史》（上），商务印书馆，1997 年，第 257 页。

② E. N. Gladden, A History of Public Administration, vol.1, pp.203-204.

查理曼继位后，重新组织了宫廷的运作，取消了宰相职位。他在三个主要官员的辅助下管理宫廷。第一，领导宫廷神职人员的大主教，他代表教皇管理王宫教堂，负责所有有关教会事务，处理神职人员的争端，也负责管理宫廷学校。第二，尚书大臣，取代墨洛温王朝的审查官职位。尚书大臣通常由一名神职人员担任，负责法令与条例的起草与颁布，管理宫廷通信，负责保存和使用印章，发布皇家布告。随着法令数量的增长和行政工作复杂程度的上升，尚书大臣配备了两个助手，分别是负责校对法令并且给法令注上日期的公证人，以及抄写法令的抄写员。这两个助手也都是神职人员，因为在当时只有他们会读会写。第三，宫廷伯爵，掌管司法，他是除了那些涉及他的同僚的案件之外的所有世俗案件的法官。他的地位高于法庭，并负责监督法庭的工作。通常情况下，皇帝不得不任命一名以上的宫廷伯爵，因为司法任务的工作量庞大。当时还有一批由平民担任的低级官员，在他们当中皇室官员和国家官员的区分开始出现。[①]以上中央机关的各种官吏，在后来王权日益削弱和豁免权日益普遍的情况下，仅能在国王直接管辖的王室领地内行使职权，他们并无权过问各个领主领地内部的事务。

查理曼时期，通常每年举行两次由教俗贵族参与的会议。会议审查和评议查理曼提出的法案，不过，最后决定总是以查理曼一个人的意见为转移，会议只是为他提供信息和意见而已。

为了加强统治，查理曼将全国划分为98个郡，各郡仍然由伯爵管理。伯爵由皇帝任命，但是，随着豁免权的发展，查理曼的选择余地逐渐缩小。被提名担任伯爵的人要向皇帝宣誓效忠，并且成为皇帝的封臣。皇帝可以撤销对伯爵的任命，但实际上他很少这样做。伯爵担任的任务空前繁多而明确，由查理曼发布的“敕令”指定。大体而言，他们必须每年征召辖区内的自由人参军，监督其武器和给养，并率队应召集合出征；主持辖区内的司法审判以及设置监狱；负责辖区内道路和桥梁的维修、王家使节和物资的接送；监督每个自由人对国王、皇帝宣誓效忠和履行各项要求；征收皇室要求的赋税和物资等。伯爵几乎掌握了辖区的一切权力。郡之下仍分若干百户，每百户置一百户长，代表伯爵在基层行使各种权力。伯爵的助手称为“付伯”（即子爵），可在伯爵缺位时代理其职责。另外，当一个伯爵管理几个郡时，每个郡都配有一名付伯，分管一方。

公爵原本是罗马人将军之意，查理曼在不断征服和扩大领土的过程中，将一些大片领地让自己的子侄或归附的部落首领管理，授予他们“公爵”称号。

---

① E. N. Gladden, A History of Public Administration, vol.1, pp.205-206.

查理曼在边防重地新设置了边防区（march，又称马尔克），边防区设有相当完备的工事，既可以防守，又可以作为对外进攻的基础。其最高官员称为“边防区长官”（又称马尔克伯爵），他不仅享有普通伯爵的权力，而且承担地方防卫的特殊军事责任。查理曼时代，这些称谓只是官职，并非世袭的贵族等级，但拥有这些职位者其权力和财富超过了一般的地主，并由于他们与国王的密切关系而被称为“高贵者”。①

查理曼将已有的派遣使节或者国王代理人、委托人的习俗制度化，建立巡按使制度，以保证地方机构恰当地执行皇帝的命令。巡按使团由国王任命，通常在宫廷成员中选择。根据公元 802 年颁布的巡按使团敕令，使团由教会主教和世俗贵族组成，包括一名神职人员（大主教、主教、修道院院长）和一名世俗官吏（公爵或伯爵）。他们成对旅行，相互监督，达成共同决定。巡按使团代表皇帝在特定地区每年巡视四次，进行调查，调查结果向国王报告。巡视的地区每年更换一次。巡按使团代表皇帝行使各种权力。在每个地区，他们传唤自由人宣誓保证忠于皇帝，监督军队，发布立法命令，处理严重的法律案件，处理对于不道德和不信教的指控，接受寡妇、孤儿和赤贫者的请求。他们仔细审查地方行政事务，包括税收征收、道路的管理，皇室领地的管理等。巡按使团享有发布执行性指令以及约束官员的权力，甚至可以直接开除地方官员。他们还负责保证教会的服务人员恰当履行他们的责任。这样，在查理曼帝国就出现了一个拥有执行权力的超级视察员体系。查理曼死后，随着帝国的削弱，巡按使变成常任的职位，他们可以决定他们自己的管辖范围，在行使权力时也越来越具有独立性，帝国甚至不得不派出特殊使节以监督这些常规的巡按使。巡按使从中央集权的保卫者逐渐变成了帝国权威的篡夺者。

查理曼进行的另一项工作是人口与财产统计，这一技术可追溯至罗马帝国时代。查理曼在 777 年曾命令进行萨克逊人的调查，在 787 年编造了关于圣汪列尔寺院的财产清册，803 年对全部应服军役的法兰克人进行了户口调查，808 年进行另一次户口调查，调查所有领有少于三所庄园的法兰克人。812 年，他对一切采邑，包括世俗的和宗教的在内以及国库领，进行一次详细登记，“使朕得知朕有多少财产”。在这调查册内列出了个别庄园、建筑物、住宅房屋、家具、谷物、牛羊、马匹、家禽以及按职业分类的人口。②

在查理曼强有力的统治时期，尽管国王的地方官员和教会、修道院首领的

① 施治生、徐建新主编，《古代国家的等级制度》，中国社会科学出版社，1997 年，第 366～367 页。

② ［美］汤普逊著：，《中世纪经济社会史》（下），商务印书馆，1997 年，第 810 页。

禄田、采邑、教产大为增加，被授予的军事、司法、财税、行政各方面的权力更为繁多，但他们尚不能成为一方之主，也不能自行世袭，教会也无法强调其特殊独立性。[①]然而，查理曼死后，他努力维持的帝国不久就瓦解了。其中固然与继任皇帝的懦弱、教俗领主的分裂倾向、诺曼人的侵袭以及日耳曼的遗产分割传统有关，而人力与物力资源的极大分散和原始的联络手段导致中央难以维持对地方的有效行政协调与控制，无疑也是帝国未能延续的一个重要原因。

查理曼死后，他的儿子虔诚者路易继承皇位。路易笃信宗教，不理朝政，在位刚满三年，就把自己的国土划分给他的几个儿子。几年之后，为了给他刚出生的心爱的小儿子留出一块领地，829 年他又出尔反尔，推翻了当年的划分，由此引发了虔诚者路易和他的儿子之间连续多年争夺领地的内战。直到路易死后，843 年，他的三个儿子终于取得和解，在凡尔登达成协议：洛塔尔占有中法兰克王国，日耳曼人路易占有东法兰克王国，秃头查理占有西法兰克王国。在内战期间，为了争取效忠的臣属，三位国王不得不作出一些许诺，宣告保护封臣的权利、地位和财产。封建关系的世袭性质在内乱当中也已基本形成。到公元 887 年最后一位加洛林王朝名义上的统一皇帝胖子查理因为抵御无能被贵族废黜之时，封建制度已经在欧洲初步形成。

基督教在加强王权中的作用

在 11 世纪晚期以前，基督教在民俗法的发展过程中提高了王权的作用，尤其是强化了国王保证以仁慈去缓和部落司法以及保护穷人和孤苦无援者免受富人和权贵欺凌的责任。在 8、9、10 和 11 世纪，法兰克和盎格鲁撒克逊的国王们被人们认为是上帝指定在特别重大的案件中担任法官的。在他们巡视他们王国的同时——由于通讯手段的微不足道，他们要不停地巡游——他们为仁慈起见也听审案件：寡妇、孤儿和没有家人或领主做保护的人的案件；支付多少金钱都无法偿还的最恶劣的犯罪案件。这是他们作为其人民的家长的宗教管辖权的一部分。

在政治上，基督教也致力于把统治者从一个部落首领改变成一个国王。一旦皈依基督教，国王就不再只是代表其部落的诸神；他还代表一个对所有部落或至少是许多部落都有权威的神。实际上，他成了一个帝国的首脑。基督教是一种统一中的意识形态。在它的旗帜下，查理曼将他的帝国的各种人

① 施治生、徐建新主编，《古代国家的等级制度》，中国社会科学出版社，1997 年，第 378 页。

动员成一支统一的军队，同阿拉伯人、撒克逊人、丹麦人和斯拉夫人进行战争，帝国王权的普遍性逐渐胜过了——至少在不同阶段的时期——对部落、地方和家庭的忠诚：这种普遍性不仅以军事力量为基础，而且以国王（或皇帝）作为教会首领所具有的宗教权威为基础。从整体上说，虽然教皇与皇帝之间存在着某种紧张关系，但是僧侣仍支持帝国的观念，包括皇帝对教会本身的领导权。

在法律制度的发展过程中，王权和教权两者都是动态因素。特别是从8世纪开始，国王把他们的安宁——他们的家法——扩展至他们的家庭、官廷、朋友、仆人和使者以外。甚至在6世纪和7世纪，他们就作出巨大的努力，以控制和限制血亲复仇。例如，即使在王室成员的安宁没有受到侵犯时，他们也规定个人和家庭因为一定的罪行所要偿付的金钱数额。渐渐地，越来越多的罪行可以由国王来审判。叛国、故意杀人和通奸被作为可处死刑的犯罪。8世纪和9世纪的法兰克皇帝，还有9世纪和10世纪的盎格鲁－撒克逊国王，都公开地对维护他们整个领土上的国王的安宁负责任。在坎特伯雷大主教邓斯坦973年为国王埃德加加冕所撰写的誓言中，埃德加发誓：要确保他的王国内所有“信基督教人们”的“真正安宁”，“公正和仁慈”应该支配所有的判决。法兰克皇帝有时也发类似的誓。结果是，找到了贯彻这类誓言的一些方法：任命王室官员监督地方集会以及通过其他管理方法维持王室对部落和地方的影响。

[美]哈罗德·J.伯尔曼，《法律与革命——西方法律传统的形成》，中国大百科全书出版社，1996年，第79～80页。

二、基督教会与封建制度形成时期的行政

在日耳曼人不断的攻击之下，基督教会仍然存活下来，它几乎是当时西方的组织化文明的唯一遗迹。教会以其机构、官员及其力量成为罗马世界与日耳曼世界之间的纽带和媒介，并且通过与法兰克人的联合取得了进一步的发展。在5至9世纪的乱世里，教会内部建立起一套完整的神职人员体系，并且通过这些神职人员履行其行政职责：“罗马教会，在罗马及其周边地区的教皇制国家确立了世俗权威，在其他地方，它不仅规定了精神上的禁锢，而且也获得了大量财产所有权，成为行政服务的供给者，这种行政服务供给在其他时代已经成

为国内权威机构的责任。”①

（一）教会内部神职人员体系的建立

自从使徒时代以来，基督教会内部就有专门的神职人员，神职人员中间存在着等级。公元1世纪教会当之无愧的最高领袖是12使徒，他们和耶稣一起走街串户；他们是耶稣复活的见证人。彼得是12使徒之首。使徒之下存在着两种团体：一种是巡回传教的领袖，包括先知、教师；一种是已建立的教会的常驻领袖，包括长老（也被称为主教、监督）或牧师，以及执事。到公元2世纪末，在教会事务中，主教已经成为教区的领袖，他由长老和执事辅佐。长老负责和其他教会通信，掌管为穷人设立的基金，主领圣餐。②执事负责照顾贫民和分配施舍物。

公元3世纪时，由于信徒规模的进一步增长、教会救济和慈善事务的发展以及大型教堂的建设，教会需要更多的神职人员为它服务，一些新职位随之出现。3世纪期间，像迦太基或罗马教会这样的大型教会已经设置了七种类型的职位。除了原有的主教、长老和执事之外，增设副执事和助祭，以及级别较低的驱魔人和诵经师。到5世纪中叶，西方教会除去主教、长老、助祭、副助祭所构成的“大品”教士，还有四种小品教士：司门员，掌管教堂的钥匙，迎送信徒，阻挡不怀好意的异教徒和异端分子；诵经员，诵读福音书和歌咏《诗篇》；驱魔员，负责驱赶魔鬼和准备圣水；襄礼员，在举行圣事的场合燃点蜡烛和递送圣杯。同一时期，教会也组织起一个严密的神职人员等级体系：主教是教区的最高权威，长老（后来逐渐演变为神父）服从主教，助祭服从长老，副助祭服从助祭，襄礼员服从副助祭，驱魔员服从襄礼员，诵经员服从驱魔员，司门员服从诵经员。

教会内部等级体系的另一个重要组成部分是教皇制。最初，它与教会的基本教条一致，主教们的地位都是平等的，尽管他们所管辖教会的规模与重要性往往存在着巨大的差异。然而，凭借其特殊的地位以及信徒人数与财富的上升，罗马主教逐渐取得了高于其他主教的地位。但是，直到君士坦丁时代，罗马主教的优越性纯粹是道德上的，他没有高于其他主教的司法、行政、纪律或者甚至教义上的权威。

公元4世纪，随着教会组织的日益复杂化以及教会大公会议的兴起，罗马教会影响力日益提高。君士坦丁赋予罗马主教特别的荣誉与地位，即授予罗马

① ［美］费勒尔·海迪著，《比较公共行政》（第六版），中国人民大学出版社，2006年，第194页。

② ［美］布鲁斯·雪莱著，《基督教会史》，北京大学出版社，2004年，第75页。

主教拉特兰宫殿，并且在圣彼得墓那儿修建了一座大教堂，这意味着承认罗马主教为彼得的继承人。罗马主教逐渐凭借教会的人数和财富上的优势，以及作为圣彼得继承人的地位成为西罗马帝国教会的首领。公元325年，罗马主教的这种首席地位在尼西亚公会上被合法化了，公会将首席主教的头衔授予罗马、亚历山大和安提俄克三地的主教。罗马主教从此正式成为西部主教的首脑，他也被称为教皇。此后，在385年，教皇通过发布教令行使立法权的权力得到承认，十年之后，教皇法庭接受了第一次上诉。440年，教皇利奥一世就职，他根据福音书上的三处记述从理论上为教皇首席权打下基础：首先，基督允诺在万世基石彼得之上建立他的教会；其次，罗马主教就是这个权威的继承者；最后，主教制度本身源于彼得，罗马主教是彼得的继承人，所以地位高于其他主教。教皇格列高里一世（590～604年在位）将这一观点阐述得更加明晰，使之成为更为牢固的传统，并把它传递给中世纪西欧的教会。到教皇格列高里七世时，通过一系列改革，基督教会最终建立起一个中央集权的“君主制”体系。教皇是最高权威，所有的主教发誓效忠教皇，没有教皇的授权就不能建立任何宗教修会，宗教法庭接受来自整个基督教王国的上诉，来自罗马的使节在每个地区监管教皇命令的执行情况。

自公元5世纪以来出现的基督教会的“政府”，“即一批准备去执行各种职务的不同等级的教士”，[①]不仅管辖着教会内部事务，而且积极参与世俗的行政管理。

（二）教会对世俗管理的参与

“教会的世俗权力是于不知不觉中从那一时代的灾难中产生出来的，罗马的主教们被迫不得不作为慈善和和平的使者来进行统治”。[②]面对着西罗马帝国灭亡后的混乱局面，教会在其神职人员体系的支持下承担了诸多世俗管理职责。

1．对于自治城市的管理

“在罗马人的自治城市制度和中世纪的自治城市制度之间还有一个城市—教会联合制度；教士们继古代自治城市官员之后，在近代自治城市成立之前，在城市事务中占有重要地位”。[③]

西罗马帝国灭亡之初，地方自治制度在东罗马帝国控制的一些城市仍然存在。然而，此时，各自治体的成员已对城市事务漠不关心，只有教士们“在精神上是坚强而富有生气的”，主教和教士于是成为自治城市的主要官员。在查士

---

① ［法］基佐著，《欧洲文明史》，商务印书馆，2005年，第36页。

② ［英］爱德华·吉本著，《罗马帝国衰亡史》（下），商务印书馆，1997年，第236页。

③ ［法］基佐著，《欧洲文明史》，商务印书馆，2005年，第39页。

丁尼法典[①]中，很多规章都规定将自治城市的事务交给教士和主教们办理。

“查士丁尼法典 I.1，标题 IV.，主教们静听。第 26 节——关于各城市每年的事务，不论它们涉及的城市的平常岁入是来自城市财产所产生的金钱，还是来自私人的馈赠或遗赠，或来自任何其他来源；不论它们所涉及的是公共工程还是粮食仓库或港口，或引水渠道或浴室维修，还是城墙或塔楼的建筑或桥梁和道路的维修，还是城市在有关公众利益或私人利益方面可能正在进行的审讯，我们规定如下：——这位虔诚的主教和三位选自该城的第一流人物的著名人士应在一起开会；他们应检查每年已完成的工程；他们应监督那些负责处理或已经处理这些工作的人精确地管理这些工作，提出他们的报告，表明他们已及时完成他们的任务，不论是在管理公共纪念物还是在管理粮食储备或修建浴堂的专用资金方面，还是在管理维修道路、水渠或任何其他工程的开支方面的任务”。

“同上，I.i.标题 LV.卫戍司令，第 8 节——我们希望，各城市的卫戍司令，既然他们都得是深谙正教的神圣教义的人，应由可敬的主教们、教士们、著名人士、业主们和市政官员们来选择和任命”。[②]

这些在教士管理下的意大利自治城市在东罗马帝国的势力被赶走之后遂随之消失。

到 9 世纪末 10 世纪初，教会再度参与管理城市事务。查理曼帝国灭亡之后逐渐变成封建贵族的伯爵们将管理城市之权委托给各城主教，由于封建等级关系网的松弛，主教们日益坐大，渐渐取代了伯爵而成为城市实际统治者。这种统治地位具有极强的封建性。主教们将城外土地以服军役为条件分封给农村的封臣，封臣们又分封之。到 10 世纪末，中北部意大利城市已全为主教统治。[③]而在德国，沿着莱茵河，从阿尔卑斯山到北海，有一长列古代主教区城市，排成了梯形，包括巴塞尔、斯特拉斯保和乌得勒支等。

2．对于罗马及中意大利地区的管理

西罗马帝国尚未灭亡的时候，教会就已经逐渐开始承担起罗马城的管理职责。

帝国末期，虽然罗马城市政府在形式上仍然存在，但是它的大量功能已经开始转让给教会行政机构。教皇行政机构逐步吸收罗马城的行政与司法机构的职能。在罗马城内，罗马主教是“神的执政官”。他指挥警察，管理市场，铸造货币，维持民事和刑事法庭，修建城垣和引水管，补助学校和医院，统率民军，

① 查士丁尼，东罗马帝国皇帝，公元 527～565 年在位。

② ［法］基佐著，《欧洲文明史》，商务印书馆，第 37～39 页。

③ 施治生、徐建新主编，《古代国家的等级制度》，中国社会科学出版社，1997 年，第 483 页。

以及被蛮族攻击时保卫城市。教皇的形象开始取代皇帝的形象。在罗马，旧权力退出之前新权力的增长保证了帝国制度的连续性。帝国灭亡之后，教皇及教廷在罗马城承担的行政职能持续增加。医院与慈善组织现在完全成为教皇官员们的职责，谷物依靠教皇的善意分配给民众。七世纪时，修建城垣和导水管的维护也都移交给教皇行政机构管理。

帝国衰亡之后的乱世中，教皇不断扩充自己的地产。到大格列高里（590～604）时代，罗马教会控制了罗马周围约有1800平方英里的广大的土地。《伟大格列高里传》的第五十三章内列举了二十三个教皇世袭领地。除罗马城和它周围的隶属于教皇的地产之外，教皇在萨卑那姆、坎佩尼亚、拉温那周围、波河流域、喀拉布里亚、西西里、科西嘉，甚至在阿尔卑斯山外的阿勒拉特等地，都领有土地。当伦巴底人入侵意大利中部、摧毁帝国行政的时候，管理“教产”的教士们，像帝国官员们曾经做过的那样，在格列高里的领导下参与地方的行政管理，养护人口、收缴土地税，建立起一套税收和福利体系。

格列高里出身于罗马富有而又古老的参议员家庭，任教皇之前曾经担任过罗马的市长，因而具有丰富的行政经验。他建立了一个“实干型的政府”，将庄园土地分成小块给农民，收取现款租或实物租。每个庄园交给一个管家来管理，管家须向他提交详细报告。格列高里事无巨细都很关心，他曾给他在西西里的副管事兼教廷代表彼得的信中嘱咐道：“凡是年老不孕的母牛，或看来已很不中用的公牛，应即出售，这样至少还可以从它们身上捞得一些利益。至于牝马群，养着很无好处，我愿把它们全部分散，为繁殖的目的，只保留年轻的四百头。”[①]教皇领地收的税比起世俗领地的还要多，大格列高里“把他们的一个季度的收入按比例分配给教士团、家人奴仆、各寺院、各教会、墓地、慈善堂、罗马的各医院，以及教区内的其他一些部门。每到一个月的1号，他根据不同的季节，按明文规定的数量，散发给穷人粮食、酒、奶酪、蔬菜、油、鱼、鲜货、衣服和钱；而他的财务员经常被叫去，设法以他的名义，满足某些过穷或有功的人的特殊需要”。[②]

这样，教皇实际上已经成为大部分意大利，尤其是中部诸省的事实统治者。教皇所领有的广大土地足以把教皇提升到国王的地位，使他拥有国王般的权力。在著名的丕平献土之后，借助与法兰克人的联盟，教皇的领地进一步增加，他的世俗权力也从事实上的权力转变为合法的权力。

---

① ［美］汤普逊著，《中世纪经济社会史》（上），商务印书馆，1997年，第165～169页。

② ［英］爱德华·吉本著，《罗马帝国衰亡史》（下），商务印书馆，1997年，第237页。

3．查理曼时代教会对王国行政的参与

查理曼将教会大主教、主教、修道院长等像国家官员一样委派，指派执行各种任务，包括作为国王的封臣率军作战。查理曼在宫廷中任用教士为主管国家事务的部门性大臣。为了巩固扩张的帝国特别是新征服的地区，查理曼增加大主教区的数目达到21个。尤其在东部边疆如科隆、美因茨、特里尔等大主教区，大主教集教俗权力于一身，相当于公爵。主教、修道院长在查理曼的敕令中与伯爵同列并担负类似的使命：接受采邑，组织管区的军队出征，主持参与司法审判，担任“巡按使”等。而且，由于无论是理论上还是实践上查理曼帝国都不存在国家与教会之间的任何真正划分，因而教会机构实际上成为地方行政管理的一部分，它们负责处置管区内居民的宗教信仰、遵守教规、道德、婚姻、继承、救济、教育等问题。此时，教会虽不得不屈从于查理曼，却也成为国家政权的一个特殊的组成部分。

对于教会的发展更具意义的是，这一时期教会中的高级教士不仅拥有由王权支持的政治权力，他们的经济权力也进一步制度化。查理曼在即位之初的敕令中就命令每个人必须按主教的规定交纳什一税，并具体规定如何按财产征收。查理曼在征服萨克森地区后，在那里广泛建立教区教堂，以死刑威胁萨克森人信奉基督教，规定对每个教堂教区居民应捐献一所房子、两块份地，每120个居民给教堂提供一个男仆和一个女仆，国王国库与司法收入的十分之一要交给教会和教士，每个人要将自己的财产和劳动的十分之一捐纳给教会和教士。此后，什一税就成为教会最为重要的收入来源。[①]

查理曼帝国解体之后，教会势力有了很大发展。虽然缺乏军事力量保卫自己，但是凭借较为统一的教阶组织和教皇的权威，以及他们在查理曼时代取得的政治地位与经济权力，教会贵族等级在中世纪欧洲国家中成为与世俗贵族并立，甚至凌驾于世俗贵族之上的政治力量。

在中世纪的行政管理中，教会起到了重要的作用。作为封建主的教会贵族在其领地上行使着教俗双重职能，在其教区内，教会则是教育、救济、婚姻等公共服务的提供者。此外，由于教士也是中世纪前半期唯一受过教育的阶层，具有其他阶层尚不具备的为国家政治服务的素养和技能，因此，查理曼帝国解体后形成的中世纪诸王国，包括英吉利王国、法兰西王国、德意志王国，都需要有文化的教士充当行政人员，协助司法和征收租税。

① 施治生、徐建新主编，《古代国家的等级制度》，中国社会科学出版社，1997年，第367～369页。

思考题

一、名词解释

1. 执政官九人团
2. 保民官
3. 独裁官
4. 巡按使

二、简答题

1. 亚里士多德认为古雅典必不可少的官职有哪些?
2. 简析罗马共和国时期元老院的行政功能。
3. 简述哈德良时期罗马帝国行政制度的演进。
4. 简析基督教会在城市管理中的作用。

三、论述题

1. 如何评价雅典行政制度?
2. 分析戴克里先与君士坦丁改革的内容及影响。

第二章　英国行政制度的发展变迁

本章重点

1. 英国封建时代的行政制度。
2. 英国议会对行政管理的影响。
3. 英国当代行政制度的组成及其地位。
4. 英国现代行政改革的内容及意义。

英国是现代政治与行政制度的发源地，现代政治制度中最基本的代议民主制、政党制、内阁制、文官制等制度都不同程度地浓缩了英国宪政的历史经验。许多国家在走向现代化的过程中，在政治制度与行政制度建设方面都直接或间接地受到英国的影响。

第一节　封建时代英吉利王国的行政制度

英国是一个基本上没有经历奴隶社会的国家，在国家的行政管理过程中，其行政制度会受到原始部落制度的影响，封建君主制的建立及发展时期的行政制度就是这样表现的。

一、封建君主制时期的行政制度的建立

（一）国家的统一

在公元5世纪前，不列颠岛的原始居民处于原始社会末期，氏族公社结构尚未解体。部落首领仍由民众大会选出，由于他们可以利用职权侵吞公有财产，便逐渐破坏了氏族内部的平等关系，使自己变成氏族贵族。正当他们开始从野蛮时代向建立国家的文明时代迈进时，遭到了罗马人的入侵。罗马人漫长的统

治不但没有推进不列颠的社会发展，反而使土著人几乎失去了建立国家的能力。

自公元 5 世纪中叶起，盎格鲁—萨克森人开始入侵不列颠，入侵过程加速了氏族部落组织的解体和国家的产生，揭开了真正的英吉利民族政治文明的历史。盎格鲁—萨克森人采取集体迁徙的方式，陆续在侵占的土地上定居下来。同时，不同的入侵者各部落之间为了争夺各种资源经常拼杀，彼此兼并。经过反复组合，原有的氏族组织彻底瓦解，不同血缘的人们相互融合，一个新的民族——英吉利人形成了。古代英吉利人分别在不同军事首领的统辖下，形成了一个个独立的小王国。这些小王国经过一段时间的相互兼并，到 6 世纪末形成了较为稳定、规模较大的七个王国。从七国争雄直至 9 世纪末，史称“七国时代”。到 10 世纪中叶，第四代霸主威塞克斯的国王阿塞尔斯坦收复了被丹麦人占领的丹麦法区，并凭借武力使威尔士人和苏格兰人臣服，成为名副其实的整个不列颠的统治者。至此，统一的英吉利国家终于诞生了。

英吉利国家统一的因素

英吉利国家的统一有三个因素起了积极的作用。

第一个积极因素是基督教的传播。公元 597 年，奥古斯丁受教皇之命来到不列颠传教。肯特王国的国王和王后、埃塞克斯王国、东盎格利亚国王、威塞克斯国王和麦西亚国王都接受了基督教。到了 7 世纪中叶，不列颠岛上的所有国王都成为基督徒，世俗权力与宗教权力结合为一体。

第二个积极因素是七个王国争霸的斗争。七个王国都想扩大自己的统治范围，力图征服其他国家，称霸不列颠。因此七国时代，各国之间战争不断，相继出现几代霸主。最早的霸主是肯特王国，第二代霸主是北部的诺森伯利亚王国，第三代霸主是麦西亚王国，第四代霸主是威塞克斯王国。四代霸主在称霸期间相继统治着整个不列颠，因而不可避免地加强了各王国的联系，为国家的统一铺平了道路。

第三个积极因素是抗击丹麦人入侵的战争。从 8 世纪中叶开始，丹麦人不断入侵不列颠。后来夺取约克城，建立了大本营。七个王国经常互相支援，加强了各国间的团结。早期抗击丹麦人的战争虽然取得一些胜利，但是仍未挡住丹麦人的进攻势头。871 年阿尔弗雷德任威塞克斯国王时，丹麦人占领了不列颠的北部、东部和部分威塞克斯地区。878 年，利用丹麦人在占领区起义之机，阿尔弗雷德在爱丁顿战役中大败丹麦人，终于扭转战局，丹麦人被迫撤到泰晤士河以北。阿尔弗雷德收复了伦敦，迫使丹麦人签订了合约，确定了丹麦人和威塞克斯王国的边界，北部地区及原来的诺森伯利亚、麦西亚和东盎格利亚归丹麦人，史称丹麦法区。为了收复丹麦法区，阿尔弗雷德采取了许多措施，在军事上、文化上和思想上做准备，他死后，他的长子爱德华收复了部分丹麦法区。10 世纪中叶，威塞克斯的国王阿塞尔斯坦收复了被丹麦人占领的全部丹麦法区，并凭借武力使威尔士人和苏格兰人臣服，统一的英吉利国家宣告形成。

转引自程汉大，《英国政治制度史》，中国社会科学出版社，1995 年，第 9～12 页。

（二）盎格鲁—萨克森时期的行政制度

在盎格鲁—萨克森人建立统一的英吉利国家的过程中，他们建立了以国王为首的中央政府及三级地方管理体制，虽然属于草创时期，但是其中的某些机构和制度历经不同时代的历史演变一直延续至今。这一时期英国行政制度是：

1. 中央政府

国王和王室是中央政府的核心。七国时代，国家形态基本定型，国王成为凌驾于全社会之上的终身任职的最高统治者。不过，选举首领的古代习惯依然以某种形式保持着，每位新国王必须经过“贤人会议”正式选举才能合法地行使。

国王的王权主要包括以下几个方面：第一，军权，在盎格鲁—萨克森人末期，称为“英雄时代”，男子以从军为荣，追随军事首领四处征战。客观形势要求最早的国王都应是能征善战的指挥人才，军权就成了国王的首要权力。保护臣民，扩充疆界，夺取和维护霸业，以及抵御异族侵略成为王国统治者的首要职责。第二，财产权和财政特权。主要是国王对土地占有的支配。各国国王都是本国大地主，拥有最多地产，这些地产一部分留作王室私田雇人耕种，其余作为册地封赐亲兵、贵族和修道院，扩大统治基础。[①]第三，法律方面，国王的旨谕命令不少带有法律效力，国人不得违抗和修改。盎格鲁—萨克森时代的王权，虽然向着强大的方向演变，但是在不同程度上受到种种制约。国王的选举必须受原始社会军事首领选举习惯的制约，王权的行使受教会和习惯法的限制。

这时期，中央政府与王室混为一体，政务由一批王室官员辅佐国王处理。在王室官员中，地位最高的是王室文书，其职责是掌管国王御玺，拟定法律草案，起草国王命令和赐地文书，接收和答复外国来函，签发外交文件等，由于

① 阎照祥著，《英国政治制度史》，人民出版社，1999 年，第 12 页。

当时教士文化水准最高，王室文书几乎全部是由高级教士担任。位于王室文书之下的是负责财政工作的王室总管和司库，主要责任是征收土地税和实物税，后来国库出现，又负责国库的收支工作。

2．贤人会议

由于当时贵族集团享有较多的政治权利以及受原始民主的影响，国王的王权受到了一定的限制。这种限制主要表现在，由盎格鲁—萨克森人的民众大会演变而来的贤人会议在制定法律和政策、处理案件以及废黜国王等方面起着重要的作用。

贤人会议是王国中央政府的重要机构。其起源可以追溯到欧洲大陆日耳曼人条顿部落的“马克大会”或民众大会。盎格鲁—萨克森人在不列颠建立王国后，由于人数增加，阶级出现，氏族血缘关系瓦解，旧式民众大会不再需要，贤人会议逐渐产生。

贤人会议是一种由国王主持召开的中央会议，会期不定，人数不等。参加会议的“贤者”、“智者”主要有两类人：高级教士和贵族，其中有国王近臣、王室宠幸和地方官员。当时由于交通不便，前去开会旅途疲劳，或有别的原因，个别人接到诏令不去出席，有时会受到惩罚。这表明，出席贤人会议不但是一种荣誉和权力，还是一种义务。

盎格鲁—萨克森时代晚期，召开过贤人会议的城镇有五六十个。当时由于无统一的固定的首都，贤人会议的会址无法计数。9～11 世纪，伦敦是召开贤人会议最多的城市。圣诞节、复活节、显圣节等宗教节日是理想的集会时间。

贤人会议成员均属于国内显要，职权范围广泛。具体是：第一，能参与国家税收、外交、防务和分封等重大决策活动。第二，享有司法权，贤人会议作为群体性机构，是国家的最高法庭，有权审理各种诉讼案，包括涉及王室和达官显贵的要案。第三，为国王提供有用信息，当时交通条件落后，中央和地方信息交流颇受限制。历代国王倡导各地游幸，并在不同地点召集贤人会议，以求了解更多的情况。第四，贤人会议不但有权选举新国王，而且有权废黜在任国王。757 年，威塞克斯国王希格伯特因违反法律习惯而被贤人会议废黜。774 年，诺森伯利亚贤人会议废除了阿尔莱德国王，将其逐出约克城，另推举埃塞尔莱德为王。

事实表明，贤人会议是盎格鲁—萨克森时代不列颠王国的一个特有的中央机构。它拥有行政、立法、司法、征税和议决的权力，既是国王的助手，又是制约者。

3．郡区－百户区－村镇三级地方行政管理体制郡区制的形成颇费时日。英文中的“郡”（shire）是从外文演变过来的，原指经济辖区或势力范围，后来逐渐演变成为王国的最高行政区划。各地的郡区是在统一王国的形成过程中，通过不同的方式陆续建立的。威塞克斯境内的各郡出现较早，它们主要是为了方便地方管理，通过自上而下的领土划分设置的。东南部各郡，如肯特、苏塞克斯等，原本是独立的小国，后来被威塞克斯政府分别作为独立的郡区并入英格兰王国。中北部各郡，他们大多是在收复丹麦法区的过程中，围绕着某个军事城堡形成的。

早期的地方统治者称为方伯。方伯几乎全部是出身皇亲国戚，由国王和贤人会议共同任命。开始时，方伯的权力极大，通常掌管一郡，集行政、财政、军事、司法主权于一身，类似地方总督。方伯有权主持召开地方法庭和征集、统帅着民军，还享有“第三便士”的特权，即有权从地方法庭收益和自治城市的贸易税中抽取三分之一。到10世纪时，方伯的数量减少，经常一人兼领数郡。后来方伯的称号被丹麦人的伯爵所代替。到诺曼征服以后，伯爵演变为一种土地贵族爵位，失去一切行政权力。①

与郡区相关的是郡守的出现，郡守是郡区会议的召集人、民军统领和治安官。郡守出现大约在于10世纪上期。与方伯不同，郡守由国王单独任命，贤人会议无权过问，其人选几乎全是直接依附于国王的军事贵族塞恩。起初，郡守只是国王地方上的经济利益代理人，负责适时耕种王室领地和及时将国王的财政收益解缴国库，其政治权力微不足道。后来国王发现郡守比起方伯较容易控制，越来越倚重郡守，不断扩大其政治权限。到诺曼征服前夕，郡守已取代方伯而成为郡区会议的主持人和地方民军统帅，负责执行国王命令、维持地方治安和管理地方公务，成为国王在地方统治的工具，但是其势力要受郡区会议的某些限制。

地方政府机构称郡区会议，由过去的民众大会演化而来。按照传统，凡是自由人都有权利和义务出席郡区会议。后来，随着封建土地所有制的建立，郡区会议出席权与土地所有权联系来，丧失土地的农民即维兰特被剥夺了出席资格，郡区会议就为所有自由土地所有人控制。郡区会议每年开会两次，一次在春天的复活节前后，一次在秋天的米迦勒节前后，出席者有教会上层人物、塞恩和各类土地所有者。郡区会议是一种权力广泛的综合性机构，不但受理各类案件、维护正常秩序、决定修桥筑路等地方公共事务，而且还传达贯彻中央政府政令、分配和征收土地税，郡区会议一种半自治式的非常设地方政府机构。

---

① 程汉大著，《英国政治制度史》，中国社会科学出版社，1995年，第26页。

郡区以下分为若干百户区。百户区是封建王国为摊派捐贡、调拨徭役、征召军民、加强地方治安和司法管理设置的。10世纪中叶《百户区法令》颁布，百户区作为一级重要地方政府已在全国普遍存在。各郡划分为若干百户区，各郡面积不等，所辖百户区数目不等。百户区设有百户长和百户会议。百户长由郡守任命，大多出身长老。百户会议每月召开一次，有百户长主持，其成员构成与郡区会议类似。百户区会议除了征税、处理区内公务外，主要职能是受理有关财产所有权和继承权、土地转让、地界争端、契约纠纷等民事案件，以及盗窃、抢劫、凶杀等刑事案件。[①]10世纪末11世纪初，大量的地方行政、财政、司法等事务由百户区会议处理。

百户区以下是村镇，村镇是在原农村公社基础上形成的一种基层政社合一组织。各村镇户数不多，居住相对比较集中，设有选举产生的村长和村镇会议。村长称“里夫”，由百户长指定或由村民选举，负责缉捕罪犯、维持治安、征收犯罪罚金。村镇会议权限很小，只能处理轻微的不端行为和调节居民纠纷以及组织协调农田耕种等。凡是重大事务均交百户区会议或郡区会议处理。

郡区--百户区--村镇三级地方行政管理体制，建立于统一的国家形成之际，确立了英国中央集权的国家结构形式。维护正常社会秩序、保护等级制和私有财产是这三级政府机构的首要任务，所以，这三级机构又被称为郡法庭、百户区法庭和村政法庭，为英国后来成为最早产生宪法和建立君主立宪制的国家奠定了基础。

二、11～12世纪英国封建君主制发展时期行政制度的创新

（一）集权君主制建立时期的行政制度

在这一时期内，英国的政治制度逐步实现了由贵族君主制向封建集权君主制的转变。英国的集权君主制是从威廉一世开始的，1066年1月，英王爱德华去世。半年后，威廉发动战争夺取英国王位，史称威廉一世。威廉一世为了得到中小贵族的支持，他建立了以广大中小贵族为支柱的集权君主制。他利用征服者的权威，使自己努力在经济和军事上处于绝对优势地位，他把国内最广大最肥沃的土地、全国1/7的庄园和1/3的林地据为己有，成为名副其实的国内最大土地所有者。同时，他还有意识地削弱和限制大贵族的势力，把贵族的领地分封在全国各地，不让其相连成片。在军事上，威廉征集民军的权力，把骑士军队和民军作为政权的两大支柱。威廉一世善于管理国家，既借鉴前朝固有

① 阎照祥著，《英国政治制度史》，人民出版社，1999年，第14页。

可行的法律习惯和行政管理办法，又善于根据社会实情及时在司法、行政方面有所创新，建立新的行政机构和制度。威廉一世将原来的贤人会议改造成“大会议”。

1．中央、地方行政体制

在诺曼征服后的最初几年，英国的政治机构和统治制度没有明显变化。贤人会议依然存在，许多英吉利贵族继续留在宫廷和政府中。随着骑士领有制的确立，一个以国王直属封臣为主体的新生教俗土地贵族阶层产生了，他们几乎是清一色的诺曼人，在政治上层占有一定地位，贤人会议演变成由诺曼人组成的御前会议。表面上，贤人会议与御前会议无大差别，但二者的性质和组织原则是根本不同的。御前会议的成员不是以社会贤哲的身份，而是凭国王直属封臣的资格出席会议。这样，御前会议只包括三部分人，以男爵为主体的世俗大贵族集团，由大主教、主教、修道院长组成的教会贵族集团，以及王室总管、宫廷内待等王室官员集团。御前会议的主要职能是司法审讯，处理男爵与国王之间的利益冲突，也为国王提供咨询，商讨国家大事，议决大政方针。

御前会议分为大会议和小会议两种形式。大会议人员较多，比较规范，大会议召开的时间、地点相对固定，总是与重大宗教节日活动结合在一起，每年召开3次，复活节在温切斯特召开，降灵节在威斯敏斯特召开，圣诞节在格罗斯特召开。大会议的主要职责是：（1）作为国家最高司法机构，处理王室与贵族之间的利益冲突；（2）作为议事咨询机构，提出建议，协助国王和王室制定政策和法律；（3）作为中央机构，处理各类事务。[①]大会议自始就存在一个非常设核心机构——小会议。小会议称作库利亚，由最重要的王室成员和国王亲信组成，人数少。小会议召开比较经常和随便，召开的时间、地点和内容不固定，主要取决于国王临时决定和现实需要。小会议在职能上与大会议类似，它们都是国王的法庭，都兼有咨询、行政、立法等多项职能的综合机构。从某种意义上讲，小会议可以看作是大会议的核心组织和非常设机构。有学者认为小会议是以后的枢密院和内阁会议的雏形。

通过大会议，威廉一世不断调整封建贵族内部的矛盾，以维护正常的封建统治秩序，并借此将势力强大的大封建主笼络在自己周围，对他们加强监督，减少了封建叛乱和分裂阴谋。反过来，封建贵族们也利用在大会议中被咨询的机会，对国王施加影响，保护自身权益。

在地方政府中，威廉一世全盘继承盎格鲁—萨克森时代的体制，郡区、百

① 阎照祥著，《英国政治制度史》，人民出版社，1999年，第29页。

户区和行政区划原封不动，郡法庭和百户区法庭的职权保持不变。他重用郡守，各郡政务完全委之于郡守。为确保郡守绝对服从中央，他罢免了原英吉利人任郡守，从支持自己的诺曼男爵中任命各郡郡守，并规定郡守不得世袭，国王有权随时更换。

2. 司法制度

在司法制度上，威廉同样继承了盎格鲁—萨克森时代的法律习惯和司法机构。他以盎格鲁—萨克森时代的法律作为基础，编纂了新法典，作为法庭办案的依据。威廉为了加强社会治安，保障诺曼人的生命财产安全，建立了两种新制度。一是十户联保制，要求每十户居民为一组，设十户长一人，所有12岁以上的男子必须参加十户区，一旦十户区内有人犯罪，十户区全体居民负有将罪犯逮捕归案、交付法庭审判的集体责任。二是"惟英吉利人是问"的制度。如果出现凶杀案时，首先假定死者是被英吉利人谋杀的诺曼人，案发地区的英吉利人负有交出凶手的法律责任，或者有4个自由人出面担保，并提供确凿的证据，证明被害人不是诺曼人而是英吉利人，否则将对该地区英吉利人处以严重的谋杀罚金，并将其中一人处死。[①]威廉的集权还体现在国王对教会的控制上，1070年以后，威廉把高级教士逐步全换为诺曼人，教会从属于国王。他宣布，未经国王同意，英国的教徒不得承认任何教皇，不得接受任何教皇的使节、命令和信函，任何宗教会制定的任何法律制度都须经国王批准。威廉一世在世时，建立了当时欧洲最强大的王权。

（二）集权君主制巩固时期的行政制度

1087 年，威廉一世去世，其次子鲁弗斯继位英王，史称威廉二世。1099年威廉二世在布鲁肯豪斯附近的王室森林里狩猎时被谋杀，他的弟弟亨利一世登上王位，开始了集权君主制巩固时期的统治和行政管理。

1. 对"王室政府"的改革

诺曼时期的"王室政府"（中央政府和王室混为一体），使王室官职多数演变成世袭职务，官职的世袭限制了国王的选择自由，造成任职者的政治素质和政府工作效率下降。随着历史的发展，国家管理工作日益繁重，这种"王室政府"越来越不适应现实的需要，改革"王室政府"尤其迫切。1107年，亨利一世把库利亚（小会议）的成员分成两部分，一部分带领在身边，不断往来于海峡两岸；另一部分常驻国内，组成代理政府，负责日常的政府管理。1120年以前，代理政府负责人一直是王后玛蒂尔达和太子威廉·艾德林，二人有权行使

① 程汉大著，《英国政治制度史》，中国社会科学出版社，1995年，第47页。

国王享有的一切权力。1135年，政法官罗杰任代理政府的负责人，他不但在亨利一世出境时代行王权，而且在亨利一世回国继续统辖百官，处理国务。罗杰的权利很大，可以封大主教的领地、查修道院的财产、惩罚伪币制造者、派遣法官到地方受理诉讼。所以把12世纪成为“政法官时代”。

2. 建立财政署

威廉二世和亨利一世在管理国家方面多有发展，设立财政署。在亨利一世时期，在中央政府中，从库利亚中分化出了英国最早的专业性职能部门——财务署。财务署最初只是参加每年举行的两次库利亚特别会议，在每年的复活节和米迦勒节，库利亚成员前往国库所在地温切斯特，统一收缴各郡税款及教俗大贵族的封建捐税，进行账目核算，登记造册。组成财务署的库利亚成员称为财务署男爵，结算时如有争议，由财务署男爵即席裁决。财务署不仅是一个财务核算机构，还是一个解决经济纠纷的财政法庭。后来经过分化，财政法庭从中分离出来，财政署成为单纯的财政核算机构。①财政署成员分为两类，一类是领导层，主持人是宰相，参加者有中书令、宫廷侍卫大臣、国库大臣和其他贵族，他们在财政署工作时负责对某些原则问题或疑难问题作出决断；另一类是工作部，由国库大臣的代表主持，作为财政署的执行机构专做财政收支类的技术工作。

政法官和财务署的出现意味着现代意义上的行政官僚机构的产生，标志着国家管理机构与王室分离的开始。专业财政机构的建立增加了政府收入，亨利一世时期财政充足，集权君主制的基础进一步巩固。

（三）集权君主制发展时期的行政制度

1135年底，亨利一世去世，其外甥布卢伯爵斯提芬和其女儿——安茹伯爵的妻子玛蒂尔达，这二人都有继承权，二人都不相让，展开了19年的王位之争，诺曼王朝的集权君主制被毁。1147年玛蒂尔达和儿子亨利被赶出英格兰，退守诺曼底。1153年，亨利承诺曼底军队重返不列颠，受到英格兰人民的欢迎。1154年，斯提芬去世，亨利继位，称为亨利二世，安茹王朝开始，亨利的父亲习惯在帽子上插一朵金雀花，该王朝又称为金雀王朝。

面对全国混乱不堪的局面和疆域辽阔的大帝国，亨利首先着手重建中央政府，并进行了一系列行政改革。他继续沿用亨利一世的做法，任命自己的亲信为政法官和大法官，让他们代理国务。他在威斯敏斯特王宫建立了大法官厅、财务署等常设机构，恢复大会议、库利亚和财务署等国家机器的正常运转。为

---

① 程汉大著，《英国政治制度史》，中国社会科学出版社，1995年，第56页。

保证大臣的忠诚，他注重从中小贵族里选任大臣，对地方官员实行严密控制，其中一些郡守出身低下。

在财政上，亨利二世除加强王室地产管理、严格征收地租和封建捐税外，还建立国家直接税制。在财政专家的帮助下，亨利二世改组了财政署，规定了税收种类、收支规则、账目结算、登记与保管方法等。亨利二世是欧洲最富有的国王。

在军事上，亨利二世取消了封建骑士军队，建立了雇佣军制。传统骑士军队数量有限，服役期短，难以应付旷日持久的战争需要。亨利二世免除了封臣们的骑士义务，改为征收代役税，用此税款招募雇佣军。亨利二世还颁布了《军队敕令》，改组了民军。敕令规定：所有臣民，上至贵族，下至普通自由人，都必须自备一套与个人社会经济地位相符的武器装备，供必要时从军所用。军事改革减轻了国王对贵族的军事依赖，确立了英国独特的民兵制度传统。

在司法上，亨利二世进行了改革，建立了巡回法官、陪审团、国王司法令状制度。当巡回法官开庭时，各百户区分别由12名正直诚实的骑士组成陪审团，宣誓后向法庭检举百户区的犯罪分子，即集体向法庭起诉。受到指控的罪犯立即传唤出庭受审。在审理过程中，陪审团一方面就其所知陈述有关案情，另一方面就被告是否有罪作出裁决，最后由巡回法官根据习惯法律良性定罪。所以，最初陪审团既是起诉人，又是证人，也就是判断事实的法官，一身三任，后来三种职能分开，分别由大陪审团、小陪审团和证人履行。司法令状由大法官厅签发，上盖御玺，指示地方，领主法庭尽快予以公证审理，并明确规定审判程序与方法。[①]

在这一时期内，英国的政治制度逐步实现了由贵族君主制向封建集权君主制的转变。其行政主要体现在行政机构和制度方面。[②]威廉一世去世后，英国王权虽然不断遇到挑战，但在总体上仍呈现出逐步强化的趋势。威廉二世以及亨利一世时期，在王权对地方势力的控制及王权与教权的斗争等方面都获得了不同程度的胜利。到亨利二世时期，集权君主制有了进一步发展。亨利二世通过加强王室地产管理、建立国家直接税制、建立雇佣军及民兵制度等，使英国的君主制逐步发展成为无须强有力的国王的个人因素推动，也能正常运转的较为完备的政治制度。英国形成了一种以骑士领有制和封主—封臣等级隶属关系为纽带的封建社会结构。

① 程汉大著，《英国政治制度史》，中国社会科学出版社，1995年，第68页。

② 袁辉、曹现强主编，《当代西方行政管理体制》，山东人民出版社，2001年，第47页。

三、13～16世纪英国封建君主制时期的行政制度

（一）13～14世纪时期的议会

1. 议会的产生

在这一历史时期，国家的管理是以议会为主的。议会的出现对英国政治制度的发展产生了深远的影响，它不仅使当时的英国从封建集权的君主制逐步转变为具有一定代议性质的等级君主制，而且为后来英国立宪君主制的建立奠定了基础。

英国议会是由大会议演变而来的。诺曼征服以后，贤人会议的形式得以延续，但名称改为大会议。到13世纪时，皇家会议分化为御前会议和大会议两种形式。御前会议由朝廷重臣组成，是咨询兼执行机构，负责解决一般王室事务。如遇战争、税收等重大国事，国王则召开由大贵族和高级教士参加的御前扩大会议即大会议。1215年，约翰国王被迫与贵族代表签订著名的《大宪章》。《大宪章》重申国王与贵族的封建契约关系，强调封建贵族的权利，阐明了王权有限、法律至上的原则。在此后相当一段历史时期内，英国贵族充分利用大会议为实现《大宪章》的原则与王权进行斗争。正是在这种斗争中，大会议逐步完成了向议会的转变。

从13世纪中叶起，平民代表及农村骑士和城市市民先后被吸收进议会。因为12～13世纪，英国工商业出现了新的发展，农村手工业的发展和城市工商业的繁荣，使英国的经济发生变化从而引起社会结构的变化。农村骑士和城市市民组成中等阶级，由于他们社会地位变化，滋长了参与国家政治生活的意识与要求。平民代表进入议会不断在司法、税收及地方事务中参与管理。时代的变化和代表制方法的使用，使平民进入议会成为必然。

1265年，大贵族西门召开的“西门国会”，除召集教士和贵族参加外，还在每郡召集两名骑士代表，在每个城市召集两名市民代表参加。“西门会议”是英国议会发展史上的又一个重要的里程碑，它标志着社会地位低下的平民阶层开始登上政治舞台，成为议会的一个组成部分。奠定了未来下院的基础，因此，西门被称为下院之父。

在爱德华一世统治时期，长期的政治动荡和早期的议会实践，使他认识到议会是一种有用的管理国家的工具。所以，议会的活动趋于经常化和制度化，议会的时间、地点固定下来，参加的成分开始确定。议会参加者有教俗贵族集团，他们作为议会的原材料，是必不可少的成员，人数不定；世俗贵族人数在80～90人之间；王室官员、政府大臣组成的官僚集团是早期议会中的重要组成

部分，他们代表国王的利益，是政府政策的辩护人，会议的准备与组织、议程的安排、法规的草拟，都控制在他们手中；平民集团是早期议会中最不稳定的部分，随着平民实力的增强，逐渐成为议会不可缺少的一部分；从1254年开始下级教士不断拒绝参加会议，1341年，经爱德华三世同意，下级教士退出议会，议会中形成贵族与平民两大集团，议会的构成成分最终得以确立，并为两院制奠定了基础。每届议会开幕后，教俗贵族单独在白厅聚会讨论，贵族院即上院产生。农村骑士、上层市民与大贵族的利益不一致，组成平民院即下院。14世纪后期，议会成为一个具有固定形式和完整程序的国家机构。

2．议会的权力

控制税收。14世纪议会下院在控制税收方面的权力不断增长。议会早期在税收方面的权力十分有限，由国王控制，进入14世纪后期，议会的征税权进一步明确，并且控制了国家征税权，只有下院统一的征税案，才对全社会具有法律效力。

财政监督权。14世纪初，议会拨款的使用由国王和谘议会控制，议会无权过问。1379年，议员们成立专门委员会，对政府财政进行全面审查。

参与立法。爱德华二世时期，议会开始通过请愿的方式介入立法领域。1309年，第一次以下院请愿书为基础制定了一项法规。爱德华三世时期，根据请愿书制定法规成为一种正规的立法方法。通过请愿立法还有一定局限性，因为请愿书不同于立法议案。所以，国王还是可以对请愿书给予拒绝的。经过下院坚持不懈的斗争，在15世纪中叶，下院的议案得到法律保障。

批评监督政府。随着议会财政权的确立，议会逐渐取得对国王政府及其政策的批评与监督权。议会利用征税权迫使国王在制定政策时预先跟自己协商，14世纪20年代起，国王多次就对外战争、国内管理、羊毛价格、农村劳动力与工资等问题主动与议会协商，征求建议。议会力图控制政府大臣，因为政府大臣不但直接参与国家政策的制定，而且是国家政策的执行人。控制政府大臣对实现议会的监督极为重要。通过三种方式控制政府大臣，第一，干预大臣的任免。1341年，议会要求国王必须在议会中任免大臣和法官。第二，对政府大臣进行质询。1381年，下院批评政府管理不善，弊端太多，大法官康特尼被迫引咎辞职，交出国玺。第三，对违抗议会的不法大臣进行弹劾。弹劾是14世纪由议会发明的一种特殊诉讼方法。它由下院担当原告，对政府大臣提出公诉，然后由上院贵族担任法官，对被告进行审判，如被控罪名成立，被告将受到严厉惩罚。如1376年，“贤明国会”对王室总管拉蒂默因从事羊毛走私贸易的弹劾，1388年，“无情国会”对理查德二世五个宠臣的弹劾。此外，议会还罢黜了顽固无能排斥忠良的爱德华二世，建立个人专制的理查德二世。这些充分显示了议会在当时的权威。

由于议会的产生和议会制度的形成，这一时期英国的封建君主制具有与以往不同的明显特征。其中最重要的是诺曼王朝建立的集权君主制被打破了，议会作为封建性的等级机构随着自身的成长对王权形成了较大的制约。从盎格鲁—萨克森时期就已孕育了王权有限、法律至上的原则，在这一时期通过议会的活动在一定程度上获得了组织和制度上的落实。尽管国王仍然拥有批准法律、制定国策、控制行政以及世袭王位等巨大的权力，但由贵族与平民组成的两院制的议会，却通过财政监督以及对传统的习惯法的强调等为王权划定了界限。此外，这一时期的英国议会虽然像当时欧洲大陆国家的等级会议一样，具有封建等级性色彩，但在代表的产生方式、职权和实际作用等方面远远超过后者。特别是到15世纪，英国议会已成为一个由社区居民共同体代表组成的具有相对广泛性的代议机构。宗教改革以后，英国进一步确立了议会法规的权威地位。

（二）15～16世纪时期的行政制度

1485年博斯沃斯战役结束了30年的玫瑰战争，约克王朝的理查德三世死于乱军之中，亨利·都铎在战场上找到了理查德三世的王冠戴在自己头上，成为亨利七世，都铎王朝开始。这时期，贵族集团和天主教会的政治势力相继被摧毁，权力日益集中在君主手里。国家机器出现重大调整，某些旧机构得到改造，一些新机构建立起来，中央政府的权威空前提高，对地方政府的控制加强。都铎时期是英国从中世纪封建社会向近代资本主义社会过渡的历史大变革时期，一方面封建制度日趋没落，另一方面资本主义迅速发展。资本主义发展使社会结构发生了变化，其中的两大阶级正朝着两个方向发展：封建大贵族阶级正沿着下坡路衰落，已失去与王权抗衡、左右国家的力量，新兴资产阶级和新贵族执掌政权的时机还未成熟。

1．设立枢密院

都铎王朝为建立君主专制改组了政府。亨利七世将谘议会完全置于自己控制之下，并大批起用中产阶级。谘议会的职责是以提供咨询、协助国王进行管理为主，但是否征询或采纳它的建议取决于国王。后来，谘议会分为两部分，一部分伴随国王身边，组成枢密院，行使咨询、决策和管理职能。枢密院只有十几人，人员精干，处事迅捷，成为都铎王朝的主要统治工具。枢密院设有常任文书，负责记录会议内容。另一部分谘议会大臣和少数高级法官留在皇室房间，负责受理诉讼，由此产生皇室法庭。这个法庭不采用普通法庭的审判程序，不用陪审团，可以使用严刑拷打方法审问被告，在都铎王朝早期，对镇压叛乱、消灭国王敌对势力起过积极作用。[1]

2．建立地方性特权机构

都铎王朝建立了两个地方性特权机构，将王权延伸到西南和北部边陲地区，威尔士边区各郡过去享有独立地位。亨利七世授权威尔士亲王建立边区幕府，配备充足的幕僚，负责统治边区，后来边区幕府改为边区事务委员会，亨利八世时又对该委员会加以改进，使之成为统治西南地区的强大机构，以司法为主兼管行政。北部边陲地区，亨利七世除了保留原来的总督军事机构外，又增设了一个文职机构，负责行政管理。1536 年，亨利八世将总督军事机构和文职机构合并，成立北方事务委员会，全权统辖北部各郡。威尔士边区事务委员会和北方事务委员都是中央政府的派出机构，直属国王和枢密院，他们的设置使中央集权制的两个最薄弱环节得到加强。

3．政府机构的专业化

都铎王朝早期，王室和政府仍未彻底分开，但各种政府机构的专业化特色得到加强。大法官主持的大法官厅成为一个司法机构，而且以弥补漏洞为主，到 15 世纪，大法官厅作为专业平衡法庭的特色已十分突出。

在地方政府中，郡守已丧失实权，治安法官成为真正的地方统治者，行使部分行政管理权。后来，国王赋予治安法官广泛的权力，从贯彻国王和枢密院命令、受理地方公诉、维持治安，到颁布工商业条例、调整工资和物价等社会事务。亨利八世时创立督尉制，每郡任郡督一名，郡尉一人，督尉推荐法官人选，监督治安法官的工作，并负责训练民兵，招募军队，督尉制进一步加强了中央对地方的控制。

都铎王朝后期政府机构变化不大。枢密院已经定型，完全成了一个由世俗官员组成的机构，主要职责是行政管理，有时也颁布法令、公告、条例等临时性法律。随着政府事务的增多，枢密院的工作任务繁重，为提高效率，其内部开始分工，由部分成员分别组成不同的委员会，负责某一项专门事务，爱德华六世时有财政、粮食储备、军械保管、海军等数个专门委员会。宗教改革后，基层教区成为一级政府组织，它要济贫、帮助老弱病残就业，还要负责指定济贫税率。议会的制约作用，法律的至尊地位，不完备的国家机器，决定了都铎时期的政治制度职能是一种有限的行政制度。

① 程汉大著，《英国政治制度史》，中国社会科学出版社，1995 年，第 147 页。

第二节　17世纪初至19世纪末英国行政制度的演变

进入17世纪，英国的经济、社会、阶级结构等方面出现了明显的变化。资本主义已发展到一个新水平，工业中的手工工厂已相当普遍，资本主义的农牧场已遍布东南各郡，都铎时期阶级力量的平衡格局已被打破，支撑专制君主制运转的社会基础基本不存在了。与此同时，以战胜西班牙无敌舰队为标志，英国已形成一个统一、富强、生机勃勃的国家，封建割据和外敌入侵的危险已消失，专制王权失去了存在的历史必要性。以资产阶级为代表的新兴力量开始利用议会作为阵地，向封建王权展开积极的斗争，内阁的地位越来越重要。

一、内阁的产生

在16世纪和17世纪，枢密院在国家管理中占有突出地位。随着社会经济的发展和人口的增加，国家管理工作日益繁重，使枢密院规模扩大。亨利七世时期枢密院只有十几人，到17世纪中叶，人数在100人以上。人员过多，给会议的召开带来不便，影响政府的工作效率。爱德华六世时期，枢密院出现了几个委员会。斯图亚特王朝时期，委员会的数量剧增，达到72个。大部分委员会是临时的，也有常设性质的。各委员会在自己分管的工作领域内，在政策制定与执行中逐渐取得了主导地位。枢密院委员的出现和发展，使国家政府职能开始分工。枢密院的衰落是内阁产生的前提。

内阁的萌芽源于一个特殊形式的委员会，即外交委员会，它与枢密院其他委员会不同，它不是一个正式的、公开的委员会，是一个完全依附于国王的秘密委员会。常设外交委员会出现于1617年，为处理与西班牙王室联姻问题设立的，由两个国务大臣、掌玺大臣、司库大臣、王室总管、总司令、财政大臣及另外5名贵族共12人组成。外交委员会一般一周召开一次会议，地点在白厅，会议内容是外交事务，有时也研究其他政务。1677年，外交委员会受理了议会关于罢免某些枢密院大臣的请愿书，委员会建议国王保持沉默。外交委员会会议内容涉及外交和内政所有领域，许多问题在外交委员会商定后才提交枢密院。外交委员会成为中央政府的核心机构。

1678年，议会反对外交委员会机构的呼声越来越高。1679年，查理二世解散外交委员会，改组枢密院。新枢密院成立后不久，查理就在“情报委员会”的名义下又复活了外交委员会。情报委员会由威尔士亲王和另外9人组成。它的活动比外交委员会更为正常，每周集会 1～2 次，地点固定在枢密院大厅，情报委员会的职权十分广泛，除了外交事务外，各种政事都管理。1681 年，情报委员会解散。这个时期的内阁还没定型，取决于国王的好恶，内阁处于萌芽之中。①

1688 年后，内阁地位得到巩固。枢密院常设委员会的作用进一步加强，初步有了各部的性能和特征。此时的枢密院机构臃肿、效率低下。而内阁人员精干，在各部门工作中显示出越来越重要的作用。17～18 世纪初，内阁与政府日益融为一体，内阁的成员趋于稳定。内阁通常由三部分组成，第一部分是掌管某一行政的政府大臣，如司法的大法官、财政大臣等。第二部分是中世纪遗留下来的某些王室官员，如王室总管、宫廷内侍等。第三部分是不担任具体职务的国王私人顾问，如国王之友。18 世纪初，内阁作为国家最高决策和行政管理机关的性质更加鲜明，一个新名称“政府”开始与内阁通用，并日益广泛流行。

二、内阁制度的形成与发展

（一）内阁制度的建立

1714 年后的大半个世纪是英国内阁制度的形成时期。在这个时期，随着资本主义的发展、资产阶级力量的壮大和社会生活的逐步近代化，建立、健全资产阶级政治制度已经提上日程。资产阶级不愿意让世袭国王把持大臣任命权和行政管理权，迫切要求由自己委托的代理人进行统治。这一社会历史为内阁制度的形成奠定了基础。此外，还有两个因素对内阁制度的形成起了促进作用。一是汉诺威王朝的建立，为内阁摆脱国王的控制提供了有利时机；二是杰出的政治家罗伯特·沃尔波连续把持朝政二十多年，正确解决了内阁工作中的一系列现实问题，创立了若干重要的宪法惯例。②

近代内阁制度形成的首要前提是国王退出内阁。汉诺威王朝建立后，1717 年，乔治一世不出席和主持内阁会议，此后历代君王均这样做。内阁会议及内阁工作便由其中某一位大臣主持，首相由此产生。1721 年内阁中的首席财政大臣，辉格党领袖罗伯特·沃尔波是历史上的第一位正式首相。在英国，由财政大臣任首相，是由于财政部门是一个最重要的部门：它掌管经费，而其他部门受其制约。财政系统官吏最多，财政大臣拥有大量授职权，可以用来收买议员和选民。在罗伯特·沃尔波当政期间，内阁与多数党的联系进一步加强。1742

① 程汉大著，《英国政治制度史》，中国社会科学出版社，1995 年，第 156 页。

② 程汉大著，《英国政治制度史》，中国社会科学出版社，1995 年，第 264 页。

年，罗伯特·沃尔波下台后，相继执政的4位首相也是辉格党的首领。在以后的实践中，首相应由多数党领袖出任的惯例初步形成。

在罗伯特·沃尔波任首相时，他经常在内阁会议前，约见几位实权大臣举行私人会议，商定初步意见，再交正式内阁会议讨论决定。出席私人会议的通常是国务大臣、枢密院长、大法官等。私人会议最初具备预备会议性质，会上仅对次要问题作出决定、重大问题提出初步意见，供内阁会议参考。后来，不管大小事情均有私人会议决定，有时根本不告诉其他内阁成员，这样，在内阁中就形成了小内阁或内内阁，内阁的权力集中到这一小型机构。

（二）内阁制度的发展

1746年2月，第一次内阁集体辞职。1745年，詹姆士派发动叛乱。危急之中，首相佩勒姆要求乔治二世任命威廉·皮特为阁员大臣，主管军需，乔治拒绝。于是，佩勒姆带领内阁成员大臣共45人集体辞职，致使财政部、贸易部、海军部全部陷入瘫痪。乔治被迫召回佩勒姆重新组阁，并接受了佩勒姆的苛刻条件，任命皮特主管大臣。集体辞职对内阁制度发展具有重要的意义。威廉·皮特进入内阁后，从新兴工商业资产阶级和殖民者的利益出发，倡导强硬的外交政策，扩大英国的海外势力，在内政方面，建立廉洁政府。1757年，乔治二世免去威廉·皮特，建立了没有威廉·皮特的政府。为抗议乔治的行为，许多大臣纷纷辞职，社会舆论也支持皮特。最后，乔治在新内阁中任威廉·皮特为国务大臣，其权力相当于财务大臣。这两次的集体辞职导致内阁改组的结果说明，国王无权凭个人意志任免首相。

（三）内阁制度的变化

1760年乔治三世即位后，内阁制度进入曲折发展时期。乔治在外交政策上与内阁相悖，威廉·皮特愤然辞职。乔治三世任命自己的老师布特为首相。乔治三世完全控制了政府，建立了个人专制统治。内阁制度的发展受到影响。乔治三世剥夺沃尔波时期首相和内阁的决策权，自己进行决策，他的个人专职行为也遭到过内阁大臣的反对，而内阁制度的发展并没有中断。

1782年，由于英国在北美战争中失败，敲响了诺斯政府的丧钟。诺斯政府在议会下院的压力下，全体阁员集体离任，宣告乔治三世专制的结束，也标志着责任内阁的初步形成。诺斯辞职后，乔治三世召请罗金厄姆组阁，罗金厄姆提出三个条件：允许北美殖民地独立、限制国王用官职和年金收买官员、保证议会选举自由。自罗金厄姆起，内阁成员由首相提名形成惯例。从此以后，首相和内阁可以自主地讨论和决定政府政策，国王也很少影响内阁工作。到19世纪初，任何内阁成员都有权随时要求召开内阁会议，研究其所管辖部门的任何问题，而不用征得国王的同意。所以，在18世纪末19世纪初，内阁成为一个独立于王权之外、依附于议会下院、主管行政决策的权力实体。

（四）责任内阁制

1830年，当时执政的托利党政府顽固保守，拒绝任何要求。在当年举行的议会选举中，托利党惨败，辉格党获胜。威灵顿政府被迫辞职，格雷政府执政上台。1831年3月，格雷内阁把议会法案提交下院。6月，格雷内阁第二次把法案提交下院。12月，内阁第三次提出改革法案，并顺利通过。

1832年的议会改革沉重打击了国王、贵族、上院势力，扩大了选民队伍，加速了政党组织的完善和两党制的形成。与这些变化相适应，责任内阁制迅速确立起来。1832年改革法案的通过，体现了内阁与国王、上院、下院、政党、社会舆论之间的新型权力关系，预示了未来责任内阁制度的运行模式。1832年改革后，随着选举制度的民主化和两党制的确立，议会选举不再是候选人之间的个人竞争，而变成两大政党之间的竞争。大选的结果直接决定着哪个政党上台组阁。1841年，执政的辉格党政府在大选中失败，首相墨尔本恋栈不去，可是在新议会的第一次会上，墨尔本政府又失败了。于是，墨尔本政府集体辞职，这是英国史上最后一届在大选失败后没有立即辞职的内阁。以后，一旦政府在大选中失败，不等新会议开幕，原内阁就自动辞职。内阁辞职后，国王立即召见获胜党领袖，委以首相，授权组阁。新首相上任后，总是根据个人地位、威望、能力、影响以及在选举中的贡献大小，从本党议员中选入内阁。因此，内阁成员都是上院或下院议员。行政机关和议会密切联系在一起，是近代英国政治制度的一个突出的特点。

首相和内阁大臣的权力来源于下院，反过来，下院要求首相和内阁为自己负责。如果下院不支持内阁的重大政策，内阁必须集体辞职。19世纪中叶后，内阁集体责任制原则确立起来。这一原则要求内阁在重大政策问题上和首相一起共同对下院负责。对于内阁通过的一切决定，每个内阁成员都负有绝对责任。内阁责任制实质是内阁向下院负责，上院对内阁没有多大影响。内阁集体责任制是就一般性的重大政策而言的，涉及各部门的具体问题或纯属于个人失误，则主要由有关大臣个人负责。所以，经常有个别大臣引咎辞职，如1866年，威斯特伯里大法官在利兹破产法庭的人员任命中，造成失误，受下院谴责而辞职。集体责任内阁制有利于保证内阁大臣行动一致和提高政府工作效率。

（五）内阁改革

19世纪30年代，英国完成工业革命，社会面貌发生了质的变化，社会出现了许多新的问题，国家政府的社会管理任务空前加重。同时，英国不断对外扩张，这一切要求扩大国家的政府职能。但是，当时英国的国家机器还很不完善，中央部门只有财政部等几个老部门，而且各部门的权力关系、内部编制、运作程序相当混乱，不适应需要。于是，从19世纪30年代起，英国不断进行行政改革，逐步完善国家机器。

行政改革主要是对传统部门进行改造，同时增设一批新的部级机构，新增机构来源于国务大臣办公处的分化和后设置的部委。在财政部设国内税委员会、关税委员会、邮政委员会、林木土地委员会四大直属机构。从国务大臣办公处分化出来的部门有内政部、外交部、军事战争部、殖民地事务部和印度事务部。源于部委的部门有贸易部，贸易部是1696年枢密院的一个委员会，1786年被称为贸易委员会，1867年贸易部成为一个有行政权力的强大政府部门，负责海内外的一切活动及国内工商业、交通运输等。后来，铁道部、能源部、商业部又不断从贸易部分离出来。农业部也起源于枢密院，1883年成立农业委员会，1889年在农业委员会的基础上成立农业部，负责土壤改良、病虫防治、家畜侍养、农业教育、水利、海上捕捞及有关的统计、检查工作等。地方事务部是适应济贫工作的需要产生的。1832年以前，地方实行自治。1834年成立济贫法委员会，中央开始介入地方事务。1871年济贫法委员会改为地方事务部，地方工作纳入中央管理之下，但地方仍有很大自治权。随着社会的需要，中央分别设置卫生部、工程部、国防部、文官事务委员会和宗教委员会等。到20世纪初，英国中央一级行政机构达到30多个。19世纪后期，内阁成为政治权力的中枢和整个国家机器的运转中心。这个时期的行政机构改革和设置，是和当时社会发展需要相适应的，促进了英国行政制度的发展。

三、英国文官制度的形成

文官制度是英国对中央政府的常任职员实施管理的基本人事制度。这一制度不仅对英国的行政管理体制产生了重要影响，而且由于其他国家的借鉴和推行，也为世界人事制度的发展作出了贡献。

英国是世界上第一个建立文官制度的国家，这一制度的形成经历了一个漫长的过程。自1688年资产阶级革命直至19世纪以前，英国政府的高级职位大多掌握在贵族手里，政府行政官员的任用基本沿袭了封建制度中的“恩赐官爵制”。这一制度注重门阀、家世、出身和社会地位等，把公职人员的职位划分为严格的等级，彼此不能流动和晋升，并强调个人对当权者的绝对忠诚。当时，王室、枢密院、议会议员以及政府要员经常将政府职位授予自己的亲友、子女和党羽。到了19世纪，随着工业资产阶级的崛起，英国形成了资产阶级政党轮流执政的局面。这时政府的人事管理进入了政党分肥制时期。通过竞选获得执政地位的政党，把政府职位当作战利品一样进行公开的、合法的分配，此即政党分肥制。这一制度否定了以门第和私人关系授官的恩赐制，在当时有其进步的意义。但随着时间的推移，其消极的影响越来越明显，一方面随着执政党的变换，造成了政府官员的大换班，不利于政局的稳定和政府工作的连续性；另一方面由于任人唯党、任人唯派，致使官场营私舞弊，腐败成风，行政效率低下。

为了克服这些弊病，从 19 世纪 30 年代开始，英国政府陆续出台了一些新的人事管理方案，开始了建立文官制度的历程。新方案规定各部的大臣、副大臣和政务次官等政府核心领导人，要通过选民直接选举才能担任，他们要随政党更替、内阁变换而进退。而一般处理行政事务的官员包括常务次官，则通过公开考试录用，录用后长期任职，不与政党共进退。这就是著名的政务宫和事务官的区分以及官职考试补缺制度。这些新方案虽然在当时没有得到全面的推行。但它初步形成了常任文官制度的雏形。

到了 19 世纪 50 年代，英国工业资产阶级在议会和政府中逐渐占据了统治地位，他们迫切需要一大批素质较高的人才进入政府机构。1854 年英国政府授意诺斯科特—杜威廉委员会对官吏任用情况进行全面调查。当年，该委员会在调查的基础上提出了《关于建立英国常任文官制度的报告》，报告提出了四条主要的建议：通过公开考试选拔行政人员；根据功绩提升；对政府行政人员实施统一管理；将行政工作区分为“智力”工作和“机械”工作，并选拔能力不同的人分别从事。由于这些建议在当时是很激进的，所以没有得到全面的实施。不过 1855 年英国政府还是依据这一报告颁布了第一个有关文官制度的命令，即《关于录用王国政府文官的枢密院命令》，决定成立三人文官委员会，负责文官的考试录用事宜。1870 年 6 月，英国政府又颁布了第二号枢密院令，明确规定今后除了国王直接任命的或需要专门的、特殊资格的职位可以免于考试或部分免于考试外，一切文官职位的任命都必须按照文官委员会的规定，进行公开竞争考试。①

另外，它还对文官的考试、录用、等级结构等重要原则作了进一步的确立和完善。由此，形成了世界上第一个文官制度。

在英国 17～19 世纪这三百多年漫长的岁月里，英国政体随着时代的变化而变化，逐步发展为一种重要的现代行政制度。这些变化和发展主要表现在以下三个方面：

① 袁辉、曹现强主编，《当代西方行政管理体制》，山东人民出版社，1995 年，第 77 页。

首先，王权进一步衰落，英王最终成为国家的虚位元首。在光荣革命后的相当一段时期里，英王仍保留着如行政管理权等一些重要的权力，但随着议会地位的逐步提高，责任内阁制的确立，内阁转而向议会负责，国王慢慢失去了传统的行政管理权。议会逐步由贵族的议会转变为资产阶级的议会。随着资产阶级在议会中力量的壮大，他们发动了一系列议会改革运动，使由贵族组成的上院的权力和地位不断下降。

其次，文官制度的确立，对英国的行政管理体制产生了重要影响。

再次，内阁的地位不断提高并最终成为国家权力的主要承担者。从19世纪初开始，内阁日益成为一个独立于王权之外、依附于议会下院的行政实体。到19世纪后期，随着国家管理职能的扩大、政党制度的建立以及内阁自身建设的完善，内阁的地位大幅度提高并逐渐凌驾于议会之上成为国家的权力中心。

最后，随着政党制度的逐步完善，政党对国家政治生活的影响不断加强，英国的议会政治逐步发展成为政党政治。

第三节　英国当代行政制度的确立

一、英国当代行政制度的概况

当代英国采取议会制的君主立宪政体，世袭的国王是国家的虚位元首，议会是国家的最高权力机关和立法机关。在政府体制上则实行责任内阁制，内阁首相是政府首脑。英国属于中央集权的单一制国家，但地方政府根据法律拥有一定的自治权。英国实行多党制，但长期由保守党和工党轮流执政。

英国是一个君主制国家，世袭的国王是国家元首、政府首脑、议会的组成部分、司法首脑、武装部队总司令和国教的世俗领袖。从理论上说，英王的权力是最大和最广泛的。但事实上英王并不能单独行使这些权力，而只能由议会和内阁代为行使，所以英王的权力只具有象征性的意义。

英王在国家政治生活中的作用和意义主要表现在：作为国家元首，英王是国家统一和民族团结的象征；作为英联邦及其成员国的元首，英王起着维系英国和英联邦成员目的传统关系的重要作用；凭借个人丰富的政治阅历，英王发挥着国事顾问的重要作用；当政府面临危机时，英王则是维护政局稳定的核心力量。

由上院和下院组成的议会是英国的最高权力机关和立法机关。上院由皇室贵族、宗教贵族等构成，约有1000多人。上院议员不经选举产生，终身任职。与上院不同，下院议员由普选产生。

英国的政府组织形式是责任内阁制。内阁通常由首相和财政大臣、国防大臣、外交大臣等20名左右的阁员大臣组成。它是中央政府的决策核心，也是实际上的最高行政机关。英国国家的结构形式属于单一制国家，地方在总体上从属于中央。但由于受历史传统的影响，中央又以授权立法的形式赋予地方政府较广泛的职权，使其在较低层次的政治事务中具有一定的自治权力。

二、中央政府体制

英国是一个实行责任内阁制的国家。在理论上内阁应向议会负责，但事实上内阁现已成为最高的决策机关和政府的领导核心。在内阁成员中，首相的地位突出，由于他集政府首脑、议会领袖和党魁三种职务于一身，因此他是英国政治生活中的最高决策者和领导者。政府各部是英国中央行政管理系统的主要组成部分，它们具体承担着国家行政管理的主要职能。大量存在的半非行政组织也是中央行政管理系统的一个组成部分，它们在国家的行政管理活动中也起着重要的作用。英国中央政府的组成人员有两部分，一是作为政务类的大臣，他们主要负责制定政策并与内阁共进退；二是文官，他们是常任职员，由文官制度予以管理，主要负责政策的执行。

（一）内阁与首相

1. 内阁

内阁是英国最高的行政机关。进入20世纪以来，由于国家活动的增多和工作复杂程度的提高，其地位不断上升，事实上其职能已不仅仅局限于行政领域，而是成为了“融合”行政机关与立法机关的工具和有效地统治英国的机构。

英国内阁组成的程序是：由英王任命在下院大选中获胜的多数党领袖为首相，授权其组阁，然后由首相提出内阁成员名单，呈请英王批准。影响内阁成员选择的因素包括：第一，两党轮流执政的政党制度，决定了内阁只能是多数党的内阁，即内阁成员必须是多数党议员。第二，首相，他在用内阁的职位报答自己的支持者的同时，还必须充分考虑党内小集团和派系的因素，以使对手保持中立和让主要的派系有其代表。第三，根据传统和工作的需要，所有重要的部门通常都须获得在内阁的发言权。第四，在内阁成员的人数上，还必须考虑易于控制和保证效率。正是由于以上原因，英国内阁通常是由执政党的重要领袖人物和重要部门的大臣，包括财政大臣、外交大臣、国防大臣、大法官、枢密大臣、掌玺大臣以及苏格兰、威尔士和北爱尔兰事务大臣等组成，人数一般控制在 20 名左右。此外，英国内阁成员的地位并不完全是平等的。

内阁的主要任务是协调各个部门和委员会的工作，以保证政府行动的一致性。具体来说，主要包括三个方面：首先，决策。内阁是中央行政机构范围内的最高决策机关，几乎政治上一切重要的问题都需经内阁会议讨论并作出决定。这其中有些是以例行公事的方式上报内阁的，有些涉及部门的重要政策由部门主管或首相作出决定提交内阁讨论；内阁还要对各个部门为了列入政府的立法计划而提出的议案作最终决定。所以，现代内阁通常不仅是行政政策的最后决定者，也是公共政策和立法的主要决定者。其次，内阁行使最高的行政管理权，要对决定的执行实施控制并承担主要的责任。最后，协调和划分权限。内阁要对中央行政机构范围内的协调承担责任，这种协调既包括政策的协调也包括行政活动的协调；同时，内阁还负责确立政府部门的组织形式及各自的权限，并在部门之间出现权限争端时充当"最高法院"的角色。

除了议会的直接影响以外，选民的因素、政党压力的因素和社会压力集团的因素对内阁决策的影响最大。

英国内阁的工作方式主要是内阁会议。会议召开的时间不确定，正常情况下，每周召开一次，有时首相也可召集临时性的会议。内阁会议由首相主持，全体阁员参加。有时在首相的邀请下，非内阁成员的部长也可在内阁讨论与其部门有关的问题时参加会议。会议成员对讨论的问题可以充分发表意见，但如出现分歧，则通常以首相的意见为准。英国内阁实行集体负责制，内阁成员对会议的一切决定必须保持一致，如不赞成首相的政策或内阁的决定则必须辞职。

内阁的组织机构主要有两大部分，一是内阁委员会，二是内阁办公厅。内阁委员会可以分为常设委员会和临时委员会两种。常设委员会涉及的政策范围一般都比较广泛，临时委员会则被用来处理一些特别的问题，问题解决后通常被取消。但这并不是说这些委员会是不重要的，如由内阁秘书主持的备战委员会就曾被用来负责在北约和华约之间发生战争时筹划动员工作。内阁委员会的成员是由首相指定的。一般说来，重要的委员会的成员须由大臣组成，因此许多内阁大臣要在三四个委员会任职。为了减轻内阁大臣的负担，一些低级大臣和文官有时也代表自己的部门参加一些委员会，特别是次要的委员会。

内阁委员会的作用主要体现在两个方面，一是代表内阁详细地考虑和解决某些问题，以节省内阁的时间；二是使次要的问题无须经过内阁就能解决。原来由内阁全体会议处理的事务更多地交由一个或几个内阁成员领导的委员会来处理已成为英国政治的一个趋向。由于内阁委员会的组织、成员、职权等都是由首相决定的，这实际上是在削弱阁员地位的同时加强了首相的地位。

内阁办公厅是内阁的另一重要机构，成立于1916年。内阁及其各种委员会的工作都是由它进行协调的。在20世纪中叶，它已发展成为英国政府的“神经中枢”。内阁办公厅由五大部分组成：一是内阁秘书处，它负责为首相准备内阁的议事议程，保存会议记录，把内阁的决定传达给各个部门并检查执行的情况，是内阁办公厅最重要的组成部分；二是中央统计局，其任务是准备和说明供决策时使用的统计材料和协调政府的统计工作；三是档案馆，它负责准备行政人员的档案材料；四是人事管理局，它是在1981年撤销文官部后成立的，负责文官的管理、培训和任用；五是政府技术处主任，自1966年起也在内阁办公厅内办公。从内阁办公厅的组成来看，它显然不只是内阁的一个秘书班子，实际上已经充当了行政机构的总协调者和部门之间沟通信息的情报交换所。从制度上讲，内阁办公厅是为整个内阁服务的，但由于它同首相的关系最为密切，实际上是在首相的指挥下起作用。内阁办公厅同内阁委员会一样大大加强了首相对行政机构的控制。[①]

2．首相

首相是英国内阁的核心，同时也是英国权力最大、地位最重要的人物。他集政府首脑、议会领袖和政党三个重要职务于一身，是英国政治生活中实际的最高决策者和领导者。英国首相不是由选民直接选举产生的，而是由在议会下院选举中获胜的多数党领袖经英王任命确定的。

现在英国首相有着极为重要和广泛的权力：一是掌握重大的人事权，首相有权任免内阁成员和所有政府官员并有权改组内阁，同时，还能影响爵位和贵族称号的授予并有权会同其他机构对另一些重要的国家公职，如英国国教大主教、国有企业的董事长等进行任免；二是对内阁拥有较大的控制权，有权决定内阁的议事日程并主持内阁会议，首相的总结性发言通常就是内阁对有关问题的决定；三是作为政府首脑，代表内阁在议会为政府的重要政策进行解释和辩护，负责回答下院对政府的政策及行政的质询；四是掌握政府的领导权，决定政府各部职权的划分和部的设立、合并、升级或撤销并裁决各部之间的权限争议；五是掌握政府的财政权，首相一般兼任首席财政大臣，与财政大臣共同决定国家预算；六是当下院通过对政府的不信任案时，首相有权提请英王解散议会，重新组织大选，同时作为执政党的领袖，首相可以通过党纪约束在议会中占多数的本党议员，从而操控议会的活动；七是首相还有权力通过内阁提请英王宣布全国处于紧急状态，在紧急状态下，政府可获得采取紧急行动所需的更

---

① 袁辉、曹现强主编，《当代西方行政管理体制》，山东人民出版社，1995年，第67～68页。

为广泛的权力。

英国的内阁政府已初步呈现出“首相政府”的特征。但在权力向首相集中的同时还有一些重要的限制因素产生着平衡作用。譬如，由于工作繁多，首相只能把有限的时间用于考虑最重要的问题；首相任命大臣的自由受到限制；主要大臣的辞职会造成政治损失和损害首相的声誉；更重要的是他还必须获得政党和议会的支持。另外，反对党的存在、传统的秘密投票制度、作用日益突出的各种社会压力集团的影响、公开的新闻监督以及悠久的民主历史传统等，都成为首相集权制发展道路上难以逾越的障碍。

首相办公室约有 80 名专职工作人员。首相办公室下设四个机构：首相的私人办公室，主要负责给首相写工作日记，处理来往函件和准备材料；政治处，主要负责提供政治建议并处理选区和政党方面的任务；首相的新闻发布处，主要负责处理公共关系和充当首相与新闻媒介的联络处；政策小组，主要负责分析政策并提出不受官方机构影响的意见。从首相办公室的组成和职责来看，它还不具备足够的力量以供首相用来与内阁办公厅或其他部门进行竞争。

（二）中央政府部门

20 世纪 60 年代，英国政府感到部门过多，分工过细，权力分散，不利于中央的直接管理，在 20 世纪 70 年代，英国政府通过撤销、合并和调整，减缩了一些行政部门。中央政府部门是英国中央行政管理系统的主要组成部分。它大致包括了三大类组织：一是由大臣直接掌管的政府各部，这是政府部门的核心组织。二是与政府各部有着密切联系，但不是由大臣直接掌管的部门，如与财政部密切联系的关税与货物税局、国内税收局、稽核审计署、国民经济发展委员会、英格兰银行等，另外还有像中央新闻署、海外发展管理局、人口普查和调查局等。它们通常在非政治任命的行政首长的直接领导下工作，各位大臣只是负责宏观的管理和政策。三是半自主的机构，这类组织在正常的情况下与中央各部也有一定的联系，但除了涉及重大的政治问题时，其活动一般不受大臣们的支配，因而是具有相当自主权的部门。它们既包括直属王国的部门如大英博物馆、英国美术馆等，也包括一些部属机构如国防部的防务执行委员会等。

英国政府各部的建立和发展的影响因素。由于各部建立的时间不一样，在称呼上也不尽相同，有的称为 office，有的称为 ministry、department。英国政府各部的设置没有数目的限制，部的数量变化频繁，设立、废除、合并比较灵活。但总的来讲主要受以下因素的影响：

第一，国家的作用。国家作用的增大及其出现的新变化直接决定着政府各部的设置。在 19 世纪中晚期，由于国家的作用较低，且主要集中于国内政治统治和国家保卫，所以设置的部门主要有枢密院、内政部、爱尔兰事务部、海军部、陆军部、军械部、外交部和殖民地事务部等。到了20世纪中期，由于国家的重点是要对社会问题和经济问题进行干预，所以在部门的设置上，原有的爱尔兰事务部和军械部被取消，枢密院也不再是主要的部门，并且成立了许多新部门如物资部、交通部、公共工程部、地方事务和计划部、国民保险部、教育部、农业和渔业部以及粮食部等。20世纪中期以后，尽管国家的任务相对比较稳定，但也总是时常遇到新的问题，这在部门的设置上都充分地体现了出来。譬如，随着帝国的衰落，殖民地事务部和联邦事务部被并入外交部，为了解决经济衰退成立了经济事务部，为了保护环境设立了环境事务部等。

第二，政治因素。英国政府部门的设置深深受到政治考虑的影响，某项政治政策的改变往往会直接导致一个部门的设立或取消。另外，政府内部的政治局势也对部门的调整有影响，如某个部门的成立可能是为了迁就某个政治家，而另一个部门的设立也许是为了树立某种“政治”形象。

第三，行政因素。主要是部门之间的职能如何恰当地分配和部门的数量保持在怎样的数目范围之内。对于前者，英国主要按照地区原则和职能类别集中的原则来进行；对于后者则既要考虑重要部门的大臣应成为内阁成员的政治传统而不能设置过多，又不能设置过少，从而造成部门太大或有过多的成分不利于管理。20世纪英国政府各部的设置总体上呈现了在复杂的政治、行政环境中逐渐增多，并不断进行着渐进性调整的特点。英国政府各部的地位并不平等，像财政部、国防部、外交部等重要的部门地位突出，部长通常都是内阁成员。另外，各部的规模、内部组织以及工作量和工作的复杂程度也各不相同。各部都具有完备的等级官僚组织。各部的组织均分为部、司、处、科四级。在部一级，有的采取部长负责制，由部长一人负责主持部务，有的则实行委员会制，委员会的主任或主席的地位相当于部长。司是部的基本组织单位，通常一个司负责一个方面的工作。司长称为次级秘书。司下设处，处长为助理秘书。处下又设科，科长称为主管。

英国政府各部的工作人员大致可分为两类，一类是各种大臣，一类是常任文官。英国的大臣按级别可分为三类，即主管大臣、国务大臣和政务次官。主管大臣是各部门中最重要的人物，他有权全面控制部门的工作，是部门政策的制定者，也是部门的行政首脑和对外代表。主管大臣又可细分为作为非内阁成员的主管大臣和作为内阁成员的主管大臣两类。前者一般只负责一个部门的行政事务，不参加内阁会议，只有在内阁讨论与其部门有关的事务并得到首相邀请时，才能列席会议。而后者除负责本部门的事务外，还要在内阁会议上讨论并决定整个国家的方针政策。国务大臣的地位介于主管大臣和政务次官之间，一般在任务繁重或主管大臣经常到国外活动的部门如外交部、内政部、国防部、财政部等中设立，可视为是一些大部门的二级大臣。政务次官通常又被称为低级大臣，各部均设有 1 到数名，其主要职责是在议会中代表大臣，加强大臣同议会的联系，参加议会辩论，答复议会的质询等。各类大臣作为政务官由政治任命产生，须与内阁共进退。常任文官是行政官员，他们长期在本部门任职，具体负责执行政策，有时也对决策提供建议。

半非行政组织是英国中央行政管理系统的一个非常重要的组成部分。半非行政组织是“半自治的非行政部门的组织”的简称，它既不同于中央部门，也不同于地方机关，但通常又和它们有某种联系。这类组织目前在英国大量存在，事实上已经成为英国行政管理系统中不可缺少的组成部分。英国的半非行政组织相当庞杂，它们在财政、组织、权力、责任、自主程度、工作人员的类型等方面都存在着很大的差别，甚至在成立的原因上也各不相同。

半非行政组织的数量多，存在的形式多样，大致上它们可以被分为三大类型，即执行机构、咨询机构和裁判机构。执行机构通常与政府各部门有一定的联系，在各部大臣确立的广泛政策准则范围内，就某一领域的执行性的事务进行日常的管理，如与财政部有关的大学拨款委员会就是如此。这类机构一般具有自己的预算，雇用的人员也较多。咨询机构又称顾问机构，它们主要是针对某些专业性很强的问题，制定受公众欢迎的计划，如杀虫剂顾问委员会、瓷土顾问委员会就是这类机构。在整个半非行政组织中咨询机构的数量最多。裁判机构是一种兼具行政管理职能和司法职能的特殊机构，它们一般是依据法定的权力设立的，相对较为规范。它们的主要任务是解决个人在土地、财产以及就业等方面的纠纷，解决公务机关与公民之间的纠纷，如国民保险裁判所就负责处理对关于保险赔偿费的决定提出的控诉。由于这些行政裁判机构具有专门化、效率高、费用低等优点。目前它们受理的民事案件约为各级法院的6倍。从发展的趋势看，半非行政组织尽管会面临不断的调整，但不会消失，而且由于它们具有机构灵活多样、比政府部门具有更大的自由度、能高效率地完成某些领域的管理职能等特点，符合“行政管理的某些领域应远离直接政治控制”的要求，今后将继续发展并发挥重要的作用。[①]

① 袁辉、曹现强主编，《当代西方行政管理体制》，山东人民出版社，2001 年，第 73 页。

三、文官制度

20 世纪 60 年代后期，富尔顿委员会在对此前的文官制度进行详细调查和分析的基础上，提出了众多的改进意见，其中有些已付诸实施。80 年代以来，特别是撒切尔夫人执政期间，又对文官制度作了一些改革，这使英国的文官制度得到了进一步的完善。

英国的文官不包括组成政府的大臣，即与内阁共进退的政务官，而指事务官，其职责是执行政府的政策。[①]依据英国《文官统计资料》所作的解释，英国的文官范围主要包括三部分：以公民身份为王国政府服务、未在政治（或司法）部门任职的工作人员；根据特殊规定担任某些其他职务的人员；以个人身份为王国政府服务、从王室的年薪中支薪的工作人员。在英国，文官主要是指在中央政府各部任职的常任官员（上自常务次官，下至园林工人、清洁工等），而不包括各类大臣、法官、军人、国营企业的人员以及地方政府的雇员。英国文官的管理主要由财政部及内阁办公厅负责。财政部主要负责文宫的职级结构和职位分类，并掌管人力及工资、退休金、补助、津贴的发放等事项。内阁办公厅下设人事管理办公室，由首相直接控制，负责文官的组织、非财政方面的人事管理以及促进文官的工作效率。除此之外，政府各部还设有人事处，负责本部门文官的登记、职务分配、晋升、退休、加薪等工作。此外，英国还有内务文官和外务文官之别，外交部官员和在海外工作的文官属于外务文官，主要由外交部主管，他们有自己的等级结构和工资标准。

经过一个多世纪的发展，英国对文官的管理已相当规范，在考试录用、培训、考核、职务晋升、职级管理、工资及退休等方面都有着详细的制度规定。

第一，在考试录用方面实行公开竞争、择优录用的原则。中、高级内务文官和外交人员的考试录用一般由文官委员会会同各部联合进行。文官委员会下设两个部门具体负责这方面的工作，一是考选委员会，主持品能测试；二是决选委员会，主持口试和面试。低级工作人员如书记员、体力工作者等则通常由各部自行录用。

第二，在分类和职能管理方面，英国的文官大致分为两大类，即行政类和专业类。行政类主要是负责管理工作的人员，包括科级（主管级）到常务次官的各层次职务，共分 1～7 级，为开放的职级结构。担任这类职务的文官通常要有较高的文化素质和综合管理能力。正是由于这一原因，英国的行政类文官多

① 龚祥瑞，《英国行政机构和文官制度》，人民出版社，1983 年，第 71 页。

为通才，其中牛津和剑桥的毕业生占了相当高的比例。专业类文官主要包括低层次的管理人员、经济专家、信息官员、技术人员、图书管理人员、统计人员等，他们一般有着一定的专业技术能力。

第三，在考核方面，英国考核侧重对被考核官员能力、素质、潜力的测评，同时也注重质量评估，考察其工作年度内目标实现情况。实行以功绩制为核心的考核制度。一般是先出文官本人每年做工作总结，然后内各部门长官根据工作知识、性情、判断力、责任心、创造力、可靠性、监督能力等10项内容进行考核，依据考核的结果决定文官的任用、晋升及降职等。对于文官的晋升则实行分层负责的制度，4级以下的文官由政府各部负责；3级文官由内阁办公厅负责；1级和2级文官的部际调动、任命则须经内务文官主管向首相推荐，由首相批准。

第四，在任职上实行职务常任制，文官作为任期长久的专业人员，其工作不仅不受执政党变动的影响，而且无过失不得被免职。例如，英国1972年就成立了“文官上诉委员会”，受理有关不公开的撤职和强制退休的申诉案件。此外，1978年的《（综合）就业保障法》也规定，国家雇员在受到不公平的撤职处分时，有权得到损害赔偿。

第五，为文官建立了严明的职业道德和行为规范。譬如，英国的《荣誉法典》、《防止腐化法》以及文官部行政官员条例规定，文官必须忠于职守，专心为公，禁止以权谋私、经商或从事与本部门业务有关的任何赢利活动，同时也不得接受来自任何私人企业或利益集团的实物、钱财等馈赠。另外，更重要的是，文官必须在政治中严守中立，应为观点不同的大臣服务，避免参加党派性的政治活动，并不得公开自己的政治观点和提出政治性的建议。

第六，建立了较为完善的培训制度及工资和退休制度。在文官培训方面，除了政府各部须对文官的培训承担责任外，还专门设立了文官学院负责对文官的集中训练。另外，还制定了许多法规如《平等工资法》、《年老退休法》等对文官的工资与退休作出了具体的规定，对文官实行优厚的工资和退休政策，以稳定文官队伍并吸引社会上的优秀人才。①

1968年，当时执政的工党政府接受了报告的主要建议。当年11月，建立了文官部，并且根据报告的建议，将最终控制权授予了首相，常务次官也被指定为各部文官的首脑。文官部接管了原属财政部的文官工资与管理处的职权，将原来独立的文官委员会纳入自己的统辖之下，全面负责文官的工资与管理、

① 袁辉、曹现强主编，《当代西方行政管理体制》，山东人民出版社，2001年，第79～80页。

行政与管理效率以及对文官的选拔。文官学院也于1970年7月建立，负责执行对文官的培训计划。政府还根据报告的建议，于1970年1月改革了文官的分类和职级结构。行政部门内部的横向屏障大部分被消除，以前划分的许多职类被合并在一起，形成了新的职组和职种。譬如，文书级、执行级和行政级中最低的三级（主管级、资深主管级和助理次官）被合并在一起组成了新的“行政职组”。这个职组加上经济学家、情报人员、资料人员和统计人员等职组又构成一个统一的职种。此外在文官的高层，建立了统一的开放型的职级结构，常务次官、副常务次官和次官三级行政职位对所有文官职位开放。在文官的选拔上，还增加了外部人员调入的机会，文官的社会基础得到一定的扩大。

四、地方政府体制

英国地方政府实行议行合一的制度，由选举产生的地方议会是地方的最高权力机关，其下设的各种委员会具体承担着地方管理的职能。中央政府与地方政府的关系总体上是一种相互依赖的关系，不过中央政府处于相对主动的地位。

（一）地方政府的组织结构

英国地方政府的组织结构是在历史的发展中经过不断的改革逐步确立的。英国早在盎格鲁—萨克森时代就建立了较为完备的地方行政区划的管理体制，即郡区、百户区、村镇三级管理体制。后来随着工商业的发展，出现了城市，城市的主要政权组织是市会议。资产阶级革命以后，原来的地方政府形式已不能适应时代的要求。因此，英国在19世纪末两次通过《地方政府法》，在全国建立了61个选举产生的郡议会，郡级市、城区、乡区也均由居民选举产生的议会管理，传统的地方政府的职能被削弱，地方议会的职能不断扩大，初步建立起了具有现代特征的地方政府组织结构。这种体制一直延续到了20世纪70年代。从70年代开始，英国议会根据地方政府机构过多，职责混乱的状况，又进行了系统的改革，取消了郡和郡级市的区别，把市郊和乡村结合起来进行管理，从而确立了现行的地方政府组织结构。

英国各个地区的地方政府制度存在着差别，其中，北爱尔兰的制度差别最大；苏格兰和大伦敦区次之，英格兰和威尔士差别最小。

1. 英格兰和威尔士

英格兰和威尔士均设三级地方机构——郡、郡属区、教区（英格兰）或社区（威尔士）。郡界是根据1972年《地方政府法》确定的。区界是根据1973年该法实施条例确定的。教区或社区的边界则只需通过一般审查程序确定。英格兰和威尔士的地方政府常设委员会就边界和选举方面的问题向政府大臣提供咨询。在英格兰设有一些城市郡和城市区。英格兰共设有 39 个郡、6 个城市郡、296 个郡属区和 36 个城市区，约 10000 个教区（其中约有 7000 个教区设有议会）。威尔士设有 8 个郡，37 个郡属区。

每一级地方政府机构都设有地方议会。地方的议员由选举产生，任期四年。议会主席也由议员产生。在有城市地位或享有特权的自治城市的区，议会主席称为“市长”（Mayor），在一些著名的城市区，议会主席称为大市长（Lord Mayor）。教区议会采取镇议会的形式，议会主席称为镇长。

大伦敦区。它拥有英国人口的 1/3，由 32 个自治区和伦敦城组成。大伦敦区设有伦敦议会，各自治市和伦敦也均有自己的议会。

2．苏格兰

根据 1975 年生效的制度，苏格兰大陆分为 9 个行政区，另外设 3 个岛区（奥克厄、设得兰和西方省）。行政区再划分为 153 个区，区和不设区的岛区下设社区一级机构。各级地方机构设有议会。行政区、岛区级社区的议会的议员经选举产生，任期四年。苏格兰社区议会是根据区议会或岛区议会提出的体制方案建立的，它们无权取得政府基金，其行使的职权不是由法律直接赋予的，因而它们不是威尔士的社区议会那样的地方当局。

英国地方议会任命地方委员会作为它的执行机关，地方的委员会则较多受制于地方议会。政策和原则必须由地方议会决定，委员会主要负责各项事务的具体管理。委员会分为普通委员会和联合委员会。委员会可以是咨询性质的，如许多地方建立的政策咨询委员会；也可以是行政性质的，如财务委员会、教育委员会等。除举债、征税等权力由整个议会行使外，议会可以将其他的权力部分或全部交给委员会执行。委员会依靠有薪资的官员和雇员来工作，各地方的官员数目不等。

3．北爱尔兰

北爱尔兰制度本身及其形成和发展过程都有别于英国其他地区，在很多方面有自己的特殊性。北爱尔兰原为爱尔兰的一部分。1801 年，英国把爱尔兰并入其版图范围。第一次世界大战末期，爱尔兰民族解放运动高涨，1922 年，英国被迫签订爱尔兰条约，允许爱尔兰南 26 郡成立自由邦，享有自主权，但爱尔兰北 6 郡留在联合王国内，作为英国的一个地区——北爱尔兰区。北爱尔兰区建立自己的议会和自治政府。议会由国王任命的总督和参议院、众议院组成。总督任期 6 年，参议院议员任期 8 年，众议院议员任期 5 年。[①]

① 龚祥瑞，《英国行政机构和文官制度》，人民出版社，1983 年，第 49～51 页。

北爱尔兰自治政府的行政权由北爱尔兰内阁行使，内阁由首相和各部大臣组成。内阁设有工业、农业、商业、财政、发展、教育、公共关系、卫生和社会服务等部，以及内阁秘书处和新闻处等首相办事机构。北爱尔兰地方自治政府受到中央严格控制。北爱尔兰议会只能颁布某些有关内部事务，而且不得与英国颁布实行于北爱尔兰的法律相抵触。英国上院是北爱尔兰法院判决的上诉机关。在英国下院，北爱尔兰有12名议员。

（二）地方政府的职权和功能

1. 职权

英国地方政府的职权是法定的，通过以下几种方式取得：第一，一般公法（《地方政府法》、《伦敦市政府法》等）授予地方当局缔结合同、提起法律诉讼、制定单行法律等一般权利。第二，建议法案。建议法案也是公法，是在地方当局通过决议或主管大臣认可时才予以实施。第三，地方法案，某一地方政府可以申请中央议会通过一项私法案获得权利。第四，临时命令核准法。许多特殊权利是从临时命令而来。第五，大臣的特别命令，地方政府向有关大臣提出计划，然后才核准实施。地方政府的职权由上述形式的法律或法规性文件明确规定，任何一级地方政府不能超越这种规定的权力。地方政府的职权，各级有所不同。郡和区之间的区别较大，而区域教区、社区之间的区别较小。

2. 职能

英国的地方政府是为地方服务的机构，它有着较为广泛的权力并承担着多种责任，同时地方政府还是英国公民参与地方管理的重要组织形式和实行民主自治的手段。

英国地方政府职能的主体是服务性职能，此外还具备财政管理职能。英国地方政府的服务职能，主要涉及公共秩序、环境卫生、道路交通、城乡土地计划、公用事业和提供福利等方面。郡、区、教区（社区）之间的政府职能是有所划分的。郡主要承担经济规划或战略规划的职能，包括制定地区规划、管理贸易、运输、道路、教育、公共图书馆、青年就业和社会服务、消防和民防等。区和教区的职能更直接地影响当地人民，前者负责如住房、娱乐场所管理、垃圾处理等，另外与郡分享一些职能，如发放执照；后者负责如物资分配、丧葬事业、提供社区公共设施等。各地区的职能划分没有一致的模式，而在只有一级行政体制的地区根本就不存在职能划分。

地方政府的财政是地方政府完成其相关职责的重要保障，无论从经济上还是从政治上看，它都极为重要。从经济上说，全国行政费用约有1/4要用于地方政府的开支；而从政治上看，地方政府能有多少经费基本上决定了它能承担怎样的职责，同时地方政府的财政状况影响着中央与地方的关系。

地方政府的财政主要包括两大部分。首先是流动资金（又称财政资金）。它在整个地方政府的财政中所占份额最大，主要用于较为短期性的开支。尽管各地有所区别，但支付这些费用的收入通常主要来自三个方面，即地方税、政府拨款和各种收费。地方税是中央议会授权地方政府开征的最重要的税种，它是一种房地产税，是根据房地产的合理租金计算的。地方税的征收通常由地方政府自主决定。因此，地方税的征收不仅各个地区有所区别，同一地区在不同的时期也不尽相同。随着中央集权的加强，中央政府对地方税的征收开始有所限制。政府拨款是中央政府根据议会的授权给地方政府提供的年度补助金。地方政府财政的另一个重要组成部分是基本建设资金，它通常被用于长期的建设项目。基本建设资金也主要有三个来源，即政府的基本建设拨款，出售土地、财产、设施等的收入及贷款。

由于英国各地的情况不尽相同，事实上各地方政府的职责也会有所区别，如在某一地区清除贫民窟可能是地方政府的一大职责，但在另一地区却不成问题。同时在职责完成的标准上也有较大的区别，有的是法律规定必须完成的，有的则有很大的随意性。

（三）地方政府机制

在英国，英国地方政府的立法机构与行政机构是合一的，地方政府实行立法和行政相结合的体制，地方议会行使立法和行政双重职能。地方议会全体会议、地方议会下设的委员会、执行部门共同组成了英国地方政府。地方议会的全体会议有权制定重要的地方性法规，有权组织委员会并对各委员会进行协调，有权任命地方官员组成执行部门。地方委员会主要负责各项事务的具体管理，每个委员会都由一批议员组成，集体向地方议会负责。由地方官员组成的执行部门在有关委员会的指挥和监督下活动。

地方政府的人员构成主要有两部分，一是地方议员，二是地方雇员。地方议员均由选举产生。英国地方议员的组成成分十分复杂，既有精明能干的政治天才，也有素质不高的普通百姓，既有富足的企业主，也有靠抚恤金、养老金等收入生活的人乃至家庭主妇，他们在价值观念、选区与地区观念、资历以及能力等方面都存在着很大的差别。不过从总的情况看，男性的、中年的、中产阶级的人要占多数，这主要是因为地方议员基本上是没有报酬的，通常多数是作为兼职。这对于需要照顾家庭、谋生负担重的人不具有大的吸引力。20 世纪 80 年代以来，这一状况有所改变。由于政党政治在地方的影响，目前绝大多数地方议员都是某个主要政党的党员。[①]

地方政府的雇员不是一个统一的行政部门的组成部分，每个地方议会都各自雇用一班工作人员。地方政府的雇员大致可以分为三类：第一类是官员，主要包括办事员、专业工作人员和技术员，约占全体雇员的20%。第二类是服务人员，主要是些体力劳动者，约占50%。第三类约有30%为，主要是教师、警察和消防人员。在这三类人员中，官员最为重要，他们与地方议员的联系最多，地方议会的政策咨询和管理任务主要是由他们完成的。

地方政府对工作人员的配备有较大的自主权，不过重要的官员则必须按照法律规定任命。例如，非大城市的郡和大城市辖区的教育与社会福利工作的主管就需要通过任命产生。地方政府的主要官员多为专家。一般说来，每个部门的主管都有适当的专门技能，可以向地方议员提建议和执行与其专长有关的政策。在地方政府中，没有专长的人是很难当上主管的。另外，与中央政府的文官类似，地方政府的官员在政治上通常也是中立的。

地方议员主要负责制定政策，他们一般参加两到三个委员会，就相关的问题实施决策。而地方官员主要负责政策的执行，但对政策的制定也有很大的影响。在制定政策的过程中，由官员提供的咨询意见以及有选择的情报材料，往往能影响政策的走向。另外，20 世纪 80 年代以来，随着地方政府内部协调观念的增强，地方议员和行政官员越来越多地在一起开展议会的活动。英国的地方政府既不是议员占有绝对的控制地位，也不是官员专政，而是二者共同构成了地方政府的权力中心。

对地方政府决策的影响因素除地方议员与官员的关系外，还有以下三个因素不可忽视。第一是政党因素。在政党的控制下，许多地方政府的决策未必是完全根据地方的利益来进行的，很多情况可能是服从全国政党政治的需要。第二是压力集团的影响。现在英国各个地区都存在着数目繁多的有组织的团体，有的在政治上相当活跃，有的则只对某个问题感兴趣，有的与地方政府关系融洽，有的则时常处于对抗状态。这些压力集团已经成为了地方行政管理的一个重要组成部分。第三是非地方因素的影响。地方政府的决策工作还受许多非地方的因素的制约。譬如，中央政府部门对某一政策的提倡及给予的财政鼓励往往就直接影响着地方政府的决策；另外，像某一地区所实施的成功的革新，通常也会被其他的地方政府所效仿。总之，地方政府的运作不是封闭的，它实际上是在更为广泛的政治、经济、社会系统中进行的。

---

① 袁辉、曹现强主编，《当代西方行政管理体制》，山东人民出版社，1995 年，第 91 页。

（四）中央政府与地方政府的关系

为适应英国各方面的发展，中央政府对地方政府在不同时期进行监督和控制。英国中央管辖地方政府的主要方法包括：第一，发布命令和规程。有关大臣依法对食品药物、公共卫生、住宅、社会治安和水的供应等，有发布命令和规程的广泛权利。第二，批准计划，地方政府为了执行某一法定任务所草拟的计划必须呈请有关大臣批准。第三，控制人事，内政大臣有权颁布关于地方警察的工资、职务和制服的规定。第四，视察，有关大臣派人视察地方福利事业。第五，举行听讯会，主管大臣经过听讯，裁定地方当局是否履行其应尽的职责，决定大臣是否代行某些地方职能。第六，批准单行法规，内政大臣及其他有关大臣有权批准地方政府通过的单行法规。第七，控制贷款，地方政府发行公债，在大多数情况下，必须征得大臣同意。第八，控制补助金，这是中央对地方财政控制的最重要的一个方面。

1. 中央与地方关系的演变

英国具有悠久的地方自治传统，以英国近代地方政府制度的初步建立为标志，中央对地方的态度截然不同。在近代地方政府制度出现以前，地方政府仍然沿用中世纪的区域划分和管理系统。都铎王朝时期，曾一度通过建立治安法官体制，一定程度上加强了对地方的控制，但英国资产阶级革命以后，随着枢密院等旧体制的衰落，治安法官基本不再受中央的行政监督，这使得地方自治进一步加强，而中央的控制进一步减弱。

20 世纪以来，英国中央与地方的关系一方面表现为地方自治观念的强化，地方政府的职责和服务范围不断扩大，具有地方分权的特征；另一方面，中央对地方的控制又不断加强，地方对中央具有相当的依赖性，呈现出中央集权化的特征。1972 年保守党政府通过了《地方政府法》，精简了地方政府机构，扩大了地方政府管理的区域。在扩大地方政府规模和权限的同时，还有组织地吸纳地方代表参与中央政府有关地方事务的决策，如郡议会联合会、大城市地方政府联合会和区议会联合会，提高地方政府的积极性。

随着地方政府规模的不断扩大，与中央政府讨价还价的能力也越来越强，不满中央政府控制的情绪也越来越明显，这引起中央的反感。20 世纪 80 年代初，撒切尔政府一改过去的温和态度，加大了中央集权化的力度，大大加强了对地方的财政控制。撒切尔改革的结果，强化了中央集权，但也激化了中央与地方的矛盾。

为了缓和中央与地方的矛盾，1997 年上台的工党政府进行了分权改革，使威尔士、苏格兰和北爱尔兰成为具有自己议会的一级自治政府和直选产生伦敦市长成为这次改革中的亮点。

英国中央与地方的关系是极为复杂的。它并不像有些国家如美国那样，双方的关系是通过法律明文规定了的，而主要是在历史中形成和发展的，这就不可避免地会使之经常变化。因此，简单地用谁“控制”谁来说明双方的关系是行不通的。如果要进行归结，那么只能说，在正式的意义上地方政府是从属于中央议会的，但实际上它又有较强的自治能力，双方既相互依赖又存在利益的冲突。在这种错综复杂的关系中，中央总体上处于相对主动的地位。近些年来，由于政治、经济环境的变化，中央的这种主动地位又得到了明显的加强。

2．中央与地方关系的特点

英国中央与地方之间的关系具有许多自身的特点。第一，中央与地方权力分配始终处于一种动态平衡之中。当地方政府权力过于弱小和分散时，管理能力和效率往往不高，这时就需要中央政府加大放权力度；可地方政府具备一定实力之后，又有“尾大不掉”、对抗中央政府之嫌，这又迫使中央集权化。

第二，政党政治因素对中央与地方关系有相当大的影响。由于受选举制度的影响，在中央议会占多数，并不一定能保证在地方选举中获胜。所以，在野党常常利用在地方占据多数的优势来为中央政府的政策贯彻设置障碍，由此可能会影响中央对地方的政策。比如，撒切尔政府时期之所以撤销城市郡议会，很大程度上和这些都市郡议会为在野工党占据有很大关系。

第三，尽管中央与地方在权利分配问题上存在这样那样的争执，但在具体工作中基本上保持一种协商的关系。英国是一个具有悠久的地方自治传统的国家，所以中央在贯彻自己的意图时，往往采取说服而不是强令的做法。

第四，中央对地方具有广泛的监督职权。不仅地方议会的产生、组织结构和权限都由中央决定，而且地方法令颁布前必须得到中央有关部门的批准，中央政府还可以通过多种行政和财政手段对地方政府进行控制。

第四节　当代英国的行政改革

英国是当代西方行政改革的先驱，英国的行政改革在政府人事上的文官制度变化和机构在职能上的调整是值得研究与学习的。

一、文官制度的改革

尽管英国的文官制度早在19世纪末期就已确立了基本的原则，但战后英国政府为适应政治、经济环境的变化，又对它进行了不断的改革和完善。其中以两次改革最为突出，一是20世纪60～70年代的富尔顿改革，二是撒切尔政府的改革。

（一）富尔顿改革

20世纪60年代，英国战后奉行的凯恩斯主义经济政策带来的弊病逐渐显露，经济发展缓慢，社会问题增多。百余年来未进行重大变革的文官制度首当其冲成为人们批评的对象。1966年，政府成立了以富尔顿爵士为首的调查委员会，调查文官制度的改革问题。两年后委员会提出了一份报告，对60年代的文官制度作了详细的分析，并以重新规划文官制度为目标，提出了许多激进的改革意见。

富尔顿委员会认为当时的文官制度主要存在着六大缺陷。第一，文官制度实质上是以通才理论为基础的。这主要表现在执掌文官高级职位的行政类人员中，绝大多数是非专门人才，他们通常拥有的是人文学科的学位。此外，在人员的工作安排上也着重于其在政府机构工作的经验，而较少考虑其知识结构与工作性质的关系。第二，文官的分类制度和等级结构过于混乱。行政人员按纵向结构划分为不同的专家职类、部门职类和普通行政职类；在每一个职类内通常又按横向结构划分为高低不同的等级，致使人员的分类达到了1400多种。这种混乱而笨重不便的组织结构，严重妨碍了工作的开展。第三，专门的技能不受重视。通才占优势的观念导致了专家处于从属的地位，许多科学家、工程师和其他专门人才既没有充分的职责，也得不到应有的机会。专家基本上不能获得高级职位，他们的任务只是向通才提出技术性的建议。第四，文官通常缺乏管理技能。重视通才的风气使人们认为从事部门的工作就是“熟悉”工作的最好途径，这导致在现代管理方法方面，多数文官都没有受过充分的训练。第五，文官具有相当的封闭性和排外性。文官终身任职，缺少与外界的接触，同时选拔文官（特别是高级文官）的社会基础和教育基础狭隘，如在行政类人员中，约80%的人是剑桥大学或牛津大学的毕业生。第六，人事管理不善。僵化的等级结构导致了文官的分类使用。大多数文官都不能跨越职类的界线，即使少部分人能够跨越，也很难有提升的机会，文官的积极性难以调动。①

针对上述弊端，富尔顿委员会提出了一系列的改革建议：取消分散的分类制度，建立从上到下全体文官都适用的统一的等级制度；提倡文官专业化，并使专家有机会担负更重要的职务和得到更广泛的就职机会；在选拔大学毕业生

① 袁辉、曹现强主编，《当代西方行政管理体制》，山东人民出版社，1995年，第102页。

时，应多考虑他们所学的课程与准备担任的工作的关系；建立文官学院，开设行政与管理方面的主要训练课程和各种各样的短期课程，对文官进行培训；增加文官调动与从事其他工作的机会；建立由首相直接控制的文官部，文官部的部长为内阁大臣，常务次官为各部文官的首脑；放宽保密制度对文官的限制，使行政过程更为公开，形成较为开放的行政体系。富尔顿委员会的报告对百余年来的英国文官制度作了一次最全面的考察，涉及文官的录用、培训、考核、晋升、调薪、退休、组织及效率等各个方面，所提出的建议重点是改善文官队伍的素质和构成，使文官具有现代化管理和科技知识，提高政府工作效率，克服官僚主义。

英国政府在 20 世纪 60 年代末至 70 年代，依据富尔顿报告所进行的改革应该说取得了一定的效果。但由于富尔顿报告表明的是一种根本否定通才理论的主张，背离了文官制度的传统，遭到了多数文官的反对，加上它没有触及政府开支日增、财政赤字扩大的问题，没有获得广大公众的支持，因而改革的实际结果远没有达到预期的目标。①

（二）撒切尔政府的文官改革

撒切尔政府认为当时的文官制度存在着严重的弊病。第一，文官的数量庞大，由此造成了国家机器扩张，在一定程度上影响了个人、家庭和其他社会群体的创造性。第二，文官作为一个特殊阶层，总是致力于提高自己的权力、薪水、特权和安全等，这不可避免地又导致了公共领域的扩大和行政成本的提高。第三，文官的权力过大，已在一定程度上影响到了中央政策的制定和执行过程，并威胁到公共利益。第四，在其内部运作上，庞大的等级结构僵化而死板，已不适应经济和技术高速发展的现实。同时，文官对改革的谨慎及本能性的抵制态度，深深影响着政府活动应有的灵活性。

撒切尔政府对文官制度的改革措施主要有以下几个方面：第一，撤销了文官部。撒切尔夫人于 1981 年取消了文官部，将其职能转到财政部和内阁办公厅。财政部主要负责文官职级以及工资、补助、津贴的发放等事项；内阁办公厅下设人事管理办公室，负责文官的管理、培训和任用（1992 年梅杰取消了人事管理办公室，新建了一个扩大了的公共服务与科学办公室）。第二，削减文官的规模和经费。撒切尔政府采取了强制裁员措施，其中大部分文官被迫退休和离职，也有一部分文官随机关转为私营部门人员。第三，强化政治权威。撒切尔政府打破惯例，直接控制文官的重要人事安排和晋升事项。许多意识形态不可靠和

① 袁辉、曹现强主编，《当代西方行政管理体制》，山东人民出版社，1995 年，第 104 页。

持怀疑主义态度的高级官员被所谓有创新精神、能够积极地执行政策的下级官员所取代。第四，通过引进新公共管理转变文官文化。所谓新公共管理实质上有两方面的内容：一是强调公共管理应是职业化管理，应有明确的绩效标准，对其管理水平的评价重点是结果而不是程序的正确性，公共服务应更具有针对性；二是强调公共管理也应走向市场，要在公共服务领域引入竞争。新公共管理观念及其实践大大改变了文官队伍的文化、角色、机构和精神特质，使他们对公众的要求更加敏感，提供公共服务时也更加富有效率。第五，建立高级公务员组织层次。为了实现政府的改革目标，增强政府公共管理能力，使高级管理结构更加合理化，建立了高级公务员组织层次，这些公务员是中央政府精心挑选和培养的后备干部。他们不仅是传统意义上的政策咨询员，而且成为了政府工作的领导者和管理者。

撒切尔政府的文官改革取得了一定的成效。例如，政府的支出得到了一定的控制，政府官员现在更加注意成本效率问题，提供的服务也更为周到、便捷和具有针对性。此外，新公共管理还使得一些高级文官更加富有创新精神和企业家精神。但这些改革同样也带来了一些负面的影响。例如，强制性裁员和日益增多的短期合同侵犯了职位永久性原则，也造成了以政治中立为原则的文官的一定程度的政治化；削减文官人数、经费，加上职业的不确定性，造成了较为普遍的文官队伍士气低落。

二、政府机构的改革

二战之后英国政府机构的改革大致经历了三个阶段。战后至50年代末是改革的第一阶段。这一时期英国政府机构改革的主要内容是：一是对战时的政府机构进行调整，二是根据国有化和福利国家政策，扩大政府职能，增加政府机构。战后，英国政府的职责迅速扩大，几乎涉及了社会经济生活的各个方面，譬如安排全面就业，解决失业问题；推行卫生和社会保险计划；管理大的工业部门以及在地方政府的帮助下解决住房、社会福利和城乡建设等问题。为此，政府不得不设立新的部门处理这些问题。这种改革在满足了政府作用扩大的需要的同时，也造成了政府支出的增加及行政协调和政策执行的困难。

自20世纪60年代开始到70年代末是英国政府机构改革的第二个阶段。这一时期改革的重点是解决由于政府机构的膨胀所引起的财政负担加重和行政效率下降的问题。从60年代开始，为了加强中央对各政府部门活动的控制和财政支出的监督，英国成立了公共支出检查小组，并运用计划分析和评估的方法对政府决策行为、财政支出等进行严密分析，检验各部门的政策和行为是否与政府总的目标一致及是否有执行的必要，试图确立一种最为有效的政府管理模式。在此基础上，形成了两个政府机构改革的基本指导思想，一是小政府即好政府；二是政府部门的设立应遵循功能一体化的原则，使政府的决策和行为更为协调一致。在以上思想的指导下，英国便对政府部门进行了精简和合并，在对政府政策和行政行为进行考察的基础上，将分散于政府各部的相近的职责领域在行政上联为一体，通过精简或合并建立大部或特大部。60～70 年代设立政府大部的改革并没有取得预期的效果。

英国政府机构改革的第三个阶段是撒切尔夫人上台后。撒切尔夫人执政初期，英国经济陷入了滞胀的困境，国民生产总值下降，通货膨胀居高不下，地方经济发展不平衡，政府财政负担沉重。为扭转局面，撒切尔政府也对行政机构进行了改革。改革的主要目标是控制政府支出和提高行政效率。

撒切尔政府机构改革的主要内容包括：第一，加强首相职权，建立了一个强有力的政府核心班子并充实了首相办事机构的力量。第二，建立和完善政府智囊机构，成立了中央政府评估小组，将其作为首相取得独立于其他部门的信息和建议的工具。第三，逐步取消了大部。第四，改革部的制度，建立了大臣管理制度。这一制度主要包括三个方面，即大臣负责制、部门信息管理系统和财务管理创议系统。大臣负责制是指由大臣负责政府活动的组织方式，大臣本人应在制定政策、发布指示的同时，对部门实施有效管理并在减少部门公共开支方面承担责任。部门信息管理系统则旨在使部门人事、组织和管理活动有充分的信息基础，以此对部门的所有活动及其价值作出评价，在提高大臣对本部门控制的同时，准确提出部门的政策目标。财务管理创议系统的目的则在于使各级管理人员不仅对目标和计划有明确的认识，而且要负有最佳利用资源的职责。除上述措施以外，与非国有化政策相适应，撒切尔政府还对许多经济管理部门进行了改革，有的被改为半非行政组织，有的则获得了独立。

英国政府机构的改革有三个特点。第一，机构改革诱发因素的多样性。政府活动范围的变化、职能的转换、面临的行政问题及侧重点的转移、执政党的更替、社会和经济环境的变化以及不同的行政观念等都会引起机构的调整。第二，机构改革的目标主要集中于促进政府各部门的协调，提高行政效率，以及有利于实现财政控制。政府工作的效率主要取决于组织结构的合理性是英国行政文化的一个重要组成部分。 第三，机构改革以功能的合理划分为基本原则。政府机构的组织主要根据其所要完成的任务和需要达到的目标进行，而不是在各部门间单纯地划分权限。政府组织的目标应服务于政策需要，以相关功能的集聚作为确定各部门职责权限的基础，从而避免功能的重复行使，促进政府行为的专业化。

三、新公共管理改革

（一）原因

二战后英国政府规模不断膨胀，政府部门臃肿不堪，但服务成本却越来越高，使国家财政难以承受。20 世纪 70 年代，国有经济效率低下的弊端越来越明显，英国经济形势不断恶化，通货膨胀率居高不下。整个行政系统对社会变革反应迟缓，特别是为公众提供的服务质量越来越低，导致了公众的强烈不满，罢工抗议事件接连不断，垃圾成堆无人清理，交通瘫痪。许多公务员也对过时的管理方式感到厌烦。在内外交困的形势下，英国政府不得不地走上了市场化改革之路。

（二）从撒切尔夫人到梅杰时期的行政改革

1979 年撒切尔政府上台执政，到梅杰政府，保守党开始长达 17 年执政。保守党所领导的行政改革，被称为"新公共管理改革"，而指导英国一系列改革的主导思想被命为"撒切尔主义"。这一时期英国的行政改革主题为：私有化、分权化、竞争机制、企业精神、非管制化等。面对困难的局面采取强有力的措施进行改革，一方面推行国有企业私有化，另一方面改革公共行政系统，先后出台了雷纳评审、部长管理信息系统、财务管理方案、"下一步"行动、公民宪章运动等，使英国的行政改革从一开始就打上了市场化的烙印。

在新公共管理运动中，英国公共行政改革的市场化取向表现在多个方面：第一，引入顾客观念，将社会公众和企业这些政府服务对象视同市场上的顾客，政府仅仅是一般意义上的公共产品提供者，顾客作为平等的市场主体有自由选择权。双方角色变化带来的直接后果是，政府公共部门只能通过改善服务水平，提高绩效来赢得顾客，并获得预算及合法收入。第二，学习私营企业的用人制度，包括打破公务员职业终身制的旧制，推行更为灵活的合同制方式，引进私营部门的绩效考核方法等。第三，引入竞争机制，通过市场检验的方式促使公共部门转变服务观念和服务机制，以提高竞争力来争取市场份额。第四，引进成本—收益观念，由以投入为主转向以结果为核心，重视投入产出比。

这一时期改革的内容主要有:

1．雷纳评审

雷纳勋爵是英国著名的私营商业企业马克思—斯宾塞连锁店的执行总裁，20 世纪 70 年代初受首相希斯的邀请在国防部建立了一个联合采购部，并出任这一采购部的第一负责人。雷纳评审的性质是"以解决问题为导向"的"经验式调查”，就是对政府部门的行政改革进行调查、研究、审视和评价，其目的是提高公共行政组织的经济和效率水平。雷纳评审小组的成员主要来自政府部门的高级公务员，也包括学术界和顾问公司的专家，他们是评审员，有一定的自主权。雷纳评审的程序是：

第一步：选择评审对象。评审对象完全由各个部门根据需要自己选择，然后上报雷纳批准。评审对象可以是一个具体的部门、特定部门的某方面工作，可以是某方面的程序，也可以是某个侧面或环节。一般是派一个评审员到有关部门协调指导，大量工作由本部门的公务员承担。

第二步：对现有活动的质疑。质疑是对现在进行的工作提出尖锐的问题，为什么要从事正在做的事情？为什么要按这种方式进行工作？怎样才能有效和减少成本？

第三步：推动争论。在完成调查后，评审员将自己的感受和发现的问题及建议写成报告，递交给内阁小组，同时也交给被评审的单位负责人。如果单位负责人认为不合理，评审员就把报告交给主管部长，主管部长组织评审员和被评单位主管展开辩论。

第四步：形成共识。评审员和被评单位在协商和讨论基础上，形成共识。评审员在改革措施方面没有预先确定框架，而是根据评审对象的特点和评审中发现的问题决定。

第五步：改革措施的实施。评审员完成评审后离开评审单位，落实评审结论和改革措施由被评单位负责人承担。其实雷纳在这一阶段介入得多一些，主要是促使改革措施的落实。

雷纳评审是来自内部的改革，尽量避免改革是由上面或外部强加的印象。通过评审发现了英国公共行政部门的浪费、机构设置不合理、效率低下等许多问题，针对这些问题，提出了许多可行的措施。雷纳评审是撒切尔行政改革的第一步。①

2．部长管理信息系统

部长管理信息系统是英国行政改革承前启后的一个重大事件。部门管理信息系统是环境大臣赫素尔廷于1980年在环境部率先建立的管理机制。后来他在国防部也建立了部长管理信息系统，取得了显著效果。部长管理信系统引起了广泛的关注并在政府部门得到了大力推广。

部长管理信息系统的目的是使高层领导能随时了解：部里正在做一些什么

① 陈振明主编，《政府再造》，中国人民大学出版社，2003年，第49页。

事情？谁负责这些事情？谁定的目标？这些目标是什么？这些目标是什么？对他们是否实施了有效的监测和控制？这里的“部长”是一个群体概念，指的是由大臣、国务大臣、政务次官们所组成的领导群体。部长管理信息系统的实施一般包括三个步骤：

第一步，每一个科室的负责人向部长交一份工作陈述，包括工作内容、所用人员、工作程序、工作所要达到的目标等。

第二步，部长审核各科的工作陈述。这一审核包括部门总目标和各科目标的整合，以目标要求和客观情况进行资源配置等。然后就目标、具体指标、资源、绩效指标等于与各科讨论，达成共识。

第三步，协议的执行。各科按既定计划进行工作，并定期向部长汇报进展情况。汇报的内容包括工作陈述所列各项的状况及具体数字。部长根据这些完整、全面的信息及时对目标、具体指标、资源分配等方面进行调整，并在综合对比的基础上，找出各科工作上的薄弱环节，督促改进。

上述步骤一般每年重复一次，成为部长管理信息系统的一个周期。所以，部长管理信息系统是融合目标管理、绩效评估等现代管理方法和技术而设计的信息收集和处理系统，是一种管理工具。[①]

3．财务管理方案

财务管理方案是部长管理信息系统的扩展、延伸和系统化。这个方案是财政部门颁布的，却涉及公共管理的很多方面。财务管理新方案的目的是使各部门、各层级都能够明确自己的目标和测定产出与绩效的标准和方法，了解可利用资源和自己在充分利用这些资源方面负有的责任，获得所需要的信息、技能和专家咨询等。其内容有：高层管理系统，是部长管理系统的扩大和延伸；目标陈述；绩效评估；分权与权力下放等。

这一方案的侧重点是树立成本意识，提高公共部门的经济和效率水平，从而降低公共开支的目标。在这一方案的压力下，各部门都把主要精力集中在成本控制上，而且方案的实施取得了显著的效果，但却忽视了外部效益最大化。

4．“下一步”行动

在英国理性化改革中，1988 年开始实施“下一步”行动。英国中央政府全面转换管理责任机制，建立执行机构，进行内部合同式管理。“下一步”行动是伊布斯评审小组提交的《改变政府管理：“下一步”行动》的报告，也称为《伊布斯报告》。报告中论述了评审小组发现的一些问题：部门内的体制不是按照公

① 陈振明主编，《政府再造》，中国人民大学出版社，2003 年，第 51 页。

众服务需求设计的；高级文官缺乏服务的经验和管理技能；部长的工作负荷过重；部门内的绩效不被重视；公务员队伍庞大而复杂不利于考核与管理。

报告也提出了改革的具体建议和行动计划。首先要建立“执行机构”，在部门内建立“执行机构”，履行政府的政策执行和提供服务的职能。其次是加强人力资源的开发和利用。不同的人员需要不同的知识、技能和经验，确保工作人员得到良好的培训并积累工作经验。执行机构的设立给英国的行政体制带来了两个重大变化：一是政府内部责任机制的变化。执行机构设立后，各执行机构的负责人通过部长就政策执行和服务管理向议会承担责任。二是公务员制度的变化。原本统一的部门被分为核心部和执行部两个部分，公务员也就被相应地分为两部分，即核心部的公务员和执行部的公务员，前者依然是传统意义上的公务员，人数很少，后者人数众多，占到现有公务员总数的95%以上，其中有的保留公务员身份，有的则不再是公务员。

“下一步”行动取得了一定成效，减轻了部长和高级文官超负荷工作的压力，使之能集中精力于政策发展和部门的战略管理；执行机构的设立使部门的下属机构获得了充分的自主权，在政策执行和提供服务方面实现效益最大化。

5．公民宪章运动 （服务承诺制）

梅杰当选首相后，沿着撒切尔政府开辟的道路，通过公民宪章、竞争求质量把公共行政改革推向深入，在这个时期，市场手段得到了更充分的运用。

1991 年撒切尔辞去保守党领袖和首相职务，由财政大臣梅杰任首相。梅杰上任后的第一举措就是发动了“公民宪章”运动，这是英国保守党推行行政改革进一步深入的产物和重要标志。20 世纪 80 年代末，改革公共部门的经济和效率，节省开支，导致质量和公共服务的下降。所以，梅杰的改革是从经济、效率向质量和公共服务的转移。

“公民宪章”具体体现为所有公共部门和机构制定宪章，通过“公民宪章”的制定，改变公共服务中提供者居主导地位的状况，为服务对象提供城市公共服务的机会。“公民宪章”主要是针对那些难以私营化的垄断性公共部门和公共服务行业，包括:铁路、邮政、水电等“自然”垄断性和半垄断性服务行业，环境卫生、城市公共交通、公共文化设施等非营利性公共服务行业，户籍管理、公共安全、执照核发等管制性服务行业等。

“公民宪章”要求这些行业对公民实行承诺和践诺机制，一般包括：服务的内容、服务的标准、服务的程序和时限、违诺责任等内容。（1）要制定明确清晰的服务标准并及时向被服务者公布。（2）增加透明度。将服务内容、运行状况、管理机关和承担服务的具体机构、开支与成本状况等公共服务的信息向社会公开。（3）注重顾客选择。应尽可能向公众提供一个以上的服务机构，充分发挥内部竞争的作用以提高服务质量。（4）礼貌服务。对公民一视同仁，尊重其隐私权、宗教信仰和人格尊严。（5）完善的监督机制。建立方便有效的公民投诉受理机制，包括明确的补偿标准、便捷的受理程序等。（6）资金的价值。公共服务必须要充分利用其资源，避免低效率和官僚程序造成的浪费。[①]

为保证该制度落到实处，英国政府建立了内外结合的有效的监督机制。首先是建立健全服务承诺的领导体制。英国政府在首相办公室设立了宪章运动领导小组，专门负责宪章运动的推动和协调工作，又设立了由商界、顾客代表和教育界人士组成的专家委员会，与领导小组一起推动服务承诺计划。外部监督机制是设立独立的公民宪章监督专员，他们不受政府行政部门的政治控制。布莱尔政府上台后，又设立了由5000人组成的人民监督委员会（peoples panel），对公共服务的质量进行监督。

在英国政府的大力推动下，公民宪章在英国的公共部门得到广泛的应用，几乎所有的政府部门、公共服务部门和已经私有化的垄断性公用事业都颁布了自己的宪章。

四、布莱尔的行政现代化改革

1997年，代表工党利益的布莱尔政府执政，结束了保守党近20年的政治生涯。布莱尔上台后继续推行改革，希望在以往的改革基础上实现高的飞跃。他提出建立“使人民生活得更好”的现代化的政府，把公共行政改革和市场化运动又向前推进了一大步。

（一）现代化改革背景

英国的现代化改革环境因素很复杂，直接关系和影响着改革的速度和力度。第一，英国虽小，却很富足。尽管布莱尔认识到民族多元化的重要性，但英国还具有相当强的社会同质性，很难从根本上解决民族发展问题。第二，英国并没有政权体制变化的传统，目前还是君主立宪制的传统。第三，由此产生了不同于其他发达国家的法律形式，即没有成文的宪法，仅有最低限度的构筑国家机构间关系的法律框架，公务员体制不是依法，而是延续了其非党派、专业化的传统而设。所以，20世纪80年代进行的行政改革大部分都无法可依，几乎是在大臣（部长）和公务员在各自的权限内自行变更的。第四，20世纪70代早期，罗马条约中规定了一元制议会是国家的权力机构，布莱尔政府决定将部

① 王义，《论英国公共行政改革中的市场化取向》，《山东农业大学学报》（社会科学版），2003年第2期。

分权力下放给其他各郡（地方议会）。第五，英国的公民社会特质明显，私营和非政府部门特别活跃，这多少为政府私有化改革奠定了良好的基础。

（二）改革内容

1. 建立现代化政府

现代化是布莱尔政府常用的字眼，并被广泛用于英国经济和社会生活的各个领域。1999 年政府还专门制定了现代化改革的白皮书——《现代化中的政府》。从政治思想上看，这是修正主义的社会民主方针，或是所谓的“第三条道路”，它并不代表社团国家的重建或工会力量的恢复，也不拒绝在公共管理中利用企业资本或人力资源。布莱尔政府并不放弃市场原则，但主张应该更加切合实际。

在《现代化中的政府》白皮书中提出了要打造一个更加侧重结果导向、顾客导向、合作有效的信息时代政府。这是针对以前“竞争政府”的模式所提出的新概念——合作政府。为此确立了三项改革目标:（1）在政策制定方面，确保政策制定具有联合性与战略意义，提高参与度；（2）在公共服务的输出方面，把提供更贴近公民生活的服务确定为公共服务的重点；（3）注重提供高质量、高效率的公共服务。

确保政策制定具有联合性与战略意义是政府工作的目标之一，旨在打破保守党改革由于引入竞争机制所造成的部门分裂现状，更好地协调部门间关系，更有效地解决跨部门的社会问题，这无形中增强了中央协调部门——内阁办公室的能力。为此，内阁办公室专门成立了两个新的咨询机构——政策与创新机构和管理与政策研究中心，来取代原来由企业和非政府智囊团提供的咨询任务。政策与创新机构由首相直接监督，主要提供内部高层次的跨部门管理咨询，如果遇到部门间工作不畅，该机构负责向首相提供必要的国际经验以制定更有针对性的政策。

为了能将政策制定与提高公务员能力更好地结合起来，将成功的改革经验及时总结，再通过公务员培训加以强化，英国政府于 1999 年 6 月 1 日在内阁办公室设立了集培训、研究、咨询于一体的管理与政策研究中心，负责完成最高级公务员市场化培训的任务中心的职能主要是:（1）确保对公务员进行实用的技能、文化和工作方式方面的培训；（2）确保政府政策制定者能了解最好的研究成果、范例和国际经验；（3）帮助政府更好地熟悉现行政策。

改革白皮书的第二个目标是提供更贴近公众生活的公共服务。政府认为市场改革使各部门的工作过于孤立与分散，单一的部门很难真正解决民众的实际问题，需要各相关部门的通力合作，共同制定实际的战略计划。另外，白皮书还要求政府工作要更多地利用信息技术提供服务，如建立电子纳税申报单设施，利用信息技术建立中央政府与地方政府间的联系，成立一站式窗口，为就业等社会保障事务服务等。

改革白皮书的第三个目标是提供高质量、高效率的公共服务。撒切尔—梅杰政府一个重要且著名的改革内容是公民宪章，确保公共服务吸纳公民的观点。这项改革非常成功，宪章促使公务员在提供服务时表现得更加友善，服务更有针对性，也更加透明化。布莱尔政府不仅保留宪章成果，还进一步提出“服务第一，注重服务反馈”的政策。为保证公民对政府服务质量反馈的信息公正、可靠、量化，政府专门成立了公民评论小组，不断从不同年龄、性别和地区任意选出5000多名公民，对政府的医疗卫生、交通、住房以及社会保障改革等情况进行民意调查这是西欧目前最大的信息收集组织。①

2. 注重政府工作效率是布莱尔政府的另一项重要改革内容。这也是承袭了撒切尔政府改革的成果，只是在部门权限上有所突破。各部门根据政府的总体发展目标，在与财政部谈判后，签署并印发为期3年的工作目标与任务协议。国家一次性下拨3年的预算经费，按项目、工作任务、工作业绩、电子政府等列支这一协议，这不仅将政府工作计划分为3年一周期，相应明确了各部门的职责与任务，同时还规定了3年的开支上限，以控制超支，鼓励节约。

布莱尔政府还要求每个高级公务员年终都要接受能力测评,并根据测评结果制定培训计划。他认为，现在的公务员在实际政策制定中缺少专业知识，等级观念太强，风险性太高，在对外工作中思想不够开放。能力测评正好是弥补高级公务员领导技能，保持核心价值的极好方式。另外，在高级公务员的核心标准中还含有许多领导艺术行为规定，每个高级公务员都有职位说明及年终评估框架，在评估中重视绩效与核心能力表现，并直接将评估结果与本人的前途和工资挂钩，核心能力使高级公务员行为远远超出仅向部民们提供政策咨询的范围，许多能力是与大型组织的战略管理和必要的领导素质相关联的，比如有效沟通、个人效率、专业能力、创新能力和决断能力等。

关于布莱尔的行政改革:首先，成功的管理战略变革模式说明，组织变革有赖于正式的组织安排、明确的任务和执行任务的人员等，各领域间不间断的合作。布莱尔保留了前政府在政府部门内设置执行机构的改革成果，并强化了政府核心部门的协调能力，达到了部门之间横向统一、联合行政的目的，更有效地完成了政府的战略目标，公共服务协议确定了战略大背景下各部门的任务框架、绩效和创新机构以及跨部门工作所需的激励机制。其次，执行机构的创立

① 孙迎春，《英国行政制度的现代化改革》，《国家行政学院学报》，2001年第5期。

带来了根本的文化变革，服务于这些执行机构的公务员，通过与部长签订框架文件和每年的工作计划，明确了部门的战略目标与公众的关系，为公民服务的意识得到了深化和加强改革后，个人的工作表现不是泛泛而谈，而是与其工资和各种福利挂钩。布莱尔正是运用这种方式寻求着公共服务价值和公共服务工资控制间的平衡。

思考题

一、名词解释

1. 贤人会议
2. 大会议
3. 富尔顿改革
4. 内阁
5. 撒切尔改革
6. 布莱尔改革
7. “公民宪章”运动

二、简述题

1. 英国行政制度的产生历史。
2. 英王在各时期的行政管理中的地位和作用。
3. 英国首相、政党和内阁在行政管理中的地位与作用。
4. 英国中央正与地方政府的关系及特点。
5. 当代英国的行政改革内容。
6. 英国中央政府的组成部分及其各自职能。
7. 英国文官制度的发展变化。
8. 新公共管理改革

三、论述题

1. 英国当代行政改革的历史背景及其借鉴意义。
2. 英国地方政府是如何演变的？
3. 分析评价撒切尔时期的行政制度。
4. 比较撒切尔改革和布莱尔改革。

第三章　法国行政制度的发展变迁

本章重点

1. 法国中央集权制度形成的历史渊源及其变迁。
2. 法国地方行政区划的历史变迁。
3. 法兰西第一帝国与第二帝国行政制度的对比。
4. 法兰西第五共和国总统与第三、第四共和国的总统职权的区别。
5. 法国行政双头制的形成及其特点。

法国行政制度的基础奠定于封建时代，1789 年大革命后，其发展呈现为一个不断从抽象原则中推演出实践并超前于其社会经济的发展和政治结构的现实，但却不得不一次次受制于其历史传统、政治文化和现实社会状况而迂回到正常轨道的过程。从等级君主制到绝对君主制再到君主立宪制，两次建立帝国，五次建立共和国，其中更有王朝复辟、巴黎公社、维希政府与抵抗运动的插曲，法国的行政制度随着其政体的变化而不尽相同，但程度不等的中央集权却是其演变过程中的一条主线。

第一节　封建时代法兰西的行政制度

作为一个国家、一个政治整体，始于 843 年产生了“西法兰克王国”。[①]在 843 年到 1789 年近千年的岁月里，“法兰西国家”出现后经历了王权的建立与加强、等级君主制和绝对君主制的更替。行政制度也在这千年岁月中酝酿发展，并奠定了日后法国行政制度的基础。

① 郭华榕著，《法国政治制度史》，人民出版社，2005 年，第 9 页。

一、法兰西国家建立和加强时的行政制度

（一）法兰西国家的建立

843 年，秃头查理分得“西法兰克王国”，即查理曼帝国的埃斯考河、默兹河、索恩河与罗纳河以西的土地。这个“西法兰克王国”后来演变为“法兰西王国”，此即法兰西国家的起源。西法兰克王国成立后，由于严重的封建割据导致王权被削弱，使王室领地仅限于巴黎一带，面积只有一个小公国，叫“法兰西岛”，其余土地为分散独立的小公国占据。987 年，路易五世去世，卡洛林家族绝嗣无人继承王位，贵族法兰西伯爵于格·卡佩由大领主与高级教士选举为法兰西的国王，此后是卡佩王朝的统治。卡佩王朝的直系从 987 年到 1328 年掌权，长达 341 年。

卡洛林王朝和 12 世纪之前的卡佩王朝都缺乏有效的行政系统，法律不曾统一。查理曼在位时掌握实权，曾尝试加强帝国的治理。当时，王宫内设立了秘书以及管理司法和宗教的部门，他曾派遣巡按使到各地视察工作，但成效不大。代表贵族的宫相力求扩大自己的权势，增加自己的封臣。伯爵们治理着地方。封建主义的封君封臣关系，附庸的金字塔是当时社会关系的特征。

当时虽然存在国家，已有君主及其宫廷，但行政制度还处于萌芽状态。国王只是诸多诸侯中的一人，仅拥有自己的领地即王室领地，直到 12 世纪初，国王权力所及仅限于塞纳河和卢瓦尔河之间的狭长地带，国王没有固定的住所，或在巴黎，或在奥尔良，既无行政机构也无固定的财政收入。国王每年的收入相当微薄，宫廷费用十分拮据。国王菲利普一世（1060～1108）就曾率领臣仆抢劫过路的意大利客商，以补不足。国王虽然是最高君主，但他的权力主要限在“封建制”的范围内得到承认，全国尚无统一的行政和司法系统，国家权力处于分散状态。地方的权力属于当地的领主，他们有权造币、收税与招兵，只在非常时期需要率领武装忠君勤王。此时的御前会议（或称王室会议），即国王与其直属附庸之间以权利和义务关系组成的政治组织，由于王权衰微，封建主势力强大，封建主藐视国王作为其领主的权利，也拒绝出席，使其形同虚设。

（二）王权的加强

11 世纪随着城市的兴起，由于分裂割据阻碍着法国社会的发展，新兴市民要求结束分裂状态，实现国家统一，积极支持王权。借助新兴市民的支持，王权逐渐强大。从 12 世纪初，王权加强与国家统一的速度加快。路易六世整治在王室领地内部实行割据的领土，并在此范围内树立起国王的威信。随着城市的发展，许多城市取得了自治，成为直接听命于国王的附庸，此时封建主也逐渐

回到御前会议，而路易六世开始改组御前会议，选拔一些忠于国王的市民、教士和中小封建主进来，他们只听从国王的命令，不受大封建领主势力的支配。这一改革成为以后三级会议的基础。

路易七世则尽力扩展所控制的地域，曾使西部与南部的广阔地区并入王室领地。1148～1150年间，法国出现了王位或王权的概念，并日益与王国的概念相联。

菲利普二世在加强王权方面又迈进一步。他开始实行中央集权政策。他和王室定居于巴黎，在此都城修道路、筑围墙、建造卢浮宫。他开始组建一支新的武装——雇佣军，并用它来增强君主的权力。如此做法减少了国王依赖附庸武装勤王的宗主权，也削弱了各地领主对于国王的制约力。

菲利普二世对法国的行政建制作出了重要贡献。他在王室领地内的四个地方设立行政管辖区，派遣“贝宜”（bailli，国王的代表，有行政和司法职能）驻守，在西南部设立行政管辖区，派驻同类官员“塞内夏尔”（国王的代表，权力和“贝宜”相同）。法国的如此行政区划，一直保持到1789年。这两类官员多由国王任命贵族担任，他们领取薪水，代表国王进行行政管理、征税和审理案件，但其职务不能世袭，也非终身，因此与过去的伯爵管理有着明显的区别。国王在他的“法院”内办案，独自掌握审判权，数名法官协助他审理案件与作出判决，同时不允许大领主们干预审判。他还拥有财政监督权，宫廷每年一次检查各级官员的账目。

路易九世即位时，王室领地已经相对集中，较有利于治理。1250～1252年，他从御前会议中分出高等法院，后者成为全国高等上诉法院，它受理大领主的领地内的各种申诉。路易九世掌握着行政、立法与司法权力，亲自审理有关大领主的案件。他于1258年宣布实行“国王的和平”，规定在封建纷争中，受到挑战的一方有权上诉国王与请求国王的裁决。他还禁止决斗和骑士比武，将有关叛国、伪造王室命令与伪造货币等罪行交给王室法庭审判。他实行货币改革，规定王室领地内只准使用国王的货币，国王的货币在国内其他各地与当地封建主的货币同样流通。由于王室力量不断增加，王室货币日益流行，从而有利于货币的统一。

菲利普三世在位时通过数次继承与购买，增加了王室领地的范围，政治体制与行政管理方面照旧运转。他于1278年将“高等法院”正式定名为“parlement”。

经过近两百年的经营，13世纪末，法国的王权已经相当强大，最高君主的称号与实际权力大体相符，此时法国国王有权召集全国大领主，一同商讨国家大事。国王不时派出巡察官员，视察地方的司法事务。国王的外交权力比较突出，一旦国家遇到重大问题时，他便以最高统率身份发出命令，调集附庸军队，率领他们共赴国难。国王有权宣战与缔结和约，他还可以借故干涉领主们的继承和婚姻结合，从而对他们进行控制。王权成为国家统一的基础，在中世纪法兰西"混乱的状态中，王权是进步的因素，这一点是十分清楚的。王权在混乱中代表着秩序，代表着正在形成的民族"。①

菲利普四世是这种趋势的代表。扩大王室领地是菲利普四世的重要工作，为了适应国家的统一和王室事务的不断增多，他完成了国家的组建与中央权力机构的建立。在财政方面也有变化，主要是征税与增加国家收入。此时的君主不只是因为拥有"国王"的尊称而降服诸侯和威慑四方，最有实际意义的是国王作为封建君主所拥有的领地遍及全国，法兰西国王成为欧洲最强大的君主。1302年菲利普四世召开了法国历史上第一次三级会议，标志着法国王权由封建割据时期的君主制过渡到等级君主制。

二、等级君主制时代的行政制度

等级君主制是随着城市兴起和商品经济的发展而形成的。当时法国社会依照社会状况分为三个等级：教士、贵族和第三等级。其中教士和贵族是特权等级，第三等级为非特权等级。国王的地位比较特殊，他是特权等级之首要人物，有权下治万民，有时上抗教皇，并且控制法国的教会。1302年三级会议的召开是等级君主制形成的标志。

（一）三级会议的兴衰

如前所述，三级会议起源于御前会议，只是当时参加会议的城市代表的地位并没有固定。直到1302年，法国国王菲利普四世在同教皇的激烈斗争中，为了取得国内各阶层特别是新兴市民对自己的支持及征收新税，邀请教士、贵族、市民三个等级的代表开会，讨论国家的财政和税收，批准国王的赋税，三级会议才正式形成。国王召集三级会议的目的主要在于征税，其召开取决于国王对当时形势与国家财政这两方面的判断，三级会议仅具有咨询资格，但它却不时提出限制国王活动的要求，甚至抨击国内的弊端，有时还大胆强调地方三级会议的权力，显示出地区的特征。王权与三级会议的结合，体现了等级君主制的特色。

14世纪初，在与教皇斗争的过程中，国王成为民族利益的代言人，三级会

① 《马克思恩格斯全集》，人民出版社，1972年版，第21卷，第453页。

议全力支持国王，王权得以不断壮大。但三级会议对王权仍有一定制约作用。1355年国王承认三级会议对于征收御用金的监督权。英法百年战争前期，法国被打败，国王被俘，权威下降，王太子被迫于1357年颁布《三月敕令》，规定三级会议定期召开，有批准赋税权、监督政府权等，三级会议的权力由此发展到了最高峰。但这在法国历史上只是昙花一现。紧接着百年战争后期，面临亡国危险的法国，国王成为民族精神的化身而受到社会各阶层的全力支持。1439年，三级会议决定，国王可以不经三级会议的批准而征收新税，把自己的基本权力拱手让给了国王。百年战争的最后胜利提高了法国王权的威望，国王趁势进一步加强王权，以国王为中心的专制机构逐渐扩大，三级会议在法国政治生活中的作用逐步缩小。1484年曾召开真正全国性的三级会议，成为该等级代表制机构的辉煌时刻，但此后随着绝对君主制的形成，直到1560年，三级会议不复召开。

（二）中央行政机构的建立

菲利普四世时，从御前会议中分离出两个重要组织：高等法院和审计院。高等法院负责审理来自外省的上诉案件，它又分为大法院、调查院、审理诉状院和成文法听取院。审计院下设王室金库、掌玺局与管理货币的机构。菲利普四世聘请一批“王室法律顾问”，他们的任务在于研究罗马法，以便编撰全国适用的法律。国王不时召集臣民代表开会征求意见，但国王召集附庸领主们前来勤王仅限40日，通常他只有城市民兵的支持，正规军则因财政困难而尚未建立。

1307年，巴黎高等法院成为常设机构，每年有固定的会期。巴黎高等法院不仅具有司法职能，而且具有重要的行政职能：对国王敕令的注册权和对国王的“谏诤权”。菲利普六世于1344年承认高等法院拥有“谏诤权”，1345年巴黎高等法院的人员大体上稳定不变。15世纪前法国仅有一个巴黎高等法院，它审理司法案件，作出终审判决。15世纪中期，外省先后建立一系列高等法院。这些法院在等级君主制时期，与巴黎高等法院就职能而言不存在明显的区别。就高等法院与王权之间的关系而言，王权起主导作用，它决定高等法院的产生、建立、会期、是否有谏诤权、是否确认它的规章等。但高等法院对王权也具有约束作用，这种约束主要通过“注册权”和“谏诤权”得以实现。前者为对君主的敕令进行讨论、表决和登记从而使之生效，后者为对君主的政策提出告诫甚至指责。注册权的使用远远多于谏诤权，这和绝对君主的政治优势密切相关。王权能够借以对付高等法院的主要手段主要是御临高等法院，即君主亲自来到高等法院，强迫法官们立即登记有关敕令。

由此可见，此时的中央行政机构还很简陋，王权虽然日益强大，但受到三级会议和巴黎高等法院的约束。此时的统治阶层，除了原有的以征战为职业的佩剑贵族外，还新添了穿袍贵族，他们是自13世纪以来一些经营工商业的富有资产者和包税人通过捐款获得采邑和贵族头衔而来，由于公干时的服饰而被称作穿袍贵族。后来由于频繁的对外战争，国王为了增加收入不得不把自己在行政、司法、财务和军事方面的部分特权作价出让，卖官鬻爵遂成风气，到16世纪在资产阶级上层形成了一个担任王国行政、司法和市镇职务的有产者官宦阶层，穿袍贵族中位高权重的就是巴黎高等法院的法官。

（三）地方行政区划

随着法兰西国土的逐渐统一，国家的行政、财政治理也在不断加强。15世纪，全国分为若干“财政区”，实际上当时存在两类财政区：派管税区与等级会议税区。前者包括法国的大部分地区，由中央派人来此地征税。后者仅为少数地区，由地方等级会议决定征税事宜。1542年之际，全法国共有16个财政区。

广大农村的基层行政单位为市镇，它可以是一个城市或一个“乡镇”，管理若干个自然村。每一个市镇有一名市镇长。

除此之外，还存在自罗马帝国以来的古老的宗教教区区划，宗教教区跨过了政治区分的界线，有些牧师还属于日耳曼的管辖。菲利普二世时期确立的贝宜与塞内夏尔的行政建制仍然存在。

13世纪初至16世纪初的等级君主制削弱了地方大封建主的势力，一定程度上体现了国家的统一，能抵御外敌，维护独立和主权，王权在这一过程中不断加强，1515年弗朗索瓦一世继位，法国进入绝对君主制的时期。

三、绝对君主制时代的行政制度

绝对君主制时期始于弗朗索瓦一世，君主权力在路易十四时期达到顶峰，此后开始走下坡路并陷入危机，1789年法国大革命使绝对君主制寿终正寝。这一时期的行政制度表现为行政机构的进一步完善以及中央集权制度的不断加强。

（一）中央行政机构的完善

中央最高核心机构是御前会议，这种会议具有悠久的历史，中古初期它是贵族和地方领主用来制约国王的非正式咨询机构。15世纪下半叶随着贵族的衰落、王权的强大，御前会议越来越被牢固地掌握在国王手中，成为国王进行决策和处理行政、司法等事务的御用工具。在国王控制下的御前会议由掌玺大臣、财政总监、国务秘书组成。担任这些职务的主要是佩剑贵族和穿袍贵族。

弗朗索瓦一世时经常召开御前会议商讨国事，为了拟定官方文件而任命“秘密书记”，他们多达120人，后来称“国王的秘书”，又仿照西班牙习惯改称“国务秘书”。弗朗索瓦一世颁布的诏令往往用“此乃朕之美意”结尾。可见，君主的命令已成为国家的法律。

亨利二世任命负责军事指挥的秘书与财政秘书，后来也改称国务秘书。

路易十三时，重用首相黎世留。在中央，调整内部机构，设立专门负责财政、外交、军事的各理事会大臣，加强中央行政职能作用。由于国家财政、外交、军事事务日益复杂化，从御前会议机构中分离出两个机构：一是秘密委员会，二是财务委员会。秘密委员会负责中央行政司法事务，特别是当以巴黎高等法院为首的地方法院对中央的法令法规表示否决时，秘密委员会就要行使权力确保君主与王室的权益和权威不受侵害。财务委员会负责王室与国家的财政预算和财政收支事宜。

这两个理事会有特别的要求和制度。1620 年专门设置了一套理事会委员级别制。第一级是“四月期委员”，刚被选入理事会的大臣们有资格在理事会任职三个月；第二级是“六月期委员”，可任职六个月；第三级是“常任委员”，这时才可以自由进入理事会，那些在理事会任职达 30～90 年的大臣们会获得“元老”的尊称，他们位居其他大臣之上，仅次于大法官。到 1657 年 6 月，这两个理事会的人数最后被限制到 32 人，“四月期委员”级被取消，机构精简了。

除了上述几个级别的委员外，巴黎高等法院法官、掌玺大臣、行政院审查官和黎世留本人是这两个理事会当然成员，1630 年后，黎世留不再出席两个理事会，而由大法官任这两个理事会的议长，并宣布黎世留的决定和命令。全体成员们都只听命于黎世留，黎世留对他们还实行经常性的“政治审查”。

这时期的“国务秘书”有新的含义，凡进入中央的“穿袍贵族”一经被任命为军事或外交大臣，他通常必须花钱买一个“国务秘书”的头衔，其最高售价是 30 万里弗尔。这是在中央实施“官职出售”的明文规定，“国务秘书”已经演变成为“穿袍贵族”任职于中央的重要身份和资格标志。

“太阳王”路易十四掌权后的数十年，法国的中央机构日渐完整。御前会议最为重要，它分为四个专门委员会：最高会议由国王召集，主要处理国内外重大事宜，是一个现代意义的真正的政府，其成员称“国务大臣”；“文件收发委员会”专门负责中央政府各部门之间的联络，并对地方政府发布政令；“王室财政委员会”取代财政总监察官的机制；“秘密委员会”从事立法、行政和司法方面的工作，大体上包括现今概念的最高法院和行政法院的工作，它的决议相当于法律，它还为国王准备诏书和敕令。

此外，还有若干“会议”和“委员会”。比较著名的如“信仰委员会”，成员包括巴黎大主教以及数名高级教士。当时，还有四名“国务秘书”：“宫廷国务秘书”以及陆军、外事和海军国务秘书，他们通常就是大臣。

此外，从弗朗索瓦一世设立“酬金局”专门负责政府官制的公开出售开始，出售官职公开化并制度化，成为中央政府的重要财政收入来源之一，直到1789年大革命爆发，这使得官僚队伍急剧膨胀。而且当一种旧的制度显出不足以应付新时代的需要时，政府进行改革受阻时，就仍旧把它保留，另外创设一种新制度和一些办事人员，这势必导致政府机构重叠和混乱。当时政府机构的行政、司法、财税三大系统间没有明确的界限和职权范围，往往是一种官职兼有多种权力。

（二）中央与地方关系的变革

1537年，弗朗索瓦一世下令彻底废除男爵的审判权。派遣官吏干预自治市的司法权，竭力将全国的司法机构纳入中央政府的控制之下。从此，国王的敕令所涉及的范围更加广泛，不仅包括加强王权的行政法规，而且涉及民法、刑法、诉讼法和对各级法院组织的管理等内容。王室法庭的管辖范围不断扩大，而城市自治权、领主法庭和教会法庭的管辖范围日益萎缩，中央通过对司法权的控制而不断加强对地方的控制。

弗朗索瓦还派遣特派员到军区或军队中，后来的监察官起源于此。路易十三时期的首席大臣黎世留派往外省的特派员称作“司法、治安与财政监察官”，掌握地方的全权。而绝对君主制时期，国王主要就是通过派监察官削弱地方大贵族的权势和控制地方政权，省长们则在此种监护之下处理日常事务。监察官掌握各省的司法、警察、财政大权，是中央意志的执行者。

路易十四时，于1680年在各地实行监察官制度，实行行政的集中化，并向新近吞并的地区增派监察官，增设了“海军监察官”。每届监察官的任职由3年延长到5年甚至10年。而且每位监察官还配备了监察官助理、专业助手和秘书，组成幕僚机构，凌驾于地方各级官僚体制之上，成为“绝对君主制得心应手的工具”。

法国此时期的贵族地位也发生了很大变化，很多贵族离开土地而转变为宫廷贵族，特别是路易十四时期，他们放弃了荣誉而为了钱财去侍奉国王。大贵族们遭到了“驯服”，他们由对抗王权的地方势力转变为顺从君主的驯服工具，从而也使得中央加强了对地方的控制。

法国贵族地位的变化

绝对君主制时期，贵族的地位在法国社会中较之于邻国发生了较大的变化：贵族与土地失去了直接联系，居住地从农村迁徙到城市；放弃对地方行政的控制，转而谋求宫廷的显赫官职；与农民的关系从领导者蜕变为收取地租的债权者；放弃了部分政治权利，而将免税特权紧握不放。托克维尔论及这些变化时，特意举英国贵族为例以兹对照，他说："在英国，贵族承担最沉重的公共负担，以便获准进行统治；在法国，贵族直到灭亡仍保持免税权，作为失掉统治的赔偿。"国王路易十六曾说："我只是法国的第一贵族。"这句话至少包含了两重含义：一是贵族是法国的统治阶级，表达了对没落贵族的安抚之意；二是国王是贵族中的领袖，暗示贵族要对国王顺从。国王为了维持自己的统治地位，理所当然地将贵族视为潜在的王位争夺者，对于贵族也是警惕提防，将社会各阶层相互隔绝，必要时制造彼此的仇恨和有限的对立，是国王常用的手段，借此削弱各阶层的实力，防止出现任何一方壮大到可以改朝换代的局面。法国国王成功地制造了贵族与群众的对立，同时，大量贵族居住在巴黎等城市中。在群众的仇恨和国王的防范中，贵族已经丧失了国家政治控制权和基层民意基础，成为这个国家最为孤立的阶级。尽管托克维尔认为贵族仍是最有教养、有知识的阶级之一，但是随着他们政治权利的衰落，精神领域一向占有的统治地位已成真空。并无实际的政治经验的作家们填补了这个真空，试图凭借从理性和自然法中汲取的法则来取代统治当代社会的复杂传统习惯，并在群众间吸收了大量信徒，成为大革命爆发的一个重要原因。

贵族这些变化的发生，除了法兰西的民族性和政治文化等深层原因外，连绵不断的战争和工商业的发展是很重要的原因。当时以征战为其职业的佩剑贵族，经历了英法百年战争和几次意大利战争之后元气大伤。路易十四时期，建造了凡尔赛宫，据统计约有 4000 名佩剑贵族被招安或因破产而离开了自己的领地，屈尊而成为宫廷贵族，他们居于凡尔赛，簇拥着王室，靠国王因宫廷挥霍而设置的名目繁多的闲职领取俸禄，沉湎于宴待宾客、举办庆典、组织沙龙及狩猎郊游的生活方式。但多数佩剑贵族仍留在自己的领地，由于农民的抵制加上农奴的逃亡，这些乡居者原有的封建特权在缓慢的进化中已部分销蚀了。他们由于不满自己日益没落的地位，在旧制度末期经常滋事。

转引自周政华，《屋顶上的骑兵：法国大革命前夜的贵族——读托克维尔的〈旧制度与大革命〉》，《民主与科学》，2005 年第 5 期，第 50～51 页。

国王们虽然通过招安大贵族、设置监察官制度等措施建立起中央集权制，但在封建制度下，集权并不集中，也不统一，一些省和地方仍然各自为政。到大革命前夕，除了全国必须遵守的王国法律外，各地方都有自己的地方法。伏尔泰曾说过："每当你更换驿马时，法律就变换一次。"行政区划十分混乱，全国除了36个州，还分为司法区、教区、军事区（即总督辖区）等。随着18世纪封建君主专制制度衰落，各地封建割据重又抬头，从而加剧了地方管理制度的混乱，致使中央对地方，尤其是边远地区很难在行政、司法和宗教方面进行有效的统治。直到大革命后重新进行行政区划，这种局面才得以改善。

（三）财政税收制度的形成与变革

为了加强国库管理制度，弗朗索瓦一世在1523年3月18日创立中央贮金库，全权负责征税工作和安排支付国王的所有开支，其司库员直接向国王负责。目的是简化以往由地方向中央上缴税款的繁琐、缓慢程序，弥补各级税吏侵吞税款的漏洞。

1542年12月由于同德国发生战争，急需增加军费，弗朗索瓦一世颁布敕令，在全国设立16个"中央直辖财政区"，一个地方行政区划就是一个纳税单位。按所交纳税额的多少为序，它们依次是：鲁昂，普瓦泰、都尔、里摩、巴黎、康尼、奥尔良、里沃姆、波尔多、里昂、摩兰、布尔热、亚眠、夏龙、斯瓦松和格勒诺勃。在它们之下又划分了85个"election"单位，再分成最小的纳税单位"parish"。

在中央直辖财政区之外，法国还有5个自治省，它们是南特、土鲁斯、第戎、艾克斯、蒙彼利埃。这5个省的税收工作由各自法院负责，在这里，王权受到限制，地方三级会议的力量较强，中央和地方势力的斗争愈演愈烈。

亨利四世时，把基恩区开辟为新的中央直辖财政区，并于1605年在基恩区推行新的税收体制和政策，1609年基恩区下辖的八个新税区开始征集税款，同时由中央直接委派官员"elus"，被称为"奉派执行国家陛下命令的特派员"，下到新税区，他们肩负着军事、财政和清查城市财税工作的使命。elus是一个特别官吏，由王室直接任命，不得买卖，他们直属御前会议管辖，接到命令后即赴各地行使王命，它的出现势必使地方贝宜官和各省总督的职权受到制约，促进中央统治的集权化。

（四）王权与三级会议和巴黎高等法院

到绝对君主制时期，三级会议的权力日渐削弱。1484年召开全国性三级会议后，直到1560年，三级会议不复召开。1560～1614年间，由于君主的需要曾数度召开三级会议，但难于取得成果，到1614年后便停止召开。外省某些地区召开的三级会议甚至遭到撤销。1789年，在法国专制统治面临严重危机的情况下，国王路易十六又拣起已经废止了175年的三级会议，力图通过它克服危机，挽救法国。但三级会议无法起到协调矛盾、克服危机、促进改革的作用，以资产阶级为首的第三等级也无法利用它来反对王权。在这种情况下，第三等级抛开三级会议单独开会，宣称自己是代表全体国民的国民议会，要制定宪法，限制王权。至此，法国的三级会议被彻底画上了句号。

高等法院的处境略有不同，他们继续存在并运转着，直到16世纪中期各高等法院在登记王室法令方面还有注册权。尤其是巴黎高等法院，在旧王去世幼主即位时，它有权作出由谁摄政的决策，为此它能取消旧王的政治遗嘱。它还曾掀起两次“福隆德”叛乱，但都被镇压下去。高等法院拥有的谏诤权几次被取消又被恢复。国王们曾多次对巴黎高等法院实行高压，逼迫它立即登记敕令，限制它干预国事，甚至采取极端的办法如下令解散高等法院与将法官们解职或逮捕等以贯彻自己的意志。

1753 年，巴黎高等法院公布“谏诤书”，宣布“当君主的权威与他所服务的利益发生冲突时，高等法院尊重后者”。君主与臣民由“一种契约”相互联系，“君主幽闭宫中，不明宫外事务”，高等法院必须如实禀报，它应该成为全国的“代表机关”。路易十五对此谏诤予以拒绝，并将高等法院驱逐到蓬图瓦兹以示惩罚。路易十五在位期间，还多次发生与高等法院的冲突，特别是在需要高等法院对于延长暂时税收和征收新税的敕令进行登记时。1771 年，巴黎高等法院的绝大多数成员遭到撤职与驱逐，而且巴黎高等法院被改组为 6 个“高等委员会”，其成员由国王任命。改组外省的高等法院，高等法院法官不得收贿与受礼，而由国王发给薪俸。各高等法院面临强权被迫屈服，王权战胜了高等法院。路易十六 1774 年即位后下令恢复巴黎高等法院的活动，随后外省高等法院也陆续恢复工作。但王权与高等法院的摩擦仍时强时弱地进行着，并于 1787～1788 年达到高潮。王权试图取消高等法院对立法和财政的控制权，并试图建立全能法院。全能法院由巴黎高等法院的大法庭、公爵以及若干重臣组成，民事与刑事案件归“大司法区”处理，各地共有大司法区 47 个。此外，宣布取消盐仓法庭等特别法庭。此时王权仍占据上风。

由此可见，绝对君主制时期，君主们通过各种方式不断加强自己的权力和实行中央集权，但君主们的权力仍然并非毫无限制，这种绝对君主制仍然不同于东方的封建君主专制主义制度。但是旧制度末期，各种矛盾日渐累积，各种试图通过改革缓解矛盾的途径都被堵死，于是在启蒙运动理论的指引下，法国爆发了大革命，行政制度也由此发生了重大变化。

第二节 1789年至1958年法国行政制度的演变

1789年大革命使法国的行政制度发生了很大的变化。从1789年大革命后建立君主立宪制到1958年法兰西第五共和国的建立，法国在不到两百年的时间里建立了四次共和国、两次帝国、两次君主立宪，其间还有王朝复辟，更有巴黎公社与维希政府和抵抗运动的插曲，使得这一时期的行政制度看上去变幻万千，光怪陆离。但实际上中央集权是这一时期不变的一条线，行政集权和立法集权的交替出现则是另一条线，当然这一时期还伴随着行政机构的不断发展和完善与文官制度的确立。

一、1789～1815年的行政制度

（一）1789～1792年君主立宪制时期的行政制度

1789年法国大革命后建立了君主立宪制度。根据1791年宪法，国家实行分权制，立法权委托给立法议会，由它在国王批准的情况下行使；行政权委托给国王以及他管辖下的部长与官吏们行使；司法权委托给“由人民按时选举的法官”。宪法规定国民议会和法律高于国王，君主必须依法治国。

“国王是王国全部行政权力的最高首脑”，他的职责在于保证维持公共秩序与安宁、关注法国的外部安全和任免部长以及对外大使等官员。他作为陆海军的首长，任命军队与舰队司令、法兰西元帅、海军上将等。仅君主有权与外国保持政治关系和指挥有关谈判，他拥有卫队，他的肖像铸在各种货币上。不过，国王不能随意动用国库，年金与赏金的状况应交国民议会审查通过。国王的命令必须由他自己签字和一位部长副署。[①]君主的财政权与颁布行政命令的权力也受到一定限制，同时“行政权不能制定任何法律，包括暂时性的法律”。只是为了实行法律，政府才有权依法发布公告。

国王拥有若干立法权。君主的位置仍是世袭，但法兰西不是他的世袭财产。国民将部分立法权“委托”给他实行。法律先由国民议会通过后交国王批准，他必须表示同意或拒绝，同意时批上“国王同意并将实行”，拒绝时写上“国王将进行研究”，也即暂时否决。如果下两届国民议会不改变原文而通过该项法律，

① 副署即签名，也就是说部长有同意和命令的权利，如果部长对国王的命令不签名，即拒绝副署，那国王的命令就不能生效。这实际上是对国王权力的一种约束。

则视国王已经批准。由此可见，国民议会掌握着最终决定权。

关于部长的职责，宪法规定，部长不应是“国民代表”（现在的制宪会议和将来的立法议会）或大理院的成员，不许干预立法和司法工作。他们在国王的“统辖”之下行使行政权。部长有权列席立法议会，可要求发言或应邀发言。立法议会每年召开时，部长必须向议会提供关于开支和预算用途的报告，还应“指出政府各个部门可能发生的弊端”。部长去职时，必须向议会提交工作报告、道德报告与财政报告，这些报告应获得议会批准。部长肩负重任，但不能胡作非为，他们必须面临国民议会的控制和全国特别高等法院的追究以及国王的“统辖”。

但在现实政治生活中，行政权和立法权并没有配合好，国王的行政权不断受到代表“人民主权”的立法议会的制约。1791 年斐扬派内阁成立，德勒萨尔主持外交、纳尔邦负责军事等。此内阁在议会遭到抨击。路易十六被迫将斐扬派内阁部长撤职，代之以吉伦特派的活动家。根据宪法，国王掌握着任免部长的权力，立法议会无权直接迫使国王更换部长，但议会有权向特别高等法院控告部长犯下叛国大罪，从而间接地打击国王的权势，逼迫他改换部长的任命。

由于国王和议会矛盾的日益激烈，贵族的挣扎和教会的抵抗，加之面临外敌入侵的压力，君主立宪制很快为法国人所抛弃，而代之为共和国。这一时期先后经历了吉伦特派的统治和雅各宾派专政。

（二）1792～1799 年第一共和国时期的行政制度

法国人共和主义的传统主要始于 18 世纪末 19 世纪初。由于地理上的毗邻，法国人早已知道古代的罗马共和国。1573～1629 年，法国的新教徒在南方成立一个共和国，这是国内战争在局部地区造成的具有分裂性质的后果。启蒙运动初期，卢梭赞颂城邦式的共和政府，马布利幻想废除私有的共和国。当君主立宪制的路越走越窄时，许多法国人转而希望建立共和制度。1792 年 8 月 10 日巴黎发生起义，随后建立起法兰西第一共和国。

1．激进共和制与山岳派专政时期

从 1792 年 8 月 10 日至 1793 年 10 月 10 日，法国经历了由吉伦特派领导的激进共和制度和山岳派掌权的逐步走向超度集权的制度与专政。最高行政权机构经历了“临时执行会议”、“国防委员会”与“救国委员会”三次变迁，后者拥有的实权远远超出一般行政的范围，从而由正常的行政机构走向超度集权机构。

临时执行会议建立于起义后的 8 月 15 日，在议员之外选举司法、内政、财政、陆军、外交和海军 6 名政府部长，部长轮流担任主席。临时执行会议存在至 1794 年 4 月 1 日。

国防委员会是国民公会于 1793 年 1 月 1 日通过决议成立的，其 24 名成员

都是议员，它致力于统一领导军事和财政，并领导临时执行会议。4 月 6 日，国民公会又决定建立“救国委员会”，成员也都从议员中选出，它代替和取消了国防委员会，其权力更大，包括行政与军事方面，会议秘密召开，不设主席。

救国委员会本来是议会的一个委员会，但其权力随着山岳派专政的加强而不断增长，并逐渐控制了国民公会。它不仅掌握行政与军事大权，而且实际上拥有相当分量的立法权，并且发展至极少数人执掌着国家的决策权。1793 年 10 月 10 日国民公会通过法令，宣布“在实现和平之前，法国的临时政府将是革命的”。“临时执行会议、各部部长、将领、各法定机构皆处于救国委员会的监督之下，后者每月 8 日应向国民公会报告工作”。“临时执行会议所采取的一切安全措施皆应得到救国委员会的批准”。后来，救国委员会依靠获得的巨大权力，控制了国民公会。由此可以看出权力不断集中的脉络，先是作为全国立法机构的国民公会控制了行政权，又兼有司法权如表决处死国王等。后来国民公会的一个委员会——救国委员会又控制了国民公会从而集立法权、司法权和行政权于一身，建立起不折不扣的革命专政——山岳派专政。而山岳派专政就是罗伯斯庇尔、库通与圣茹斯特等少数人的专政，尤其是罗伯斯庇尔在某种程度上“拥有绝对的权力”。国民公会实际“从属于”救国委员会，选举制、权力分立、公民的基本权利都受到严重损害。

在此期间还制定了 1793 年宪法，但国民公会通过后即束之高阁，没有付诸实施。山岳派专政极大地破坏了共和制的原则，并引起社会各界人士的反对，1794 年 7 月 27 日发生热月政变，山岳派专政结束，开始了督政府时期。

2. 督政府时期

热月政变后，国民公会的权力得到一定程度的恢复，并建立起 16 个委员会，规定救国委员会仅拥有军事与外交权力，治安委员会仍旧掌握治安权与监视权，但必须依法行事，不得乱行恐怖。立法委员会应该负责立法工作，同时管理内政与有关法庭的事务。这三个委员会控制了政府的主要职能，其他委员会分管政府的其余政务。

国民公会任命“制宪委员会”并制定了 1795 年宪法后闭幕，代之以“立法团”，即新的立法议会。立法团将行政权授予“督政府”，开始了督政府时期。督政府的成员由立法团选出 5 人组成。先由五百人院通过秘密投票选出一份 50 名候选人的名单并送交元老院，而后元老院以秘密投票方式从中选出 5 名督政府成员。立法团的议员在其任职期间或卸职一年内，不能当选为督政府成员或部长。督政府成员每年改选一人，任期结束后超过五年才可重选重任，在任期内和卸任后的两年内禁止出国。督政府成员每人轮流担任主席，为期 3 个月，凡有3人到会便可开会议事，一旦由于辞职、死亡等原因而缺员时将由立法团在10日内另选。

督政府“在自己的成员之外任命各部部长，并在必要时撤销其职务”。由立法团决定部长的人数，即6至8人。“部长们不应组成一个（部长）会议”，“部长各负其责”。

督政府“应依法关注共和国内外的安全”，它有权“集体地（而不是任何个人）部署武装力量”，采取措施处理危害国家安全的阴谋事件。督政府有权“任命和派遣特使以便监督和保证行政部门与司法部门对于法律的执行”。它任命司令、各省直接税的税员、国有财产的主管、间接税收与行政的官员以及殖民地的官员。

督政府每年必须向立法团两院提交书面的财政情况报告，同时“必须指出它所认识到的存在的弊端”。任何时候，它能够建议五百人院关注某个问题并采取相应措施，但该建议“不应视同法律草案”。

这是一种集体行使的行政权。它是一个由立法团选择的、从属于立法权的政府。新宪法付诸实施后，由于大革命后的法国面临内忧外患的形势，需要相对集中的行政权来应付这种局面，于是督政府的作用逐渐凸显，而立法团的影响则不够突出，人们习惯称此时期为“督政府时期”。督政府坚持温和共和主义政治倾向，打击左翼力量或镇压王党分子，当立法团出现向右或向左的倾斜时，它会干涉立法团两院的选举。督政府于1795年11月5日发表“政纲”：“向君主主义积极开战，重振爱国主义，严厉镇压一切乱党，消灭任何派别意识，清除全部复仇愿望，保证社会和谐，重建和平。”

1799年10月，由于舒安党叛乱，内战爆发，督政府缺乏有效对策，使得法国发生雾月政变，开始了拿破仑的帝制统治。

（三）1799～1815年时期的行政制度

拿破仑·波拿巴于1799年11月9日即雾月18日发动政变，宣布督政府不复存在，并随后制定了1799年宪法。根据宪法，设立了元老院、立法团、法案评议委员会、执政、参政院和最高法院等。行政权力由执政、参政院、政府各部及地方行政机构来行使，宪法将这些机构统称为“政府”。在行政权力范围内，第一执政拥有大权，“公布法律，按照其意愿任命参政院成员、部长、大使、军官、地方官员等，或撤销他们的职务”。刑事法官、民事法官由他任命，治安法官和最高法院法官除外。第二、第三执政的作用有限。拿破仑为第一执政，他对第二、第三执政的作用一语道破：他们不如称作“高级顾问”更好。当时他们被称为“执政府”。

参政院主要拥有行政权，也有少量立法权，如在执政们的领导下制定法律草案等。根据宪法，由参政院的成员代表政府在立法团会议上发言，维护政府的政策。参政院对国家行政工作发挥着最高顾问的作用。部长是法律与政策的具体执行人，他们人数不定，不组成内阁，不具有内阁一致性，也不对议会负责。

保证第一执政的权力是1799年宪法的核心内容，第一执政拥有全部行政权力以及部分立法与司法权力，这是权力高度集中的表现。后来又制定了1802与1804年三项元老院法令，1802年法令规定了执政们终身任职，1804年的法令又规定："共和国政府委托给一位皇帝治理，他的头衔是'法国人的皇帝'，司法以他的名义和由他授权的官员来实行"。"现任共和国第一执政拿破仑·波拿巴为'法国人的皇帝'"。1804年拿破仑举行加冕典礼，建立起帝国。虽然法兰西共和国的名称一直使用到1808年，但拿破仑的帝国实际上早已在有效地运行，只不过就头衔而言他采取了耐心的对策。

第一帝国时期，主要统治方式是集权制，统治手段是个人权力的实施，皇帝、宫廷、勋位、军队……治理着国家。此外，拿破仑还制定了《拿破仑法典》，对法国的法律统一作出了重大贡献。他后来曾如此回忆："我的荣誉不在于打了40个战役，滑铁卢推毁了这么多的胜利……但是我的民法典不会被任何东西催毁，它将永远存在。"[①]

在此期间，还出现了波旁王朝1814年5月3日至1815年3月20日的短暂复辟。复辟期间实行君主制，根据1814年4月6日的"元老院法令"和1814年宪章，国王拥有较大的权力，行政权属于国王，国王拥有部分立法权，贵族院成员由国王任命，国王有权解散众议院，但应在三个月内召集新的众议院。国王是国家的最高首脑，他指挥陆海军，宣布战争，订立合约，任命公共行政的全体官员与制定必需的规章和敕令等。各部大臣必须对国王负责，大臣可以是贵族院和众议院的成员，有权参加两院会议。司法权完全来自国王。旧贵族恢复他们的封号，新贵族保留其封号。国王按照自己的意愿封赐贵族，但这仅是地位和荣誉而已，并非社会上的某种特权。

1815年2月拿破仑卷土重来，但来得突然去得也快。百日期间通过"帝国宪法补充法令"，对皇帝的权力进行了一定限制。但由于内外交困，第一帝国最终覆灭，拿破仑再次宣布退位，波旁王朝于7月8日再次复辟。

（四）地方行政区划的变化与中央和地方关系的演变

法国大革命扫除了封建式的地方管理体制和制度，确定法兰西是"统一的

① 郭华榕著，《法国政治制度史》，人民出版社，2005年，第227页。

和不可分割的”的共和国。根据 1791 宪法，对大革命前法国混乱的行政区划进行了重新划分。宪法规定：全国划分为 83 个省，从中央到地方的行政结构依次为：省、县、区、市镇。各级行政官员皆不具有“代表制的性质”，即不能等同于国民代表。省与县行政官员“由人民按时选举产生”，市镇的行政官员“由该市镇的公民们按时选出”，他们组成市镇政府。行政官员的任务是分派、征收直接税和管理公共收入。

宪法还规定了君主与省、省与县、内政部长与地方政府的关系。国王有权取消省一级的决定或将省级官员停职，但必须经立法议会同意。省行政官员有权取消县官的决定，经国王同意时可将县官停职，但也须经立法议会同意。另外，仅内政部长有权与地方政府保持直接的接触。

山岳派专政期间，加强了对地方的控制。例如，取消县检察官、市镇检察员，设立“国家专员”并由他们负责执行法律与举报有关违法行为和疏忽大意；要求各市镇政府及各地的“革命委员会”或“监视委员会”认真执行有关革命法律与治安措施；中央直接与县和市镇联系，省一级的权力大为削弱；各县由中央直接派遣国家专员领导，他们有权监督地方政府的工作；县负责监督市镇对于革命法律的执行；县与市镇成为革命政府在地方上的两极主要支柱；由选举产生的县与市镇的行政机构变化不大，只是这两级的检察官由指派的国家专员所取代。后来又取消市镇政府由选举产生的规定，改由全靠国家专员治理。省的政治作用遭到削弱，省议会、法院院长、省检察官以及各省的军队皆被取消，仅留下省政府。省政府只负责有关直接税分摊、工场、公路、运河与对国有财产的管理等工作，取消了省对于县和市镇的领导权。中央不仅领导着地方的日常工作，它还有权派遣特派代表到各省或军队，以便解决急迫的难题。削弱省一级的权力与简化市镇政权，使中央与县、市镇直接相通，法国的中央集权制发挥到了极致。

督政府时期，根据 1795 年宪法，规定每一个省设立省政府，每一个区设立区政府。凡居民为 5000 至 10 万的市镇，应有一个市镇政府。凡居民少于 5000 人的市镇，仅设一名市政官员及其一名助手。凡居民超过 10 万人的大市镇，应设立一个市政府，而在其内部分作若干小区，在每一个小区设立小区政府。

拿破仑建立帝制后，取消了地方选举制度和地方自治权，建立起省、专区和市镇三级地方行政单位。专区代替国民公会设立的区，比县拥有的地域大，专区的数目比县减少一半左右。从省长到普通地方官吏，都得由中央政府委派，其中大部分由拿破仑亲自任命。地方议会议员不再由民选产生，而是由中央或省长指定。拿破仑取消地方政府确定每年税收额分配的权力和征收部分直接税的权力，建立中央税收管理局，统一拟定地方税规则和税额，并指派专人征税。他把地方警察置于中央政府控制之下，通过警务部驻省代理人来行使警察权。拿破仑建立的这一套中央集权的地方行政区划和地方管理制度都一直被沿袭下来。地方分权的自治体制只是在1871年巴黎公社时期有过短暂的再现。

二、1815～1870年的行政制度

（一）1815～1848年的行政制度

1815～1848 年被很多史学家称为“显贵们的法兰西”，先后经历了波旁王朝和七月王朝的统治，虽然两个王朝的统治有很多相似之处，比如国王都拥有很大的权力，但其行政制度还是有所不同的。

1．波旁王朝复辟时的行政制度

波旁王朝1815年7月8日再次复辟后，经历了有限君主制和君主专制两个时期。有限君主制时期主要集中在1817～1820年间，此前此后皆由白色恐怖主宰政局，行政制度无法正常运行。有限君主制时期行政制度运行的主要法律依据仍是第一次复辟时的1814年宪章。宪章规定国王独自拥有行政权、部分立法权，司法权也完全来自国王。由于当时君主立宪派相对稳定地控制了议会和政府，并通过了若干自由主义性质的法律，路易十八国王虽然数次解散众议院，但其权力并非无限。

路易十八去世后，其弟极端君主派阿尔图瓦伯爵成为国王，称查理十世。查理十世数次解散众议院，削弱其权力，实行反动法律，逐渐建立起专制统治，终于引发了1830年7月的巴黎革命，波旁王朝的统治被推翻，开始了七月王朝的统治。

2．七月王朝时期的行政制度

1830年7月巴黎革命后建立了君主立宪制，君权神授的年代结束，议会国王诞生。当时路易—菲利普由议会两院即众议院和贵族院选为国王。“法国人的国王”取代了“法兰西国王”。

1830年宪章由议会根据1814年宪章修改而来，变化不大。根据1830年宪章，国王仍拥有全部行政权、司法权和部分立法权。“国王和议会即贵族院和众议院一同行使立法权”。议会两院由国王召开。“法案应由国王向贵族院和众议院提出”，“如果一项法案遭到上述三个权力之一的拒绝，它在本届会期内不应再次提出”。“仅国王一人有权批准和公布法律”。“贵族院成员由国王任命，他们人数不限，但是国王不能根据自己的愿望来决定他们的职位，即任命为终身任职或可以继承”。“国王独自拥有行政权”。他指挥陆海军，有权宣战、缔结和

约、结盟与订立商约。他任命一切管理官吏，大臣由国王任命，必须对国王负责，他们能够成为贵族院或众议院的成员，可以参加两院的会议。众议院有权控告大臣，并将他送交贵族院，仅贵族院有权对他们进行审判。“一切司法权力来自国王。司法权以他的名义实行，法官由他任命并确定其职务”。宪章没有关于首相职务的规定，后来多用“主持内阁会议”等词表示谁是内阁的实际负责人。

这一时期虽然国王的权力仍然很大，但已经不同于传统的君主制。宪章由议会制定，众议院议员经选举产生，国王由议会任命。他必须面对议会宣誓效忠宪章，无权改变政治体制。关于税收的法律应首先在众议院通过，议会决定国王的年俸。

宪章在实际运行中，国王的权力得到充分实现。由于 19 世纪 30 年代中后期社会矛盾的激化，路易—菲利普企图独自指挥国内政治，同时政府也始终获得议会两院多数议员的支持。君主、内阁和议会在某种意义上三位一体，国王权力的不断加大和议会的惟命是从，损害了已有的政治平衡。加之七月王朝所代表的利益集团过于狭小，所维护的群体利益有限，马克思曾指出：“路易—菲利普时代掌握统治权的不是法国资产阶级，而只是这个资产阶级的一个集团：银行家、交易所大王和铁路大王、煤矿铁矿和森林的所有者以及与他们有联系的部分土地所有者，即所谓金融贵族。他们盘踞王位，他们在议会中强订法律，他们分配从内阁到烟草局的各种官职。”①这个弱点很大程度上导致了七月王朝的覆灭。

（二）1848～1852 年第二共和国的行政制度

1848 年二月革命后，法兰西建立起第二共和国，经历了临时政府、制宪会议和立法议会各阶段。临时政府时期，政府集立法权和行政权于一身，并曾迅速改造各省政权，从巴黎派出“共和国特派员”，取代原来的省长治理地方，保证了各省的共和秩序。

临时政府为了建立共和制，召开制宪会议制定了 1848 年宪法。宪法规定行政权主要通过共和国总统实行，总统由全体选民直接秘密投票，以绝对多数选举产生，任期四年，不得连任。由议会确定选举的有效性，并宣布当选者为共和国总统。

宪法赋予总统许多权力。总统为国家元首，“他有权通过部长向国民议会提出法律草案。他监督与保证法律的执行”。总统任免部长，但是他们的人数与权限由立法权规定。他任免外交使节、陆海军司令、省长、省国民卫队司令、阿

---

①《1848 年至 1850 年的法兰西阶级斗争》，见《马克思恩格斯选集》，人民出版社，1974 年，第 394 页。

尔及利亚与各殖民地总督、总监察长等高级官员。

宪法也对总统权力作出了诸多限制。"他不能解散国民议会与将它的会议延期，在任何情况下不能停止宪法和法律的权威"。"他每年必须向议会作一次国情报告。""他负责保卫国家，但未经国民议会同意时不能进行任何战争"。"他进行谈判与批准条约，但是只能在国民议会同意后，有关条约才能确定"。"他有权赦免，但只有在考虑参政院的意见之后才能实行。大赦仅能按照一项法律进行。总统、部长以及一切其他由特别高等法院宣判的人员，只能由国民议会赦免"。"共和国总统关于解散和延迟国民议会，或对它履行职责设置障碍的一切措施，为叛国罪行。由于此种行为，总统丧失他的职能，公民们便可对他拒不服从，行政权应完全转归国民议会"。特别高等法院将对总统进行审判。

宪法还规定，"共和国有一位副总统，他由国民议会任免"。总统在当选后的一个月内，应提名 3 名候选人，由议会选举一名为副总统，任期也是四年，不得连任。当总统无法履行职责时，副总统代替总统行事。如果总统职位由于去世、辞职等原因空缺时，一个月内将进行总统选举。副总统不是由全国普选产生，其权威明显不及总统，他的主要工作是担任参政院的主席。

由此可见，这部宪法确定了立法权的强大及其对于行政权的约束，权力主要集中于国民议会。但在实际运作中，法国政局逐渐脱离 1848 年宪法所规范的轨道，共和国议会内包括很多派别，其中主要是君主派和君主立宪派。总统的权力不断受到议会的限制，行政权和立法权的冲突日益激化，路易·波拿巴当选为总统后，随着行政权和立法权矛盾的激化，再加上立法议会废除普选制，使得波拿巴争取社会舆论、发动政变的时机趋于成熟。

路易·波拿巴于 1851 年发动政变，共和国的行政权战胜了立法权，从此总统大权独揽，为把共和制改变为帝制创造了良好条件。政变期间，共和国的若干权力机关受到致命打击。12 月 2 日，总统下令解散国民议会和参政院，3 日成立新政府，并成立了一个"咨询委员会"，以便"在立法团和参政院改造之前"协助总统工作。他还恢复了普选，并于 1852 年 11 月 21 日举行新的公民投票，投票结果大多数人赞成恢复帝制。1852 年 12 月 2 日第二帝国宣布成立。

（三）1852～1870 年第二帝国的行政制度

在第二帝国正式成立之前，波拿巴总统已经授权一个专门委员会制定了 1852 年宪法。根据此宪法，行政权和总统占据突出的位置。总统是"国家首脑"，统帅陆海军队、宣布战争，缔结和约、盟约与商约。他任命一切官员，为法律的实行而制定必需的规章和法令。"仅总统有立法创议权"。由他"批准与公布法律和元老院法令"。总统有权实行赦免和在一省或数省宣布戒严。

"总统通过部长、参政院、元老院和立法团治理国家"。总统不对议会负责，他有权举行公民投票。

部长由总统任命。"部长仅服从国家首脑。他们的政府活动各负其责，他们彼此之间不存在一致性"。元老院有权控告部长。部长参加参政院的会议，拥有表决权。他们不应成为立法团的成员。

由此可见，宪法具有较强的可变性。权力分立的原则未能充分体现，行政权对于立法权和司法权干预甚多。政府部长分别对总统负责，同时不存在内阁的一致性，这种安排使行政权受益，使得立法权对政府的控制难于实行。

第二帝国建立后，元老院又通过一项法令：皇帝拥有赦免权和大赦权；皇帝认为合适时，将主持元老院和参政院会议。

第二帝国是一个资本主义性质的帝国，拿破仑三世也是一个资产者的皇帝。他当政期间，曾对第二帝国不断进行改革。新闻自由、集会权利及公民在法律面前平等诸方面都有所改善，议会的权力也不断扩大，这种改革在1870年的元老院法令中得到了明显的体现。法令规定公民有请愿权、选举权等。皇权受到明显的削弱：大臣应该对自己从事的国务活动负责，过去只讲对皇帝一人负责，现在不具体指出对谁负责，实际上增强了议会对政府的监督；由于元老院的成员多由皇帝任命，削弱元老院也就是削弱皇权，而元老院当时已经丧失了宪法捍卫者和解释人的特殊权力；甚至当帝位继承问题在皇帝家族内部无法解决时，已规定由公民投票选举新的皇帝。此外，立法团的权力有所增加，凡是有关征税的法律，必须首先在立法团通过。但改革未能挽回第二帝国退出历史舞台的命运，特别是1870年法国在对普鲁士的战争中失败后，第二帝国也寿终正寝，被第三共和国代替。

三、1870～1958年的行政制度

（一）1870～1940年第三共和国的行政制度

第三共和国诞生于法兰西艰难的历史关头，战败的灾难和帝制的束缚引发了1870年9月4日的革命与新共和国的诞生。第三共和国曾多次革新，存在70年之久，成为法国至今历时最长的共和国。在第三共和国的夹缝中，1871年还存在过72天的巴黎公社政权，它建立起议行合一的制度尝试，并实行了地方自治，但这一尝试仅是昙花一现，其行政制度在此不再赘述。

第三共和国的建立，标志着法国议会制政治体制的完全确立。1875年，法国国民议会先后制定了《参议院组织法》、《国家政权机关组织法》和《国家政权机关相互关系法》，这三个宪法性文件构成了第三共和国的宪法。这部宪法规

定法国为议会制共和国，立法权由参议院和众议院掌握，议会对于总统以及行政部门拥有控制权。

1. 总统的权限

行政权由总统与部长行使。总统由参议院与众议院联合而成的国民议会以绝对多数票选举产生。总统任期 7 年，可连选连任。总统与参议院和众议院的议员们共有立法创议权。总统通过“咨文”与议会两院联系，该咨文由一名部长在议会宣读。议会通过的法律由总统在一个月内予以颁布，在按规定颁布之前，总统有权请求两院重审法律，总统公布两院所通过的法律后，监督并保证法律的实行。总统有特赦权，而大赦则应依照一项法律实行。由总统率领武装力量、任命全体文武官员、主持国家庆典与接受外国使节。当参政院成员出现空缺时，总统应宣布新的任命。[①] 总统有权缔结与批准条约，在不危及国家利益和安全的情况下，他应立即将有关条约的内容通知议会两院。总统经议会两院同意后，可以宣战。他有权提议修宪，但全面或部分修改的决定必须由国民议会作出。

总统还有权宣布两院会期的延长，但延长期不得超过 1 个月，并且在同一会期内最多只能延长两次。他有权宣布两院会期的结束，有权召开两院的特别会议。在议会会期结束后，如果每一议院的绝对多数议员要求开会，总统就必须召集两院议员开会。“共和国总统在征得参议院同意后，有权解散法定任期未满的众议院”，但应在 3 个月内重新进行众议院选举。1884 年的一项法律又改为应于 2 个月内进行选举。总统的言行不受追究，他只在叛国时承担责任。当总统去世或因其他原因出缺时，议会应立即选举新总统，在此期间内阁将被授予行政权。

总统发布命令时，需有一名部长副署。参议院有权组成高等法院，以便起诉与审判总统。部长如在履行职务时犯罪，将受到众议院起诉，后由参议院进行审判。

2. 政府的组成

从 1875 年宪法颁布起，共和国总统不再是政府或内阁的一名成员，而只是国家的元首，政府由部长们组成。宪法规定总统任命文武官员，包括政府总理与部长，但不曾讲明总统任命的新政府是否需要议会两院的批准。这样可以理解为一旦总统任命政府成员，任命即为合法。但在 1877 年、1940 年曾出现总

---

① 参政院 1874 年迁到罗亚尔宫。它起着最高政务顾问的作用，如拟定政府法令草案，它也是最高行政法庭。其成员为 69 名审查官、44 名助理办案员与 13 名特别公务参事。

统授权组阁，而议会两院不予批准的问题。

宪法中缺少关于政府总理的条文，后来议会对政府总理一职作出决定。在第三共和国的制度框架中，总理是法国政府的具体领导人，他控制着整个政府的活动，并且因人而异地发挥着作用，总理通常还亲自领导某一个部的工作。如此机制延续了近 40 年。1914 年组建总理的办公厅。1934 年通过关于财政的法律，它初次承认“政府总理”的职务，并规定总理不专门负责政府的某一个部门。总理府设在马蒂尼翁大厦，但此时总理对于部长们仍旧未曾拥有巨大优势。

政府拥有大量的实际权力，总理以及部长处理日常事务，在很大程度上掌握政策的实施。部长有权出席两院的会议，如果要求发言，议院应当同意。

政府会议经常以两种方式召开。如果在爱丽舍宫召开，会议由总理主持，总统参加讨论但无表决权，此种部长会议无会议记录。另一种在总统不参加的情况下召开，这是真正的内阁会议。随着时间的推移，总理的作用与日俱增，后来他的权势明显超过总统。尤其像克里孟梭这样的强硬人物担任政府首脑时，总理的作用更加突出。后来，议会甚至同意在危机情况下，政府有权以“政令”等同法律，这就是“授权立法制”。

在内阁与议会之间的关系上，总理及部长在议会中是政府各项政策的代表人，总理负责回答议会对于重大政治问题的质询。一旦政府的决策出现严重缺陷时，总理首先受到冲击。总理的失败就是内阁的垮台。由此可见，第三共和国的行政权主要掌握在以总理为首的内阁手中。

数十年间，若干总统或总理试图增强行政权力。普安卡雷总统、杜美格总统（二人都曾数次任总理）、克里孟梭总理都曾尝试增强行政机构的力量。1917 年，克里孟梭总理大权在握，他指出“只有两个器官是无用的：前列腺与总统。”（前列腺 prostate 与总统 president 这两个法语词近似）普安卡雷于 1926 年任总理时，得到财政改革的权力，采取积极措施稳定了法郎的价值。他在总统卸任后回忆到：总统有职无权。米勒兰在他的总理和总统任职期间，尤其希望改变行政权较弱的状况。他主张总统不仅应由议会选举，各省的议员和大团体的代表皆可参加总统选举。他认为总统应不受议会约束，并且有权解散议会。但由于法国大革命以来崇尚代表人民主权的议会之权力的思想根深蒂固，这些试图加强行政权的努力，效果甚微。

第三共和国时期，议会两院的权力和地位，在理论上是平等的，但事实上并不完全平等，共和国初期，在 1877 年 5 月 16 日危机以前，参议院的权力大于众议院，它有解散众议院的权力，总统解散众议院需征得参议院的同意。在 1896～1932 年，布尔热瓦、白里安、赫里欧、塔迪埃和赖伐尔政府都是因参议院不信任而被迫辞职。自那以后，第三共和国时期的绝大多数政府都是因得不到众议院的信任而辞职的。总统和参议院不再行使解散众议院的权力，总统只能选择一个为众议院多数所接受的政府，政府在得不到众议院信任时应辞职。众议院的权力和地位日益增加，逐渐演变成为政治中心，被人称作“议员们的议院”。

第三共和国是典型的议会制共和政体。这种政体的主要特征是以议会作为国家政治活动的中心；政府由议会（众议院）占据多数席位的政党联盟所组成，政府对议会负责；国家元首无实权。戴高乐将军认为，第三共和国的政治体制已经过时，它存在着与时代要求不相适应的三大缺陷：一是国家元首权力太小，在国家发生紧急情况时无能为力；二是权力机构不平衡，议会权力过大；三是行政权软弱无力，导致政局长期不够稳定，政府更替频繁。他指出：“从 1875 年到 1940 年，我们更换过 102 届政府，而英国只更换过 20 届政府，美国只更换过 14 届总统。去年我曾听到伟大的罗斯福总统对我说过这样的话‘请你想一想，我这个美国总统甚至有许多次说不出来法国政府首脑的名字！’如果这种情况继续下去，今后会比以前还要严重，国家的行动决不会持久。”①

第三共和国延续 70 年之久，它曾带领法国走出第一次世界大战和 30 年代的大萧条，但由于议会制的缺陷、内阁的不稳定性等缺点无法应付法国面临的诸多内忧外患，终于在希特勒的铁蹄下于 1940 年终结。

（二）1940～1958 年的行政制度

1. 维希政府与抵抗运动

1940～1944 年，法兰西面临着民族存亡的危机。这一特殊时期出现了维希政府与抵抗运动政权。第三共和国议会两院于 1940 年 7 月 10 日通过的宪法性质的法律使得贝当获得全部政治权力，从而开始了维希政府时期。

贝当为共和国总统、法国元帅和政府总理，掌握了一切权力。他作为“法兰西国家元首”，一直延续至 1944 年 8 月，但作为总理仅限于 1940 年 7 月 10 日到 1942 年 4 月 18 日，在此双重任职期间贝当拥有立法、行政、司法权和修改宪法权。从 1942 年 4 月至 1944 年 8 月，赖伐尔任总理并拥有实权。

维希政府发布的一系列法令确立了其行政制度。这些法令规定：“法兰西国家元首拥有治理国家的全部权力。”他任免部长与国务秘书，部长与国务秘书仅对他负责。在新的议会成立前或议会成立后，当对外局势紧张或国内危机严重时，根据元首一人的决定，在部长们的协助下，行使立法权力，并有权对预算

① ［法］戴高乐著，《战争回忆录》（第三卷），世界知识出版社，1964 年，第 253 页。

和税收发布各种命令。元首谈判与批准条约，并能在国内若干地区宣布戒严等。根据这些法令，贝当独自掌握了立法、行政与司法大权。

维希政府时期，重要的部有司法、内政、外交和海军部等。政府还先后建立起彼此平行的两种警察组织：防护组与军团纠察，用以维持秩序。维希政府曾进行政治清洗，特别是对第三共和国留下来的政治机制尤其是行政机构。

维希政府在其统治范围内对地方政府也进行了改造，以任命的“行政委员会”取代原来由选举产生的省议会，规定凡居民人数超过2000人的地区，新任命的“代表团”代替原来由选举产生的市镇长和市镇议会。维希政府将原有行省改分作19个行政区，行政区长官拥有警务与经济大权。维希当局往各行政区派出的“共和国专员”在地方上主要掌握政治权力和行政权力。

维希政府于1944年8月18至20日结束。

抵抗运动不是哪一种政治力量的单独行动，而是法兰西民族危亡之际许多种政治力量为争取国家独立而抵抗侵略者的运动。就全国意义而言，抵抗运动经历了“全国抵抗委员会”与“法兰西全国解放委员会”，直至“法兰西国和国临时政府”的进程。

1944年6月3日，戴高乐宣布法兰西全国解放委员会改名为法兰西共和国临时政府。8月31日临时政府由阿尔及尔迁入巴黎，后来接纳抵抗运动的部分人士进入临时政府，并将全国抵抗委员会并入临时政府。

2．法兰西第四共和国的行政制度

第四共和国行政制度的宪法依据是1946年宪法。根据宪法，法国实行的是议会内阁制政体。虽然形式上总统为国家元首，但实质上并不享有实权，议会才是国家的最高权力机关。总统有权提名总理人选，但总统的提名须经议会通过；总统发布的任何命令须经总理或有关部长副署，否则无效；总统在名义上是国家军队的最高统帅，但实际上并无指挥军队的权力。宪法规定总统由国会议员选举产生，任期7年，连选连任。宪法除了规定法国王室后裔不得作为总统候选人之外，对总统的年龄和其他资格并未作出具体规定。总统是虚位的国家元首。正如戴高乐所说，总统“仅仅限于担任顾问和代表国家”。

1946年的宪法规定，法国的政治体制为多党议会制。议会由国民议会和参议院两院组成。国民议会议员任期6年，由各省市间接选出。议会实权在国民议会，国民议会是常设机构，政府没有任何权力干涉国民议会的会议。国民议会有立法、批准条约、通过预算、授权总理组阁、推翻内阁以及与参议院共同选举总统等权限。宪法还规定，政府必须严格对议会多数派负责。对于解散议会，宪法作了种种限制，诸如在一届议会任期开始后的18个月内不得解散议会，解散议会须由部长会议执行，议会解散后政府也必须进行部分改组并由国民议会议长担任临时政府总理等。因此，第四共和国宪法规定的国家权力中心既不在政府总理，也不在国家元首总统，而是在国民议会。第四共和国成了一个典型的议会制国家，它在很大程度上恢复了第三共和国的议会制政体。

由于实行议会内阁制政体，加之法国历史上形成了数十个党派，议会中没有一个政党能够获得稳定的多数议席，历届政府都只能是几个政党的联合，参与联合的政党一旦出现意见分歧，政府就有被议会推翻的危险。从 1946 年第四共和国宪法颁布到 1958 年第五共和国宪法实施的 12 年间，法国先后更换了 20 届政府。

政府因受到议会的严格制约，很难放开手脚制定一整套国家发展的长远规划，并使这些规划付诸实施。因此，那些需要长时间努力才能解决的问题，如学校、住宅、交通以及社会福利等，被政府积压下来；对于那些有关国家安全和外交政策的重大问题，政府因害怕处理不当而导致议会的攻击，往往采取鸵鸟式的规避政策。盖伊政府曾公开提倡“无所作为”的处事方针。议会多党制严重限制了政府的行政能力，对此，仅作了 40 天总理的埃德加·富尔深有怨言，他指出：“对政府首脑来说，议会制实在是无法忍受的，……他所执行的政策很少是他自己的政策。也就是说，他所执行的政策只不过是他在想得到的和怕砸碎一切之间寻求的折中方案。”①政府的行政能力受到限制，成堆的社会、经济、政治与外交问题得不到及时解决，于是政府成了整个社会尤其是反对党攻击的靶子，内阁的更迭只是缓和不满情绪的权宜之计，无助于国内政治危机的根本解决。

当第四共和国的政治制度日益明显地暴露出它的弊端之后，法国社会各阶层和各种政治势力纷纷要求政治改革，1946 年宪法于是成了众矢之的，修改宪法的提案在议会中一个接着一个地提出来。1954 年 12 月和 1958 年 3 月两次对宪法进行了修改，扩大了总统的职权。但原宪法的基本内容仍被保留下来，议会多党制的实质没有改变。1946 年 1 月戴高乐辞职前曾批评国会议员：“如果你们不考虑政府的权力、尊严和职责是绝对必要的，那么，我可以预言，你们这样下去，迟早会有一天要对自己所选择的道路痛感后悔莫及。”②第四共和国的历史证明了戴高乐的这一预见。政府的频繁更迭引起人民的强烈不满，终于导致第五共和国宪法的制定，法国的行政制度从此趋于合理稳定。

---

①［法］雅克·夏普萨尔、阿兰朗·斯洛著，《1940 年以来的法国政治生活》，上海译文出版社，1981 年，第 193 页。

② 布顿恩·克罗泽著，《戴高乐传》，商务印书馆，1978 年，第 475 页。

在摧毁旧制度构建新型现代政治大厦的历史进程中，法兰西人民历经艰难曲折。由大革命拉开其帷幕的法国政治现代化进程，直至19世纪末才进入和平渐进的发展历程，这期间，众多的政治思潮和政治设计先后出台，革命、共和与帝国的悲喜剧不断上演。法国强大的君主制传统和法国人追求共和的精神使得两次君主立宪制的努力不是共和压倒君主从而推翻君主，就是君主蔑视共和，实行集权从而导致共和精神的反弹而再次推翻君主。波旁王朝的复辟与覆灭也是此种逻辑运作的结果。两次帝国的建立都为法国的发展作出了重大的贡献，而且帝国建立绝非空穴来风，而是有着深厚的历史渊源和法国小农心态与对权威服从精神的支持，但帝国体制终究不能适应现代法国的发展。第一、第二共和国如匆匆过客，给法国人留下美好而痛苦的记忆，第三、第四共和国则以苦涩的事实反复告诫法国人：议会共和制绝非万能灵丹，"议会至上"，立法权控制行政权，意味着内阁的频繁更迭与政府的威望递减，与法兰西的历史传统和政治文化也有诸多背离之处。行政制度也在悲喜剧的上演中不断反复，要么行政权吞噬立法权与司法权，形成高度集权的形态；要么受到立法权的控制而软弱不堪，无所作为。两种情况都不能较好地适应法国的政局与现实的社会经济情况。直到第五共和国的建立，"法国终于找到了一部同它的气质、它的政治道德以及同现代世界发展相适应的宪法"，建立起较为完善可行的行政制度。

第三节　法兰西第五共和国建立的行政制度

法兰西第五共和国宪法的制定及其确立的行政制度与戴高乐对法国政治制度的构想有着密不可分的关系。戴高乐将军早在1946年的"贝叶讲话"中，便对第三、第四共和国的弊病做了尖锐的批评：国家权力间缺乏真正的平衡，行政权成了立法权的附庸；而立法权内部又由于选举制等因素无法形成稳定的多数，党派林立、党争不断，从而引起了行政权的频繁更迭，（在整个第三、第四共和国期间，法国政府的平均寿命仅为半年左右，即著名的"富尔公式"），从而使得国家无法适应当代世界的情况，无法应付可能出现的危机局面，更无法制定长期稳定的政策。根据"贝叶讲话"制定的第五共和国宪法，法国成为半总统制半议会制的国家，其行政制度与以前相比发生了巨大的变化，成为既能传承法国的政治传统又能适应当今法国社会状况的较为合理、完善的行政制度。

戴高乐将军的"贝叶宪法"讲话

1946 年，戴高乐在被称为"贝叶宪法"的讲话中，向人们勾勒了他对法国新政体的构想：确立国家权力之间的平衡，建立一个相对独立的、有力量有效率的、由总统占主导地位的行政权；改变议会中四分五裂的政党格局，让议会中形成相对稳定的多数。

他指出："国家元首应根据议会确定的方向和协调各方利益的原则，负责任免人员，他应当任命各部部长，当然，首先是任命应该负责指导政府的政策和工作的总理。应由国家元首颁布法律和公布命令……国家元首应该主持政府会议，在政府中起一个民族所不能中断的延续作用。应由国家元首对有意义的政治事件做裁决：他或者通过政府会议来正常地行使这项职权，或者在巨大变动时期由全国投票表决最高决定。在国家处于危急时期，国家元首有责任保证国家的独立和批准法国签订的条约。"

他主张三权分立，尤其是行政权和立法权的分立。"行政权与立法权必须切实分开，以便使政府和议会，根据各自的责任，具有充分的职权"。他强调三权分立的目的在于使行政权不受和少受议会的干扰，保证政府行动的独立性和自主性。他反复指出，政府绝不可以从议会产生出来，如果政府从议会中诞生，政府就会变成议会的附属物，进而成为党派玩弄"政治把戏"的牺牲品，他主张政府"应由全国人民直接委托的一个超党派的元首遴选出来"，应由总统将行政权授予政府。

他指出议会与政府、立法与行政之间的新关系应该是"要使我国有一个能够进行治理的政府，要使我们有一个代表全国政治意愿的议会，它将通过法律，监督行政机构，而又不企图超越本身的职权。要使政府和议会合作共事，但各自的职责又区分清楚，政府和议会成员不得互相兼任。政权就应该具有这样均衡的结构"。戴高乐反对议会一院制，主张两院制，他要求建立一个普选产生的议会以便反映全国政府倾向、通过法律和预算。但是，"这个议会的初步动议，未必是完全有远见而明智的"。他要求再建立一个间接选出的第二议会加以补充，以便反映地方生活的倾向和权利，"对第一个议会的议案进行审查、修改和提出建议"。

转引自吴国庆著，《当代各国政治体制——法国》，兰州大学出版社，1998 年，第 33～34 页。

一、总统

（一）总统选举制度

第五共和国的总统选举制度，是根据修改后的宪法第六条规定而确定的。该条文规定："共和国总统由普遍的、直接的选举产生，任期7年。"实际上，宪法原第六条规定总统由选举团选举产生。选举团由国民议会、参议院、省议会、海外领地议会的议员以及市议会选出的代表共8万人组成，采用两轮多数投票制，在第一轮投票中以绝对多数当选，否则就要举行第二轮投票并以相对多数当选。1958年12月，戴高乐就是由这种选举方式被选为第五共和国第一任总统的。1962年，戴高乐提出修改宪法第六条。他认为选举团选举总统的方式不能表达法国人民对总统的信任，为了使今后的总统"有充分的能力和义务担负最高责任"，为了使共和国"继续有很大的可能保持巩固、有效和得人心，他们必须直接得到全体人民的授权委任"。1962年9月12日戴高乐通过蓬皮杜政府宣布，就修改宪法中关于总统选举法举行公民投票，公民投票结果以62%的赞成票通过，由此确立了现行的总统选举制度。

现行的总统选举制度，称为"多数两轮投票制"。宪法第七条规定，总统候选人在第一轮投票中获得绝对多数票即可当选。如果第一轮投票中无人获得绝对多数票，则由第一轮中得票最多的两个候选人参加第二轮角逐。若进入第二轮的两名候选人中有一名退出竞选，则在候选人中依第一轮得票多少的顺序递补。但在第一轮得票不足5%者，不得作为第二轮的候选人。第二轮投票在第一轮投票后的第二个星期日举行。自宪法确定总统普选产生以来，还没有出现过候选人在第一轮中立即当选的总统，1965年的戴高乐、1969年的蓬皮杜、1974年的德斯坦、1981年和1988年的密特朗、1995年的希拉克、2007年的萨科齐都是在第二轮投票中当选总统的。

1964年颁布并经过1976年修改的总统选举的组织法以及1981年1月21日的法令规定，总统候选人必须具备两个条件：第一，至少有500名现任国民议会议员、参议员、社会和经济委员会委员、地方议员或市长的提名担保，其中必须包括至少来自30个省和海外领地的代表，其中1/10以上人数不得来自同一个省或海外领地；第二，候选人必须预先向国库交纳1万法郎的保证金。如果该候选人在第一轮投票中得不到5%以上的选票，这项保证金和用于宣传的费用（最多为10万法郎）就要一齐交给那些得票超过5%的候选人使用。

总统选举由政府组织，宪法委员会实行监督。候选人向宪法委员会报告登记，宪法委员会负责审查候选人资格和品行，并在举行第一轮投票前15天正式公布候选人名单。同时，由行政法院、最高法院和审计院选派5人组成全国竞争监督委员会，由行政法院副院长任该委员会主席。该委员会监督所有候选人公平、合理地使用广播和电视台等活动，并处理选举中产生的各种争端。

根据宪法第七条，新总统选举应在原总统任期届满前20～35天内举行。如果总统缺位或宪法委员会宣布总统永久不能视事时，除非宪法委员会宣布发生了非常事件，新总统应在总统缺位或宣布永久不能视事之日起，在20～35天内举行。政府会议决定具体选举事件和竞选活动的日程表。

第五共和国不设副总统。一旦总统缺位或宣布永久不能视事，由参议院议长代理总统，直到选出新总统为止。代理总统期间，参议长不得使用公民投票、解散国民议会等权力。1969年4月，戴高乐因公民投票失败而引退，总统空缺，按宪法程序由当时的参议长波埃填补，直到选出蓬皮杜新总统为止。

（二）总统的地位和职权

第五共和国宪法第二章第五条规定："共和国总统监督遵守宪法。他通过自己的仲裁，保证公共权力机构的正常活动和国家的持续性。共和国总统是国家独立、领土完整和遵守共同体协定与条约的保证人。"

关于总统的"仲裁"地位，由于"仲裁"一词含糊不清，历届总统各有自己的理解。戴高乐说过："宪法的主要特点之一，就是它真正地使共和国总统成为法国的元首和向导。如果没有这一点，的确，宪法就会变得同过去一样。"在第五共和国成立初期，戴高乐总统面临着阿尔及利亚问题、法国殖民军叛乱、财政和经济、对付反对派的挑战等一系列棘手问题，用更明确的语言，即以"向导"代替"仲裁"来加强国家元首的权威和地位。蓬皮杜总统认为"仲裁"就是裁判、裁决，但他表示要做一个"消极的仲裁人"或"简单的仲裁人"。密特朗总统认为，法国总统的职能体现在"秩序、权力、仲裁和建议"4个方面，认为总统兼有"权力和仲裁作用"。希拉克总统则指出，作为总统，他的义务是注意使人们尊重"共和国的理想"，作为"我国制度的保证人"。尽管总统们各有解释，但都一致强调，总统有职有权。

1962年宪法的修改把总统由间接选举改为由直接的、普遍的选举产生，进一步加强了总统的地位。因为采用普选使得总统摆脱了议会和选民团的控制。正如戴高乐所言："选举总统的人民已经把国家不可分割的权力完全赋予总统，除了由总统授予并维护的权力以外，不存在任何其他的权力。"[①]

总统的职权包括以下几个方面：

① 《戴高乐言论集》，世界知识出版社，1964年，第482页。

第一，任免总理和组织政府。宪法第八条规定，“共和国总统任命总理。总统根据总理提出的政府辞呈，免除其职务”。“共和国总统根据总理的建议，任免政府的其他成员”。总统任命总理和部长无须向议会党团征求意见，也无须由辞职的总理或新总理副署。

第二，解散国民议会。根据宪法规定，当政府同国民议会发生冲突时，总统在同总理及议会两院议长磋商后，可以宣布解散国民议会，重新进行选举。总统解散议会前虽然要征求总理和议长的意见，但不受他们意见的约束，解散议会的命令也无须任何人的副署。唯一的限制是连续两次解散的时间必须相隔1年。因此，解散国民议会成为第五共和国总统对付政敌和议会反对派的最有力的武器，成为悬挂在反对派议员头上的达摩克利斯之剑。

第三，行使宪法第16条的非常权力。即国家出现“紧急状态”时，总统有权根据形势采取必要的措施，行使某些非常权力。“紧急状态”是指“如果共和国制度、国家独立、领土完整或国际义务的履行受到严重的、直接的威胁时，以及宪法上规定的公共权力机构的正常活动受到阻碍时”，二者缺一不可。

该条文规定了总统动用非常权力的程序。首先，总统必须正式征求总理、议会两院议长和宪法委员会主席的意见，但完全有采纳或不采纳他们意见的自由。其次，总统应在动用非常权力后，发布咨文通告全国。该条文还规定，总统在行使非常权力期间，不得解散国民议会，而议会可召开特别会议，对总统行使非常权力进行监督。当总统滥用非常权力时，议会可以作出决定，将总统送交特别最高法院审判。由此可见，总统的非常权力是受到限制的。

第四，对宪法委员会的特权。总统对宪法委员会拥有任命权，他有权任命宪法委员会9名委员中的1/3，委员任期9年，每3年更换1/3。在每次更换中，总统有权任命一名。因此，总统7年任期中至少可任命2名。总统还有权在宪法委员会委员中挑选一名为该委员会主席。

总统无须部长副署，可将他认为与宪法抵触的法令或国际条约提交宪法委员会审议。但一般情况下，他让总理代劳，以免在宪法委员会否决时丢面子。当涉及重要问题时，总统就要亲自出马，如德斯坦总统曾将欧洲经济共同体委员会关于用直接普选欧洲议会的决议提交宪法委员会审议。

第五，使用公民投票的权力。这种权力是有限制的。宪法第11条规定，公民投票的提议权属于政府或议会两院（议会两院以联合方式提出），只有在这种情况下，总统才能行使公民投票权。政府的提议只能在议会会议期间提出，以便在必要时议会得以追究提出公民投票建议的政府责任。此条文对公民投票的范围也作了规定。

第六，任命官员。宪法第13条规定，总统“任命国家的文职人员和军职人员”。一种是总统通过政府的法令任免，这类高级官员有行政法院成员、审计院的审计官、省长、驻海外领地政府代表、大使和特使、中央行政机构长官、将级军官等。另一种是总统直接签署法令任免，这类高级官员包括最高法院成员、法官、大学教授、军官等。再一种是总统授权以他的名义任免，尤其是授权给总理，这类官员大部分是下级官员。

此外，总统还拥有动用战略核力量的权力，以及总统咨文权、特赦权、外交权、军事权等。

在第五共和国历史上，也出现过总统与国民议会多数派、总理及其政府不属于同一政治派别的时期，如1986～1988年、1993～1995年和1997～2002年三次出现的左右“共治”。在这种情况下，总统的地位和职权有所削弱，如密特朗总统“让政府治国”，但“不会袖手旁观”，在外交和防务上则由双驾马车驾驭，即总统和总理共同负责。但总统和总理之间也难免发生摩擦，互相制约，从而使得国家机构办事效率低下，国家权威下降。

法国政坛三次左右“共治”的利弊

20世纪70年代以来，法国政治棋盘主要被右翼占据。法国的左翼联盟主要由社会党、共产党、绿党组成，当前处于反对派的地位。右翼主要由保卫共和联盟（即戴高乐派）和民主联盟组成。但在80年代和90年代出现了三次左右“共治”。

法国宪法关于总统与总理权力的许多模糊规定使得左右“共治”的出现成为可能。如果议会多数处于同总统对抗的状态，总理从议会多数派中产生并站在议会多数派一边，总统的地位就将受到冲击。当年的戴高乐总统就指出，“宪法有一个缺陷，万一总理在一件舆论所关切的问题上跟总统决裂，同时又得到议会的支持，总统就会陷入瘫痪状态”。戴高乐为了防止左右“共治”期间总理对总统的权力构成威胁，要新总理在就职前交给他一份辞呈，以便随时签发。到了密特朗总统执政时期，希拉克总理就“闯入”了总统的领地，使得密特朗不得不承认，“总理担负着和共和国总统一起分担外交政策的高尚使命”。法国人把左右“共治”称为“在第五共和国历史上出现了双驾马车驾驭法国外交和防务的局面”。

左右“共治”既存在一致，也存在分歧。一致点主要是，虽说总统府与总理府分属左右两个对立阵营，但他们都要兑现竞选中许下的诺言，这就必须集中精力振兴法国经济，创造更多的就业机会，维护社会公正等。既不能极端偏左，又不能过于偏右，而尽量实施一种能被各方接受，符合法国实际，能够迅速推动法国社会不断前进的策略。

分歧点主要是，虽说左右“共治”可以起到一个良好的相互制约的作用，但关键取决于共事的总统和总理两人合作的诚意。事实上，问题并没有那么简单。由于总统和议会多数派之间、左右翼之间的对立和矛盾以及双方都企图在下次竞选中击败对方以结束“共治”局面，这就使得左右两个首脑之间明争暗斗，在一定程度上妨碍了治国方略的有效性。法国选民认为，与其左右“共治”导致总统与总理之间摩擦不止，内耗不断，国家凝聚力下降，政体“空洞化”，将互相制约变成互相牵扯、拆台，使治国效率和对外形象受到严重影响，从而牵制了共同目标的实现，还不如选一个与总统同一政治派别的议会多数派，以结束“同床异梦”的结局，这样对国家有利。2002 年法国 5 月 5 日总统选举和 6 月 16 日国民议会选举出现了政坛局势一边倒的现象，两次投票均为右翼获胜，实现了相当一部分选民的愿望。

转引自费新录，《法国政坛告别三次左右“共治”评析》，《当代世界与社会主义》，2002 年第 5 期，第 47 页。

（三）总统府

总统府是协助总统工作的办事机构，设在巴黎爱丽舍宫。总统府是政治决策中心，指导和监督政府的活动，总统府的成员被称为“真正的超级部长”。

总统府办事机构的设置和人员编制是根据惯例由总统个人决定的。目前总统府的办事机构主要包括以下四个：

1. 总秘书处。它是总统指导和监督政府各部事务的主要工具，是总统府中最重要的部门，其职责是确保总统同政府及其政府成员的联系。一般情况下，总秘书处设 1 名秘书长、4 名技术顾问。他们每人配备 1 名或若干名特派员。分别负责外交、经济与财政、社会、国民教育、法律和科研等事务。他们可以直接参加各种部际会议，并从会议中收集有关资料进行分析研究，为总统提供咨询。

秘书长是总统最重要的助手，协助总统决定重大的政治性问题。他每天就文件的处理与总统保持直接联系，就各类问题与政府成员特别是总理经常接触。他可以参加部长会议和部际会议。当总统因公外出和休假期间，秘书长负责同政府机构和其他行政部门的联系。

2. 总统府办公室。负责处理总统府的日常公务，如人事和预算、与报界的联系、安排总统的接见、保卫总统的安全等。

3. 私人军事参谋部。负责向总统提供军事情报，安排国防委员会的工作日程，起草总统的军事决定。参谋部设总统私人军事参谋长，由陆军中将军衔的军事长官担任，管理 10 名海陆空三军军官组成的参谋班子。

4. 私人秘书处。负责总统本人日常事务。

二、中央政府

（一）政府的组成

第五共和国中央政府的成员是总理、国务部长、部长、部长级代表和国务秘书。总理由总统任命，其他政府成员由总统根据总理的提议任命。

国务部长的地位高于其他部长，在部长会议上拥有较大的发言权，并受到总统和总理的高度重视。总统任命国务部长出于不同的政治意图：或是为了照顾卸任的总理或有名望的政治家参加政府，或是安排重要的政党代表来平衡政府中的各种政治力量。国务部长一般要分管一个部。

部长可以代行总理委托的某些权力，副署由他负责执行的总理法令，在部长会议上参与决策，并在议会上有答辩权。部长主管一个部的工作。

部长级代表的地位与部长相同，但负责总理或者部长委员委托的某项专门工作。有些部长级代表领导一个部，另一些部长级代表只设一个办事机构。

国务部长、部长和部长级代表的职权都是由总理建议、行政法院认可、部长会议通过、总统批准的法令规定。

国务秘书有三类：第一类是独立国务秘书，领导一个规模稍次于部的部门工作，但其职权相当于一个部。他有单独的预算，有权提出法案和改革意见。第二类是总理府国务秘书，他们受总理委托处理某项特定任务。第三类是部长的国务秘书，其地位比前两类国务秘书都要低，是根据部长本人的资历、地位和部的任务而增设的。

根据宪法规定，政府成员不得兼任任何议员职务，也不得兼任任何全国性职业代表的职务，并不得参加任何职业性活动。凡接受参加政府任职的议员必须在任命后 30 天内放弃议员职务。

政府成员由于个人错误或者工作上的过失，对他人或者国家构成民事责任，由行政法院或司法机构依公务员规章进行审理。政府成员在履行职务中犯有渎职罪，构成刑事责任，由特别最高法院审理。

第五共和国历届政府成员具有较高文化素质，多数上过专业性大学，并在国立行政学校深造过。

（二）总理及总理府

总理是政府首脑。宪法第 21 条对总理职能的规定是："总理领导政府的活动。总理对国家防务负有责任。总理保证法律的执行。"

根据宪法规定，总理有权向总统建议任免他所领导的政府成员，他还有权任免总统职权以外的所有文职人员和军职人员。新总理走马上任时，必须代表政府向议会提出政府施政纲领，或者发表一项总政策声明向议会承担责任。总理以政府的名义宣布戒严命令。总理代表政府享有立法创议权和修改宪法的建议权。总理对国防负责，他领导国防部，负责组织国防事宜并兼任国防委员会副主席。总理在情况需要时，代替总统主持最高国防会议和国防委员会。总理在特殊情况下可以根据总统的委托，代替总统就一定的议程主持部长会议。

总理府是总理的办事机构，设在马蒂尼翁大厦。总理府设总理府办公厅、军事办公室、总秘书处。其中总理府办公厅和秘书处比较重要。总理府办公厅是总理的参谋部，负责与总统府办公室的联系，监督中央各部的工作。办公厅正副主任直接与部长们有工作联系。总理府总秘书处负责准备和传达部长会议和部际委员会文件，转交法律草案给议会，把议会通过的法律交给总统和有关部长签字，保管总统或总理签署的法律和法令文件，安排部长们答复议会的询问。秘书长除管理秘书处工作外，还参加部长会议并管理会议记录。总秘书处下设行政和公职总局、政府公报局和文献局。

由总理领导的政府的职能，宪法第 20 条作了规定：政府决定并指导国家的政策。政府掌管行政部门和武装力量。政府依照宪法规定的条件和程序，对议会负责。政府可以独立制定规章条例，或者修改认为已经过时的条文。政府还拥有广泛的命令发布权。

关于总理和政府与总统的关系，根据宪法规定是行政双头制。宪法虽然规定了他们的职权范围，但有很多规定含糊其辞，如总统是"武装部队的统帅"，总理"对国防负责"，"政府掌管武装部队"等。

这种行政双头制并不意味着在权力上平分秋色。戴高乐对此有很多精辟阐述。他认为第五共和国总统体现了"国家的持续性"，"在政府中起一个民族不能中断的延续作用"。设置总理代表政府，体现政府的"暂时性"和"可变性"。根据宪法规定，总统对他的行为不负政治责任，不能亲自莅临议会，需由总理代替。戴高乐任第一任总统时指出："在我国，共和国总统和总理不由同一个人担任，这是正常的情况，诚然，不能同意有两个最高领导。"[①]他在 1964 年 1

---

① 《戴高乐言论集》，世界知识出版社，1964 年，第 481 页。

月31日的记者招待会上进一步阐明总理和政府与总统的关系时指出："总统任务的性质、范围和期限意味着他不要无休止地全神贯注于应付政治、议会、经济和行政上的经常事务，相反，这是法国总理的复杂任务。"[①]

在实际政治生活中，当总统与总理、政府、议会多数派同属一个政治派别时，总统掌握大政方针，总理负责日常事务。当总统与总理、政府、议会多数派不属于一个政治派别时，总理和政府就会名副其实地与总统一起治理国家，共同商讨和决定内外政策，如前述的三次左右"共治"。

（三）中央政府各部

第五共和国的中央政府各部是负责政府某方面事务的行政机构，平均每届政府部数的数量在20个左右，部的数量和名称经常变动。从纵向来看部的层次，可分为部长，部长办公厅，司、局、委员会，处，科五个层次，有个别部如外交部增加了秘书长一个层次，还有的部只有部长和处两个层次。从横向来看，各部设置的司、局、委员会的数目相差很大，最多的是外交部，有16个司和局。最精干的部不设任何机构，由部长和秘书组成，具体业务委托某一个部的部门管理。

部长办公厅在部内的结构中地位显要，主要负责了解和掌握该部内外信息，监督和协调各单位的关系，负责与其他部长办公厅的联系、与大众媒体的联络以及与部长所在选区的联系等。其主要成员有办公厅主任、副主任、总务长、技术顾问等。根据组织法规定，部长办公厅的成员一般情况下不超过10名，国务秘书办公室成员不超过5名。

（四）中央政府的会议制度

第五共和国中央政府是最高行政机构，是一个集体机构，其重要活动通常通过各种会议制度体现出来。法律上规定的会议制度有三种形式：

1. 部长会议。该会议是会议制度中最主要的一种，总统正是通过部长会议决定和指导国家政策的。部长会议每星期三上午在总统府举行，由总统亲自主持。如总统不能参加，可委托总理代办主持，出席该会议的是总理和全体部长，总统府秘书长和总理府秘书长列席并作记录。

部长会议讨论的内容有：国际国内重大事件和问题，讨论和通过将向议会提出的条约和法案，批准限制性部长会议或部际委员会通过的文件，通过一些高级官员的任命，就某个问题向总统提出建议和意见，协调政府各部的行动。

部长会议期间，总统和与会者听取有关部长就某个问题的汇报并进行讨论，

---

①《戴高乐言论集》，世界知识出版社，1964年，第482页。

总理作总结性发言，最后由总统决定。部长会议的议事日程由总统根据总理、总统府秘书长的意见预先拟定，然后通知与会者。

2. 限制性部长会议。该会议也在总统府举行，由总统主持，有关部长参加。会议讨论特定的、技术性较强的问题，经常为部长会议准备文件。

3. 部际委员会。该会议在总理府举行，由总理或总理指定的部长主持，有关部长、部长级代表、国务秘书、高级官员、专家和办公厅主任参加。部际委员会是为解决专门问题而成立的常设机构，它就专门的、涉及不同部门的问题为部长会议的决策提供文件和资料。

第四节　法国公务员制度的建立及其改革

封建时期法国的人事制度与很多国家一样，实行的都是“恩赐官职制”，政党步入政治舞台后，又实行“政党分肥制”。由于法国特定的政治文化和历史传统，议会共和制政体的实行使得法国政局不稳，内阁频繁倒台，公务员制度直到二战结束后的1945年才正式确立。

一、法国人事制度的历史轨迹

法国大革命前，封建王朝实行“恩赐官职制”。国王将所有官职赏封给贵族、僧侣等特权等级。地方事务也通过监察官制度由封建君主派驻的监察官严加控制。恩赐官职制讲究关系学，重视门第和等级，导致卖官鬻爵之风盛行，尤其在市政、财政和司法等部门。

法国大革命推毁了封建王朝的统治，同时扫除了恩赐官职制和世袭制，对封建的官吏制度进行了改革。1791年宪法宣布“任何官职今后都不得买卖或世袭”。法国大革命在公职人员制度上的一个创举是各级公职人员实行民选制：市镇官吏由市民直接选举产生，人民代表、行政官员和司法官员都由人民选出的选举人会议选举产生。另一创举则是一切公职人员都要受到人民的监督。

拿破仑统治时，于1800年实行了地方行政的改革，取消了地方自治和选举制度，以官吏任命制代替了公职人员民选制度。从中央到省、县和市镇的官吏都是拿破仑和中央政府委派。拿破仑还建立起公职人员的等级和薪金制度，创办了一些行政学校和综合性技术学校，对官吏进行行政和专业培训。

拿破仑第一帝国的公职人员制度被长期沿用，虽然巴黎公社曾摧毁这种制度，但由于公社只是昙花一现，第三共和国仍沿用拿破仑建立的公职人员任命制。同时，随着党派纷纷登上政府舞台，并在议会中起着举足轻重的作用，在公职人员制度中融合了“政党分肥制，即除了按宪法规定的总统任命的全体高级文武官员外，各个执政党积极在政府部门安插本党人士，致使行政部门党派林立，分肥不均也成为内阁更迭频繁、政局不稳的原因之一。

第三共和国时期，要求建立公职人员制度的呼声日益高涨，形形色色的改革方案和建议也被提出，如19世纪70年代提出的有关公务员的法律草案，用以限制高级文武官员在公职中的种种特权。20世纪初，一些议员还成立“研究委员会”提出改革的建议。1920年，议员密特朗提出的公务员法案，较为全面地规范了公务员在职期间的一系列问题。1936年成立的人民阵线政府组织了一个咨询委员会，草拟了一个关于公务员鉴定、晋升和纪律等方面的标准。1938年，该咨询委员会还建议成立一个公务员代表和政府代表对等的委员会，进一步研究有关的细节。但由于政潮迭起，一套完整的公务员制度始终没有建立起来。

二、当代公务员制度的建立及其改革

法国当代公务员制度是二战后逐步建立起来的。1945年，法国临时政府颁布的《关于对某些方面的公务人员的培养、录用和规章而建立公务指导局、常设民政顾问委员会和国家行政管理学院的法令》，提出要建立统一的公务员管理和咨询机构，设置培养高级公务员的基地，制定公务员总章程。1946年，国民议会讨论和通过《公务员总章程》，从而使第四共和国有了一个完整系统的公务员制度。

第五共和国成立后，法国政府于1959年首次对《公务员总章程》进行修改。修改后，法国政府颁布了新的章程和7个补充条例，一些特殊部门又制定了专门章程，如《议会工作人员章程》、《法官章程》等，使公务员制度更为完善。

当代法国《公务员总章程》适用于在中央政府各部门正式任职的文职人员，以及在中央管辖的从事教育、福利、医疗和慈善等公立公益机构中正式任职的人员。

三、公务员的管理体制和机构

（一）管理体制

法国公务员的管理体制属于部内制，即在各个行政机构内部设置各自的人事部门，处理各自部门的公务员的招收、任用、考核、培训、晋升等事宜。部内制使人事部门与行政机构合为一体，事权统一，使各个行政部门能更好地了解和掌握本部门公务员的具体情况，从而避免了因职权分离而引发的矛盾，便于合作，有利于提高效率。当然，行政首长拥有较大的用人权，也容易导致任人唯亲。

各个行政部门的公务员管理保持相对的独立性，拥有独立的编制和预算，有权直接向国民议会和政府就本部门公务员问题提出意见、建议和报告。

第五共和国公务员在中央政府统一指挥下实行分层管理。大区、省和市镇等地方政府在人事上拥有较大的自主权。他们在遵守《公务员总章程》各项原则的前提下，可以独立管理地方的公务员，自主地进行地方公务员的任用、晋升、提薪和调动等项业务。

第五共和国继承二战后实行的"职位分类"制度，将公务员所在职位的工作内容，按照难易程度、责任大小、所需文化程度和资格条件，进行了科学系统的分类，明确了各种职务的标准、责任和报酬，为公务员的招收、考核、晋升、工资标准等提供了科学依据。

（二）管理、监督、参与和培训机构

1．公职管理总局

在法国，总理对国家的文官事务负有最高责任，凡是涉及公共行政与公务员管理的规章，均需总理签名或副署。总理也可将制定某项人事法规的权力交由某个部长。法国政府的最高人事管理机构为公职管理总局，建立于 1945 年 10 月，隶属于内阁总秘书处。公职管理总局负责监督《公务员总章程》和其他各项规章的实施，制定公务员任用的一般性规定，推动公务员培训的实施，监督各下属机构对公务员分类、薪俸、福利等制度的实施，促进公务员制度和公务员管理机构的改革，协调有关公务员管理机构之间的关系，统一管理各种人事资料。

公职管理总局下设 5 个办事机构，分别负责薪俸和福利事宜，有关法制事项，任用、培训和组织事项，行政改革以及资料管理。

2．行政法院

行政法院的前身是参政院，成立于拿破仑第一执政时期。在以后的长期演变过程中，它与公务员管理体制和机构建立了极为密切的关系。在第三共和国时期，参政院根据 1872 年 5 月 14 日法律，经常参与研究、起草和制定有关公务员的规章制度，就这些问题提出意见和建议，并在处理公职人员的案件中积累了许多判例，制定了很多规则，正是这些判例和规则成为后来制定《公务员总章程》的渊源。1953 年，参政院改名为行政法院。

行政法院有权监督和检查对《公务员总章程》贯彻执行的情况以及存在的问题，并提出改进的意见和建议。它负责审理有关公务员的行政司法案件，包括公务员违反行政法、公务员与民间的纠纷、公务员与主管部门以及行政首长之间的纠纷等案件。

行政法院有 140 名成员，由司法和掌玺部长领导，设副院长 1 名，主审官 5 名，顾问 32 名，审查官 60 名，助理办案员 42 名，副院长主持日常工作。法国政府除了在中央一级设立行政法院外，还在地方上尤其是各大城市中设置行政法院。地方行政法庭就有关公务员事务为省级行政长官提供咨询。

3．公务员参与机构

法国政府中的公务员参与性机构包括公职最高委员会、对等行政委员会和对等技术委员会。公职最高委员会成立于 1946 年，是有关公务员事务的最高咨询组织，由总理或总理的代表主持，由政府任命 32 名成员组成，任期 3 年。其中 16 名成员为政府行政部门的代表，另外 16 名成员为公务员工会推荐的代表。公职最高委员会根据总理的建议或 1/3 委员的书面要求，讨论有关公务员的一般性问题。它有权提出修改公务员总章程和特别章程的法律草案，有权调解公务员有关鉴定、晋升、惩戒等问题的纠纷。法国类似的机构还有军职最高委员会、法国最高委员会和国民教育最高委员会等。

原则上每个部门设 1 个对等行政委员会，但也可以由几个部门共设 1 个。对等行政委员会由两部分代表组成：一部分是公务员代表，按公务员数量的比例经过秘密投票产生；另一部分是行政部门的代表，由行政部门指定。双方人数相等，任期 3 年。该委员会由所在部门行政首长主持。当双方代表意见发生对峙时，行政首长有权裁决。对等行政委员会的主要职责是审查本部门人事管理的规定和诸项措施，如有关晋升和惩处的措施等。

对等技术委员会主要设在各部和各重要的技术局。每个公立公益机构都设有此类委员会。该委员会由所在部门行政首长主持，由 20～30 名成员组成。其中行政部门的代表由行政部门指定，公务员的代表由公务员工会任命，委员任期 3 年。对等技术委员会负责起草和修改本部门的人事管理规章制度，讨论行政工作方法的科学化和现代化，以便提高工作效率，并对公务员个人的保健和安全问题提出意见。

这些公务员参与机构的建立旨在鼓励政府公务员参与和监督有关国家公务员制度和行政管理等诸项事务，加强公务员与行政部门之间的沟通与合作。

4．国家行政学院

法国国家行政学院成立于 1945 年，隶属于总理，是法国国家公务员的最高培训机构。该学院的主要目标是培养法国国家行政部门中除工程人员和技术人员以外的高级国家公务员。学院有严格的入学选拔和培训程序，毕业后多就职于法国的高级公务员职位，如行政法院、审计署、对外经济部门等，或任省长、外交使节和领事、财政监管、巴黎市政府官员等。法国国家行政学院因而有“法国高级公务员的摇篮”的称谓。

四、公务员分类法

法国公务员管理机构从 1948 年开始实行分类管理法，即职位分类法。职位分类法又分为水平分类和垂直分类两种方法。

（一）水平分类法，即横向分类法

《公务员章程》第十七条规定:“公务员隶属于包含一个或多个职称的集团，按招收机构的级别分类。由公共行政条例决定，同一个专门章程和具有可以取得同一个级别资格的公务员，被分配到按甲、乙、丙、丁顺序排列的四大类公务员集团。专门的章程把每个集团分在四大类中的任何一类。”

《公务员总章程》是按职位高低和文化程度把公务员列入甲、乙、丙、丁四大集团中的任何一个集团。

甲类是高级公务员集团，其主要任务是出主意和具体领导。他们在中央政府各个部门负责推行部长会议决定的政策，并拟定为执行这些政策所采取的具体措施。他们还草拟法案和规章条例。他们在大区、省、市镇等地方政府中担任领导，或在中央派驻地方机构中担任主管，保证中央政府和各项法律得到遵守。大学和中学教员属于这个高级公务员集团。

高级公务员集团的成员一般都受过高等教育，而且大多数来自法国名牌大学，如国立行政学校、综合工艺学校、高等工程学校、国立司法学院等。这类高级公务员集团有司长、教授、高级工程师、督察、顾问等，故也称甲类高级文官集团。

甲类高级文官集团按行业又分为行政法院文官团、审计法院文官团、财政监察机构文官团、外交文官团、部际间文官团、专区区长文官团、桥梁公路工程师文官团、矿山工程师文官团、电信工程师文官团、农林水利工程师文官团、高级法官文官团、低级法官文官团、中央行政机构的专员文官团、有高、中师资合格证的教师团、税务监察员文官团、税务司领导文官团、邮电视察员文官团、邮电司领导文官团、区长文官团、国家公共工程的工作师文官团。甲类高级文官集团约有 20 个。

甲类高级文官集团按其职位的工作特点和所掌握的专业知识，再分为国家高级文官集团、高级公务员集团和高级技术人员集团。

国家高级文官集团是执行政府的监督、咨询和司法职能的高级官员，主要集中在行政法院、审计院和财政监察机构。这三个机构历史悠久，任务重要，在这些机构工作的公务员享有崇高的威望，获得较优厚的待遇。

高级公务员集团协助总理处理行政事务，将政府的一般命令付诸实施，负责提出法律、规章或政府决定的草稿。他们有权发布为执行任务所必需的训令，协调各方的工作，配备人事。在地方，高级公务员协助共和国专员工作，协助海外领地的高级专员和总督工作。

高级技术人员集团负责政府部门内的科技行政工作，管理国有企业和公共事业以及国家计划内的科研。例如，桥梁公路工程师文官团是高级技术人员集团中最主要的公务员集团。他们负责桥梁公路建设的指挥和管理、桥梁公路的基本建设，并保证它们的安全。

乙类公务员是中级公务员。他们具体贯彻执行法律、法令以及上级的一切命令。小学教师也列入乙类公务员集团。乙类公务员还包括政府各部门行政秘书、驻外机构行政秘书、财务部门的监督员、邮政监督员以及公共事业的技术员。

丙类公务员需初中结业，并受过特定的职业培训。它有办公室打字员、速记兼打字员、行政助手、办事员、税务调查员、邮局营业员、邮递员和邮递班长、技术工人、监工等。

丁类公务员具有中学或小学文化程度，从事非专业性的工作，如办公室值班人员、学校勤务、行政部门勤务等。

（二）垂直分类法，即纵向分类法

横向分类法确定了公务员的地位和级别，而纵向分类法则能够对几百万个公务员的近 2000 个职位进行分类，规定了他们的级别。

公务员的职务可分为 6 大类，即行政类、财会类、技术类、教育和科研类、司法类、军事类。司法类和军事类的公务员按专门的或特殊的章程进行分类和定级，而其他文职公务员按行政类、财会类、技术类、教育和科研类划分，然后在每类的职务中再划定几个级别。

法兰西第五共和国公务员的管理综合了水平分类法和垂直分类法，在甲、乙、丙、丁四大类公务员集团中，每个公务员集团中都包含有行政类、财会类、技术类、教育和科研类，每一类又都分为不同的级别。而公务员最低等级和最高等级之间的幅度在 1 至 8 之间，比法兰西第三和第四共和国时期公务员等级的幅度要缩小一些。

此外，法兰西第四共和国建立的《特级职位制度》，对 100 多名占据国家高级职位的政府成员、大法官和将领也规定了等级的幅度。它比公务员最低等级要大 18 至 19 倍。这种特级职位制度一直沿用下来。

法兰西第五共和国建立的职位分类法在公务员管理方面建立起统一的标准，有利于发挥个人的特长和才干。

第五节 “新公共管理”运动与法国的行政改革

发端于20世纪70年代末80年代初的西方国家的新公共管理运动对法国的行政制度也产生了重大的影响，其中最重要的影响就是法国中央与地方关系的变化以及法国行政区划的变化。此外还有私有化、采用市场机制进行行政管理等一系列措施的实施。

一、中央与地方关系的变革

由法国大革命确立并由拿破仑强化的法国地方政府体制使中央派驻地方的机构日益庞大和重叠，导致与地方民选机构和地方官员的冲突，地方主义日益抬头，构成了“法兰西沉疴”。历来的法国当政者也做过改革的尝试。1870 年初，法兰西第二帝国成立了一个庞大的“中央分权委员会”，设计出一套地方政府改革方案，但因为帝国随后覆灭，收效甚微。法兰西第三共和国期间提出的改革方案多如牛毛。二战后，地方权力集中于中央的趋势更加明显，正如戴高乐所说：“高度中央集权国家长期以来一直是法国统一不可缺少的条件。”第五共和国初期，戴高乐也做过改革的尝试，如把中央部门的某些职务移交给省长，把驻省代表和机构划归省长管辖，使省长成为既是中央政府的代表，又是地方最高行政长官。但这些改革力度都很小，中央高度集权的状况并未有多少变化。

随着法国社会经济的发展，中央高度集权的弊端日渐明显，随着新公共管理运动放权、分权等思想的不断付诸实施，1981 年法国社会党执政后，大刀阔斧地对地方行政体制和管理制度进行了改革。政府于 1982 年颁布了国民议会通过的《关于市镇、省和大区的权力和自主权的法令》以及此后颁布的各种法律，对中央政府、地方政府以及地方各级政府之间的权限划分做了明确规定，奠定了法国现行的中央与地方关系的框架。

（一）改革的主要内容

1．地方行政管理体制的改革。主要包括两方面：

第一，中央取消了对各级地方政府的监管，地方民选机构的权力明显增强。大区议会、省议会和市镇议会由单纯的议事机构转变为“议政合一”的机构，通过审议，自主管理本地区的事务，议会主席为辖区最高行政长官。地方政府作出的决定，只要不违反国家法律和法令，就不受中央政府的干涉，也无须得到中央政府或其代表的同意和批准。

第二，将省和大区的地方事务管理权由中央官员手中转到民选的地方官员（省议会主席和大区议会主席）手中。中央委派到大区和省的行政官员不再行使地方事务的行政管理权，他们主要负责国家法律和法令的执行，管理与国家利益相关的事宜。

2．增加了行政层次。将原经济发展大区变为一级领土单位和地方政府，规定其享有与省和市镇相同的法人地位及一切权利。由此，法国的行政体制由原来的中央、省、市镇 3 个层次改为中央、大区、省、市镇 4 个层次。

3．扩大了地方政府的权力。进一步明确了中央与地方的职权划分，规定中央政府将分期分批把一些过去由中央负责的事务交由地方政府管理，改革后，大区、省和市镇三级地方议会除有权决定本级预算，决定本地区公共机构的设置，批准本地区经济合同和社会救济及经济补贴的方案外，还有权处理教育、交通、城市规划和住宅建设等法律明确规定的事务。

4．地方公职制度的改革。奠定了地方公职人员的法律地位，尊重和照顾地方公职部门的特殊性，明确规定地方公务员享有与国家公务员相同的法律地位和基本保障，地方公职人员由地方政府管理。

5．扩大了民主。1992 年颁布的《共和国地方行政指导法》进一步扩大了地方民主，增强了地方当选者的决策权和公民参与的可能性。该法规定，与大区和省一样，3500 人以上的市镇必须先由议会确定预算方案，然后才能制定和审议预算。任何人（自然人或法人）都有权去市政府索要预算文件，政府还应提供解释性文件，以使人们对市镇的财务状况有充分的了解和正确的评价。该法还规定，经市镇长或部门议员的提议，市镇可组织咨询市民的活动，直接听取市民的意见。对于咨询意见和建议是否采纳，则由市镇议会自由决定。但为了保证市镇议会的稳定性和权威性，有关法律对咨询市民活动做了限制性规定，排除了滥用这一形式的可能性。

（二）改革采取的主要措施

为了保证这些改革措施的真正落实和新体制的有效运行，法国中央政府在向地方政府转移权力的同时，还提供了行使这些权力所必需的物质手段。

1．将原来由省长、大区长领导的地方行政机关的部分或大部分转交地方议会主席领导，以满足人力方面的需要，保证行政机关正常连续地运转。

2．提供必要的财政补偿。国家分别设立了地方分权总基金、装备总基金、运行总基金等专项基金，以保证改革的顺利进行。此外，还对城市建设和援助农村计划给予特别补助。

3. 将部分税收，如不动产广告税、机动车驾驶执照税等交由地方政府征收，这些措施为地方分权改革的实施提供了组织上、人事上和财政上的保证，奠定了物质基础。

法国现行的中央与地方关系模式，还处在变革和调整之中，地方分权改革的三大价值目标，即效率、民主、自由究竟在多大程度上实现目前还不得而知。梅尼曾在 1992 尖锐地批评道：地方分权改革 10 年后的法国成了一个“领主共和国”，地方官员们已经很像过去的封建领主了。总体而言，在法国这样一个中央高度集权有着悠久历史的国家中，这次改革是对中央政府与地方政府关系的一次重大变革，并为以后更好地探索二者之间的关系提供了经验和教训。

二、改革后的法国地方政府

1982 年权力下放法之后，法国的地方政府分为大区、省和市镇三级。

（一）大区

大区变成法国地方行政单位，经历了长期的发展过程。在 20 世纪 40 年代和 50 年代，第四共和国在实施经济和社会发展的中长期计划和领土整治时，意识到成立独立经济大区的必要性。1954 年，法国民间经济社团建立了各种经济扩张基金会，在国内经济落后地区从事投资和开发。法国政府也表现了积极的姿态，把这些社团称之为“有资格的对话者”，给予必要的财政援助。1959 年和 1960 年，第五共和国政府先后发布两个法令，确定在法国本土建立 21 个大区，每个大区由邻近的几个省组成。每个大区成立一个省际会议，并任命一个总协调人。1964 年的一项法令将各大区的协调机构规范化和制度化，总协调人由省长兼任，改称为大区长，负责实施政府在本地区的经济发展和领土整治政策。经济扩张基金会改为大区经济发展委员会，由雇主和工会代表组成，作为地方的“准议会”对大区长和本地区经济发展发挥咨询的作用。自此，大区的结构和行政框架初现端倪。

1970 年，政府决定把科西嘉分离出来，独自组成一个大区。这样，法国本土共有 22 个大区。1972 年增设了一些大区组织机构，稍微扩大了大区某些权限，但大区仍然是一个经济实体，而非地方行政单位。直到 1982 年权力下放法才确认大区为地方行政单位，并且是第五共和国的第一级地方行政单位，共 22 个。

大区设大区议会，它是大区的最高自治权力机构。它的职能同省和市镇议会的职能不同。它主要从事大区经济发展以及与此有关的工作，如执行国家的中长期经济和社会发展计划，促进本地区所管辖的省、市镇的经济活动等。大区议会议长是大区议会选出的大区最高行政长官，他负责执行大区议会的决议，贯彻中央政府有关发展大区经济的法律和政策，领导大区所属的行政机构和中央派驻大区机构。

（二）省

法国本土现有96个省（科西嘉分为两个省），还有4个海外省。

省设共和国专员，由中央政府任命。他作为中央政府的代表，管辖警察和中央各部门派驻省里的机构，对省内的行政和财政事务进行监督，如有矛盾和冲突可提交行政法院或地区审计院判决。

省议会是省的最高自治权力机构，省议员任期6年，每3年改选一半。省议会每年召开两次例会，应共和国专员、省委员会或1/3省议员的请求，可召开特别会议。

省议会有权表决省财政预算，负责地方税收，制定城市规划，制定和资助农村的领土整治，讨论和分配中央政府调拨省的津贴等。每年省议会还要专门讨论一次省议长提交的年度特别报告和中央政府派驻省代表提交的有关派驻机构活动的年度特别报告。

省议会议长是省议会选出的行政首脑。他草拟和执行省议会的决议，主管一个省的行政事务，审核省的开支并规定除税务总法规关于征收地方税以外的省的收入，有权动用警察，特别是用在管理省的交通方面。他领导省内各个行政部门，他为了执行省议会的各项决议，在必要时可支配中央政府的派驻机构及其工作人员，他和驻省中央政府代表共同协调省行政部门和派驻机构之间的行动。

省议会选出4～7名省议员组成省委员会。省委员会定期举行会议，但应委员会主席或共和国专员的请求，可召开临时特别会议。省委员会监督省议会议员的选举，起草省议会的决议，分配省议会通过的对市镇的财政援助等。

（三）市镇

市镇是法国基层行政单位，也是法国最古老的行政区划。

中世纪初期，市镇在法国出现并逐渐发展起来。一些较大的城市建立了市政府，并具备司法和市政管理的职能，市镇的最高行政官吏从居民中选出。这些市镇与封建式的旧市镇有很大不同，具有资本主义的属性。法国大革命废除了封建制，改革了地方管理体制和制度，重新划分了地方行政区划，建立了新的、统一的市镇组织，成为当今法国市镇的前身。

二战后，随着法国经济的发展，农村型市镇迅速减少，而城市型市镇不断增加，但不论大小和类型（巴黎除外），市镇都一律平等，职权大体相同。法国本土目前共有36413个市镇，市镇平均面积为14平方公里，大部分市镇人口不超过300人，约有40个城市人口超过10万人。

市议会是市镇的最高自治权力机构，由普选产生，但居民5000人以上的市镇采用多数制和比例制相结合的“混合选举”，居民5万人以上的则采用“两轮单记名多数制”。市镇议员任期6年。

市镇议会每年举行4次例会，应共和国专员、市长或1/3市镇议员的请求，可召开临时会议。市镇会议组织和建立市镇行政机构和其他公共机构。市长由市镇会议选举产生，任期6年，任期内，市镇会议不得罢免市长。

市长具有双重身份，既是中央政府的代表，又是市镇最高行政长官。作为中央政府代表，市长在所管辖的市镇内，颁布和实施共和国专员或专员助理转发的中央政府的法律、规章和决定，维持市镇的公共秩序和治安，管理户籍，审核和发放各种津贴和补助等。作为市镇最高行政长官，市长起草决议和编制财政预算，执行市镇会议的决定，任命市镇官员，主持市镇司法和公安工作等。

市政府由市长和市长助理组成。市长助理的人数，按市镇的大小设置1至12名，由市镇会议选举产生，任期6年。秘书长负责市政府的具体事务。在较大的市，还要设置由秘书长领导的办公厅。

（四）巴黎市

1975年12月31日法律规定，巴黎“是一个具有特殊地位的领土单位，它具有市和省的权能”。

巴黎作为一个市，在第五共和国国家生活中的地位和作用举足轻重。巴黎市设市议会、市长和市政府。巴黎市议会行使省议会的职权，但巴黎选民只选举市议会。巴黎市议会法定109名议员，任期6年，每3年改选其成员的一半。巴黎市长是巴黎市议会的法定议长，市议会设置7个委员会，由市长主持召开议会各委员会会议。委员会的任务是研究市长提交的决议草案，然后由巴黎市议会讨论通过。

巴黎市市长和市长助理由巴黎市议会选举产生，任期6年。作为中央政府代表，巴黎市市长负责颁布与实施法律和法令，任免市政官员，召集和主持巴黎市议会会议，领导市政府执行市议会通过的决议。作为巴黎市最高行政长官，他有权处理巴黎市的政治、经济、教育、城市规划等问题。

巴黎市政府内设置10多个行政机构。市长直接领导的有办公厅、情报和对外关系总局、监察和管理处。市政府秘书长领导的有城市整治局、建设和住房局、路政局等。市政府工作人员共有34000人，其中警察29000人。警察局长由中央政府委派。

巴黎市划分为20个区，区设置由市长任命的市政主管。他们主要负责与户籍有关的事务。在市长助理不在的情况下，他们可以代表市长助理处理区里的紧急事务。区设区委员会，由区内的巴黎市议会议员、市政主管和巴黎市议会推荐的成员组成。区委员会是咨询性机构，每季度召开一次例会。应巴黎市市长或巴黎市议会的请求，区委员会讨论将提交给市议会的草案。

除了地方分权改革之外，自新公共管理运动以来，法国对某些公共部门事务也采用市场机制和私有化的管理方式，并以绩效和产出为导向。在公务员制度的改革方面，主要是反对官僚主义，下放权力，提高工作效率。其内容有：改革规章制度、改革公务员工资指数表，下放录用权等；改革管理办法，推进办公自动化；改革管理机制，加强公务员的相互交流、协调，给予公务员一定的理解法规的自由度；进行企业管理方法、成本意识、效益观念的培训。

近年来，法国正在进行新一轮的政府体制改革，正如1997年6月24日，法国总理希拉克在各省地区行政长官会议上指出的那样：国家必须改革，因为社会和世界在变，因为新技术的产生，行政工作不可能回避，就像所有的组织机构一样寻求最小的开支和最大的效益。但对法国这样一个有着强大左翼传统的国家来说，公共部门某些事务采用市场机制管理和国有企业私有化并不是件容易的事，正因为如此，法国在这方面的改革力度相比于英美等西方国家来说要小得多，其行政改革的模式也在进一步探索中。

思考题

一、名词解释

1. 行政双头制。
2. 法国国家行政学院。
3. 法国大区。

二、简答题

1. 简述封建法兰西时代王权的变迁。
2. 简述法兰西第一共和国时期的行政制度。
3. 简述七月王朝时期的行政制度。
4. 简述法兰西第二帝国时期的行政制度
5. 简述戴高乐对法兰西第五共和国行政制度的影响。

三、论述题

1. 试述法兰西第五共和国总统与第三、第四共和国总统职权的区别。
2. 试述法国地方行政区划的变迁。
3. 试述法国中央集权制形成的历史渊源及其变迁。

第四章　德国行政制度的发展变迁

本章重点

1. 中世纪德意志国王权力的升降与行政制度的变迁。
2. 普鲁士近代官僚制度。
3. 二战后联邦德国的行政制度。
4. 20 世纪 90 年代以后德国的行政改革。

德国历史的演变和发展走的是一条不同于英法的特殊道路。中世纪的德意志一直处于政治分裂与领土割据状态，作为民族国家的后来者，德意志在 1871 年才由俾斯麦在帝国体制下完成统一。1918 年 11 月革命使德国成为议会民主制国家，它在两次大战期间的政治、经济压力下蹒跚而行，最终在纳粹窃取权力后走向消亡。二战后，联邦德国进行了成功的经济重建，代议制民主政体也得以巩固。随着政体的更迭，德国行政制度不可避免地发生着变化，但同时，它仍然保留着一些从普鲁士王国兴起时就已形成的重要特征。

第一节　中世纪德意志的行政制度

德意志王国是在查理曼帝国解体后，根据 843 年的凡尔登条约所形成的一个独立国家。开始时称为东法兰克，直到 11 世纪末才取得了德意志这一名称。最初，德意志的王权较为强大，中央行政机构逐步建立起来。然而，公元 1200 年以后，王权衰落，德意志的中央行政机构陷入分散、无力状态。17 世纪的三十年战争之后，随着小邦专制主义的发展，各个邦国在各自境内纷纷建立起效能强大的官僚机构，进一步弱化了德意志中央政权。

一、德意志王国的诞生

公元9世纪以来，德意志面临来自北方的丹麦人、东欧的斯拉夫人和马扎尔人的侵袭。严峻的外部形势使安全成为社会的第一需要，然而，这时统治东法兰克王国的加洛林王朝已日趋衰亡，根本无力担负起社会保护的职责。于是萨克森人、巴伐利亚人的部落联盟各自为战，它们的军事首领的作用不断加强，逐渐形成了割据一方的公爵。在外部形势相对平稳的法兰克尼亚和士瓦本，随着东法兰克加洛林王朝的衰亡，经过激烈的内部斗争，也出现了控制两地的公爵家族。公爵在辖区内利用封建关系和血缘关系进行统治，拥有很大的独立性。

公元911年东法兰克国王路易死后，加洛林王朝在东法兰克的统治便告终止，此时王国的权贵们作出重大政治抉择，根据强大的萨克森公爵奥托的提议，法兰克尼亚公爵康拉德被大贵族推举为国王，称康拉德一世。美因茨大主教为新国王涂油加冕典礼，以此显出新国王的神圣地位。康拉德一世的登基称王，揭开了独立的德意志历史进程的序幕。公爵们“在旧王朝灭亡后通过选举新国王拯救了国家”，东法兰克在加洛林王朝之后没有碎化成一批小王国，而是演化为德意志王国。

康拉德一世在位期间，在反抗外敌入侵的斗争中没有取得丝毫进展，“没有任何记录证明他参与了对付马扎尔在他统治时期的任何一次进犯”，却把怎样迅速削弱公爵势力作为关注的中心。康拉德的政策以失败告终后，公爵权力却越来越大，独立性越来越强。919年，康拉德一世去世。萨克森公爵亨利继任国王，即为亨利一世（919～936年在位），开始了萨克森王朝的统治。[①]

二、萨克森王朝统治时期的德意志行政

自9世纪查理曼帝国对中、西欧的统治崩溃以后，德意志是第一个建立起强大王权、结束政治无序并保持基本稳定的欧洲国家，这应归功于萨克森王朝的统治。而亨利一世作为王朝的开创者，功不可没。

亨利一世面临的首要任务就是抵抗马扎尔人的劫掠。896年，马扎尔人已经定居下来。在此后的五十年里，他们对东德意志和北意大利不断进行掠夺。亨利一世登基后，迅速采取了行动。他以纳贡九年的代价来获取与马扎尔人的和平。利用这段时间，他在瑟林吉亚和萨克森建造了著名的堡垒，构成一道防线。这些德意志的堡垒不是法国那样的由私人建造的只属于某一个家族的城堡，

① 侯树栋著，《德意志中古史》，商务印书馆，2006年，第13～15页。

而是由国王批准并监督建造的旨在保护全社会的堡垒。法国王室已经衰弱不堪，它不得不让私人去建造堡垒，而这批建造堡垒的人不久就脱离了王室权力的控制。德意志的情形则相反，亨利一世是一个名副其实的国王。德意志的堡垒属于王室领地，往往是一所寺院或主教所在地。周围人口的每 9 个自由人中，必须有 1 个人承担一年军役，担任戍兵以防御堡垒。为了更加安全起见，每一地区出产品的 1/3 贮藏在堡内；在堡内，举行一切会议、大会和宴会。[①]堡垒实际上已经成为地方行政的中心。

亨利一世吸取康拉德的教训，采取谨慎迂回的策略，通过一些必要的让步取得公爵的承认和合作，并在此基础上逐步抑制公爵，加强王权。936 年亨利死后，经全德公爵大会的推选，由他的长子奥托一世（936～973 年在位）继承王位。在奥托的加冕宴会上，四大公爵按加洛林王朝旧例象征性地担任宫廷职务，为国王服务：洛林的吉塞尔伯特任国库总管，法兰克尼亚的埃贝哈特为膳务总管，士瓦本的赫尔曼为掌酒官，巴伐利亚的阿努尔夫则为御马监。这既象征着公爵对王权的臣服，也体现着公爵与王权的政治合作，这是亨利一世的成功统治带来的公爵与王权关系的决定性变化。[②]不过，王权与公爵的合作并不牢固，国王的权威已使公爵感受到威胁。为此，奥托一世一方面坚决平息公爵反叛活动并取得胜利，另一方面继续保留公国和公爵职位，同时进一步限制公爵权限。

为了削弱公爵的势力，奥托一世采取与教会结盟并控制教会的政策，使教会由国王主导并服务于王权。他向教会机构大量封授土地。奥托一世在位共 37 年，在保留下来的他所颁发的 435 份诏书中，向教会赐土的文件就有 122 份。[③]据统计，德意志掌握在教会手中的土地几乎达到总数的一半，比例之大，在其它国家是罕见的。奥托一世还向教会大量颁授豁免权，即教堂、修道院等教会机构及其所管辖的地产享有免于通常的地方司法、行政管辖权的特权，直接隶属王权，由国王的代表在教会地产上行使管理权。豁免权的颁授意味着主教区、修道院连同所连土地脱离通常的行政管理系统，免于公爵、伯爵的统治，从而在王权与教会间建立起一种更直接、更紧密的隶属关系。

由于教会地产分布广泛，教会享有的豁免权又使它们脱离了地方伯爵的管辖，导致教会机构与地方伯爵权不相协调，地方管理出现问题。于是，奥托一世逐渐把地方世俗管理权直接授予主教和修道院长，甚至把整个伯爵领地连同

---

① ［美］汤普逊著，《中世纪经济社会史》（上），商务印书馆，1997 年，第 361～362 页。

② 侯树栋著，《德意志中古史》，商务印书馆，2006 年，第 19 页。

③ 侯树栋著，《德意志中古史》，商务印书馆，2006 年，第 36 页。

原伯爵的权力一同授予主教和修道院长。这一政策的实质是将德意志大批的大主教、主教和修道院长变成国王政府的行政长官，使他们在各地代表国王的意志施政，国王则掌握着德意志境内主教和修道院院长的任免权。从此，德意志的一大批教会首脑人物具有了教、俗双重身份，他们既是某一教会机构的宗教首脑，又是某一领地上的世俗长官。正是通过与教会的结盟，德意志的王权是强有力的，王室能使法律通行无阻，保证各地的秩序。

为了报答奥托一世赐予的采邑与特权，主教与修道院长需向国王提供军队和赋税。王室修道院的土地被视为王室领地，国王本人可以任意处置它的收入，主教区则同样要服从国王大量的物质需求。教会对于王权也担负着非常重要的军事职能，主教成为王室军队的长官，这并不稀奇。

奥托一世使教会成为国家机构的一个重要组成部分，主教与修道院长成为国家的官吏，为君主服务。当时，国王在巡游过程中处理政治事务，维护和平并制定法律。国王及其身边人员构成的王廷组成了德意志的中央政府，是政治权力的中心。王廷中最为重要的机构是宫廷教堂和中书省，它们都源自加洛林时代，宫廷教堂的教士同时也是中书省的书吏。宫廷教长和中书令则是国王的政治顾问，前者负责宗教事务，后者指导教士起草国家法令。自奥托一世起，德意志国王总是委任某个大主教为中书令。在巡游王权时代，宫廷发布的国王诏书，如特许状、委任状等是国王行使权力的有形根据，具有特殊意义。因此，中书省的地位不断上升。

这一时期教会与王权之间的紧密关系还体现在一件对后来德意志历史影响深远的事件上，即神圣罗马帝国的建立。960 年，教皇约翰十二因受到罗马贵族的威胁，请求奥托一世派军援助。962 年，奥托率军进入罗马，在罗马的圣彼得教堂接受教皇的加冕，称为罗马帝国皇帝。12 世纪时又在这个名称的前面加上了德意志民族，称为“德意志民族神圣罗马帝国皇帝”。

在萨克森王朝末代国王亨利二世（1002～1024 年在位）统治时期，王权与教会间的紧密合作达到顶峰。亨利二世认为，“教会对于政府与社会的职责比其作为宗教权威的职责更加重要”。他认为主教一职首先是国家行政和军事方面的职位，教会机构首先是国家的政治机构，其基本职责是代表国王治理社会，为国王履行军役，并规范社会伦理。[①]因此，他把宗教职责主要委与副主教，要求主教必须临朝参政，出席国王会议，秉承国王意志在自己管区内各处巡视，率领自己的封臣为国王服兵役。亨利二世把奥托一世以来向主教授予伯爵的权

① 侯树栋著，《德意志中古史》，商务印书馆，2006 年，第 43 页。

利与职责的做法推向高峰，并且将宫廷教堂变成培训主教的“学校”，向他们灌输自己的思想，训练他们的行政才干。

通过建立这种“帝国教会体制”，德意志王权获得了广大的政治、军事和政治资源：“管理帝国的不再是一心想扩大他们可以世袭的采邑并使其独立的世俗封建主，而是没有后代的主教们，因为国王有权任命主教，使君王权力不断旁落的危险似乎暂时被消除了……教会诸侯还比绝大多数目不识丁的世俗贵族更占优势和更能管理国家，此外，教会在整个帝国里还拥有严密的组织。”[①]正是凭借教会提供的这些资源，萨克森王朝建立了西欧中世纪初期最强大的王权，发展成西欧、南欧、中欧实力最强的一支政治力量。

三、亨利四世的行政改革

1024年，康拉德二世登基，萨利安王朝建立。萨利安王朝全盘继承了萨克森王朝开创的良好局面，并试图建立一个适应新形势的政府机器，其中又以亨利四世最有作为。

亨利四世是德意志萨利安王朝的第三任君王，他在行政方面颇有建树。他通过各种改革，计划建立一个廉洁、高效的行政机构。亨利四世成功地阻止了王室官吏的勒索行为，促使他的公爵、伯爵、军事长官以及贪得无厌的宗教基金的保管人对他们自己的行为负责。他改革了司法，限制或取缔了几种最恶劣的封建惯例。亨利四世是一个理财高手，他追还了大量国库财产，培养出一群训练有素的帝国官员来管理王室土地，并规定必须制定详细收入账册。此外，亨利四世还希望开发此前王室从未利用过的大片森林和荒野，他圈围这些土地，停止在那里滥伐树木和烧炭的行为，禁止没有执照在那里渔猎，并且以出租磨坊基地等方法，使它们成为政府收入的一种来源。这些措施引起了侵占这些土地的封建主和僧侣的强烈反对。[②]

10～11世纪的德意志国王是以一种高度巡游的方式行使统治的。萨克森王朝和萨利安王朝的国王们，都把巡游作为国家管理中的核心制度。他们“至少将一半时间用在路途上，通常在一处只停留几天，至多几周”。[③]然而，无论国王怎样频繁出巡，总有大片地区与王权保持相当距离。真正控制这些地区的是地方贵族而不是国王，这些地区对王权构成重大政治隐患。因此，中世纪早期的德意志国王努力构筑自己的政治中心，以此来保障和巩固个人权威。到11

① 迪特尔·拉夫著，《德意志史：从古老帝国到第二共和国》，波恩－Inter Nationes，1987年，第18页。

② ［美］汤普逊著，《中世纪经济社会史》（上），商务印书馆，1997年，第378页。

③ 侯树栋著，《德意志中古史》，商务印书馆，2006年，第88页。

世纪后期主教授职权之争爆发前，亨利四世正全力将戈斯拉尔营建成德意志的固定首都。

亨利四世的行政改革使得一个拥有行政首都的集中化的德意志王权似乎快要变成现实了，然而，这一进程却被皇帝与教皇之间围绕主教授职权问题的长期斗争打断。神圣罗马帝国皇帝控制了德意志的教会，甚至在一段时间里可以随意任免教皇。但教会在依附于王权的同时，自身也获得了巨大的实力。克吕尼改革后，教会力量开始增长，教廷为摆脱受制局面，强调教权高于王权。从11世纪开始，双方矛盾激化。皇帝与教皇之间的长期斗争导致德意志的社会发生了巨大的变化。在激烈斗争中，王室一方面无暇顾及贵族的日益坐大，另一方面为全力对抗教廷不得不作些妥协，王权所处的被动局面客观上促成了贵族权势的扩张和贵族内部等级关系的形成。而且，主教授职权之争也使得德意志王权的一根重要支柱，即与教会的合作开始动摇，王权面临严峻而全新的挑战。

四、德意志的分裂与行政权力的分散

公元1200年以后，英格兰、法国、西班牙王室的权力逐渐得以巩固，而在德意志情况却恰恰相反，王权衰弱无力，诸侯坐大，德意志陷入了四分五裂、封建割据的局面。

在王权与教会之间旷日持久的斗争中，真正的胜利者既非国王也非教皇，而是诸侯集团。在德意志，由于王权对教会控制力日益减弱，原来拥有广泛世俗权利和一系列特权的教会首脑成为教会诸侯。11世纪以来实力逐渐增加的德意志世俗诸侯利用授职权之争巩固了自己的地位并不断增强自身的独立性，成长为世俗诸侯阶层。随着教俗诸侯的崛起，到霍亨斯陶芬家族的末代君主腓特烈二世（1211～1250年在位）统治时期，德国陷入了割据分裂状态。

腓特烈二世继位后，致力于在意大利战胜教皇，建立中央集权国家，并进而恢复昔日罗马帝国的宏伟目标，因此对德意志封建主采取放任态度，作出了许多让步。在1231年和1232年期间，他颁布了一系列保护德国诸侯利益的法令，赋予德国诸侯在自己领地内享有最高刑事和民事审判权、铸币权、开办市集权、征税权、建筑防御工事权、对地方道路和河流的管理权。在腓特烈二世的妥协下，各教俗诸侯领地变成了合法的国家，各诸侯变成各邦国君主。1232年，第一次在文件上出现了各邦邦君的称号。[①]与此同时，德意志的王位选举制度逐步成为诸侯控制王权的工具。11世纪以前，由于王权强大，选王制实际

① 维纳·洛赫著，《德国史》，北京生活·读书·新知三联书店，1976年，第17页。

上有名无实，不过是为继承制披上一件合法的外衣。11 世纪后期，王权衰落，选举制的力量不断加强。到 13 世纪中叶，选举制发生了实质性变化，选举权从德意志整个教会和贵族手里转到了七大选侯组成的选侯团手里，成为他们主导德意志政治的工具。

1250 年腓特烈二世去世后，他的继承人康拉德在意大利战败被杀，这个家族的统治便宣告结束。此后，德意志帝国便处于分崩离析的境地。1254～1273 年的 20 年间，德意志出现了没有皇帝的“大空位时期”，在此期间，王室领地和特权几乎被诸侯瓜分殆尽，封建割据局面更趋严重，德国分裂为 300 多个大小不同的公国和侯国。

1273 年，哈布斯堡家族的鲁道夫伯爵被选为德意志国王，大空位时期方告结束。自此皇位辗转于哈布斯堡家族和卢森堡家族之间，皇帝徒有虚名，国家实际权力掌握在七个最大的诸侯组成的选侯会议手里。这七大选侯是：三名教会诸侯，即美因兹、科伦、特里尔的三个大主教，四名世俗诸侯，即波西米亚（捷克）国王、莱茵区的巴拉丁伯爵、萨克森公爵和勃兰登堡边地侯。

1356 年，卢森堡家族的查理四世颁布了《黄金诏书》，明确规定皇帝由上述七个诸侯选举，肯定了他们的选侯名称。选侯会议由美因兹大主教召集并主持，按照少数服从多数的表决方式决定，固定在法兰克福举行。每年召开一次，全国性的一切重大问题均须由选侯会议决定。各诸侯在其领地内，享有独立的行政、司法、军事权力和货币铸造权、矿藏开采权、赋税征收权，领地世袭，由长子继承。诏书还规定城市不得结盟反对封建领主。《黄金诏书》是对德国封建割据局面的合法性的进一步肯定，其法律效力一直持续到 1648 年。

诏书颁布之后，选侯会议实际上成为德意志帝国的最高权力机构。此外，有时还召开所有诸侯、伯爵、自由领主及主教代表参加的封建主代表大会，或城市代表大会。后来，在这三种会议的基础上形成了帝国国会，但帝国国会亦往往作不出任何共同的决议，即使作出带有共同性质的决议，也无任何执行机构将其付诸实施，无法在各自为政的封建领地上得到推行。1495 年，帝国法院建立，按照罗马法和日耳曼人的习惯法进行审判，但它只能在王室领地内进行审判，不能干涉各诸侯法院的判决。

分裂的德意志不仅王国的名称是空有其名，各大公国及主教区各自为政，并且中央权力也极度分散。中央的一切重要官吏，即帝国的主要大臣，均分别由大公国的公爵和主教区的主教担任。公爵和主教不仅担任国家大臣，而且职务世袭。例如，美因兹的大主教担任德意志帝国世袭的掌玺大臣，萨克森公爵担任德意志帝国世袭的元帅等。

总之，德意志帝国在名义上虽然是一个国家，也有选侯会议这样全国性的权力机构的存在，但它却没有全国性统一的行政机关，也没有全国统一的常备军，只是许多个独立的诸侯王国和不少的骑士领地的松弛的联盟。

五、15 世纪至 17 世纪的德意志

1438 年，哈布斯堡家族的阿尔布雷希特第二成为神圣罗马帝国的皇帝，自此以后在近五个世纪中，哈布斯堡家族就一直保持德意志神圣罗马帝国皇帝的头衔，直到 19 世纪初拿破仑战争期间被迫取消。哈布斯堡家族为加强统治实施了一些行政改革措施，但是都没有成功。三十年战争中帝国战败后，德意志的分裂更趋严重，各个小邦着手在本邦建立专制主义政体以及与之相应的官僚机器。

（一）哈布斯堡王朝的行政改革

15 世纪末，德意志的财政濒于崩溃，为了保卫和扩大自己的特权与领地，诸侯之间争斗不已，城市反对诸侯，而骑士又反对城市，兵患连年，国无宁日。这种状况促使德意志国王在 15 世纪末试图对帝国进行改革，以便建立起比较稳定的局面。马克西米利安一世（1493～1519 年在位）以及查理五世（1519～1556 年在位）统治期间，哈布斯堡王朝进行行政改革，试图加强对帝国的统治。

16 世纪中叶，主管哈布斯堡世袭领地事务的御前会议改组为帝国御前会议，处理涉及帝国范围的事务。[①]帝国议会还将帝国划分为十个行政区，各有一名诸侯担任行政区最高长官。此外，马克西米利安还仿效法王查理七世建立常备军，创设邮政；建立最高法庭，颁布《永禁仇杀条例》，原则上禁止各帝国等级或个人私自开战或擅自执法。但是，马克西米利安想通过征收人头税为帝国建立财政基础的尝试，以及查理五世通过统一德意志的宗教来限制诸侯势力的打算都失败了。

帝国各等级的力量过于强大，以致不是直接为其利益服务的改革措施都未能付诸实施。15 和 16 世纪帝国改革的努力没能取得成功，而哈布斯堡王朝最后一次建立至上权威的努力也于三十年战争中失败。

（二）小邦专制主义的建立

与皇帝加强中央集权的改革努力失败相对应的，就是各个诸侯力量的日益强大。16～17 世纪宗教改革与农民战争期间，唯一获得好处的是诸侯。恩格斯在《德国农民战争》中指出，诸侯不仅由于僧侣、贵族、城市这些竞争者都被

---

① 黄正柏、邢来顺著，《未竟的中兴：18 世纪的奥地利改革》，南京大学出版社，2001 年，第 11 页。

削弱而得到了相对的利益，他们还靠牺牲其他所有等级拿到主要战利品而得到了绝对的利益。教会的地产和产业被他们没收，一部分半破落或全破落的贵族不得不逐渐降服于他们的统治之下，向城市和农民搜括与勒索的金钱都流入了他们的金库。同时，由于取消了许多的城市特权，他们在财政措施上为所欲为便有了余地。此外，按照萨克森选侯的榜样，许多德意志诸侯都在他们自己的统治区域内组织了本邦新教教会，他们成为本邦教会的首脑，由此将本邦的政治军事权力与教会权力合并在他们自己一个人身上，这使得他们在本邦的统治大大加强。

三十年战争之后，于1648年签署的《威斯特伐利亚和约》第八款规定，所有德意志帝国等级，包括选侯、教俗诸侯、帝国城市、伯爵等，都保有完整的本邦主权，从而将德意志的分裂局面合法化了。此后，德意志的分裂割据更趋严重，分裂为296个小邦，此外还有1000多个帝国骑士领地，其中一些大的诸侯获得了国王的称号。战争之后，德意志各邦无论其邦土大小，都创立了自己统治范围内的专制主义政权。在这种专制主义制度中，国王或诸侯体现国家至高无上的权力，其他一切利益，包括宗教和道德的利益，都必须服从于这一最高权力。诸侯被看作是法律和权力唯一泉源的统治者，其他各等级失去了明文规定的权利和自由；它们臣属于诸侯，完全听由某个诸侯的摆布。为了维护和实行专制主义统治，各邦建立了常备军队和官僚主义的国家管理机构，其中又以普鲁士最为典型。

第二节　普鲁士近代官僚制度的建立与发展

普鲁士国家的主要部分是勃兰登堡区，1356年勃兰登堡伯爵获得选侯的称号，1618年霍亨索伦家族的选侯获得了波兰国王所属的采邑普鲁士公爵的职位，这样就把勃兰登堡区和普鲁士统一起来。1701年勃兰登堡选侯又取得国王的称号，称为弗里德里希·威廉一世，从这个时候起，勃兰登堡国家也就更名为普鲁士。

三十年战争之后，普鲁士连续四个选侯或国王经过从1640年至1786年近150年的不懈努力，初步建立起提供专业化服务的国家行政机构。经过19世纪的进一步发展，普鲁士最终建立起一套韦伯所称的“官僚制”的行政体制。作为德国近代历史上最重要的邦国，普鲁士的官僚制度既是德意志各个小邦官僚机构的典型，又对后来德意志帝国的行政制度产生了重要影响。

一、普鲁士中央与地方行政机构的建立与发展

（一）枢密院的改组与军事专署的出现

三十年战争期间，普鲁士成为欧洲列强的玩物，一会儿遭到皇帝方面的洗劫，一会儿被瑞典人焚掠。勃兰登堡也成了拉锯战的战场。到1640年弗里德里希·威廉（1640～1688 年在位）即位时，勃兰登堡已经变成一片“沙漠”，田园荒芜，人民饥饿贫困，乡村和城市没有了居民，柏林被破坏，工商业凋敝，贵族领主们的乘机劫掠和“独立”行动，成为勃兰登堡－普鲁士国家统一的现实威胁。[①]弗里德里希·威廉是一位雄才大略的年轻君主，他立志于振兴普鲁士，被后世尊称为“大选侯”。

大选侯从三十年战争中认识到，大国的实力基础在于强有力的中央集权、一支常备的武装力量和有效管理国家事务的行政机构。为了实现这一目标，自1651 年起他恢复了枢密院作为中央权力机构。[②]时任枢密院首相的波美拉尼亚人奥托·冯·施维林等人成为大选侯的左右手，向他提出许多有关军队组织、行政组织特别是经济组织方面的可行建议。1657 年 12 月，枢密院进行改组，原来只是勃兰登堡马克最高行政机构的枢密院现在变成了整个国家的中央机构，并且从原来只具有咨询功能的机构转换为一个具有执行功能的机构，负责监督指导那些专业行政部门。为了防止政策的草率决定和个人专权，枢密院推行合议制，所有政府事务都必须由参议们集体讨论。由于行政事务繁多，政务按业务性质划分成 19 个部门，各部门配备几个常务参议。大选侯亲自主持枢密院会议，对政事做最后决策。

为了建立和维持一支常备军，保证地方税收的征收，大选侯在各领地省设立军事专员公署作为最高行政机构，并向城市和农村地区派遣“军事专员”负责征收地方税收。普鲁士的地方税收通常分城市和乡村两部分，原本都是由代表地方等级的县执政征收，现在则改由上面委派的专员负责。派往城市的专员称为税务官，直属于军事专署。税务官往往管辖好几个城市，定期出巡。由于城市的消费税和工商税与城市的商品流通和日常生活密切相关，税务官实际上

---

① 丁建弘、李霞著，《德国文化：普鲁士精神和文化》，上海社会科学院出版社，2003 年，第 51 页。

② 1604 年，为了适应越来越多和越来越复杂的行政事务，尤其是外交事务，加强邦国的中央权力，约阿西姆·弗里德里希（1598～1608 年在位）专门设立了一个比较稳固的、新的顾问议事机构——枢密院，这是第一个负责内外政策的中央政府组织。首相主持枢密院会议，讨论几乎所有在宫廷范围里没有了结的邦国行政事务和司法事务，并负责与邦等级之间的交往。在选侯的最高监督下，枢密院不拘形式地提供咨询。它逐渐成为全邦的中央官厅，选侯不在时，由它代行权力。徐健著，《近代普鲁士官僚制度研究》，北京大学出版社，2005 年，第 18～19 页。

也要负责城市的治安、经济财政事务和市民生活，本来是负责地方税的征收以保证军队供应的专员实际上变成了地方行政官员。农村地区设立行政公署作为管理广大平原地区税务的税务署，它们在以后的发展过程中变成了钦差监督公署。自1701年起，掌管县级事务的专员获得了一个新头衔——县长。虽然县长仍从地方等级中选派，但是直属于军事专署，必须听从国王的命令，不仅负责征税，其职责还包括管理地方军事事务和维持治安。县长制度最初仅实行于勃兰登堡，弗里德里希一世和弗里德里希二世时期逐步推广至普鲁士的大部分地区。①

（二）总执行局的建立

1689年，弗里德里希一世（1701～1713年在位）设立宫廷财政局，1713年重组改称财政总局，作为管理王室领地税收工作的最高领导机构。1712年，原来的军事财政署改成军事总署，领导各地军事专署，负责地方征税事务。军事总署和财政总局下设的财政局和军事专署相当于分布在各省的行政机构。

1723年，在弗里德里希·威廉一世（1713～1740年在位）的领导下，为适应国家事务的复杂化，对中央机构进行了改组。他把枢密院中权力越来越大、分量越来越重的两大部门——财政总局和不断与其对抗争权的军事总署合并为一个统一的机构，统揽全国内政、财政、农业和工商等部门的工作，并涵括军队的经济事务。这个机构的全称是：最高总理财政、军事、国有地事务院，简称总执行局。国王为名义上的主席，设总理大臣1人，枢密顾问3至4人。总执行局分为四个部，每个部领导几个省份。例如，第一部领导东、西普鲁士、波莫瑞和诺马克。此外，边疆开垦、军队供应、邮政、铸币和财政管理等事务不按省来分派，而是在整个国家范围内由有关各部统一管理，比如，边疆开垦归一部，军队管理归二部，邮政铸币及财政则归三部、四部分别管理。在决策程序上，总执行局实行各部门合议、多数表决。原来的财政局和军事专署组成各省的军事与王室领地委员会，相当于省一级行政机构，负责省的财政、军事和国有地事务，设省主席一人，下辖各厅。在地方一级继续设立县长和税务官之职，作为委托管理的基层行政机构，负责具体的行政工作。

除总执行局外，1714年建立普鲁士总审计署，设在波茨坦，由总执行局的主管大臣和特别任命的参议组成，负责监督和审计国家所有部门的财政收入和支出。到这时，普鲁士王国的内部行政机构整齐划一，职能开始完善起来。

---

① 徐健著，《近代普鲁士官僚制度研究》，北京大学出版社，2005年，第20页；丁建弘、李霞著，《德国文化：普鲁士精神和文化》，上海社会科学出版社，2003年，第57页。

（三）弗里德里希二世时代行政机构的变化

弗里德里希二世（1740～1786年在位）保留了总执行局制度，并对按省划分各部的方法进行了一些改革。他还新设立了几个在全国范围负责的专业部门，这些新建的各部均由他本人亲自管理，概不隶属总执行局。如1740年成立的第五部，负责商业、工厂、殖民开拓和邮政业务；1746年设立的主管军事经济的第六部，负责安置伤残士兵，建立孤儿院，建筑军事工程和要塞，开采硝石；1768年建立的第七部，林业部；1771年建立的第八部，主管矿山、冶炼和机械制造等。原来的枢密院依然保留，但职能范围受到了限制。原本由枢密参议领导的外交事务现在由一个独立机构内阁事务部管理，实际上留给枢密院处理的只有宗教、文教和司法事务。

弗里德里希二世时期，国王的专制权力明显增强。枢密院和各部大臣形同虚设，国王事无巨细，事必躬亲，大臣们仅起办事员作用。他同大臣们不常见面，多用书面批示往来，通过著名的“左上角眉批”发出指令，让大臣们照此执行，谁若不遵，或解职，或法办，少有幸免。弗里德里希二世创建和掌握一支普鲁士国家历史上空前强大的军事力量，并把“军事体制”引进文官制度，以“尽量不给那些滥竽充数的臣子们以合法的活动余地”。[①]

内阁秘书对国家政策的影响越来越大是弗里德里希二世时代出现的现象。由于国王长年在波茨坦，而政府行政机构却设在柏林，国王与大臣们只是通过书信往来，这样，到了弗里德里希·威廉一世时期，身边网罗了一批纯粹的私人亲信，并依赖他们决定国家政务。这些人构成的内阁不是国家行政机构的组成部分，但国王却通过内阁令指导国家行政，有关国家的大小政策均出自内阁指令。不过，弗里德里希·威廉一世时期，总执行局仍然是真正的执行机构和行政中心。然而，到了弗里德里希二世时代，国王希望将权力集中于他一人之手，而不是由大臣们来掌管，因而借重内阁的作用。于是，内阁秘书往往规避总执行局直接干涉政务，慢慢成为政府行政中的核心人物。面对这种情况，国王并没有进行制度上的调整以应对，而是凭借个人的勤奋、努力和威信，依靠几个得力大臣的才干和敬业，使政务不至于完全失控。

普鲁士的行政管理在弗里德里希二世统治时期达到顶峰，此后则走向衰退，其原因就在于过分地依赖于国王个人的领导才能，但他的继任者们却不再能保持这种领导能力，他们个性软弱、缺乏独立性。弗里德里希·威廉三世（1797－1840年在位）时期，外敌入侵，国家面临生存危机，改革迫在眉睫。

① 丁建弘、李霞著，《德国文化：普鲁士精神和文化》，上海社会科学出版社，2003年，第125页。

（四）19 世纪初普鲁士的行政改革

从 1807 年起，普鲁士改革主要在农业、工业、城市、行政、军事及教育诸领域内逐渐展开。它分为两个阶段：第一阶段由斯泰因领导（1807～1808），第二阶段由哈登堡领导（1810～1822）。改革改造了旧的行政体制，建立了合理化的现代政府机构。

首先，内阁制受到了削弱和控制，规定内阁只具有协商、咨询的职责。

其次，根据 1808 年 12 月 16 日的政府公告，总执行局制度被正式废除，新建立的国务院体制代替它行使行政最高决策权和执行权。新的机构体制按业务需要而不再是按省划分行政部门，各部门领导直接向国王负责，在本部门内享有独立管辖的权力，实行全权负责制。1807～1808 年，斯泰因在其领导的国务院中设立了财政－警察事务部、外交部、司法部、军事委员会和负责内政的各省事务部，此后，又将军事委员会改为战争部，各省事务部发展为内政部，从内政部再分出警察事务部，增设财政部、文化部、贸易部、立法部、国库管理局等。19 世纪 40 年代，在罗图姆伯爵的领导下，国务院增设了邮政总局、国家银行、海外贸易、王室领地与林木管理等新的事务部门。此外，其他一些机构，如中央计量局、最高行政法院等也归属国务院管辖。国务院设首相职位与常务内阁。

最后，地方行政方面，原来的军事与王室领地委员会被取消，正式代之以省政府，作为中央政府的监督机构；设省长之职，作为中央的代表。原来在军事与王室领地管理委员会中分设的各个委员会现在改称“政府”，为实际的中级行政机构；设政府主席之职，直属国务大臣，听从大臣的指示。在基层设县级行政机构。但乡镇事务不是由县长，而是由县长和地方等级把持的等级议会共同处理。各城市则实行地方自治。1808 年，普鲁士政府颁布《普鲁士市镇法》，法令规定，普鲁士各城市从此获得自治，城市由市民选举产生的市参议员管理。市行政机构由议会选举产生，包括一些议员和其他有能力的市民。城市政府承担大量地方任务，包括城市规划、水的供应、污水排放、卫生、交通、文化设施等，它也需执行省政府及国家委托的任务。①

普鲁士改革所确定的行政制度在 1815 年之后继续保持，先后经历了 1848 年危机和 1862 年的宪法冲突。1866 年普鲁士吞并新领土后，除应形势需要增加一些专业部门以外，其基本框架长期维持不变。

---

① 徐健著，《近代普鲁士官僚制度研究》，北京大学出版社，2005 年，第 23～28 页。

二、普鲁士官僚阶层的成长及其制度规范

（一）普鲁士官僚阶层的形成与壮大

官僚阶层是随着官僚机构的形成和发展而产生并逐渐壮大的。领地时期，由于“国事”和“家事”纠缠不清，所谓的“国家官员”往往既掌管宫廷事务，也参加邦国行政。职业官僚阶层在普鲁士是从16世纪末、17世纪初开始出现的。随着固定性的法院、财务署及枢密院的先后成立，邦国的官吏阶层开始形成，逐渐成为等级会议的对抗力量。邦等级原先享有的征税、免税、管理税收的权力开始转到官吏手中。当时官员的社会地位、经济待遇以及受聘任用的条件等还缺少共同的法律规范。而且，各个地方行政机构官员的聘用存在着本土化的现象，主要起用本地出身的贵族或有教养者，以此来抵制国家的中央集权化。对于这种现象，邦君一般是认可的。这时的职业官僚阶层仍然是各领地的权力支柱。

弗里德里希·威廉二世在创建中央集权国家的过程中，认识到将王室仆人进行专业化训练并使之成为一支国家官僚队伍的重要性，于是，在他的领导下对行政机构进行了雷厉风行的改革。弗里德里希·威廉二世利用特派专员加快了行政权力从地方向中央的集中。“特派专员”往往是从外邦居民和外国人中录用，接受君主的委任，不受地方等级的影响和支配，与地方等级贵族毫无共通之处。这些人承担君主的特殊任务，专门负责在地方的征税工作。特派专员充当了君主收缴地方权力的马前卒，成为君主最重要的权力剥夺工具。他们从最初的与地方权贵共同执掌行政权，最终过渡到了独揽地方财政和警察大权。在这个过程中，原来属于各领地的地方官员也被逐步改造、同化，纳入了国家官员的阵营。职业官僚阶层发展成为中央集权制国家的不可或缺的行政力量。此外，这一时期普鲁士的官僚体制有很大的膨胀，这一方面是为了加强对普鲁士社会的监督和控制，更主要的方面是由于推行重商主义，需要大量的税吏、贸易管理官员以及市场监督官员。

进入19世纪后，随着行政机构专业化的发展以及国家权力的扩大、社会功能的加强和行政事务的日益增多，官僚阶层的队伍也越来越庞大。据估计，普鲁士的中央和中层行政机构中，1794年在职人员2499人，1800年2997人，1803年3271人，其中大多数从事的是高级职务。官员队伍的迅速膨胀成为普鲁士政府最头痛的问题之一。斯泰因改革已经着手裁减行政人员。此后，普鲁士为节省行政开支、减缓债务，又在政策上做了各种努力，比如延长官员任职候补期，加大国家考试的难度以及要求呈交任职的经济来源证明等，以控制官

员人数的继续扩张。这一措施对控制高级官员的人数果然奏效，但是低级官员的人数却发展惊人，仅1808年的改革就又在原来的基础上增加了两万名低级官员。1815～1871年间，由于行政区域的不断扩大等原因，国家官员的人数继续上升。

（二）对于官员的管理和控制

普鲁士官员的工作和行为受到严格规范与监督。弗里德里希·威廉一世颁布了一项《工作规程》，专门为总执行局和军事与王室领地管理委员会明确部门分工，确定个人职责范围。官员每天的工作量要无条件地完成，要不折不扣地遵守纪律，照章行事。为了使官员尽忠守职，国家专门为各级官员制定了具体的可以明确遵守的职责范围。省长、县长等均要履行规定的义务。

政府的各项规章制定得十分详细，甚至连工作时间也有准确的安排：在职的官员，包括国王在内，夏季早晨7点上班，工作时间8个半小时；冬季8点上班（最晚9点），工作7个半小时，不许迟到早退。国王要求各省领导经常巡视所管辖区，要像军队中长官对士兵那样了解辖区的特点。对官员的监督也是无孔不入。弗里德里希·威廉一世在各地安插“密探”，任务是汇报下级机关的工作情况，他还利用军官来监督文职机构官员的工作。

为了教育和培养官员的敬业精神，普鲁士的君主们往往以身作则。弗里德里希·威廉一世的勤勉有目共睹。他每天都要亲自处理不同的政务，不知疲倦地巡视各地，视察军队，会见各级官吏，清查财产账目，尽可能地了解各地情况，被英王乔治二世戏称为“公路上的国王”。他对公文的处理相当认真，所有的报告都亲自过目，并亲笔批示。

1740年，弗里德里希二世登基，他全盘接受了父亲的统治经验和行政手段。国王的内阁参议路德维希·门肯曾做过这样的评论：“大多数的普鲁士君主都把亲自料理王国行政视为荣耀，而这些事情在别的国家则是由首相处理的。没有人能和弗里德里希二世相比，他在没有内阁参议的情况下可以独自操纵国家机器，发布每一道具体指示。没有他的决定，没有一个部门、一个大臣可以作出决策。”弗里德里希二世的一句名言就是“君主应该时刻在岗位上”。

在普鲁士，“各种各样的规定和说明，恰当地解决了工作时间、工作程序和工作保密等问题，禁止政府官员在官方正式工作以外兼职，禁止政府官员收受礼品……要求官员的住所在其工作场所附近，还严格规定了官员离职的条件。对于那些违反规则要求者，则规定了一系列强制执行的罚金制度。斯巴达人的品质被引入到公共服务之中”。[①]

对官员的严密控制与管理虽然造就了普鲁士官员忠诚、服从的美德，但也带来了很多负面效应，其中最大的弊端是缺少创新的动力，官员们只是“鲜为人知、默默无闻、毫不自卖自夸地”执行国王的一切命令。[②]

（三）官员的选拔和培训

普鲁士君主十分注重选拔优秀人才为国家效力，在18世纪就形成了自己的一套官员选拔与培训方式。

在尚未形成固定的条例规范的王权绝对主义早期，一般来说，君主喜欢提拔贵族和官僚家庭的子弟进入政府部门任职。因为这些人不仅出身可靠，还受到一定的教育，也有条件跟随父亲磨炼和积累工作经验。当然，由于国家执行重商主义政策，在这个时期，对农业知识的了解，对税收和会计制度以及工商业与贸易知识的熟悉也是官员选拔时不可忽略的，有时甚至是最重要的因素。1722年总理事务院的一份指令中就特别提到，要找一些懂经济、熟悉商业、企业和相关经济事务的人出任政府行政官员。

为了避免任命外行，弗里德里希·威廉一世有意识地推行对官员的教育培训计划。1727年，国王在哈勒大学和奥德河畔的法兰克福大学设立“财政学和警察学教席”，或者说是行政科学的教授席位。当时还出版了一系列财政学教科书，其中以约翰·尤斯梯（1717～1771）的著作《国家经济学》和《财政学体系》最为重要。那时，高级职位候选人要拥有良好的学术履历，还要完成一段时期的实际工作的训练。对实际工作的重视，尤其是从基础、从最低层做起是普鲁士培养国家高级官员的重要手段。1723年起，弗里德里希·威廉一世就在军事与王室领地管理委员会中推行见习生制度，选拔一些年轻人，不带工资，作为见习生从事基础性工作，待有了足够的工作能力，并有带薪的空缺职位时，再安排就职正式岗位。

弗里德里希二世统治的后期，他对普鲁士官员选拔制度作了较大调整。由于五六十年代的见习生往往不能称职，见习生制度此前实际上已被搁置。1769年，弗里德里希二世发布内阁令，指示各地推荐优秀的县长和官员到总执行局任职，并委托时任内阁首席大臣路德维希·冯·哈根（1724～1771）男爵就此起草备忘录。1770年2月12日，哈根男爵拟订了一份内容广泛的计划，建议国王在改革王室和国家财政体制的前提下修改官员的选拔和培训制度。哈根因

---

① S.E. Finer, The History of Government from the Earliest Times, vol.II, p.731; ［美］费勒尔·海迪著，《比较公共行政》，中国人民大学出版社，2006年，第202页。

② 迪特尔·拉夫著，《德意志史：从古老帝国到经二共和国》，波恩-Inter Nationes，1987年，第71页。

此成为普鲁士行政官员培训制度的创始人。改革的核心是引入考试制度。根据哈根的建议，普鲁士成立了国家“最高考试委员会”，对申请王室领地管理委员会参议、城市税务官、县长等职位者进行考核。该委员会直接由设立在柏林的总执行局领导，其成员由总执行局枢密参议组成。考试强制性实行，不参加考试者，没有资格晋升政府高级职位。考试形式包括笔试和口试，考试题目既有实际工作中的问题，也有学术性的问题。在现代西方国家中普鲁士是第一个创立这种入仕考试制度的国家。人数众多的低级官员同样要经过考试才可以获得职位。但是低级官员的选拔没有国家统一的考试标准，一般由省或地区相关行政机构自行组织考试，要求较低。

不过，普鲁士的官僚机构化也是有限制的。贵族担任政府行政职位时仍然拥有特权，国家重要职务如各部的大臣、军事与王室领地管理委员会和县级行政长官都由贵族控制。相较于贵族，中产阶级出身的官员大多承担技术性较强的或内政方面的工作，如城市税务官和各级财务参议等。不过，国王也意识到了官僚集团内部平衡的重要性。弗里德里希·威廉一世在位时期，为了打击抗命的地方贵族，他任命了一批中产阶级出身的官员担任高级职务。

对等级制度的真正冲击是由法国大革命带来的。在18世纪初的改革中，斯泰因和哈登堡在任职问题上倾向于选拔有才能的资产阶级官员。1808年12月16日，普鲁士改革者在政府公告中宣称：全体公民都可以参加国家行政工作，国家公职对各等级的“优秀分子”开放。至少等级优势不再受到法律保证了，考试制度也得到进一步推广。哈登堡在国家高级公职人员的选拔上主张取消贵族特权，任命有较高知识者，考试制度理所当然地被视为评判一个人学识和能力的手段。1846年，普鲁士颁布《高级行政职务任职法规》，将原本依据大量政府公告与内阁令的规定进行的行政官员的考试、培训和晋升规则加以制度化、合法化，条例规定：申请国家公职需要特殊能力证明。最高考试委员会由一名主席和四名成员组成，归国务院、特别是内政和财政大臣领导。凡申请高级行政职位者首先要在大学完成三年学业，毕业后通过再次考试方能成为正式任职的官员。不过，普鲁士的文官考试只是一种资格认证而不是竞争，高级官员可以选择推荐那些他们所喜欢并已通过考试的候选人。

1850年，担任国家公职的条件被明确写进宪法。从那时起，贵族对官职，尤其是高级官职的垄断特权丧失了，资产者和其他社会出身者获得了通过个人的知识和才能进入政治领域的机会。相应地，行政岗位上资产阶级的比例在稳步上升。不过，资产阶级官员在人数上的增加并占据多数，并没有改变贵族官僚在政治和社会中的优势地位。一般来说，官位越高，贵族所占比例就越大。

1820年，内阁成员完全由贵族组成，资产阶级家庭出身者从19世纪30年代才开始担任大臣职位。1842年，重要的职务如大臣、省长、行政区政府主席和县长等仍然由贵族把持。1848年革命之后，普鲁士国王为确保其统治，对重要官员的任命更向贵族一方倾斜。这种状况一直持续到1900年。

（四）工资和养老金制度

在弗里德里希二世期间，普鲁士官员的工资水平有了大致标准，并以货币付酬的方式取代了实物工资。1825年，普鲁士在全国范围内推行固定工资制。总原则是：第一，提高所有官员原来的工资水平。第二，要体现官员日常的生活开销，孩子的教育费用应计算在内。第三，维持官员与其官职相称的社会消费，包括车马费、住房补贴等。

1825年4月30日，普鲁士继《工资条令》之后颁布了《养老金条例》，把退休金制度以法律的形式加以确定。条例规定，神职人员、宫廷仆役、教师及临时职员除外，所有领取国家薪水的公职人员在丧失工作能力后均由国家提供终身养老金。该笔款项将由国家提供补助的社会保险机构负责发放。[①]

普鲁士是近代欧洲典型的“官僚国家”，官员的法律地位、责任和义务、选拔和培训方式等方面皆有独特规范。完备的官僚制度也创造出一个与众不同的专业官僚阶层。普鲁士官僚代表着“忠诚”、“廉洁”、“服从”和“恪尽职守”，跟同时期欧洲的其他国家相比，它具有较高的素质和效率，既有职业技术专长，又有良好的道德素养，在推动国家的工业化与现代化方面起到了重要作用。不过，建立在“效忠”和“服从”等原则上的普鲁士官僚制度也有其缺点，例如官员往往缺乏个性特点，不敢承担责任，而且缺少创新的动力，只知惟君主是从，导致普鲁士官僚阶层在绝对主义时期成为君主的工具，而在20世纪后半期普鲁士与德意志政治发展中又成为民主化的阻碍。

三、普鲁士官僚机构的经济职能

普鲁士在18、19世纪逐步发展成为工业化、技术化的国家，行政机构的职能也随之多元化。其中，尤为突出的是普鲁士官僚机构在推动经济发展中的作用。

（一）执行重商主义经济政策

重商主义是经济概念，它将财富看作国家权力的基础。在重商主义政策指导之下，国家政治的重要任务之一就是发展经济，增加国库收入。国家政策设

① 徐健著，《近代普鲁士官僚制度研究》，北京大学出版社，2005年，第30～123页。

计的目的是要在对外贸易中出口额大于进口额，通过提供补助金和给予详细指导以鼓励国内制造业，通过高额关税壁垒减少对进口货物的依赖。这种有利的贸易差额将使国家获得黄金和白银等贵重金属，从而积累国家财富。在普鲁士，虽然重商体系的完整建立和体现要到弗里德里希二世时期才实现，但早期君主的努力已经为此奠定了基础。

大选侯时期就已采用重商主义的经济政策，推动勃兰登堡—普鲁士的经济发展。年轻的工业，尤其是羊毛工业得到了国家政策的鼓励和帮助。大选侯改造了道路和桥梁，实行了统一的币制，建立全邦国的邮政联系。它还接受大量移民，包括被法国驱逐出境的胡格诺派新教徒和被奥地利驱逐出境的犹太人，移民们为普鲁士的经济发展带来了资本和技术。

弗里德里希·威廉一世积极推动羊毛纺织业以及铁钉、斧头、镰刀等金属工具制造业的发展，对国外进口铁制品和纺织品采取高关税政策。从1723年开始，国家禁止从波兰进口粮食，不允许外国小麦输入中部省份和西里西亚。国王不仅仅颁布一般性的政府指令，而且十分准确地规定了官员工作中的具体细节。例如，国王在柏林专门建立了国家仓库，为织工提供羊毛。每年毛巾、袜子和衣料生产需要多少羊毛，要用多少的劳动力加工羊毛，官员们必须做到心中有数并落到实处。在城市，普鲁士的官员要提醒那些懒惰的店主努力工作，如果做得不好就要受到体罚；而在农村他们要监督佃农学会勤俭持家，甚至连圈养多少头牲畜也在管辖之列。城市税务官则应整日守候在城门口，仔细地记下每一笔收入和支出。

弗里德里希二世上任之初，即向大臣们发布了两个指示：一是要继续通过贸易赚取外国的钱，二是通过建立制造业避免财富流出。1740年6月27日，他在给新成立的第五个部——商业和工场手工业部新任大臣冯·马沙尔的指示中说："要发展王国的羊毛和麻布工厂，然后尽量多开办缺门的手工工场，因为现在所有的外国和几乎全世界都热衷于办手工工场。"他在位期间，国家通过津贴、补偿、特权、垄断等办法为工业发展创造了有利条件，甚至直接创办工厂。据统计，在勃兰登堡地区，1740～1786年国家共花了224万塔勒以建立和资助工厂。为了发展工业，国王禁止输入丝绒，提高生丝的进口税，对丝制品课以18%～25%的关税。1756年，丝制品进口被完全禁止，商人们只好买卖本国商品。为了促进商业繁荣和货币流通，普鲁士还在1765年建立了柏林储蓄和借贷银行。为此，国家支付了880万塔勒。[①]

① 丁建弘、李霞著，《德国文化：普鲁士精神和文化》，上海社会科学出版社，2003年，第114～117页。

（二）促进国家的工业化

从19世纪初开始，普鲁士经济进入了资本主义经济迅速发展阶段，经济政策也从重商主义转为自由主义。普鲁士政府采取各种措施指导国家的经济和社会建设。

在发展工业方面，实行著名的“行业促进计划”。政府遂在各省资助开办职业学校，以培养工程师、工厂管理人员和专业人才。1838年，各省职业学校达20家，平均招收学员30～40名，政府每年给予500～1200塔勒的津贴。普鲁士政府积极承办企业成果展览，在行业中引入竞争原则。1822年、1827年、1844年先后在柏林举办了三次工业产品展销会，由贸易部承担参展品的全部运输费用。国家于1815年10月14日颁布了《专利条例》，并设立各种奖励基金，鼓励发明和创新。例如，在1820年，普鲁士设2万塔勒资金奖励纺织厂安装羊毛梳纺机。为获取技术知识，政府还派遣官员、企业主到西欧各地进行考察，出国所获得的情报要写成报告，在官员和行业内部传阅。

在农业方面，国家在某些省份设立土壤改良基金，支持建立私人性质的农业经济开发协会，促进农业技术的研究和推广。

第三节　1871年至1945年德国行政体制的变迁

与英国和法国相比，德国民族国家的成型较为迟滞，直到1871年普法战争结束后才成为真正的政治统一体。德国统一之后，德意志第二帝国宣告成立，它的统治延续了47年，于1918年11月第一次世界大战即将结束之际被推翻。翌年，依据魏玛宪法建立魏玛共和国。在20世纪二三十年代的经济大危机中，法西斯主义迅速在德国蔓延。1933年1月，希特勒出任总理，魏玛共和国灭亡。此后，德国建立起法西斯专政政权，直到1945年德国战败。

一、德意志第二帝国的行政体制

德国的统一是靠普鲁士用武力完成的。1862年，俾斯麦就任普鲁士首相。他曾对普鲁士议会的议员们说:“当今的重大问题已不能通过演说和多数通过的决议来解决——这是1848年和1849年的重大错误——而只能通过铁和血来解决。”正是在铁血首相俾斯麦的领导下，普鲁士通过对丹麦、奥地利和法国的三次战争，终于使德国获得了统一。

1871年1月18日，普鲁士国王威廉一世在巴黎的凡尔赛宫加冕为德意志帝国皇帝，俾斯麦为帝国政府首相，德意志第二帝国正式成立。

（一）帝国皇帝与首相

宪法规定，帝国联邦的主席职位属于普鲁士国王。普鲁士国王享有“德意志皇帝”称号，皇帝在国际关系上为帝国的代表，以帝国的名义宣战与媾和，同国外缔结同盟和其他条约，委派并接受使节。联邦议会与帝国议会的召集、延会、闭会权属皇帝；法律的建议权、颁布权和监督执行权属皇帝；皇帝委派官吏，命令他们宣誓效忠帝国，并可在必要时命令他们退职。如遇邦内出现威胁社会治安的情况，皇帝可以宣布国内任何地方处于戒严状态。

首相是由皇帝任命的帝国最高行政长官，帝国首相依照皇帝的旨意并以皇帝的名义领导全国的行政管理工作。根据一项宪法修正案的规定，皇帝批准的一切法案必须有首相副署才能生效，但正如俾斯麦指出的，由于皇帝有权任免首相，皇帝代表了真正的实际权力，首相副署并无意义。但是，首相须因其副署而承担相应的责任。按照德意志第二帝国宪法，首相对皇帝负责，这意味着行政权完全独立于民选的帝国国会。帝国首相担任联邦议会主席，有权确定联邦议会的开会日期并监督其工作。他可以全权支配国家财政，并拥有否决帝国国会提案的实际权力，因而帝国国会对国家大政方针的制定只能起有限的监督作用。

德意志帝国无内阁，仅有一名首相。随着帝国的行政权限逐渐扩大，俾斯麦遂直接任命国家各个部门的负责人，即国务秘书，管理各自的业务部门。这些国务秘书仅是行政官员，只对首相负责。一再有人要求俾斯麦成立一个帝国内阁，均遭他坚决拒绝。

帝国行政与普鲁士行政紧密联系，皇帝兼任普鲁士国王，帝国首相兼任普鲁士内阁总理，帝国的各国务秘书通常在普鲁士内阁会议上拥有席位和表决权。实际上，首相的主要职责大多数不是作为帝国首席大臣而是作为普鲁士首相来履行的。1872 年俾斯麦曾做了一次试验，他辞去普鲁士首相，从而把这两个职位分开。但是，他很快得出结论，这个试验是不成功的，于是又恢复了旧例。行政上的紧密联系，普鲁士军队对整个帝国的控制，再加上其他各邦纷纷仿效普鲁士邦的法律和行政管理，使得德意志第二帝国实际上成为现代意义上的大普鲁士。[①]

（二）行政联邦主义

德意志第二帝国由 22 个邦、3 个自由市和作为唯一一个直辖区的阿尔萨斯

---

① 丁建弘、李霞著，《德国文化：普鲁士精神和文化》，上海社会科学出版社，2003 年，第 329 页。

一洛林组成，它是一个联邦国家。

帝国宪法考虑到各邦历史上形成的差异，为求得民族的统一，对各邦分立主义作了较大的让步。俾斯麦把帝国设计成一个地方性政府的联盟，即“行政联邦”，[①]包括财政、警察、司法和教育在内的全部邦内行政管理权都掌握在各邦手里，绝大部分政策的具体执行由各邦负责。帝国层次则掌握立法权，陆军、海军、外交事务、关税和银行立法、间接税、度量衡、货币、民法刑法、邮政以及后来的殖民地事务方面的立法，都在帝国层次进行，各邦政府通过派遣代表组成联邦议会参与帝国的决策。俾斯麦希望借助这一设计把小的邦国整合进帝国体系，又能把帝国议会排除在政府领域之外。

在这种行政联邦制度下，德意志的行政决策总是体现出明显的讨价还价和准外交协商的特征，政府内部关系在帝国层级的政策制定过程中非常重要。尽管普鲁士在帝国的行政管理中居主导地位，并且总能在联邦国会中获得多数支持，俾斯麦和他的继任者还是发展出与另外的重要邦国（如巴伐利亚）在议会中协商解决问题的方式。通过这些方式，邦国政府间建立起来的协商关系一直延续到今天。更重要的是，为保证政策的有效执行，中央政府必须与邦国政府及其官僚机构合作，这种合作随着福利国家的发展而逐步加强。

另一方面，帝国国会的行政职能极为有限，它被排斥在政府领域之外。由选举产生的帝国国会不能组成政府，不能自行通过一项对政府不利的法案，对首相无任何行政监督权，对外交政策和军事问题毫无发言权。真正的统治权是由联邦议会和普鲁士政府分享的。

（三）地方自治制度的发展

1848年革命之后，德意志的地方自治得到迅速发展，地方自治体大量涌现，地方政府活动范围逐渐扩大。地方政府承担了大量的任务，包括城市规划、水的供应、污水排放、卫生、交通、文化设施等，同时还有国家委派的任务。此外，延续中世纪济贫法的传统，城市也采取了一些初步的福利政策。随着职能的扩展，地方行政人员数量随之增长。例如在曼海姆市，地方政府雇员的数量由1870年的48人增加到1906年的1127人。地方政府的资金大多来自自身的财政收入，主要包括地方征收的财产与贸易税和国家所得税的地方截留。[②]直到一战开始，地方政府皆拥有相当高的财政独立性。需要指出的是，这种形式

① [德]赫尔穆特·沃尔曼、埃克哈特·施罗德编，《比较英德公共部门改革：主要传统与现代化的趋势》，北京大学出版社，2004年，第83页。

② [德]赫尔穆特·沃尔曼、埃克哈特·施罗德编，《比较英德公共部门改革：主要传统与现代化的趋势》，北京大学出版社，2004年，第111页。

的地方自治主要应用于城市地区。在乡村，由于晚期封建贵族仍有相当的权力，其地方自治路径不同于城市。

直到19世纪晚期，地方自治才逐步引入农村地区。1872年，普鲁士颁布《乡镇组织条例》，该条例剥夺了东部六省地主对警察机构和乡村行政的领导权。民选产生的县议会被赋予决定本县事务的权力，而国家的监督仅限于法律的审核；同时，县长作为一县行政管理之首脑，由国家任命，他具有双重功能：既要负责执行国家所委托的职责，也要完成由县议会决定的地方性任务。

（四）公共服务的扩展

1．帝国的社会职能

随着德国工业化、城市化的发展，雇佣劳动者阶层人数日益增多。工人们面对企业主的独断专横和生活中灾祸连连而投告无门，得不到法律的保护，遂试图通过工会及政治上的团结来改变他们这种绝望的处境。统一民族国家的建立，不仅使德国工人运动获得广阔的舞台，而且使工人运动在全国范围内组织起来。面对日益兴起的社会主义运动，俾斯麦一方面采取严厉镇压的态度，另一方面他也意识到，“为了资产阶级的缘故”，需要采用一些温和手段，不再单纯用皮鞭，而是兼用糖果蜜饯来驯服社会民主党，分化和笼络工人阶级。他想通过接受劳动阶级的要求，通过立法和行政手段保证工人们的生计，消除导致社会关系紧张的原因。1881年，在颁布法令禁止一切主张社会民主、社会主义或共产主义的组织的活动后仅仅三年，俾斯麦就通过一份皇帝给帝国国会的文告，宣告国家打算采取的保护措施和社会救济措施，在接下来的几年里又采取了一系列的社会立法，主要有：

劳动立法。19世纪七八十年代，多次通过立法，对星期日劳动、实物工资制、正常支付工资等进行法律规定，建立了6天工作制，要求按时给工人支付货币工资。法令禁止在工厂企业中使用童工。被雇青工必须已经读完小学，且12～14岁青工劳动时间不得超过每天6小时，14～16岁青工不得超过10小时。1891年颁布法令，禁止妇女从事矿区地下作业，妇女每日劳动时间不得超过11小时，妇女有产假4星期。各邦实行工厂视察员制度，以监督各项劳动立法的执行。

社会保险。1883年颁布疾病保险法令，建立疾病保险机制。保险费的30%由雇主、70%由工人缴纳。工人患病期间，可从保险费中支取半薪和医疗费，死亡后支取丧葬费。1884年颁布工伤事故保险法，规定保险费全部由雇主缴纳。视工人受伤程度决定领款数目，死者家属可领相当亡者20%薪金的津贴。1889年颁布残废和老年保险法，保险费由国家、雇主和工人缴纳。到1887年，社会保险费总额达近1亿马克，1900年增至近5亿马克，这一年领取社会保险费的人数达500万。[①]

威廉二世统治期间，进一步采取社会保障措施：要求超过两万居民的市镇必须设立劳资仲裁法院，禁止童工的范围扩大到家庭手工业，借助国家补助推动工人住宅的建设，改善疾病保险法和工作事故保险法等。

2．促进帝国的经济发展

俾斯麦充分利用德意志帝国的联邦遗产和中产阶级自由派的愿望，为促进帝国内部的统一和经济发展采取了不少措施。在国务秘书施特凡领导下，办起了电话和电讯事业，帝国邮政得到扩建。货币改革则把银本位制改为金本位制，用马克替代了直至1878年还在使用的各邦货币，并由1875年创建的帝国银行负责帝国境内的纸币流通。帝国也实现了度量衡的统一，公尺、公升和公斤取代了存在于各邦之中完全不相同的度量衡标准。另外，职业自由和与之紧密相关的迁徙自由扩大到整个帝国的范围。[②]在税收方面，宪法规定任何一邦的商品均可自由输入另一邦，另一邦不得再行征税；并规定皇帝经帝国联邦议会同意后，可以任命税务官进驻各邦税务机关，以监督帝国税法的执行。

德国政治上的统一以及随后采取的一系列措施加强了帝国内部的联系，德国的经济能在一个统一的国内市场里迅速发展。

作为一个后起国家，德国一向有国家干预经济的传统，尽管19世纪初期一度采取经济自由主义政策，但是行政机构仍然在经济发展中起到指导与促进作用。第二帝国建立之后，经济政策中的自由放任因素迅速被有力得多的管辖政策所压倒。国家像企业家一样实际经营着工业企业，国家经营着大规模的矿场、林场和大农场。在各自治市，甚至进行了更多的社会控制和调节。市政府从私人手里接收了发电厂、煤气厂、自来水厂、公共运输公司、屠宰场和其他公用事业。德意志帝国变成了一个公有和私有混合的经济结构的国家。

围绕德意志第二帝国“特殊方式”的争论

1865～1871年间，普鲁士征服了德意志邦联，并把奥地利从德意志剔除出去，建立第二帝国。这个新国家的本质导致了大量争论，其中一个焦点就是德意志的“特殊方式”。

---

① 丁建弘、李霞著，《德国文化：普鲁士精神和文化》，上海社会科学出版社，2003年，第334～335页。

② 迪特尔·拉夫著，《德意志史：从古老帝国到第二共和国》，波恩-Inter Nationes，1987年，第157页。

许多自由历史学家和社会学家认为“帝国”是发展的畸变，而盎格鲁－撒克逊和法国的自由主义才是资本主义发展的正常途径。他们定义了“德国特殊方式”，即一个有着自己独特的发展道路、半集权化多于政党民主化的国家。他们把这归因于由国家中保守的社会精英和有产阶级所支配的快速工业化。新兴资产阶级在政治上的软弱，使他们无力建立起政党民主。对这一观点马克斯·韦伯给出了自己的经典论述，并被多次引用。该争论假定资产阶级按常规是赞成民主道路的——这是比较社会学的传统观点。

马克思主义作家攻击了这种“特殊方式”的自由主义观点。布莱克伯恩和埃利认为德国资产阶级从未迫切地要求过自由主义，因为他们对这种半专制的政权并无异议——这种政权在限制政治公民权和否认劳动力集体公民权的同时，也促进了资本主义的发展和最低限度的公民权。鲁谢迈耶等人进一步扩充了这种争论。在引证了许多历史和当代的实例研究后，他们指出，单就资产阶级本身而言，几乎从未要求过民主权。但如果受到下层工人阶级的推动，尤其是农民变化无常的推动，他们也会要求更多的民主。如果没有上述压力，他们很少会主动这样做。资产阶级如果在一个地主贵族占统治地位、并实行军国主义的国家中兴起，那么他们会欣然接受独裁统治的，就如在帝国一样。

二者都认为半专制帝国的出现是两种权力运作者——旧王朝和新兴资产阶级——妥协的结果。自由派认为由于旧王朝占据主导地位，资产阶级才被迫妥协；而批评家认为是旧王朝和资产阶级协议两分天下：由旧王朝控制政治，资产阶级控制经济。

然而，这些观点存在两个共同缺陷。

1. 他们过分注重阶级关系，忽视了民族争端。他们也没有把社会的统一性考虑在内。他们只是在德意志这个既定的国家社会中，看到了旧王朝和资产阶级关系的不同。但“德意志”在哪儿呢？无论在哪儿，它都会影响到资本主义和旧王朝的统一性。这两组政治联合实际上是处于变动之中的：资产阶级逐渐融入一个独裁国家，融入与众不同的德意志联邦——一个包括三十九个政权、两种地区宗教、普鲁士、奥地利和邦联地缘政治的德意志。

2. 由于他们非常注重针锋相对的阶级因素，所以其观点也着重强调深思熟虑的、理性的共同战略和利益。他们假想旧王朝和资产阶级都知道彼此所需、斗争原因以及成败结果，但与事实相去甚远。当阶级争端与民族争端紧密交织在一起时，其同一性变得极为错综复杂，每次斗争结果也会对其他斗争产生不可预料的后果。专制民族资本主义的内部联合（后果）既不是任何一个强大的运作者有意促成的，也不是它一贯反对的。它是几种权力网的产物，这种权力网的关系纵横交错，其复杂性无人能控制。

［英］迈克尔·曼，《社会权力的来源》，第二卷（上），上海人民出版社，2007 年 3 月，第 334～336 页。

二、魏玛共和国的行政体制

俾斯麦下台之后，在皇帝威廉二世的领导下，德国军国主义精神恶性膨胀，皇帝与英国等国争夺世界霸权，加紧扩军备战，1914 年挑起第一次世界大战，一战持续了四年零三个月，1918 年 11 月 11 日，德国在英法联军的沉重打击下，被迫签订停战协定，大战以德国战败而告结束。

当德国战败已成定局的时候，1918 年 11 月初，德国爆发了工人革命，推翻了德意志第二帝国，建立了德意志共和国，组成了以社会民主党代表为主体的临时政府。1919 年 1 月，全德举行国民议会选举，社会民主党得票最多，该党领袖艾伯特当选为共和国总统，社会民主党、天主教中央党和民主党组成联合政府，谢德曼出任总理。

国民议会的主要任务是制定宪法，宪法草案经过六次易稿，于 1919 年 7 月 31 日通过，8 月 14 日公布生效。由于国民议会是在魏玛这个城市召开的，因此这部宪法被称为“魏玛宪法”，依据这一宪法建立的德意志共和国也就被称为“魏玛共和国”。在民族经历严重危机的时刻制定并受到 1848 年思想强烈影响的魏玛宪法，试图在中央和各州巩固民主制度。她的黑红黄国旗颜色继承了 1848 年革命的理想，而不是俾斯麦帝国的黑白红象征。魏玛宪法对德国的行政体制作出了一些调整：

（一）中央与各州的关系

联邦制并未被取消，但做了一些变化。帝国的 25 个州归并成 18 个，每个州都有自己的宪法、政府和议会，一些重要职能如警察和教育都还保留在各州权力范围之内。但是，现在只有国会和中央政府有管理财政之权。此外，铁路改由联邦政府监督运营，联邦政府在取得联邦参政院的同意后，有权发布关于铁路建设、经营及车务的命令；可以航行的水道收归国有，并由联邦政府管理，海运亦由联邦政府管理。

各州政府的代表组成联邦议院，有权对选举产生的国民会议所决议的法律提出抗议。联邦议院有权批准政府发布的行政法规，听取政府处理国事的报告，参与政府各部讨论各种重要问题。联邦和州的议会仍然无法涉足政府内部关系，尽管通过议会对联邦与州政府的控制得到一定程度的修正。

（二）总统与联邦政府

魏玛共和国的宪法是一部议会制加总统制的双重宪法。它设立了一位权力强大的、可以与议会相抗衡的“代皇帝”式的总统。

总统由全德公民选举产生，宪法规定凡年满35岁的德国公民都可以参与竞选总统。总统任期七年，可以连选连任。联邦总统是国家的首脑，在国际上代表联邦，并以国家的名义与其他国家缔结同盟、订立条约和接受使节。但与外国缔结的同盟和条约如涉及联邦立法事项者，应取得联邦国会的同意。总统有权任免联邦政府的文武官员，并可以授权有关政府部门任免国家官员。所任命人选必须获得国会的信任，但国会的多数党派没有权力选举自己的政府与总理。

总统对联邦军队有最高命令权，他有权使用军队维持联邦的安宁与秩序，如联邦中的某一州违反联邦宪法和法律规定的义务时，总统亦有权使用军队强制其履行宪法和法律规定的义务。总统享有广泛的紧急命令权，以确保国内和平和公共秩序。在危急情况或国会中没有形成多数的情况下，总统有解散国会并自行任命内阁总理的职权。

联邦政府由总理和各部部长组成，均由总统任免。总理领导联邦政府，代表政府向国会提出施政纲领，对国会负责。各部部长按照总理提出的施政纲领独立执行其任务，并对联邦国会自行负责。如其中的任何部长明显不能得到国会信任时，本人应立即辞职。总理和各部部长组成联邦政府行政院（相当于内阁会议），总理担任主席，各部部长有权将一切有关执行宪法和法律的问题以及各部门意见不一致的问题提出讨论，表决时如票数相等，总理有决定权。

联邦政府有权颁布行政法规，还可以请求国会授权政府颁布具有法律效力的各种法规和命令。在魏玛德国的历史上，仅1919年至1922年三年间，国会便7次授权政府，委托政府立法。1920年至1924年四年间，政府颁布的具有法律效力的规章共410多项。

联邦及各州依照法律设立行政法院，以保护公民不受行政机关的非法侵害。①

魏玛共和国时期，国家一部分高级官员，如总理、部长和部分政府高级官员改由总统任命，并与议会政党共进退，因而，国家公务员便有了政务官员和事务官员的区分。事务官员仍继续第二帝国时期的传统，采取比较严格的考试录用制度。②

① 马啸原著，《西方政治制度史》，高等教育出版社，2000年，第289～293页。

② 马啸原著，《西方政治制度史》，高等教育出版社，2000年，第322页。

（三）地方自治

魏玛宪法保证市镇和县有权力在法律的范围之内实行自治，更为重要的是，它设立了地方选举的普通选民原则。随着这一宪法在德国所有州的通过，地方最终实现了彻底的民主化。

面对战后大量的社会和经济问题，社会民主党领导下的新的联邦政府把福利政策作为国家的首要考虑，地方政府逐步进入福利国家政策的扩张和施行中。例如，市政府受命管理失业救济体系，负责向失业者发放补贴。而且，在失业者领取补贴的那几个月期间，市政府可以交付给他一些工作：作为交换，他可领取津贴，以补充其补贴。许多城市用这种方式设立了一种强制性工作，专留给失业者。例如，在法兰克福，年轻失业者会被救济部门建议去帮助残疾人、鳏寡者、享受战争年金者购物和做家务活。[①]

在职能扩张的同时，地方政府被整合进联邦体系的程度也在不断提高。这一情形开始于 20 世纪 20 年代的混乱时期。1920 年，共和国进行财政改革，将税收制度集中化。改革使地方政府丧失了原有的所得税截留权力，只可以对财产和贸易进行征税，结果导致地方政府越来越依赖于联邦及州政府的拨款。在 20 世纪 20 年代到 30 年代早期日益恶化的经济与社会状况中，地方政府陷入了前所未有的财政危机，并与州及联邦政府发生冲突，为此，联邦派出了国家巡视员到地方进行监控。纳粹夺取政权后，地方自治在独裁统治压力下瓦解。

（四）极为困难的公共财政

早在战争时期，由于大量发行公债筹集战争经费，通货膨胀就已经开始出现。而协约国强加于德国的总额达 1320 亿金马克[②]的赔款义务导致了马克加速崩溃，通货膨胀如脱缰之马。德国民众辛辛苦苦节省下来的钱失去价值，战争公债的贬值也使公民对国家的财政稳定失去信任。政府一方面担心战胜国威胁要实行的制裁，不愿停止支付赔款；另一方面又害怕国内发生叛变和动乱，不敢通过提高税收、削减社会福利费用和冻结工资及物价来实行大刀阔斧的通货紧缩政策，只好对通货膨胀听之任之。从 1919 年至 1921 年，德国货币在国际外汇市场上由 1 美元兑换 8.9 马克狂跌到 1 美元换 56 马克，从 1921 年 7 月至同年年底又从 76 马克跌至 17972 马克，并于 11 月 15 日在通货膨胀顶峰时达到 1 美元兑换 4.2 万亿马克这个天文数字。货币汇价急剧下跌的同时，物价却无止境地猛涨，餐馆里一瓶葡萄酒从 50 马克涨到了 5000 马克，一扎啤酒从 10

---

① ［法］理查尔著，《魏玛共和国时期的德国，1919—1933》，山东画报出版社，2005 年，第 69 页。

② 金马克是黄金在德国的硬通货名称，是发行的纸马克的保障和支撑。

马克卖到500马克。

为了应对公共财政的危机，魏玛共和国在1920年统一了财政管理，建立了公司所得税等新税种，并于1922年制定《帝国预算法》，但这些并没有能够解决问题。直到施特雷斯曼实行一种新的货币制度使马克得到稳定的时候，局势才出现真正的缓和。他依靠抵押地产、商业、工业和银行以及黄金准备金，发行以32亿马克为限的货币，从而结束了通货膨胀，恢复了国内外对德国货币的信任。为恢复货币的稳定，德国付出了巨大的代价。30万帝国官员、职员以及工人遭到解雇，国家财政支出被紧缩到社会所能忍受的极限。货币整顿的受益者是工业界、农民、不动产占有者，其中国家最为得利，他们一下子就把债务全抹掉了。高达1500亿金马克的战争公债贬值到15.4芬尼，吞噬了这笔战争公债认购人辛辛苦苦挣来的全部积蓄。作为德国货币稳定的直接结果是，1923年底出现了经济和政治安定局面。①

与此同时，战胜国同意重新审查德国的支付能力，开始从经济角度处理赔偿问题。通过道威斯计划与杨格计划，德国减轻了赔款负担，并且在很大程度上收回了经济上和财政上的主权。随着经济形势的好转，各州和地方都开展了新的活动，修筑道路，盖学校、游戏场、体育场。城市福利局增加了对穷人的救济。国家普遍实行劳动介绍和失业保险法，普遍贯彻保险的原则，用人人都享有的合法要求代替了救贫济苦的要求。

然而好景不长，1929年10月24日纽约银行倒闭，引起了世界范围内最大的一次经济危机。受到通货膨胀损害、1924年起就在很大程度上依赖美国资本输入的德国，受到的影响更大。1930年4月，公认的财政专家布吕宁被任命为德国总理，他试图通过提高税收、削减工资、减少失业救济金、压缩公共开支以及大力削减进口、增加出口的措施来整顿国家、州和地方的财政收支。然而，他采取的措施并没有减轻人们的物质苦难，利用经济危机来全面修改凡尔赛和约的企图也失败了。在这种情况下，希特勒的宣传越来越具有吸引力。累根斯堡主教布赫贝格尔1932年5月在给红衣主教的一封信中这样写道："现在已是仲夏，在振兴经济和创造就业机会方面一直还无所作为。民不聊生，有的家庭只是靠马铃薯生活，人们几乎感到绝望。如果再像从前那样过去两个月，布吕宁就会彻底垮台；一次右的或左的革命是不可避免的，结局将是混乱和毁灭。我们主教们是否应当呼吁政府竭尽全力尽快地创造就业机会？国家社会主义的

① 迪特尔·拉夫著，《德意志史：从古老帝国到第二共和国》，波恩-Inter Nationes，1987年，第253～255页。

巨大冲击力就在于它巧妙地表达和利用了人民对政府软弱无能的情绪。”①

到1933年1月，至少1/3以上的德意志人，都是纳粹党及其首领希特勒的支持者，其他政党都没有达到或接近过这样高的支持率。因此，纳粹是真正意义上在魏玛共和国的最后一次自由选举中当选上台的。1933年1月30日，兴登堡总统正式任命希特勒担任总理。在随后的一年中，纳粹党通过一系列法案加强自己的独裁地位。1934年8月2日，兴登堡逝世，希特勒根据前一天颁布的国家元首法就任元首兼总理，最终确立纳粹独裁统治。

三、法西斯统治下的德国行政体制

希特勒第三帝国政治结构的特点是实行一党专制的极权主义独裁统治。在行政体制上，法西斯德国实行领袖独裁制；由纳粹党员控制国家所有行政机关，并借助它对国家的经济与社会实行全面控制；在中央与地方关系上，取消联邦制度和地方自治，实行邦国一体化政策。

（一）领袖独裁制

领袖原则是纳粹德国政治体制的基石。领袖的权力高于国家的权力，成为纳粹德国行政公认的原则。②根据这一原则，纳粹党和国家的最高领导人元首享有无限全权和权威，纳粹党的分支组织及附属协会领袖均由元首任命并对其负责，国家各级政府部门和地方政府头目同样由元首任命并对其负责。

希特勒当选为总理之后，逐步在国家机构中建立起领袖独裁制。1933年3月20日，新选出的国会以440票对94票的绝对多数通过一项授权法，将立法权（包括国家预算的控制权）、批准同外国缔结条约权、宪法修正权从国会手中移交给内阁，为期4年。这项法律还规定，内阁制定的法律由总理起草。③1934年8月1日颁布《元首法》，希特勒兼任纳粹党元首、国家元首和政府总理。此后，政府各部长实际上由希特勒指定，他们不对议会负责也不对内阁负责，而是直接对希特勒个人负责。德国的士兵、公务员、所有在纳粹组织中工作的人员，以及绝大多数人民都宣誓忠于希特勒。内阁会议也逐渐趋于消失，从1933年起每年举行内阁会议的次数逐年递减为70次、21次、11次、2次、6次、1次，从1939年起就再也没有举行过。

（二）邦国一体化

授权法通过一周后，希特勒就颁布了旨在使各州同中央划一化的第一项法

① 迪特尔·拉夫著，《德意志史：从古老帝国到第二共和国》，波恩-Inter Nationes，1987年，第266页。
② ［德］克劳斯·费舍尔著，《纳粹德国：一部新的历史》，江苏人民出版社，2005年，第376页。
③ ［美］威廉·夏伊勒著，《第三帝国的兴亡》（上），世界知识出版社，2005年，第228页。

令，规定按照1933年3月5日国会选举的结果重新成立各州议会和地方民意机构。4月7日紧接着公布第二个法令，即《联邦摄政法》，规定总统根据总理的要求任命各州地方长官，地方长官负责监督各州对总理规定的方针政策的执行情况，并有权任命和撤换州政府的成员，有权任命州公务员，有权得到下一级国家或州机构有关所有政治问题的报告，有权解散各邦议会，有权起草和公布法律。1934年1月30日，又颁布《德国重建法》，废除各州议会，州政府隶属于中央政府，各州地方长官隶属于内政部管辖。1935年1月30日，颁布《乡镇法》，取消了德国传统的地方自治权利，把市镇也纳入了邦国一体化的体制，使法西斯的势力一直渗透到行政区域的最基层。[①]这样，纳粹在德国建立了集中化的中央集权政治体系。

（三）党国一体化

纳粹分子对行政机构进行全面的渗透、干预、监督和控制，实行党国一体化的政策。

希特勒把德国原有的一套官僚机构保存下来，但各地区各部门由纳粹党人进行独裁式的控制。国家机关以及国家管辖的所有企事业单位的一切重要职位，都由纳粹分子掌握。纳粹党大区领导全部兼任地方政府首脑，党卫队头目则兼任警察首脑。纳粹分子在党和国家往往拥有性质相似的职位和管理职务。例如，戈培尔是国家党部领导人和国家社会主义德国工人党宣传的主管，但是他也占据了国家公共启蒙和宣传部部长的职位，汉斯·弗兰克是纳粹党负责法律事务的国家党部领导人，同时也拥有多个政府职位——国家司法部长、国家不管部部长和波兰总督。[②]

由于希特勒对政府科层制缓慢的步伐越来越不满，于是鼓励创建一些特殊的职位或组织以加快他认为对他的政策至关重要的特殊步骤。例如，弗里茨·托德被任命为德国公路总监，负责建立一个州际公路体系，但是他的职位并没有被安排在运输部，而是直接隶属于国家总理办公室和希特勒。希特勒给予官员广泛的权力，同时鼓励下属之间进行激烈的竞争，他相信社会达尔文主义原则，即最优秀的人在自然选择的过程中将占据上风。激烈的争斗从纳粹政体出现到结束就一直没有平息过。例如，里宾特洛甫在成为外交部长之前就建立了一个独立的里宾特洛甫办公室与外交部竞争，罗森贝格又建立了自己担任局长的纳粹党外事局，在二战期间，汉斯·路德试图将里宾特洛甫从外交部长的位子上

① 马啸原著，《西方政治制度史》，高等教育出版社，2000年，第300页。

② ［德］克劳斯·费舍尔著，《纳粹德国：一部新的历史》，江苏人民出版社，2005年，第395页。

赶下来，但他在争斗中失败，被送进了集中营。希特勒喜欢这样持续不断的冲突，因为这样使每个人都依赖于他。这些特别代表与平行机构的出现，导致职权界限模糊，造成纳粹行政体制机构重重、职权混乱。

早在1933年4月7日，希特勒就颁布《文官任用法》，要求全体公务人员无保留地拥护新国家，此后又对国家机关工作人员进行了多次清洗，解雇了参加其他政党的公务员、政治上不受欢迎的人和一切犹太公务人员。希特勒还设立了由纳粹党副元首赫斯领导的"副元首办公室"，决定政府官员的提名和批准，代表纳粹党起草各种法案，保证国家机关忠实地贯彻执行希特勒的指示和意图。1937年1月25日又颁布《文职人员法》，进一步规定所有政府官员和一切文职人员，都必须由纳粹党员担任，并必须加入纳粹党的附属组织"德国公务员联合会"，各级普通法院的法官和律师，则必须加入"国家社会主义法律工作者协会"。

尽管纳粹党人渗入到行政机构的低层，但是，历史学家普遍一致的观点是：纳粹在改变这一机构上并没有进展。犹太人和社会主义者这两个团体从来都没有在文官机构中构成重要的成分，大多数公务员实际上仍然留在岗位上。经过一段混乱时期之后，高级公务员保持了自己的地位，坚持把严格的资格和资历作为晋升的规则。因此，官僚机构并没有被去科层化，而战争又给了文官机构一个喘息机会，使它免遭进一步侵犯。公务员继续有效地管理着自己的事务，而且有效地和希特勒合作，使得后者能够进行统治和征服。纳粹党一直在老一代的"非政治化的"公务员那里得到支持。正是通过这个具有现代技术的、科层制官僚阶层，纳粹实行对国民生活的全面控制。

（四）全面控制经济与社会

希特勒在经济危机中得势，上台后首先要做的就是促进经济发展、消除失业。为了刺激经济，他放弃了布吕宁通货紧缩的政策，通过大规模重整军备及政府赤字花费使德国从经济危机中走出来。1936年底，希特勒提出的充分就业目标稳步实现。然而，重整军备也导致经济的集中化和政府对经济的控制进一步加强。在纳粹统治下，由政府告诉企业应该生产什么和应该生产多少，利润应该是多少，工资应该支付多少，应该在哪里建设新厂。对于农业，纳粹政府通过了一系列旨在全面控制市场和价格的法律，并1933年9月29日颁布《帝国世袭农场法》。

1936年之后，希特勒要求德国经济必须符合在四年内进行战争的需要，实行自给自足。希特勒任命戈林为新四年计划的指导者，授权他"发布法令和通行的行政规定"，"向所有的行政机关以及党的所有机构发布指令"以达到这一目标。在戈林的严厉控制下，进口大幅度缩减，工资和物价控制得到实施，红利被控制在6%的范围内。[①]

希特勒发起战争之后，德国随之进入战时经济阶段。国家号召人们工作十和十二个小时，必要时十四和十六小时，全力以赴。从1943年1月起，所有从十六岁至六十五岁的男人和十七岁至四十五岁的女人都要“报名”参加保卫德国，他们不是被送往前线，就是被派遣到工厂中去劳动。国家集中力量生产武器，飞机、坦克、机动车辆、船只、弹药和火箭的产量都超过了战争头几年的水平。工厂企业从城市迁到农村或地下，直到1944年底、1945年初，机器都开足了马力。

希特勒设立了许许多多庞大的组织来掌握和监督生活的各个领域，通过街道和支部组织，深入到每一个家庭，企图控制人民生活的每一个活动。除了纳粹党以外，还有其他组织，它们把不同年龄和不同职业的人都分门别类地组织起来。

纳粹政权十分重视对教育的控制，希特勒在《我的奋斗》中写道：“民族国家必须指导全面教育的方向。”在文化部长的领导下，纳粹解雇了在意识形态上不值得依赖的老师，尤其是犹太人。国家社会主义教师联盟作为监督机构监视着整个德国的教师。纳粹重新组织了中学教育，并从1935年起着手控制大学。纳粹也改变了德国教育的内容。纳粹教育的目标是制造听话的追随者，并推动扩张和征服，因此灌输思想和体育运动成为纳粹教育的两大支柱。学校科目也被纳粹化，德国历史受到了无耻的歪曲，课本中引进了对元首的和种族主义内容的故事。[②]

德国文化的纳粹化

1933年5月10日晚上，也就是希特勒当总理后约4个半月，柏林发生了一幕西方世界自从中世纪末期以来未曾看到过的景象。在约摸午夜的时候，成千上万名学生举着火炬，游行到了柏林大学对面的菩提树下的大街的一个广场。火炬扔在堆集在那里的大批书籍上，在烈焰焚烧中又丢了许多书进去，最后一共焚毁了大约20000册书。在另外几个城市里也发生了同样的景象。焚书开始了。丢入柏林烈焰中的许多书籍，都是具有世界声誉的作家

① [德] 克劳斯·费舍尔著，《纳粹德国：一部新的历史》，江苏人民出版社，2005年，第486～492页。
② [德] 克劳斯·费舍尔著，《纳粹德国：一部新的历史》，江苏人民出版社，2005年，第442～455页。

的著作，用一份学生宣言的话说，凡是“对我们的前途起着破坏作用的，或者打击德国思想、德国家庭和我国人民的动力的根基的”任何书籍，都得付之一炬。

新上任的宣传部长戈培尔博士从现在起将使德国文化不得越出纳粹思想的雷池一步。他在被焚的书籍化为灰烬之际向学生们讲了话，“德国人民的灵魂可以再度表现出来。在这火光下，不仅一个旧时代结束了；这火光还照亮了新时代。”

照亮德国文化纳粹新时代的，不仅有焚书的火焰和虽然没有像焚书那么有象征性却更有效的措施，即禁止千百种书籍在书店出售或在图书馆流通，禁止许多种新书的出版，而且还有任何现代西方国家都没有经历过的那么大规模的文化管制。

为了指导和控制文化生活的各方面，在德国文化协会下面成立了 7 个协会：德国美术协会、德国音乐协会、德国戏剧协会、德国文学协会、德国新闻协会、德国广播协会和德国电影协会。凡是从事这些职业的人，都必须加入有关的协会，这些协会的决定和指示具有法律效力。在这些协会所拥有的权力中，有一项是它们可以因“政治上不可靠”而开除或拒绝接受会员，这就意味着可以——而且事实上常常是——不让那些对国家社会主义不太热心的人从事他们的专业或艺术，从而剥夺了他们的生计。

凡是 30 年代在德国生活过的人，只要是关心这些事情的话，没有一个人能够忘记，曾经有过那么悠久的极高的文化水准的民族，它的文化水准竟发生这样令人恶心的退化。不用说，一经纳粹领袖们决定，艺术、文学、报刊、广播、电影都必须专门为新政权的宣传目的和野蛮哲学服务，这种退化就是不可避免的。

[美] 威廉·夏伊勒著，《第三帝国的兴亡》(上)，世界知识出版社，2005 年，第 241～242 页。

第四节　联邦德国的行政制度

1945 年 5 月 2 日，法西斯德国宣布无条件投降，德国随后被苏、美、英、法分区占领。1949 年 5 月 23 日，在美、英、法三国占领区合并而成的西占区，《德意志联邦共和国基本法》颁布生效，德意志联邦共和国正式成立。随着二战后政治制度、经济、社会与文化环境的变化，联邦德国的行政制度发生了重要的变化，并与英美公共行政管理模式更为接近。不过，历史形成的德国行政制度中的一些基本要素，如联邦结构、法治传统、社会化的服务体系等仍然存在，虽然它们不免因应环境的变化发生相应的变革。

一、联邦政府

德国联邦政府由联邦总理和联邦各部部长组成。

联邦总理由总统根据议院中力量对比，提名最强大的党的领袖为总理候选人，再经公民直接选举产生的联邦议院全体大会选举后产生。联邦总理通过建设性不信任投票对联邦议院负责。建设性不信任投票是指，根据基本法第 67 条规定，只有在选出了新的联邦总理、能够立即组织新政府时，原政府才可以被推翻。这一原则的设定是对魏玛共和国反思的结果。在联邦德国历史上，只出现过一次成功的不信任案，即 1982 年促使施密特政府下台、科尔开始其总理生涯的那次，当时规模虽小、但地位举足轻重的自由民主党脱离了施密特政府。联邦议院对政府还有质询权和监督权。一般情况下，每届联邦政府任期为 4 年，它随每届联邦议院的产生而产生，并在下届联邦议院召开之时告终。

联邦政府还要受到联邦参议院和联邦宪法法院的约束。虽然总理和内阁不对联邦参议院负责，但法案往往不经联邦参议院批准就不能成为法律。联邦宪法法院是宪法的保卫者，拥有宪法的解释权。《基本法》还规定，任一公民在他的基本权利以及基本法规定的其他权利在受到公权损害时，都可以向联邦宪法法院提出申诉。

第二次世界大战后联邦德国行政权的一个重要特点是削弱总统的权力，确立和实施总理原则。

基本法参照英国君主的地位和作用，设计了联邦总理的宪法地位，用虚位总统制代替了魏玛时期的强总统制。总统为国家元首，非直接选举产生，他只是国家权力的象征性代表。总统的政治生涯的前景、行事风格和影响力因人而异。除行使基本的象征性和礼仪性职责外，有些总统因其在短期内站在超越党派性政治的立场上，因此能够在某些涉及面较广的事件中起到领导国家的精神性的作用。如古斯塔夫·海因曼积极关注西德的贫困人口；魏茨泽克在 1984 年就职时，发表了一次非常著名的演讲，恳求德国人正视自己在第三帝国所犯下的暴行中的同谋行为和应负的责任。

联邦总理成为政府首脑，总理决不只是政府几个成员中的头号人物，而是发挥着实际领导作用的国家最高行政领导人。他被赋予一系列重大实权：

一是方针制定权，即确定政府政策的指导原则，并对此承担责任。与英国首相的地位相似，德国总理是公共政策的制定者和发起者；不同于英国的是，英国首相的突出作用是由于需要和环境的因素逐渐形成的，而德国总理的地位是由基本法明确规定的。联邦总理在决定所有基本政府政策问题时享有优先权，他可以与他的内阁同僚讨论这些指导原则，但并不一定要考虑他们的意见。因此，议会不信任投票只能针对他，而且也只有政府首脑本人才可以请求议会举行信任投票。如果总理被推翻或辞职，他的部长们也要下台。

为了实施其对指导方针的决定权，总理需要一个机构来协助他，这就是联邦总理府。总理府是行政部门的核心，其中心人物是总理本人。从各部收到的和发给各部的所有信息都在这个机构里协调，从而使总理能够贯彻其指导方针。总理府原先由一名国务秘书掌管，自1969年以后，则由一位部长负责。不过，宪法只是为联邦总理提供了强有力领导政府的机会，但是并不是每个联邦总理都能充分利用指导方针决定权。总理本人的个性、他或她受到联合执政的合作伙伴的限制程度等，都影响着总理对权力的实施程度。

二是人事决定权，即可以决定政府班子的组成人选。总理上台后的第一项任务便是组织新政府，联邦政府各部部长由总理提名、联邦总统任命产生。当然，在实际选拔部长时，总理必须要考虑各个派别和强大压力集团的要求。各部部长在联邦政府的政策方针范围内独立领导业务工作并各自负责。联邦总理有权监督各部对联邦政府政策、方针贯彻的情况，不过，他不能直接干预各部事务，不能绕过部长直接向各部门官员下达指示。如果部长间发生意见分歧，联邦总理不能独自解决纠纷，而必须与整个内阁一起解决。①

联邦德国在二战后确立总理原则或称总理式民主，有德国政治传统方面的原因：德国传统上更加崇拜国家权威。同时，也有吸取魏玛共和国历史教训的原因：简单的倒阁权导致魏玛共和国时期14年间总共更换了26届内阁政府，这使人们对议会民主政体产生了某种厌恶之情，认为这种体制天生会导致国家的孱弱。②联邦德国第一任总理阿登纳连续担任联邦总理达14年，建立了显赫的地位，使基本法中的“总理原则”得到最为鲜明的体现。

联邦政府的各部数目屡经变化，最多时为19个，最少时为12个。每个联邦部下面都设有一个或者更多的直属局，负责管理具体事务。例如，财政部有联邦财政局，经济部有经济局、出口局等。在分工方面，联邦部负责本身权限

---

① [联邦德国] 宗特海默尔著，《联邦德国政府与政治》，复旦大学出版社，1985年，第152～156页。

② 马啸原著，《西方政治制度史》，高等教育出版社，2000年，第320页。

内的政策决策和起草提交联邦议会的政策提案，而联邦直属局负有执行具体事务的功能。

在德国，联邦一级的国家行政机构，除了联邦政府外，还有一些不直接隶属于它的机构，例如德国的中央银行等。

二、州政府

基本法规定德国是联邦国家。当代德国实行联邦制一方面是出于悠久的历史传统及各州存在的多样性，但更重要的是考虑到通过权力扩散来保证自由民主、满足德国近邻们的安全需要。德国现有 16 个州级行政单位，即 13 个州和 3 个州级市。其中被称为“西部老州”的原西德地区各州共 11 个，被称为“东部新州”的原东德地区各州 5 个。

（一）联邦与州的权力分配

德国实行联邦制，联邦议院和联邦政府的权力大于州的权力，但各州也有广泛的自治权，州有权参与联邦立法和行政管理。

第一，立法权主要掌握在联邦手中。专有立法权由联邦行使，各州无权干预，如外交与国防。并行立法权由联邦与各州共有，无联邦法律时，各州方得立法。但根据 1994 年宪法修正案，州权有所扩大，在某些领域，联邦制定了法律，各州的相关法律不一定会必然失效，如民刑法律。在另一些领域，联邦有原则立法权，各州制定细则，如教育、文化和环保等。

第二，执行法律主要是各州的职责。联邦政府的行政机构为数不多，只有外交政策、联邦财政和税收、联邦铁路系统、联邦邮政服务机构、联邦航路、联邦武装力量及部分社会安全系统直接隶属于联邦行政机关，在所有其他政策领域，联邦政府基本上不在各州下设机构，这显然不同于美国的联邦体制。在美国，联邦政府可以设立它自己的地区或地方机构，以便实行联邦政策及方案。在德国这种特别的宪政安排中，联邦法律由各州代为执行，联邦甚至可以直接指令州政府处理某项行政事务。不过，各州在贯彻联邦法律时有很大的自由度，联邦只能监督各州的做法是否符合法律，而不能监督各州的做法是否适当，即它只有法律监督权而没有专业监督权。

第三，通过作为各州政府代表的联邦参议院，各州参与联邦立法。严格说来，联邦参议院并不算德国的“上院”，它是一个各州政府的联合机构，是为平衡和协调联邦与各州、州与州之间的矛盾而设立的。其成员并不是来自选民的自由选举，而是由各州政府派出，受到各州政府指令的约束。联邦参议院的监督是一种各州行政权对联邦行政权与立法权的监督，而各州议会与联邦参议院的决定根本无关。联邦参议院拥有的权力包括：（1）立法动议权，联邦参议院的立法动议须经联邦政府同意或修改后，才能提交联邦议院审议；（2）立法审议权，凡联邦政府提出的法律草案在提交联邦议院审议前，须经征求联邦议院同意；（3）凡经联邦议院通过的涉及州的问题和利益的法案，须交联邦参议院审议和通过，才能提交联邦总统签署；（4）不涉及州权益的法律、法案，原则上不必通过参议院审议通过，但它可以提出异议。[①]

在政治实践中，联邦与州的权力分配是处于不断的发展变化之中的。联邦共和国成立以来，联邦政府通过对相对弱小的州提供资助而逐步介入各州的政策领域（特别是在经济和社会领域），因之而来的“混合行政”经常在宪法和政治层面上遭到批评。20 世纪 60 年代末至 70 年代，联邦曾计划把财政资助转变成为联邦与各州之间在行政管理上的项目合作，打算在不同政府层级之间实施政策与政治整合，但这项计划被宪法改革特别委员会否决。到 20 世纪 80 年代，在工业和社会政策领域，各州又重新回到以前的分权格局。不过，权力向联邦层次的集中化趋向仍然存在，联邦政府与联邦立法实际上正承担了越来越多的政策制定与立法的权限和职责。各州政府愿意为了获得联邦基金而转让出它们的自治权力，因为它们可以通过联邦参议院、联邦与州的各类委员会这些各州政府在其中拥有决定权和否决权的组织来参与联邦的决策。这种趋势所导致的一个后果就是各州议会的政治影响力大为下降。

（二）州政府的行政管理功能与结构

州政府由通过比例代表制选举产生的州议会负责组成。州议会选举州长，州长任命经州议会同意的各部部长，组成州政府。州政府向州议会负责。

联邦德国各州行政机构的组织形式并不相同。州政府一般由州长、各部（在柏林和不来梅称市政管理机构，汉堡称职能机构）及其下属部门和受州间接领导的机构组成，其建制、任务分工和主管方面由各州的法律规定。

各州都有州高级行政管理机构负责全州事务，例如，州统计局、州青年事务管理局、州社会事务管理局、州刑事局、州测绘局、州宪法保护局等。各州较低一级的管理机构是县政府机构以及县行政管理机构、县政府办公室或县级委员会。

除直属的州行政管理机构外，还有一些具有法人资格的非直属管理部门、团体和基金会，例如，高等院校、律师协会、医生和牙医协会、手工业者协会、工商会、公共事业性质的广播电视台等。州审计局是独立于州当局的对行政管

① 吕耀坤，《德意志联邦共和国的政治制度》，《德国研究》，1995 年第 4 期，第 21 页。

理机构的预算和财会制度及执行情况进行审计的最高州级机关。

州之下，设立行政区。行政区负责各地间的合作，以实施部门政策和项目，监督地方当局。行政区的长官由州政府任命，各州行政区的数目在 3 个到 7 个之间。在次地区或地方层次上，州很少为行政管理的目的设立地区分支机构，通常将大部分行政或执行之功能授权给地方当局。这种做法与其他国家（比如法国）大不相同。

各州是德国立法与公共政策的主要执行者。这些立法与政策包括联邦立法与政策，也包括来自欧盟的立法条款和基金项目。此外，教育和文化领域之事务管理是州的一项特权。按照欧洲大陆的传统，在德国，中小学校与大学几乎完全是州立。州政府中 45%的人受雇于教育、科学与文化领域。警察事务也由州主管，12%的州雇员是由警察机关雇用的，只有 13%的人在狭义的州政府公共行政部门工作。

（三）联邦与州、州与州之间的合作

在占领军结束对德国各州统治后不久，各州就着手建立一些替代性的政策协调机制。最初，各州行政官员之间就维护统一的财政管理等问题进行了一些非正式交流。到 1948 年，各州教育部长永久性会议制度创立，它成为实现教育政策协调的最重要工具，政策协调的努力首次达到一个新的高度。

多年以来，联邦和各州之间以及州与州之间建立了各种各样的合作方式和途径，如联邦政府总理和州总理会议、联邦政府部长和州政府部长会议、联邦参议院常设咨询委员会、各州派往联邦的全权代表和常驻代表等。通过一个纵横交错的、庞大的机构和委员会的网络，联邦政府和州政府就共同关心的问题进行讨论、谈判、达成协议，而且所签订的协议往往以国家协定或行政协定的形式正式化，从而获得法律效力。上述合作都是在纯行政范围内进行，具有双方同意的性质，在达到协调的同时又维护了州级行政管理机构在组织上的自主空间和自治地位。

（四）东部各州行政管理的转型

20 世纪 90 年代东德的制度转型不同于其他中东欧国家，因为西德为它提供了一个可供参考的范例，东德的行政制度转型更像是一种行政管理的整合。通过单个的东、西德州和地区之间存在的伙伴关系，通过服务于东部地区行政管理体系的重建的大约 35000 名西德公务员，通过西德的巨额资金输入，西德的模式和实践产生了重要的影响。更为重要的是，由于引入基本法，东部各州公共行政管理拥有了一个确定的宪政框架，东部各州的行政当局也受到特定的宪法约束带来的制约。不过，东德行政管理的重建并不只是对于西德模式的一种简单复制。东德“制度构建者”对输入的西德政治和行政体制都进行了大量的修改和调整，尤其是在州政府的行政组织、州与地方的关系以及地方权力机构方面。①

目前，对东部地区来讲，在按照西德模式重建行政管理体系的过程中还有许多事情要做。东部地区要承担许多以前不熟悉和忽视的国家的多元化职能，比如污染控制、城市重新发展、基础设施等等。社会服务政策和劳工政策也要重新制定。此外，为了提供一个良性运转的市场经济体系，对行政机关内部体系的监督也非常重要。

三、地方政府

德国地方政府是指州政府以下的市、县等地方自治政府。德国地方政府的建构原则体现了民主与法治、自治与分权、权力分立、层级分工及公共精神。

（一）地方政府概况

德国的地方政府基本上分成两级：作为较高层级的地方政府单位的县，作为基层地方政府单位的市、镇和乡；另有一种重要的混合类型，即整合了县和市职能的城市县，它以一种地方联合政府的形式，同时承担市镇和县的职责，以单个层级的地方政府形式出现。

市、镇和乡构成德国的最低层级的地方政府，乡通常位于农村地区，而镇尤其是较大的镇和市则构成城市区。德国的城市化程度很高，只有极少数人尚居住在乡村地区。市、镇和乡之上是县级地方政府单位。从法律的角度来看，市、乡和镇并不从属于县，前者对其边界之内的所有事务负全责。但是，如果一些地方事务的治理超出了一个乡镇的能力，作为较高层级的县级地方政府就会被要求和有义务介入，承担起这部分职责和职能。例如，一个单独的小镇在建立和运营一个医院方面很可能会力不从心，在这样的情形下，县就会被期盼承担起相应的责任。不过，一些较大的镇，特别是那些大的市，则呈现出一种单一层级的治理结构，这种结构融城镇职能与县职能为一体，即“城市县”。②

德国的地方政府自治可追溯到 19 世纪初，1949 年《基本法》则为地方自治赋予了宪法性地位。《基本法》规定了地方政府的自主权，各县、市、乡、镇在法定的范围内，可以独立处理各种与地方共同体相关的事务。同时，《基本法》还规定各地方政府的组织必须是民主的。

① [德] 赫尔穆特·沃尔曼著，《德国地方政府》，北京大学出版社，2005 年，第 158 页。

② [德] 赫尔穆特·沃尔曼著，《德国地方政府》，北京大学出版社，2005 年，第 22 页。

（二）地方政府的职能

地方政府在整个联邦的行政机构中起着重要作用，它们承担着双重职能：上面指定的任务（承办的职能范围），即根据上级依照法律指示执行的任务；地方自治的任务（自己的职能范围）。在履行自治范围内的职责时，地方政府只接受州政府在法律和财政方面的监督。

地方自治事务又可再分为按法律条文被迫执行的任务（强迫型任务）和完全依赖于他们自己决定行动与否的任务（自愿型任务）。联邦和州政府对于地方自治事务的执行制定了大量法律，从而产生了密集的法律规制网络，在此“框架背景”下地方政府展开工作。

地方政府承担的地方自治事务十分广泛，包括市镇发展计划、社会服务、建设公共设施与基础设施、推动经济发展、组织文化活动、环境保护等各方面。①在国家委托的任务中，大量是行政管理方面的，主要包括许可和审核、环境保护、驾照发放、市民登记等。据估计，联邦和州大约70%到85%的法律（还包括逐渐增多的欧盟法律）是由地方政府来执行的。

（三）地方政府的组织结构

地方政府行政结构上的决策权属于地方政府，这也是地方自治原则的一个基本要素。行政管理中的人员数量、层级、上下级关系，行政过程如何展开等，这些行政组织上的事务都属于地方议会和行政首长的职权范围。

第二次世界大战之后，由于当地传统的差异和所处占领区的不同，西德各州所通过的市（和县）的管理章程，在地方宪法约束下呈现出不同的面貌。不过，它们都具有德国公共行政的两个典型特征：法治传统和等级制模式。除在纳粹时期外，德国是传统的法治国家，德文“法治国”一词的应用迄今已近二百年。当代德国的政治与行政制度是法律规范的产物，其法律体系由界定权利与义务的公共法所构成，此外，还包括效力高于所有普通法的宪法规范以及联邦宪法法院所作的司法解释。法律对于所有国家活动有不可违反的效力，包括地方政府在内的各级政府不得违背法律。②

德国地方政府存在着相似的等级模式。对较大或中等规模的市镇和县来说，

---

① 按照德国政治传统中所谓的“辅助原则”，社会服务中的相当一部分是由非公共、非营利性的组织，如教会、合作社、工会和各种协会提供，而不是由地方当局及其官员来承担的。教会在提供地方幼儿园、医疗服务、贫穷人救助和文化事业等公共产品方面有重要作用。合作社系统在提供信贷、农产品和基本日用品销售服务及提供低房租住宅方面有重要地位。德国的各类行业工会在公共任务的供给中也起着重要作用，工会的主要活动领域为社会保险、基础设施和住宅，工会也为成员提供职工的教育、进修、信息交流等服务。

② 甘超英，《联邦德国宪法的基本原则》，《中外法学》，1995年第3期，第66～67页。

地方行政中采用一种三级管理职责模式：行政首长，负责地方政府范围内的全面领导；包括一个或多个功能的局，通常由一个经议会选举产生的有任职期限的副市长领导；（各部门或交叉的）处，由处长领导，他们由地方议会或行政首长任命。

市镇、乡和县的组织发展深受地方政府联合咨询机构的专家意见和建议的影响，该机构提出的八组主要的功能性组织结构安排，多年来一直被许多地方政府当局所遵循。这八个主要的功能和部门级别是：一般行政事务，中心部门、人事部门、统计部门、会计监督部门等；财政事务，司库、现金、税收部门、资产部门等；法律和公共安全事务，法律部门、公共秩序部门、市民登记等；学校和文化事务，学校、文化部门、成人教育、博物馆；社会、青少年和健康事务，社会部门、青少年部门、体育部门、卫生部门、医院等；建设事务，城市规划部门、建设许可部门、住房补贴部门等；公共服务，街道清扫、屠宰场等；经济发展和公共交通，经济发展部门、乡镇企业。

在存在上述共同模式的同时，由于人口规模的差异、政党的影响、优先考虑的部门的不同，地方政府的构建也表现出一定程度的差异。

（四）地方政府的变革

随着联邦德国社会经济结构及政治环境的变化，地方政府发生了一些变革。

第一，地方政府进行了区划改革。二战后，德国经济的迅速发展使得原先的区划变得过时，无法发挥应有的规划与执行功能。20 世纪 60 年代和 70 年代，在州政府的主导下，地方政府进行了大规模的合并，县政府的数目由 425 个降到 237 个，市镇和乡由原来的 24000 个降到 8400 个。通过合并，一方面，可以克服市镇规模过小、建设公共设施成本过高的问题；另一方面，可以减少行政管理人员的经费支出。

第二，由于国家职能的扩张，地方政府功能与规模进一步扩大。二战后，国家承担的经济与社会职能大量增加，而新增的这些职能，如基础设施（城市复兴、乡村交通）建设、提供社会福利、环境保护等主要还是依靠地方政府来具体执行。为此，地方政府根据需要建立了由新招聘的人员组成的全新的行政管理部门，包括城市改造部门、环境保护部门、应对失业危机的部门。地方政府人员数量从 1950 年的 55 万逐步增长到 1960 年的 75 万，1970 年时则达到近 100 万。这种快速增长的势头到 20 世纪 70 年代因为经济衰退而停止，1970 年到 1990 年的人员数量相对稳定。

第三，为了改进地方政府人员的职业训练，20 世纪 70 年代，所有的州建立了公共行政学校，培训地方行政人员。

第四，为了缓解失业人员增多带来的财政压力，整个20世纪80年代，地方政府致力于控制预算开支、提高地方行政的效益。其中，“任务检查”是最为常用的手段，它意味着对每个行政管理任务和操作的投入与产出都要进行成本收益分析，从而决定该任务是否继续施行，或在操作方面是否需要改进。90年代之后，上述改革又进一步与新公共管理运动结合起来。

第五，20世纪80年代以来，地方政府开始重视使行政管理更适应于公民的需要，以“公民导向”来抵制和减少地方行政中的“官僚”作风。

二战后德国的社会市场经济

德国推行的社会市场经济模式，是一种以私有制为主体，鼓励和发展市场经济，强调个人自由和市场竞争，同时主张宏观调控和政府干预，消除市场缺陷，实行广泛的社会保障制度，以保证整个经济和社会的公平、效率、发展、稳定的经济发展模式。“社会市场经济”的创始人艾哈德等人之所以在市场经济之前冠以“社会”一词，是为了表明他们所主张的市场经济既不同于传统的自由放任的市场经济，又不同于中央集中管制的统制经济，而是一种有社会秩序的、实现了社会公正的市场经济制度，即克服了漫无限制的自由放任和严酷无情的政府管制的“第三条道路”。它的主要运行机制包括:

第一，保护竞争，充分发挥市场机制作用。通过立法促进竞争、反对垄断，并建立联邦卡特尔局，作为执法机构。此外，德国政府还用经济杠杆，扶持中小企业，鼓励竞争。

第二，进行适度的国家干预。按照社会市场经济理论，国家应对经济生活作适当的调节、干预。在德国的现代经济生活中，政府的宏观控制可说是无处不在。但德国政府清楚地知道，政府的经济职能只限于为企业创造良好的竞争环境，而不能直接干预企业的经营活动。德国政府也主要采取符合市场规律的手段，比如通过货币、信贷、财政、税收和外贸等政策进行全面有效的总体调节，尽量避免直接的行政措施。

第三，实行独立的中央银行体制以确保货币稳定。二战以后的德国历届政府都把稳定货币列为至高无上的目标，毫不动摇。在德国，稳定货币这一重要使命主要是由德意志联邦银行来完成的。

第四，建立完善的社会保障体系，维护社会稳定，实现社会公正。社会市场经济论者认为，一个有效的市场经济体制不仅要完成经济任务，同时还要完成一系列的社会保障任务，即要通过社会政策对市场经济的消极后果

——社会不公正进行修正。德国政府利用行政和立法的手段，建立了以社会保险、社会福利和社会救济为核心内容的社会保障制度。

第五，实行劳资“共参制”，保障社会稳定，促进经济发展。尽可能处理好劳资关系，避免矛盾的对抗演变，是德国社会市场经济体制所追求的目标之一。它和完善的社会保障体系一起，成为维护社会稳定、保证经济稳步发展的两大手段。在德国，劳资合作实行“共参制”，这是一种让工人参与企业管理的制度。由雇主组成的雇主协会和由雇员组成的工会结合起来，共同参与管理企业的内部事务。

德国社会市场经济模式为战后德国经济的振兴立下了不可磨灭的功绩。但是，这一体制运行至今，也暴露出明显的问题，主要表现在：社会保障体系开支太大、浪费惊人、失业人数居高不下等。当前，德国政府正在积极地进行经济体制改革，以便使社会市场经济体制更加完善。

谢汪送，《社会市场经济：德国模式的解读与借鉴》，《经济社会体制比较》，2007 年第 2 期，第 71～73 页。

四、公务员制度

二战后，联邦德国对原有的公务员制度进行了一系列改革，职业的公务员制度成为新宪法的一部分内容。基本法规定，作为永久性职能的国家权威的行使通常委托给国家公务员，他们的地位、服务和忠诚由公法加以规定。随后，联邦德国陆续颁布《关于为联邦服务的人员的法律地位的暂行规定》、《德国公务员法》、《公务员工作时间条例》等相关条例和实施细则，从而逐渐形成了一套比较完整的现代公务员制度。

（一）公务员的结构

德国政府人事系统可区分为“公务员”、“公薪雇员”和“工作人员”。

公务员的地位由基本法、联邦和州各自的法律规定。公务员和其雇主（联邦、州或地方政府）的关系体现在公法之中，公务员由公共机关所录用并终身任职。公务员所得的报酬须能维持其基本的生活（而非工资），可以得到免税的退休金（而不是以其工作期间所支付的金额为基础），与公共机构之间的关系以忠诚为纽带，这也意味着，公务员不具备罢工的权利。政府公薪雇员以及工作人员则基于私法契约而被雇用，获取工资，在原则上可以被解雇，可以拿退休金，但是必须以其在工作期间获得的金额为基础，并有罢工的权利。涉及公薪雇员和工作人员的大部分法律规章都由全国性协议所规定，这个协议是由公共机构和相关的公共雇员工会集中谈判、协商而达成的。在德国的地方政府机构中，只有少量的地方政府工作人员享有公务员的法律地位。可以列入公务员范畴的人不超过10%，其他则是大约60%的领薪雇员和大约30%的普通工作人员。

（二）公务员的相关权利与义务

公务员通过法定程序担任国家行政职务后，即与国家产生了行政职务关系。为了使公务员能够尽忠职守、全力以赴地献身于他们的工作，国家对公务员实施一些保护性条款。这对公务员来说，就是公务员的权利。《联邦公务员法》总计202条，其中规定公务员权利的一共有17条，主要包括五个方面：第一，公务员有依法取得报酬和劳保福利的权利。公共部门中的官员、领薪雇员和普通工人之间的地位差异逐步减小；他们都有职业保障、工作时间、退休年龄以及像幼儿园、医疗费用报销等多方面的待遇。第二，公务员有查阅本人人事档案的权利。第三，公务员有结社的权利。德国的公务员制度并不是一种封闭的制度。官员们组织起自己的职业联合会，就工作、组织和人事等内容分享多元化的信息，确保共同拥有的权益。在职业联合会的帮助下，那些为公共服务机关所雇用的人在劳动法的保障下，长期以来一直在薪酬方面位居前列。第四，公务员有随时要求辞职的权利。第五，公务员有获得公务员证书的权利。

《联邦公务员法》中规定公务员的义务有21条，主要包括以下内容：第一，保持中立的义务。公务员虽然可以加入某一政党，但他是为全体人民服务，而不是为某一个政党服务，他应当公正地、不偏袒任何政党地去完成他的使命，在执行任务时他应当考虑的是普遍性的利益。当公务员当选为联邦议员时，必须辞去他的公务员职务。第二，全心全意效忠国家的义务。这意味着，公务员应当忠于宪法，并且坚持与宪法相关的政治忠诚。第三，支持上级、服从上级的义务。第四，严守机密的义务。第五，其他如宣誓就职、参加培训进修、不私自接受礼品的义务等。

公务员不履行工作义务就算失职；如果公务员在公务活动外的行为按照具体情况严重危害了他本身的职务或者一般官员所应有的形象，也叫失职。对失职或不履行义务者可以进行纪律惩戒、民事处分或刑事处罚。

（三）公务员的录用

德国公务员的录用方式主要有考任制、聘任制和委任制。考任制适用范围较为广泛，由主管机构根据行政部门的职位的职务要求，对申请担任职位的人进行测试，然后在此基础上择优任用。公务员考任制坚持公平竞争、机会均等、人才主义和长期任用的原则。聘任制是指由政府机关通过合同书之类的契约定期聘用专门人员，适用于招聘在社会上有一定名望的专家学者。聘任制不是对所有公务员都可以采用，它被限定在一定的职级范围之内。《联邦公务员法》第8条第2款规定，公开招聘公务员的条件不适用于：国务秘书，联邦各部、司、局长，联邦各部直属机构的领导人以及联邦直属的法定团体、机构和基金会的领导人。委任制是指由机关首长直接委任某人为自己的部属，一般只适用于对首长本人负责的助手和秘书等辅助人员，以保证与首长的协调和合作。

德国政府在传统上偏向于“通才式”的行政管理人员，专业化从未成为雇佣的主导性标准。技术和专业化专家缺乏独立地位，通常只是行政人员的附庸。整个教育和培训体系都要求训练出“行政通才”，即有着基本的法律素养，能够在不同部门执行公务的人员。

（四）公务员的晋升

德国公务员的资历种类分为四级，即简单职务资历、中等职务资历、上等职务资历和高级职务资历。《联邦公务员法》对每一种资历的晋升都规定了特定的条件，只有符合法定条件，才能依次晋升。

晋升要进行晋升考试。考试由联邦人事委员会主持，按照记分制度评定考试的各项成绩和总成绩，作为确定考试成绩评语的依据。

晋升由公务员所属的最高行政机关负责。首先由行政机关组织选拔委员会挑选审查，然后提出晋升人员名单，最后由最高行政机关审查批准。

（五）公务员的考核与管理

考核是德国功绩制的基本内容之一。《联邦公务员资历条例》第40条对考核的方法和结构作了规定。公务员的才能和成绩至少每年鉴定一次，如果工作的情况或个人的情况需要，可以随时进行鉴定。鉴定内容应向公务员宣布，并征求他们的意见。考核事项由各行政机关的人事总监负责。在日常工作中，公务员的数量、质量、服务态度、品行、性格、特长、勤懒等，也都由他进行详细观察和认真记载。

在德国，公共人事的管理权大多留给了各州，但联邦政府仍然保留了决定公务员法律身份的通用的、框架性的法律，以及以议会法案形式来决定公务员工资和津贴的权力。当然，这必须取得联邦参议院中各州代表的同意。[①]

五、公共财政体制

相应于行政机构的设置，德国的公共财政体制也分为联邦、州和地方三级机构。在德国，联邦、州和地方政府都按法律规定行使相应的财政权，享有相

① 沈亚平、吴志成编著，《当代西方公共行政》，天津大学出版社，2004年，第144～150页。

应的财力，目的是要保证联邦、州、地方政府在财政经济和社会事业方面都得到均衡的发展。

（一）财政管理体制

联邦一级的财政管理体制由四层构成：联邦财政部、联邦高级管理局、中层高级财政局、地方管理机构。

州拥有自己的财政管理系统。州财政管理的主要任务是税收征管和税收的转交。州的财政管理系统受联邦统一法律的制约，全国所有州级财政管理体制都是相同的。州的财政管理系统由三层构成：州财政部、高级财政局、市镇财政局（是州财政部的下属机构，不接受所在市镇政府的领导）。

由于市镇是自治的独立财政单位，因此，在市镇设有自己的财政管理系统，负责编制本市镇的预算、制定市镇的财政税收政策以及管理市镇公共财产和企业。市镇财政部设有自己的税务局，负责征收完全属于市镇地方的税收。[①]

为了对联邦、州和市镇各自的财政计划进行协调，1969 年成立财政计划委员会，它是一个财政政策咨询和财政计划协商机构，由联邦财政部长、联邦经济和劳动部长、州财政部长、4 名市镇和市镇联合会的代表组成。

联邦审计院也是德国财政体制的一个重要部分，它是一个独立于联邦政府和联邦议会的国家最高财政监督机构。主要任务是对联邦政府的财政预算执行情况进行监督。

（二）政府之间的财政分配与财政平衡

税收一直是德国财政收入最重要的来源。联邦、州、市镇三级政府在税收分配中的比例存在一定变化，但长期以来基本上是稳定的，联邦所占总税收的比例通常在 50%以下。

德国在建国之初，税收分配主要采取分离原则，各级政府有各自的税种。其中，属于联邦的主要税种为增值税和关税，属于州的为工资所得税和公司所得税，市镇拥有土地税和营业税。1969 年财政改革以后，税收共享原则成为主导原则。所得税和增值税这两个主要税种皆由联邦和州共享。1975 年，联邦政府税收收入中共享税的比例已经占到 72%，而自有税只占 28%；州的税收收入中共享税占 85%，自有税占 15%；地方政府的税收收入中共享税占 42%，自有税占 58%。[②]

联邦德国各州和地方之间存在着实力尤其是财力的差异，各州的面积、人

① 朱秋霞编著，《德国财政制度》，中国财政经济出版社，2005 年，第 32~38 页。

② 朱秋霞编著，《德国财政制度》，中国财政经济出版社，2005 年，第 188 页。

口规模和经济规模差别相当大。例如，面积最大的巴伐利亚州的面积为 70554 平方公里，而萨尔州只有 2569 平方公里，州级市不来梅只有 404 平方公里；人口最多的州北莱茵－威斯特法伦州拥有居民人数 1800 多万，而萨尔州只有 100 万人，不来梅只有 66 万人。[①]此外，西德各州比东德各州经济更发达，人民生活更富裕。为了平衡各州的公共服务能力，调节社会福利水平，实现全国范围内的共同发展，联邦政府在财力的分配和调节上实行了一套完整的财政平衡制度。基本法关于促进联邦各地之间“生存条件的一致性”的条款，则成为财政联邦主义的基本准则之一。

与其他国家相比，德国的财政平衡是一种横向和纵向相结合的制度。在财政纵向平衡方面，联邦对州和地方政府通过以下方式进行财政转移支付：调整增值税和营业税分配的比例；实施返还性转移支付，从税收收入中返还部分金额，对财力较弱的州进行补助，给贫困州发放财政补贴。财政转移支付分为一般性分配金和特别需要分配金。地方可以自由支配一般性分配金，特别需要分配金则由联邦政府指定使用领域，如道路交通、文化体育设施、环境保护等。此外，各州还通过调整税收共享比例等方式对所属市镇进行拨款。

另一方法是州与州之间以及州内各个市镇之间的横向财政转移。根据一个复杂的公式，年平均税收能力是税收需求 102%以上的州向税收能力为税收需求 95%以下的州支付年度平衡额。这样，所有州的年度收入至少能够提高到各州平均税收收入的 95%。自 1969 年以来，通过共享增值税的进一步平衡，各州之间的横向平衡机制得到了补充。市镇之间财政平衡的主要手段是工资和所得税在市镇之间的横向分配，以解决因税收技术方面的原因而出现的税收不公平分配问题。[②]

自 1995 年实行东西德地区统一的财政平衡体系之后，实施几十年的财政平衡制度就开始面临严峻的考验。过去的西部老州之间在税力和财力上差别并不十分悬殊，因此用于州级平衡的总资金不多，1980 年至 1994 年间没有一个年份超过 15 亿元。统一以后，德国对于推动东部经济迅速发展十分有信心，将财政平衡的过渡期只定为三年，东德各州在 1995 年就进入全国统一的财政平衡机制。然而，东部经济恢复的艰难超过了德国人的预料。如果继续使用现行财政平衡制度，将需要大笔资金，长期下去，整个西部可能将被拖垮。财政平衡制度的可行性因而成为当前德国财经政策讨论的焦点。

① 大部分为 2000 年数据。［德］赫尔穆特・沃尔曼著，《德国地方政府》，北京大学出版社，2005 年，第 13 页。

② 朱秋霞编著，《德国财政制度》，中国财政经济出版社，2005 年，第 206 页。

（三）预算制度

德国公共预算财政的法律基础是1969年颁布的基本法，联邦、州、市镇三级财政采用统一的预算规则，适用统一的评价标准。

德国的预算制度由五年财政计划和当年财政预算构成，后者必须以前者为依据。五年财政计划是一个滚动式的五年计划，逐年修改。德国财政预算由总预算和单项预算组成，总预算是单项预算的汇总。同时，对于支出权限和义务权限分别作出预算。

（四）公共财政收入

德国公共财政的收入来源由三个部分组成：税收收入、其他经常性收入和资本项目收入。税收是德国公共财政的主要收入来源，约占75%。在德国税收总收入中，主要部分是所得税，大概在45%左右。近年来消费税在总税收中的比例有所提高，消费税的主要税种是增值税。

德国的税收立法权限大部分集中在联邦一级。涉及税收的重要法律基本上都是由联邦政府提出提案，联邦两议院通过，财政局只对税法具体实施条例拥有解释权。对联邦法律内划归州或市镇管理的税种，州和市镇可以规定税率、增加新的税种或实施税收减免。

自1996年以来，为了提高德国对本国企业和外国企业的吸引力，德国进行了一系列税收改革，主要包括：取消营业资本税；降低遗产和馈赠税的税率，提高免税额度；提高特别折旧的额度；延长退税的期限；改善企业雇用工人的税收条件；对企业申报盈利方法进行改革等。

（五）公共财政支出

20世纪70年代中期，德国公共财政支出占国内生产总值的比重较高，达到35%以上。70年代后期和80年代，德国持续削减公共财政支出。1980年公共财政支出占国内生产总值的比重为33.97%，到1989年下降为31.54%。联邦、州、市镇三级公共部门的财政支出按任务范围分为政策实施和集中管理、外交、国防、公共安全和秩序、司法保护、中小学和学前教育、高校教育、文化事业等21个项目。其中，公共财政支出中比例最高的是社会保障方面的支出。东西德统一之后，重建东部地区成为德国联邦政府财政支出的重要项目。自1991年以来，联邦财政每年用于东部地区的净投入均在1000亿马克以上。

在行政管理支出方面，联邦和各州活动所需经费的基本划分如下：维持联邦机构的行政费用由联邦负担，州级机构的人员和办公费用由各州自己负担，实物支出由负责相应任务的行政工作部门负担。但是，各级政府为了承担特定任务所需要的费用无须按照“负担分配原则”进行分摊。[①]

第五节 20世纪90年代以来的德国行政改革

在战后德国，从20世纪70年代的行政区划改革、政策规划与评估改革，到80年代的私有化和取消行政管制的改革计划，部门性、功能性或局部的改革一直没有停止过。进入20世纪90年代之后，地方政府持续的创新与国际上的新公共管理运动结合起来，并进一步推动州与联邦政府进行改革，从而在德国引起被称为“行政现代化”的改革浪潮。

一、地方政府改革

德国是一个联邦制的国家，州与地方政府具有较高的自主权，因而不可能像单一制国家那样由中央政府制定统一的改革计划，自上而下推行。在德国，20世纪90年代以来的行政改革首先由地方政府推动，最先采取改革措施的是市级机构。

（一）地方政府面临的财政危机及改革措施

德国地方政府是包括社会政策在内的各项政策的主要执行者。20世纪70年代经济陷入滞胀以来，由于失业人数增多，使地方政府面对着严峻的财政压力。特别是在联邦政府削减失业保险方面的开支后，地方政府在社会救济上的开支大大上升了，仅从1996年到1997年、从1997年到1998年，地方政府花在社会救济上的费用分别增长了6.8%和7.6%。地方政府在社会救济方面的预算占整个地方政府预算的比例也由1995年的2.1%上升到1997年的6.3%。同时，德国统一过程产生的庞大开销，尤其是从西德到东德的资金流动，也导致公共财政持续紧张。[②]为应对由上述因素带来的财政困难，德国地方政府最先采用流行于英美的“管理主义”，进行行政改革。外国管理思潮的口号和比喻，例如“作为消费者的公民”和“作为服务性企业的社区”都被德国市、县政府广泛接受。在德国地方层级，出现了一些“管理取向”的改革实验。具体来说，德国地方政府采取了以下改革措施：

首先，进行机构内部的理性化和程式化。在管理主义原则的指导下，改造

① 朱秋霞编著，《德国财政制度》，中国财政经济出版社，2005年，第80页。

② ［德］赫尔穆特·沃尔曼著，《德国地方政府》，北京大学出版社，2005年，第106、116页。

内部组织结构，克服传统的自上而下的行政官僚机构的弊端，在资源管理和责任方面引入内部组织的分权和自主。地方政府试图建立一种分权化的组织结构，重塑组织间关系和政府与外部环境的关系，将较高级政府的职能下放到中低级行政单位，并且通过市场化和外包的方式提供公共服务与建设公用设施。许多县、市还建立了新的预算－成本核算系统：将行政任务描述为公共部门的“产品”，根据行政目标来确定“产出”；同时，在“投入”方面，进行成本核算和会计控制。①

其次，作为一个劳动密集型行业，地方机构的开支主要是雇员的成本，地方政府的工作绩效也主要取决于劳动力的质量。因此，人事管理也成为地方政府改革的一个重点。在前西德各州，自20世纪90年代初以来，地方政府财政预算不断收缩，从而导致它们一直在试图缩减其职员规模。由于现有的劳动法规使直接解雇十分困难，因此，地方政府往往通过及时“抹去”一些空缺了的职位来达到减员的目的。与1990年相比，到1999年，西德各州的地方政府总计减员达10%。在前东德各州，地方政府职能在东德解体后迅速增加，结果导致地方政府人员猛增到一个前所未有的规模。按每1000名居民中的地方政府雇员数量进行对比，1991年前东德地方政府人员是西德的两倍，此后，来自政治上和财政预算上的巨大压力迫使东德地方政府不得不大幅度减员。通过提前退休制度、政府结构的“缩水”、直接解雇等一系列措施，到1999年，前东德各州地方政府将职员减少了一半。②

（二）直接民主的兴起

在接受瑞士模式的直接民主方面，德国现在成为欧洲各国的先行者。1990年以前，只有巴登－符腾堡州有直接民主的规定，其他的州都是实行代议民主制度，政府组织结构也主要是议会模式。受东德民主化运动的影响，西德逐渐引入直接民主形式。

1989年秋，基层民主抗议运动在推翻东德共产主义政体的斗争中扮演了一个非常重要的角色。作为一项政治遗产，基层民主抗议运动直接影响了1990年5月东德市政宪章的制定，使市政宪章包含了地方公决程序和其他类似的立法。③随着东西德国的统一，西德地区借鉴前东德地区的经验，各州先后修改了地方政府法，实行市长直接选举和地方全民公决。在前东德各州，实行市长、

① 王勇兵，《德国地方政府治理及其改革与创新》，《中国行政管理》，2006年第10期，第88页。

② ［德］赫尔穆特·沃尔曼著，《德国地方政府》，北京大学出版社，2005年，第129～130页。

③ ［德］赫尔穆特·沃尔曼、埃克哈特·施罗德编，《比较英德公共部门改革：主要传统与现代化趋势》，北京大学出版社，2004年，第15页。

县长直选主要源自政治转型期的基层民主经验，以及给予民众更广泛的选举权利的愿望。与东德不同，西德各州虽然采用市长直接选举，但采用的是选举“强市长”模式，市长同时拥有决策及执行功能，其主要考虑是加强县、市政府的管理能力。

（三）“强市长”模式的施行

20 世纪 90 年代，德国地方政府的组织结构发生了巨大的变化，由原来的四种主要模式变成了一种主要模式。这种主要模式以“强市长”为特点：（1）市长由选民直接选举产生，而不是由议会选举产生。（2）市长是行政部门首长，行政部门实行市长负责制，市长对行政部门日常事务具有决定权，同时负责执行议会的决定。（3）市长兼任议会议长，当选市长之后自动成为议会议长。

组织结构的变革改变了地方政府的政治与行政关系。改革前，主要是议会机构一元占主导的模式，有学者称之为“议会模式”，议会对行政有决定性的控制权。改革后，市长由直接选举产生，行政相对于议会的独立性加强，有些类似中央政府的总统制结构，因此被称为“总统模式”。①

二、州与联邦政府的改革

德国各州和联邦从自身实际出发确定了自己的改革目标，即在“新公共管理”意义上提高国家和行政管理的效率。预算、资源管理、成本和结果核算、控制等构成改革措施的主要内容。

各县、市开始改革不久，各州州长即着手进行改革，如西蒙尼（石勒苏益格一荷尔斯泰因州，社会民主党）、毕登考普夫（萨克森州，基督教民主联盟）、斯托伊博（巴伐利亚州，基督教民主联盟）等。自 1995 年起，西蒙尼就竭力使公众意识到早在 1988 年就被专家指出的问题，即 2000 年后大批公务员的退休将带来沉重的财政负担。随后，该州政府实施了一系列改革措施：缩小公务人员的规模以降低人员开支，放弃一些公共服务，延长公务员退休年龄，禁止提前退休，要求公务员自己支付退休保险金，用合同制公共雇员代替公务员等。②社会民主党人把这些改革措施统称为行政机构的“现代化”。

联邦政府宣扬“苗条国家”的政治纲领，当时的总理科尔在 1995 年 7 月建立了一个旨在把德国变成“苗条国家”的改革委员会。“苗条国家”要求减少公共部门开支。为此，联邦政府继续推进 20 世纪 80 年代就已经开始的民营化与

① 王勇兵，《德国地方政府治理及其改革与创新》，《中国行政管理》，2006 年第 10 期，第 88 页。

② 沈亚平、吴志成编著，《当代西方公共行政》，天津大学出版社，2004 年，第 127～128 页。

去管制进程，以在内容上和范畴上削减公共职能。在放松经济管制方面，最突出的是电信部门的自由化，这也是对欧盟政策的一个回应。19 世纪就建立起来的铁路和邮政系统，也于 1995 年转为民营企业。而在统一之后，东德地区经济也出现了空前规模的私有化。

联邦政府采取的另一措施是采用弹性的管理方式，提高行政效率。传统上负责公共雇员以及联邦政府组织行为准则的联邦内务部在 1994 年初综合提出一些改革措施，强调把绩效与工资挂钩、晋升到领导职位要经过使用期等。1997 年通过的《公共部门改革法案》虽然大大落后于学者和执行人员对现代公共部门人事管理的期望，但是，改革至少带来了雇用合同、绩效工资和职业流动方面的某些变化，向人事管理现代化迈出了一小步。雇用合同的出现，使公务员和公共雇员有了自由的兼职机会。它同时也提供了更多的转行机会，更具弹性的工作时间和休假，主要目的还是提高机构的灵活性。新法案还给那些表现出色的工作人员增加了适度的物质激励，例如针对特殊工作成绩发放一次性奖金、设立一年当中某一段时间的额外报酬等。①

联邦政府十分重视电子政府的建设。德国政府于 2000 年 9 月颁布了“联邦在线 2005”的电子政府建设目标，即到 2005 年底实现联邦政府所有服务全部上网。随后，德国成立了国务秘书委员会，全权负责国家电子政府建设和联邦行政管理现代化进程，并任命联邦内政部国务秘书任委员会主席。为配合具体实施，联邦各部还设立了工作组，统归国务秘书委员会领导。“联邦在线 2005”是联邦政府为使德国成为信息化社会所制定的重要规划和政策。它确保公民、企业、院校及其他管理机构能更方便、快捷和花钱最少却最有效地享受联邦政府的各种服务。在电子政府建设上，联邦政府坚持由中央集中统一规划，从基础硬件建设、软件采购、技术标准采用、资金分配、实施步骤上，都统一推进。②

自 20 世纪 90 年代以来，德国行政体制已经进行了一系列适应性调整与改革，不过，到目前为止，行政制度的基本组织结构仍然得以保存。因为国家的分权以及中央各部的权力非集中化这些单一制国家改革的重要话题，早已成为德国政治和行政体制的基本特点。③德国的经验告诉我们，在行政改革成为世界普遍趋势的这个时代，各国独特的行政结构与行政文化会给改革带来“国家

---

①［德］赫尔穆特·沃尔曼、埃克哈特·施罗德编，《比较英德公共部门改革：主要传统与现代化趋势》，北京大学出版社，2004 年，第 181 页。

② 王勇兵，《德国地方政府治理及其改革与创新》，《中国行政管理》，2006 年第 10 期，第 89 页。

③［德］汉斯·班贝格，《德国的行政现代化：新瓶装旧酒》，国家行政学院国际合作交流部编译，《西方国家行政改革述评》，国家行政学院出版社，1998 年，第 135 页。

特色”。

思考题

一、名词解释

1. 帝国教会体制
2. 黄金诏书
3. 总执行局
4. 总理民主制

二、简答题

1. 简述19世纪初期普鲁士行政改革的主要内容。
2. 简析纳粹德国的邦国一体化政策。
3. 简述联邦德国地方政府的职能。
4. 简析20世纪90年代以后德国地方政府改革的原因及主要措施。

三、论述题

1. 试述近代普鲁士官僚阶层的制度规范。
2. 试析1871年统一以来德国联邦与州关系的变迁。

第五章　美国行政制度的发展变迁

本章重点

1. 殖民地时期美国的地方行政制度。
2. 美国联邦与州之间关系的变迁。
3. "政党分肥制"与美国文官制度的建立。
4. 罗斯福新政对美国行政制度的影响。

作为一个只有两百多年历史的国家，美国从最初的英属北美 13 个殖民地发展为当今世界的无可匹敌的第一号强国，其间经历经济波动、社会变迁、领土扩张和数次战争历练，其行政制度也在适应这些变化的过程中不断调适、发展和完善，从建国时期粗陋简单的行政制度发展为今天具有较强适应性、复杂性、自主性和内聚力[①]的行政制度。

第一节　1787 年宪法以前的行政制度

美国的前身是英属北美 13 个殖民地。丹尼尔·J. 布尔斯廷认为：殖民地环境决定性地影响了整个美国革命时代的所有美利坚政治思想，并促使美国制度形成温和、妥协和因袭传统的特征。[②]独立战争前成立的大陆会议和邦联政府时代的行政制度都深深刻上了殖民地时期经历的烙印。而殖民地时期及 1787 年宪法前各州形成的限制行政权的传统，多头行政格局的萌芽和地方自治的实践，以及认为州权是联邦权力来源的思想，对日后美国制约行政权的制度设计

① 衡量政治制度水平的四个指标由亨廷顿提出，我在此用来评价当今美国的行政制度。具体可参考[美]S. 亨廷顿著，《变革社会中的政治秩序》，华夏出版社，1989 年，第 11～12 页。

② [美]丹尼尔·J. 布尔斯廷著，《美国人——殖民地历程》，上海译文出版社，1997 年，第 28 页。

和行政区划及各层级政府间的关系都产生了深远的影响。

一、殖民地时期的行政制度

（一）概况

从1607年至1732年，英国先后在北美大陆的大西洋沿岸阿巴拉契亚山脉以东的狭长地带建立了13块殖民地。根据当时的政治惯例，北美殖民地作为英国的海外领地，其政治属性和土地权利均来自英王的授予，英国政府因此对其拥有合法的主权和管辖权。英国政府采用管理海外领地的方式进行统治，尽可能完整地将英国本土的社会结构、政治体制和法律体系移植到北美，按照英国政府自身的模式和功能来设计与建立各殖民地政府，因此，殖民地的政治结构和母国具有对应性，每个殖民地都是近乎半独立的政治实体。总督乃是英王的代表，任职者通常由英国从本土选派；由殖民地本地人组成的参事会相当于母国的枢密院和议会贵族院，民众选举的议会下院则与母国的议会平民院相对，两者共同掌握立法权，可以制定不违背英国法律的地方法令法规。其中议会下院在后来的发展中逐渐掌握了财政权和总督薪俸的拨款权，成为殖民地权力结构的核心。①此外，英国的地方行政体制也移植到了殖民地，在各殖民地内建立起相当于母国郡的县，以及教区和村镇等社会管理机制，形成了深厚的地方自治传统。

殖民地除了具有这些共同点之外，由于初建时的情形各不相同，与母国政治关系也不尽相同，各殖民地的自然地理环境、境内的经济社会发展和政治力量各异，由此其行政制度也各具特色。

（二）各殖民地行政制度

根据布莱克斯通法官的观点，英属北美13个殖民地可划分为三种类型，即自治殖民地、业主殖民地和英王直辖殖民地。实际上殖民地早期还存在过公司特许殖民地，只是后来被改为英王直辖殖民地。这些殖民地的行政制度各有特色，而这些特色的形成是我们理解日后美国的州及地方政府多样性的一把钥匙。英属北美13个殖民地的建立情况可参考表5-1。

---

① 李剑鸣，《英国的殖民地政策与北美独立运动的兴起》，《历史研究》，2002年第1期，第164页。

表 5-1　英国在北美洲建立殖民地顺序表①

殖民地名称（有*符号者为参加美国独立革命的13殖民地）	建立年份	获得特许状年份	议会成立年份	改为英王直辖殖民地年份	1775年的状况	备注
*弗吉尼亚	1607	1606～1609 1612	1619	1624	英王直辖殖民地	
普利茅斯	1620		1639	1691		1691年与马萨诸塞合并
*马萨诸塞	1628	1629	1634	1684	英王直辖殖民地	为英王直辖殖民地中，唯一恢复特许状者（1691年）
*马里兰	1634	1632	1634		业主殖民地	1690年到1715年为英王直辖殖民地
*罗得岛	1636	1663	1647		自治殖民地	1686年到1687年英政府拟撤销其特许状未果
*康涅狄格	1636	1662	1637		自治殖民地	
纽黑文	1638		1643			1662年与康涅狄格合并
缅因	1641	1639		1691		1677年为马萨诸塞购买
*北卡罗来纳	1663	1663	1669	1729	英王直辖殖民地	1691年，南北卡罗来纳非正式分离；1729年正式分离，由不同的总督统治
*南卡罗来纳	1663	1663	1669	1729	英王直辖殖民地	
*纽约	1664	1664	1683～1685	1685	英王直辖殖民地	1622年至1664年为荷兰殖民地名新尼德兰
*新罕布什尔		1639	1680	1679	英王直辖殖民地	1641年至1643年，由马萨诸塞统治，1679年，成为独立英王直辖殖民地
*新泽西	1664		1664	1702	英王直辖殖民地	在1738年以前由纽约总督统治

① 黄绍湘著，《美国史纲 1492—1823》，重庆出版社，1987年，第129页。其中一些殖民地名称的翻译采用今天的通用译法而有所改动。

续表

殖民地名称（有*符号者为参加美国独立革命的13殖民地）	建立年份	获得特许状年份	议会成立年份	改为英王直辖殖民地年份	1775年的状况	备注
*宾夕法尼亚	1681	1680	1681		业主殖民地	1692年到1694年为英王直辖殖民地
*特拉华	1638		1702		业主殖民地	1682年与宾夕法尼亚合并，1691年另设总督，1702年设立独立议会
*佐治亚	1732	1732	1733	1752	英王直辖殖民地	

1．殖民地政府的行政制度

弗吉尼亚和马萨诸塞最初是公司特许殖民地，分别由伦敦弗吉尼亚公司和马萨诸塞海湾公司建立。在弗吉尼亚，总督由公司股东选举产生，并建立参事会，对殖民地进行管理。1619年成立代表会议，由11个选区各选代表组成。马萨诸塞由清教徒建立，当时马萨诸塞海湾公司根据特许状得到了作为“政治、法人团体”近似自治的权力，拥有行政权、立法权和司法权。公司的股东被称为“自由人”，得以在股东大会上选举公司的行政官员——总督、副总督和助理。后来自由人的含义演变为“有选举权的人”，但规定只有清教徒才有选举权，实质上是政教合一的政府。

业主殖民地是指英王不直接处理该殖民地事务，而是将那里的一些土地赐给他的宠臣和贵族，让他们根据特许状进行统治。这种殖民地实际上就是业主向英王获取的封地，业主拥有统治的全权。这类殖民地包括马里兰、南卡罗来纳和北卡罗来纳、纽约、新泽西、宾夕法尼亚、特拉华和佐治亚。在这些殖民地中，除佐治亚由信托人局①管理外，其他殖民地都由经业主任命的总督及参事会管理，除宾夕法尼亚实行一院制之外，其他殖民地都实行两院制，上院由业主或英王任命，下院由自由人选举，法律由英王批准或否决。

① 1733年，英国贵族奥格尔索普得到英王特许状，组织了信托人局，建立了佐治亚，其目的是使佐治亚成为一个能够容纳英国罪犯和被迫害的新教徒的领地。作为业主殖民地，政权由信托人局掌握。信托人局是根据特许状成立的，特许状规定信托人局在该殖民地内筹划行政开支费，掌握一切征税、赏赐土地和制定法律等权力，但它本身不能从殖民地开发中获得任何私人利益。它直接受英王监督，在执行政权21年后，必须将殖民地交还英王，建立为英王直辖殖民地。

英王直辖殖民地的总督由英王直接指派，充当英王的代理人，根据英王的训令进行统治。法官由总督任命。除佐治亚外，议会都采用两院制，上院由英王任命，充当总督的参事会，下院由自由人选举，一切法律由英王批准或否决。起初的13个殖民地都不是英王直辖殖民地，前述弗吉尼亚和马萨诸塞是由公司特许殖民地转变为英王直辖殖民地的，而南北卡罗来纳、纽约、新泽西、佐治亚是由业主殖民地转变而来的。

特许自治殖民地包括康涅狄格和罗得岛，是由殖民地的移民以“占有者主权”[①]名义占领土地而建的。罗得岛建立时，由于英国国内政治局势动荡，无暇顾及北美殖民地内部事务，使其能实行居民自治。各个城市联合起来组织政府，推选总督，1650年由土地所有者选出总督助理及代表，组成大议会，自行制定法律。直到1663年获得英王的特许状，建立为自治殖民地。康涅狄格也实行自治。1639年居民制定的康涅狄格基本法令规定：凡属公民不论信教与否，都有选举权。境内自由公民每年集会一次，选举总督及其他助理人员。设立民意机关——普通法院，其权力在总督之上，总督不得否决普通法院通过的议案，总督不得连任。1662年，康涅狄格获得特许状，直到18世纪特许状还相当于康涅狄格的宪法。两个殖民地获得特许状后，总督仍由议会选举产生，经英王批准，任期一年。

2．殖民地的地方行政制度

在各殖民地的地方政府管理中，形成了以弗吉尼亚为代表的南部强县制、新英格兰的弱县强镇制和中部的调和县制。[②]

弗吉尼亚早期采用教区制度，但由于不能对殖民地进行有效管理，于1634年仿照英国的郡建立了县，县是选举殖民地议会议员及县长的选区，也是一个军事区，由一位殖民地政府任命的中尉负责招募18岁以上的男子服役。同时，县还是司法区和重要的民政管理单位，负责征税、评估财产、维修道路、组织选举及提供公共福利等。县法院是县的管理机构，不但享有司法权，还负责管理地方事务，并享有制令权。县法院由数名法官组成，这些法官起初由殖民地总督直接任命，后改为县法院推荐，总督任命。除了县法官，早期的县政府还有其他几类官员，其中治安官的角色尤为重要，也由县法院推荐、总督任命产生，负责选举事宜、逮捕与收押犯人、看管监狱、征收税费。其他官员还有书

---

① 罗杰·威廉斯是马萨诸塞州的异教徒，他认为北美洲是印第安人的土地，英王无权过问，殖民地人民可以用任何方式从印第安人手里取得土地。实际上就是“占有者主权”。他被驱逐出马萨诸塞后，于1636年春建立了罗得岛的一部分——普罗维登斯，其含义为“天赐”。

② 李媛媛，《美国县政府——历史与变迁》，中国优秀硕士学位论文全文数据库，第6～10页。

记官、测量员、验尸官等。

县政府设立以后，教区就变成县的次级单位，但对于教区的数量与面积并无统一规定。小型的相对紧凑的县就只有一个教区，大型县可能包含若干个教区。教区的数量与边界由县法院加以规定。教区除承担宗教职能外，还附有救济平民、管理孤儿院等公共福利方面的职能，但相对于建立殖民地之初，其职能已经弱化而逐步让位于县。县成为介于殖民地政府与公民之间的政府单位，是主要的行政中心。

当时的南部殖民地马里兰、南北卡罗来纳和佐治亚都实行强县制。这些殖民地有广阔的平原，海湾曲折，空气湿润，土壤肥沃，比较适合农耕耕作和分散的种植园农场经营。而这里的移民多为贵族和大地主，他们在自己的农场上尽力仿效英国的庄园领主，把大农场变成自给自足的经济单位，土地被直接分给个人而非集体，因而南部移民通常散居于各处，这种人口分散型的农业型社会成为孕育强县制的土壤。

与南部县相反，东北部的新英格兰地区（包括马萨诸塞、新罕布什尔、康涅狄格和罗得岛）创建了一种以城镇为主辅之以县的弱县强镇制。正如托克维尔所言："在马萨诸塞，公共行政的大权掌握在乡镇手里。乡镇是人们的利益和依恋的集合中心。但越往南方诸州去，乡镇便不再是这样的中心了。……离开新英格兰越远，行政工作几乎全部移到县里。"①产生这种差别的原因既在于不同的地理与经济因素，也在于殖民者的不同背景。

新英格兰地区的沿海地带平原狭窄，土质多石，夏季短促，冬季漫长，空气干燥，不适宜大规模农业生产。而林木资源的富足及曲折的海岸线促进了造船业和捕鱼业的发展。移民发现英国那种规模小而密度高的教区恰好可以满足他们河运、捕鱼和农耕的需要。此外移民和印第安人之间的关系恶化，为抵御侵袭，他们只好筑城而居。

从殖民者的背景来看，由于新英格兰的移民多系整个村镇的居民集体自英国移来，仍保留了英国传统的村庄特色。而且马萨诸塞的第一批移民主要是清教徒，他们把城镇和宗教集会看作范围相同的两者。并相信虔信上帝的人要保持虔诚，就必须在邻居的监视下生活。于是大量的镇形成，镇民大会成为新英格兰向一切"自由人"开放的政治集会。

新英格兰的镇实行高度自治，设有镇民大会及镇政府。任何重大事务和法律都必须经镇民大会审议通过，实行直接的民主管理。镇民大会有权选举镇务

---

① [法] 托克维尔著，《论美国的民主》，商务印书馆，1988 年，第 89 页。

委员会、课税估价员、警察人员及其他镇官员；制定为集体安全所需的各种条例，并表决所需的各种税赋；讨论分配土地等事务。镇务委员会的职权仅仅在于执行镇民大会的决定。这种直接民主制度一直延续到联邦成立以后，并日臻完善。

虽然镇强大、独立，但并不说明这里没有县，只是县的地位无法与南部县等量齐观。县的职能只包括道路维修、发放许可证以及司法管理等有限的几类。因为乡镇面积不大，无法建立成套的司法体系，县就成了司法体系的第一中心。县的行政官员权力有限，只负责编制本县预算，然后交立法机关通过，日常事务均由殖民地政府和乡镇办理。殖民地的总督指定若干名法官组成县法院作为县的管理机构，同时还决定县司库与治安官的人选。

这种弱县强镇的模式逐渐扩散至整个新英格兰地区，包括东北部的康涅狄格、缅因、罗得岛、佛蒙特和新罕布什尔，致使县在新英格兰地区从未达到它在其他地区所获致的那种显赫地位。事实上，县在康涅狄格与罗得岛只是一种地理区划概念，从未作为一种有组织的政府单位存在过。

新英格兰这种地方行政制度的精髓是乡镇的高度自治，可以说这种政府体制的形成基本上是一种哈耶克所称的自发秩序的契约化扩展进程。托克维尔也高度赞扬这种乡镇精神，认为是美国民主制的基础。①

纽约、新泽西和宾夕法尼亚等中部殖民地发展了不同于上述两种类型的地方政府形式。中部殖民地兼有北部与南部殖民地的特点，但更接近于北方殖民地。与新英格兰相比，中部殖民地平原广阔，可耕田面积甚广，土地肥沃，比较适宜农业的发展，但不适宜大种植园农作物生产。且迁移到中部的多为英国中产阶级、小商人、小农与手工业者，他们并不积极发展大种植园生产，而是发展了适于该地的多种农作物生产。

中部县的地位要高于新英格兰地区的县。除了履行新英格兰地区县的职能之外，这里的县还要负责执法、维持治安和救济贫民等社会福利事务。

纽约殖民地位于北美大陆的北部，最初是倾向于采用新英格兰地区的镇制，后来又逐渐采用南方的县制，从而形成一种折衷调和的体制。在这种体制之下，每个镇选举一名镇监督负责估定和征收地方税、管理行政工作。镇之上有县，县设县监督委员会，由各镇选出的镇监督组成。县监督委员会的规模迥异，取决于县里镇的数量，后来又加入了市议员。县委员会负责对道路的保养及其他的行政事务管理。县委员会的决策需经镇监督的同意。这样，县与镇之间的联

① ［法］托克维尔著，《论美国的民主》，商务印书馆，1988年，第67～91页。

系更为密切了。在纽约地区，这种县镇相互依存并立的局面延续了150年之久，直到20世纪，镇的地位才逐渐降低。与此类似的是，新泽西下设若干乡（Townships），每个乡选出一名财产评估员负责估定不动产。之后，这种形式演变为县的地产完全保有者的委员会。这种镇监督制后来还行之于密歇根、威斯康星和伊利诺伊等州的多数县。

在宾夕法尼亚，县的历史更为悠久。1724年，这里的县委员会变为由全县范围内选举产生的三个委员组成，各行政官员也由选举产生。各县为便于行政，将县划分为若干乡。与纽约州和新泽西州相较而言，宾夕法尼亚的乡地位相对较低，在县的管理机构中也没有代表。后来宾夕法尼亚的县委员会制被内迁的移民带往中西部和西部的许多地区。

总之，从殖民地时期的行政制度中，我们既能捕捉到英国郡制的影子，也能发现移民们的创新，他们在不同地区因地制宜，形成了颇具多样性的地方治理模式。这种创新是和英国对北美殖民地的政策密不可分的。在美国独立后的邻土扩张中，不同州便选取了不同的组织模式。新英格兰在独立后就采取在紧靠内地的地区建立新镇的办法，步步为营，向西推进。弗吉尼亚不设镇的强县制模式扩展到美国南部其他地区，迄今为止，南方县的职能权限仍比东北部显著得多。纽约式的镇监督制为密歇根州和伊利诺伊州所效仿。如今盛行于中西部和西部各州的委员会制则多是取自宾夕法尼亚的做法。由此可见，殖民地时期的各具特色的地方行政制度成为日后美国地方行政制度的基础。

英国对北美殖民地的政策

在世界历史上，大致有三种形式和性质各不相同的殖民地：一是由一国居民向不存在主权实体的地区迁徙而建立的拓殖地，这种拓殖地在一定程度上乃是母国领土和主权的延伸，其居民在理论上仍旧为母国国民；二是由一国政府或居民征服和控制另一主权实体而形成的异族统治殖民地，通常是实行侵略战争的结果，而且需要以武力来加以维持；三是通过政治、经济、文化渗透而逐渐操纵他国主权所造成的殖民地，原来的主权实体名存实亡，因而带有异族统治的色彩。英国在北美的殖民地属于第一种。

英国在北美的殖民地不是一个整体，而是渐次建立的13个具有政治统治和社会整合功能的实体，其政治和法律地位在特许状中有明确的界定：各个殖民地都是由英王创设的“法人和政治实体”或“永久政治实体和法人团体”。所谓“法人和政治实体”，是指一些自然人通过法律自愿或强制结合起来，为实现某种经济的、精神的或政治的目标而组成的群体，可以在特定领地范围内行使政治管理权。在法律上，殖民地是英王分封的“自由索克领”，[①]而非国王“直接占有”的土地。在中世纪的土地关系中，这是一种依附性最少的形式。根据这种表述，殖民地和英国本土一样，都是英王的下辖领地，而不是全体英国人的属地。这一规定实际上承认了殖民地在法律上和母国是平等的。因此，根据特许状而建立的殖民地，乃是由英国人定居、英国人统治的海外拓殖地，而不是英国人统治其他民族的被征服地。当然这些殖民地的建立和扩展严重损害了当地土著印第安人的权益，但却不是以征服、统治和掠夺他们为目的的。

英国对北美殖民地的政策具有一个长期性的特征：政治管理比较宽松，经济控制则相对严厉。历史学家查尔斯·安德鲁斯在比较英、法两国对待殖民地的不同策略时写道，“英国对殖民地贸易施加更严格的限制，在国内各港口征收更重的关税，但她很少干预各殖民地的内部事务，对于人口流动、政府援助及维护等方面的事情也很少关心”；这样就使英属美洲殖民地变成“自我依靠、自我治理和自我维持”的群体，具备独立的精神，对自己处理自己事务的能力充满信心。也就是说，英国的殖民地政策在整体上是消极的，其主旨在于防止殖民地摆脱对母国的忠诚和依附，保护殖民地不受欧洲其他殖民国家及印第安人的攻击，而不是主动地规范其社会发展道路。这对北美殖民地自主性和自治体制的发展，是一件十分幸运的事情。

注①：按照英国中世纪形成的法律和习惯，英国所辖范围内的所有土地的最高所有者为国王，其他人都是国王的封臣或佃农。北美殖民地的主权既属英国，其土地自然也为英王所有，英王用类似中世纪分封的方式将土地赐授给业主或殖民公司，后者则再把土地授予定居者。这种赐授的土地在一些特许状中被称作“自由索克领”（Free and common socage）。

转引自李剑鸣，《英国的殖民地政策与北美独立运动的兴起》，《历史研究》，2002 年第 1 期，第 164 页、166 页。

（三）小结

从上述各殖民地不尽相同的行政制度及其演变过程来看，可以发现以下特点：其一，殖民地政府时期的立法、行政和司法权力的划分不明确，有些殖民地这些权力归总督及其参事会所有，有些则归业主所有，有些则由总督、参事会及议院共同行使，并没有形成明确的权力分立制度，总体来说总督权力较大并相对集中。其二，殖民地议会下议院权力起初比较弱，但它已经开始利用财政权和对总督及其他官吏薪俸的拨款权①来制约总督及参事会的权力。而且随着殖民地人民自治能力的不断增强，议会下院的权力和作用不断扩大，逐步演化为总督和参事会的制衡力量，殖民地的许多重大政治斗争，都是在议会下院和总督之间展开的，而且大多涉及权力之争。一般说来，总督无法遏止议会的权势扩张。这就严重限制和削弱了英国的统治能力。为了摆脱这种不利局面，英国政府曾谋求削弱殖民地的立法权，并力图将王家官员的薪俸固定化，但遭到殖民地议会的强烈抵制，英国政府还试图改变殖民地各自为政的状况，试图在北美建立一个统一的殖民地政府，也无果而终。显然，北美社会力量的成长和自主意识的增强，使自治成为一种不可扼制的取向，而议会的成长正是自治能力加强的反映。其三，由于英国的殖民地政策中政治控制较弱，再加之地理阻隔，鞭长莫及，北美的移民通过发展村镇、教区、县等各种社会管理机制，形成了较为成熟的地方自治体制，并成为州权观念的渊源，布尔斯廷也指出美国是先有社群，后有政府，②这对日后美国的联邦与州及地方政府间关系的形成产生了深远影响。

二、独立战争时期的行政制度

随着北美各殖民地经济发展和政治联系的加强，殖民地人民自治的发展和社会自主性趋于成熟，又加上英国此时推出了加强对殖民地经济控制乃至政治统治的措施，促成了独立战争的爆发，并建立了独立的国家。美国的独立战争如托克维尔所言：是对自由的发自内心的热爱，而不是对独立的盲目的和没有限制的渴求。这个革命没有受到造反激情的支持，相反，它是在爱好秩序和法治的口号下进行的。③两次大陆会议谋求和平解决同英国冲突的努力可以充分说明这一点，而独立战争期间的行政制度也基本上沿袭了殖民地时代的情形，并没有发生推倒重来似的变化。不同的是各殖民地建立了一些新机构来行使权力，抗击英国，并相继制定了各州宪法，使行政制度的发展有了宪法基础，各殖民地之间也建立了加强联系的组织——大陆会议和邦联政府。

（一）大陆会议

为了联合反抗在英国的殖民统治，1774 年 9 月，除佐治亚之外的 12 个殖

---

① 英国虽设立殖民地的统治机构，但英国国库不支付殖民地官吏的薪资。于是殖民地下院就利用总督及其他殖民地官吏的薪金取决于殖民地这一有利条件，往往以不通过支付总督及其他官吏薪金的法案来获取权力。

② [美] 丹尼尔 · J. 布尔斯廷著，《美国人——建国的历程》，上海译文出版社，1997 年，第 99 页。

③ [法] 托克维尔著，《论美国的民主》，商务印书馆，1988 年，第 79 页。

民地派代表于卡彭特厅召开了第一届大陆会议。早在大陆会议召开之前，殖民地人士便开始建立反英的正规组织，以原有的地方政府、议会下院和新成立的“自由之子社”为中心，形成了反英的领导力量。1773 年 3 月，当殖民地和母国关系处于相对平静的时期时，弗吉尼亚议会动议成立通讯委员会，以便在涉及英国政策和殖民地权利的问题上彼此互通声气；同时还向其他殖民地议会下院的议长发送决议文本，倡导各殖民地联合行动。到次年 2 月，其他各殖民地也相继建立了通讯委员会。大陆会议便是各地通讯委员会为加强联系而成立的。

在第一届大陆会议上，代表们的意见并不一致，经过争论达成妥协，通过了两项决议，一是要求各殖民地向乔治三世国王发出一份表达不满的请愿；二是通过组织“大陆协会”的决议，禁止输入奴隶，要求各殖民地筹建自己的军队和抵制英国贸易，并在各殖民地设立大陆会议的地方委员会，监督执行决议。会议并没有发表有关独立的决议，而是仍致力于谋求与英国和平解决冲突。

随着形势发展，第二届大陆会议于 1775 年 5 月召开，13 个殖民地都参加了。此时战斗已在英国和殖民地民众之间爆发。此次会议的一个主要举措是建立一支军队，将波士顿民兵改编为大陆军队，并任命乔治·华盛顿为总司令。但与会者仍试图与英国议会达成和平解决。会议的一项声明表示：“我们尚未筹建一支军队，雄心勃勃地打算从大不列颠分离出去，并建立独立的国家。”[①]大陆会议还向英王提呈一个和平请愿书，要求和解。但英王认为大陆会议是非法团体，拒绝接受，并宣布殖民地叛乱，断绝与其贸易。殖民地与英国军事上的交火也日益频繁。后终于在 1776 年 7 月 4 日通过《独立宣言》，宣布脱离英国成为独立国家。大陆会议也成为战时的临时政府，并一直存在到 1781 年独立战争临近结束、邦联条例通过时为止。在此期间，大陆会议曾为取得中央政府的职能而斗争，成立委员会草拟宪法，最后制定了《邦联和永久联合条例》，即《邦联条例》。在 1781 年邦联条例通过并生效前，大陆会议是一个为推动作战而组织的政权机构，对各州并无约束力，并只能通过各州政府才能施政，各州仍保留独立地位，类似单独的国家组织。但大陆会议在其存在期间仍然行使了招募军队、向各州征用军费、发行纸币和债券、派遣代表争取国际援助、与外国订立条约等一系列权力，保证了独立战争的最后胜利。

（二）各州行政制度的发展与州宪法的制定

在美国宣布独立之前，一些殖民地反抗英国压迫的斗争已经展开并建立了一些新的机构行使权力。1772 年马萨诸塞出现了通讯委员会，到 1774 年时，

① ［美］施密特等著，《美国政府与政治》，北京大学出版社，2005 年，第 27 页。

通讯委员会已在各殖民地普遍成立。1774 年底，除佐治亚、纽约和宾夕法尼亚外，都成立了新的州议会。到 1775 年夏，除纽约和佐治亚的地方议会正在组织之外，其他殖民地的地方议会都取得了立法权及行政权，并将原有的英王或业主委派的总督驱逐出去。到 1775 年底，除宾夕法尼亚、新泽西和马里兰外，其余殖民地的总督都被驱逐，1776 年 7 月，这三个殖民地的总督也逃走。1775 年马萨诸塞成立了安全委员会，训练民兵，准备军事行动，其他各殖民地也成立了安全委员会。在旧的殖民地行政制度瓦解和正式成立州政府之前，安全委员会在各州发挥了较大作用，行使行政权及司法权。

在独立战争前后，在各殖民地内形成了亲英派与独立派的斗争，在独立派内部，也存在大种植园主、工商阶级和劳动人民等各种社会力量。为此各州都制定了宪法来确立变化了的经济政治力量，也为行政制度的运转提供了宪法框架。早在 1776 年《独立宣言》公布之前，新罕布什尔、弗吉尼亚和新泽西已制定了州宪，宣布为共和国。南卡罗来纳迟至 1778 年，马萨诸塞迟至 1780 年也分别制定了州宪，其余的州都在 1776～1777 年间制定了州宪。这些州宪都在形式上确立了行政权、立法权和司法权三权分立的原则，但大多数州却赋予立法部门以行政权和司法权。此外，各州州宪都附有权利法案，以保护公民的基本权利。

1776 年的宾夕法尼亚宪法宣布主权属于人民，并创立了一院制的立法机构。州长是行政部门的首脑，每年在立法部门的支配下投票选举。州长和行政会议共同任命司法部门的成员，组成弹劾法庭审判所有行政官员和司法官员，最高法院的法官和治安推事也可以由立法机关罢免。这一尤为强调人民主权的宪法，在 1789 年被取消，宾夕法尼亚州不得不修改法律而成立了两个议院。其他州都实行两院制，但很多州如弗吉尼亚、马里兰、特拉华、新泽西、南北卡罗来纳和佐治亚等，也都给予立法机关选举或任命州长的权力以及司法权。

马萨诸塞州的宪法规定，行政长官对立法部门有否决权，作为立法机关一部分的参议院，则是弹劾行政和司法部门成员的法庭。司法部门的成员由行政部门任命，在两个立法机构的请求下可以由行政部门撤职。这体现了三权分立的原则，但立法部门每年仍可任命一些行政官员。

纽约州的宪法规定，参议院和众议院享有立法权。州长由选举产生，享有行政权，并设立由州长、平衡法院院长和司法院的法官组成的修改委员会，委员会对于议院通过的议案有否决权，但如果两院又以 2/3 的多数重新通过，在 10 日内没有遭到修改委员会的否决，即成为法律。司法权由司法部门行使，但审判弹劾案和纠正错误的法庭，也包括立法机关的一部分成员。这部宪法从机构设置和实践上较好地体现了三权分立的原则。

对立法部门权力的限制与防止“多数人的暴政”

麦迪逊在《联邦党人文集》中指出，在殖民地时代的美国人，只热衷于摆脱专制君主的统治，而不曾考虑到立法部门篡夺权力的危险。然而立法部门的篡夺权力与行政部门一样，必然走向专制。他论述到：立法、行政和司法权置于同一人手中，不论是一个人、少数人或许多人，不论是世袭的、自己任命的或选举的，均可公正地断定为虐政。173 个专制君主一定会像一个君主一样暴虐无道。一个选举的专制政体并不是我们争取的政府；我们所争取的政府不仅以自由的原则为基础，并必须使三种权力相互制衡，立法机关不能掌握行政和司法权。

孟德斯鸠也曾指出：“当立法权和行政权集中在同一个人或同一个机构之手时，自由便不复存在了，因为人们会害怕这个国王或议会制定暴虐的法律，并以暴虐的方式对他们行使这些法律。”“如果司法权同立法权合而为一，公民的生命和自由将会受到专断的统治，因为法官就是立法者。法官会像压迫者那样横行霸道。”

杰斐逊在 1789 年 3 月致麦迪逊的信中指出：“我国政府的行政权，并非我所担心的唯一问题，或许可以说不是我所担心的主要问题。立法机构的暴政才真正是最可怕的危险，而且在今后许多年仍会如此。行政权的暴政虽然也会出现，但要在很久以后。”

托克维尔在《论美国的民主》中也指出美国的“多数人暴政”的危险，他说：当我看到任何一个权威被授以决定一切的权力和能力时，不管人们把这个权威称作人民还是国王，或者称作民主政府还是贵族政府，或者这个权威是在君主国行使还是在共和国行使，我都要说：这是给暴政播下了种子，而且我将设法离开那里，到别的法制下生活。他还以宾夕法尼亚州的一院制不久后改为两院制为例，认为必须使立法权分属数个机构，并受到司法权和行政权的制约。

这些担心并非无的放矢。在古罗马共和国时代，罗马城内靠救济生存的平民曾经很多。他们一度特别热衷于剥夺富豪的财产。有些谋求权力的野心家利用集会鼓动他们投票放逐甚至杀害富豪，夺取财产。这种情况被称为“暴民统治”。他们容易形成一种吃大户的习惯，而不肯努力从事某种职业以养家糊口。美国当时很多殖民地都赋予立法部门以不受限制的权力的状况及其在实践中暴露的问题促成了限制立法机构权力思想的形成。

[美]汉密尔顿、麦迪逊、杰伊著，《联邦党人文集》，商务印书馆，1980年，第248～254页；[法]托克维尔著，《论美国的民主》，商务印书馆，1988年，第94页、289页、300页。

各州宪法的制定和实行为各州的行政制度提供了宪法框架，而且其规定和实践为日后美国制定1787年宪法提供了可资借鉴的蓝本，也为美国行政制度的确立奠定了基础。

三、邦联政府时期的行政制度

依据1777年制定、1781年实施的邦联条例，独立后的13个州定国名为美利坚合众国（The United States of America），实际上是“美利坚合众诸州”，各州仍保留自己的“主权、自由和独立”。根据邦联条例，建立了各州的政府——一院制的邦联议会，由各州派2～7名代表参加，每州拥有一票表决权，议会选择一位成员作为议长。条例授权议会任命一个各州行政委员会，在议会休会时行使被授予的权力。议会还可任命处理合众国一般事务所需的其他委员会和文职官员。邦联议会有参战、缔约、征召军队、发行纸币、举债等权力，但多数权力的行使需获得至少9个州的同意，对邦联条例的任何修正需得到议会的一致同意，并被各州议会认可。而且议会没有征税和管理州际商业的权力，缺乏实施其决定的独立收入来源和必要行政机构，各州仍各自为政。邦联政府时期的行政制度反应了美国州权的强大和担心一个集权的中央政府的存在对自由的威胁。但邦联政府无法应付美国当时存在的内忧外患，终于在1787年召开制宪会议，并通过了新宪法，初步确立了美国的行政制度。邦联政府于1789年华盛顿政府成立时终止存在。

第二节　1787年宪法确立的行政制度及其百年发展

1787年制宪会议[①]通过制定宪法，确立了美国的行政制度框架。美国成为世界上第一个实行总统制的联邦制国家，据此建立的行政制度适应了美国当时

① 关于1787年宪法制定的具体情形，可参考［美］麦迪逊著，《辩论美国制宪会议记录》，辽宁教育出版社，2003年。

的社会经济发展状况，但接下来的百年中，由于社会经济环境和政治结构的变化，也由于宪法本身的简洁而富有弹性，美国行政制度为适应这些变化而在宪法的框架内不断发展。

一、总统

鉴于邦联政府时代没有强大的中央政权与行政部门的失败经验，1787年的制宪者们设计了单一行政首脑制——总统制，把行政权赋予总统，并规定了总统的选举、任期、继任、免职等。为了防止总统滥用权力，发展成为暴君，又对总统的权力作了必要的制衡，使其在三权分立的框架中运作。

（一）总统的职能与权力

1．总统权力的来源

宪法直接授予总统某些权力，其中重要的是：行政权、负责使法律切实执行、任命权、立法倡议权和否决权、缔约权、担任武装力量总司令等。有些权力是总统和国会共同行使。从这些权力中还可以引申出另外的权力，如宪法授予总统经参议院咨询和同意后任命行政部长的权力就包含指挥部长的工作和解除他们职务的权力。再如宪法规定的“行政权属于总统”和总统“负责使法律切实执行”，经过最高法院的解释，成为以后总统权力扩大的重要宪法依据。除宪法直接授权外，总统权力的来源还包括国会的授权、先例和最高法院裁决。

国会授权，就是国会以立法把作出某些决定的权力委托给总统，这种授权或扩大总统已有的宪法权力，或把总统的权力扩展到宪法未明确规定的领域。如国会以法律授予总统广泛的“委托立法权”，授权总统就贸易和武器供应同外国签订行政协议；授权总统在国家处于危机时期接管铁路，实行工资、物价管制等。国会在授权时往往加上一些限制性条款，例如规定总统可以做什么及必须遵循的标准，规定某项授权的有效期限等。

先前总统在行使权力方面树立的先例，对以后的总统关系重大。总统行政特权、扣押拨款权都是由先例树立的。林肯总统为保存联邦而未经国会同意开始了对南方各州的战争，是总统行使行政特权进行战争的先例。随着时间的进展，“行政权”、“总司令”、“负责使法律切实执行”等宪法条款，因总统的解释和行动树立的先例而获得新的含义。

最高法院的裁决也是总统权力的一个重要来源，通过1803年“马伯里诉麦迪逊案”，最高法院掌握了司法审查权，对宪法拥有最后的解释权。通过案件判决，对宪法作出新的解释，可以扩大或限制总统的权力。

2．国家元首和行政首脑

宪法规定“行政权属于美利坚合众国总统”，这确立了总统作为行政首脑的地位和权力。宪法并未明文规定总统为国家元首，但宪法把通常由国家元首行使的某些职权授予总统，如规定总统有权“缔结条约”、“任命大使”、“接见大使”，任命联邦法官和行政官员，发布缓刑令和赦免令等，实际上使总统具有国家元首的身份。

3．监督法律执行的权力

宪法第二条第三款规定，总统“负责使法律切实执行”。这一条款给了总统监督各行政机构执行法律的权力。这是一条极富弹性的条款，总统的许多权力是从这一条引申出来的。据此条款，总统有权发布具有法律效力的行政命令，有权在国内使用武装力量。总统之所以有权在国内使用武装力量，还因为宪法规定他是美国武装力量总司令，是应召为合众国服现役的各州国民警卫队的总司令，有责任“应州议会或州行政长官的请求平定内乱”。根据宪法上述条款，总统在以下两种情况下均可动用军队：应州当局之请协助平定叛乱，或平息由于经济和社会纠纷引起的骚乱，或因州及地方当局拒不执行联邦法律而引起的骚乱。

4．任命权和免职权

任命权是总统作为行政首脑的一项重要权力，是总统借以指挥、监督和控制各行政机构，实施其计划和政策，赢得许多国会议员和利益集团支持的重要手段。

总统任命的行政部门文职人员分为两类。一类是高级官员，其任命须由参议院批准；一类是低级官员，其任命无须参议院批准。今天，一位新总统可以任命的官员大约一万人左右。其中重要的是大约两千七八百名专职的政治任命官员，这些人被认为是制定政策的高级官员。他们监督和指导280余万人文职人员，负责使后者实施总统的政策。政治任命官员的最上层是大约700多名“政治行政长官”，这些人是各部部长、副部长、助理部长，独立机构长官，管制委员会委员，总统办事机构各单位的高级官员等。这些官员除少数人外，其任命须参议院批准；除管制委员会的委员外，总统可把他们随时免职。

宪法规定国会得以弹劾程序免除文职官员的职务，但未明文授予总统免职权。因此总统同国会争夺免职权的斗争此起彼伏，直到1926年最高法院作出裁决：总统有宪法权力随意将他任命的政治官员免职，但不能随意将他任命的管制机构的官员免职，这一问题才得到解决。

5．立法权

总统干预立法的权限有三种：

第一种是劝告权。即总统以国情咨文的形式，经常把联邦的状况向国会报告，并劝告国会对此加以审议，这使得总统在立法方面拥有有力的指导权。总统还可以采取由行政部门起草法案，委托议员提出法案的形式，干预立法。

第二种是否决权。即国会通过的法案，要求总统签署，如果总统认为该法律不合适，可以拒绝签署，将法案发还提案的议院，并说明理由，这叫做“正式否决”。如果在10天内不发还，则该法案即成为法律。如果在法案通过之后10 天内国会闭幕，总统未签署而搁置起来，法案即作废，这叫“搁置否决”。国会如果还想通过此项法案，必须在下届国会中再度提案，讨论表决。正式否决的议案，如果经上下两院 2/3 多数再通过，不管总统是否再否决，法案当然成立，称为“否决权无效”。美国总统的这种有限否决权，成为牵制立法部门的强有力的制度设计，因为两院都得到 2/3 的优势很困难，何况“搁置否决”在某种意义上是一种绝对否决权。

第三种权限是委任立法权。即总统除了可以制定行政命令外，在某些情况下可由国会授权总统立法，国会保留废除、撤销总统此项权限权力。

6．外交上的权限

宪法规定，总统得到参议院 2/3 的同意，有权缔结条约，任命大使或其他驻外使节，并接受外交使节。但参议院的这项制约，由于总统通过与外国政府签订行政协议来解决外交纠纷、处理外交事务而有所削弱。因为行政协议虽然几乎与条约有同样效力，却无须参议院同意。

参议院限制总统外交权的措施有：拒绝外交政策有关的拨款，使行政协议无法实施；还可以制定关于国防、通商和贸易的规定，关于移民、入籍、驱逐出境的规定，关于军队的征募、维持和编制的规定，关于取得陆地、海洋以及发布宣战布告等权限的规定。这些措施都能左右总统的外交权。

7．国防和军事上的权限

美国宪法规定，总统是合众国陆海空三军以及被征集的服现役的各州民兵的总指挥官。此外，在战时他有“动员参战”的权力。例如，林肯在南北战争中停止了“人身保护令”。一战期间，威尔逊在国会的同意下动员了国家的人力和物力资源。富兰克林·罗斯福在 1938 年，以特别国情咨文的形式，要求国会制定了国家总动员法。后来二战爆发，国会授予总统动员国家人力、物力资源的权限。

1787 年宪法以来，总统的权力总体上是一个不断扩张的过程，但也受到国会和最高法院的制约。按照制宪者的意图，联邦政府的三个部门，虽然彼此独立，国会却是居于首要地位的。宪法实施后的头 150 年中，除少数几位总统（杰克逊、林肯、西奥多·罗斯福、威尔逊）行使较大权力能与国会抗衡外，国会是联邦政府的权力中心。伍德罗·威尔逊在他任普林斯顿大学教授时写的论美国政府的专著，就定名为《国会政府》。然而从20世纪初开始，特别是30年代的经济大危机以后，总统的权力急剧膨胀，逐渐取代国会在国内政治生活中居于主导地位，国会转而向总统寻求领导。这些变化将在下文中论述。

（二）总统选举

1787年宪法第二条第一款中规定了总统和副总统的选举方法，[①]确立了由选举人团选举总统的间接选举办法，但其简短规定很快遭遇了现实挑战。1800年总统大选，民主共和党获胜，杰斐逊和伯尔获得相同的73张选举人票。因为宪法并未规定选举人投票时分别投给总统和副总统。按宪法规定，众议院按州为单位投票决定谁当总统。结果在以后连续6天35轮投票中，二人得票相同而不能选出总统，最后汉密尔顿说服几个联邦党人投空白票，杰斐逊才以6票比4票击败了伯尔。[②]

鉴于此，国会在1804年批准第12条宪法修正案，规定选举人须将所有被选为总统之人和副总统之人分别开列名单，写明每人所得票数，从而弥补了宪法的漏洞。但这一总统选举办法由于其后政党政治的作用，在第四次总统选举后，发生了较大变化。

1787年宪法对政党只字未提，开国元勋中有人甚至厌恶政党，认为政党是为了个人野心和私利而结成的“派系”，会危害和毁灭共和国。如华盛顿在《告别词》中就谴责政党并告诫国人不要结党。但政党政治实际上是现代政治运作的核心。麦迪逊就认为财产分配的不同和不平等，必然会形成有产者和无产者，以及其他许多利益不同的集团，从而形成阶级和代表他们利益的政党与派别。[③]实际上，在华盛顿的内阁里，由于政治分歧就形成了以汉密尔顿为首的“联邦党人”和以杰斐逊为首的“反联邦党人”两派，而两人的追随者也分裂为联邦党和共和党。其后由于政党与总统的提名和竞选结合起来，政党制度也相应得到发展。

1796年，华盛顿卸任后，下届总统候选人由国会提出。当时的国会参众两院组成一个专门的提名联席会议，共同决定总统候选人人选。后来曾有人提出国会作为立法机构挑选行政长官破坏了分立原则，但直到1824年总统选举中国会提名的总统候选人落选，使这种提名方法信誉扫地，才演变产生了政党全国

① 李道揆著，《美国政府和美国政治》，商务印书馆，1999年，第781页。

② 韩国明著，《外国行政制度》，兰州大学出版社，2004年，第192页。

③ ［美］汉密尔顿、麦迪逊、杰伊著，《联邦党人文集》，商务印书馆，1980年，第46～47页。

代表大会提名制。

1831 年，一个政党——反共济会党首次采用全国代表大会提名总统候选人，该年年底，反杰克逊的国家共和党也召开全国代表大会，提名亨利·克莱为总统候选人。1832 年底，民主党召开全国代表大会提名杰克逊为总统候选人。结果杰克逊击败克莱，而各政党采用党的全国代表大会提名候选人也成为惯例。1840 年起，两大党都以全国代表大会提名本党总统候选人，通过党的全国代表大会推选总统候选人。

党的全国代表大会代表的产生主要有两种方式。一种是采用召开州的党代表大会的方式，选举出席全国大会的代表。另一种是采用州预选的方式，直接由党员选举全国党代表大会代表。采用第一种方式的州已经比较少了，到 1980 年时只有 15 个州采用，更多的是采用第二种方式。

预选是一州一州按时间顺序分别举行的。党内各总统候选人竞争者总是参加一些估计会大获全胜而造成全国影响的州预选，而不会或避免参加那些处于明显劣势的州预选，以免惨败后自取灭亡。预选一般在每年 2 月下旬首先在新罕布什尔举行，其他各州则在 3 月、4 月、5 月，直到 6 月上旬为止，陆续举行。

预选在 6 月上旬结束后，各党代表汇集起来召开全国代表大会。通常在野党在 7 月举行，执政党在 8 月举行。大会开始后，首先由代表资格审查委员会审查各州代表资格，然后，由主持人和候选人竞争者发表演说。接着要讨论本党政治纲领。

各党政纲一方面是一份吸引选民的宣言，另一方面，也对该党当选执政后的施政有一定约束力。通常都要由党的政纲起草委员会草拟出来，在各地举行大会，听取各种意见，不断修改，最后提交大会讨论通过。政纲讨论结束后，开始提名本党总统候选人。

党的总统候选人确定后，紧接着是挑选竞选伙伴——副总统候选人。按照惯例，副总统候选人是由总统候选人提名的。总统候选人挑选竞选伙伴时要从政治力量平衡、两人的政治经验互补和声望等几个方面考虑。

一个在职的总统在本党谋求提名时，通常处于非常有力的地位，几乎不会遇到任何严重的挑战。作为在职副总统，在谋求党内提名时也居于有利的地位。杜鲁门说："身居白宫的人总是控制了全国代表大会。"

获得提名的总统候选人要组建自己的竞选班子，筹集竞选经费，拟定并不断调整竞选策略，选择合适的竞选方法，直到赢得大选。按照美国有关选举的法律规定，选民投票在大选年 11 月第一个星期一以后的第一个星期二。每个县都设有很多投票站。

大选年的12月的第二个星期三以后的第一个星期一，各州选举人团在各州首府选举总统和副总统。得票名单寄给参议院议长，即在职副总统。第二年1月6日，参众两院议员在众议院集会，由参议院议长主持，当众启封名单，公布选举结果。

新总统于次年1月20日，即选举人投票日——1月6日后半个月任职。留出这段时间，是为了防止选举人投票结果不明确，还需要众议院再选。同时，也为新总统的任职留有准备时间。

自开国之初到1932年富兰克林·罗斯福就职总统，就职仪式总在3月4日正午12时开始。国会在1932年提出的宪法第二十条修正案中重新作出规定，新总统就职时间为1月20日正午12时。

新总统在国会大厦或国会外露天演说台上宣誓。最高法院院长为监誓人。誓词写在宪法中："我谨庄严宣誓，我决心忠诚地执行合众国总统职务，并尽最大努力维护、遵守和保卫合众国宪法。" 宣誓完毕后，新总统发表就职演说。

（三）总统的连任、继任和免职

1．总统的连任

关于总统的任期，宪法起初只规定总统任期四年，副总统的任期相同，至于可否连任及连任几届则只字未提。华盛顿当选第一任总统之后，创立了连任一届的惯例，直到富兰克林·罗斯福4次当选总统，打破了总统任职不超过两届的传统。于是1947年国会提出一项修正案，1951年被各州批准，成为第22条宪法修正案，修正案规定："无论何人，当选担任总统职位不得超过两次；无论何人，在他当选总统任期内担任总统职务或代理总统两年以上，不得当选担任总统职务一次以上。"这样，从理论上推算，一个人可以在美国总统的职位上的极限是10年。

2．总统的继任

关于总统的继任，宪法规定，如遇总统被免职、死亡、辞职或丧失履行总统权力和责任的能力时，总统职务应移交副总统。国会得以法律规定在总统和副总统两人被免职、死亡、辞职或丧失任职能力时，宣布应代理总统的官员。该官员应代理总统直到总统恢复任职能力或新总统选出为止。据此规定，国会先后制定了三个法律来解决正副总统都出缺时的处理办法。1792年的法律规定，正副总统都出缺时，依法由参议院的临时议长和众议院议长代理总统职务。1886年国会通过了第二个总统继任法，规定正副总统都出缺时，由内阁级部长按各部建立的先后次序代理总统职务，其顺序是国务卿、财政部长、陆军部长、司法部长、邮政部长、海军部长、内政部长等。1947年的新法律规定：正副总统都出缺时，代理总统职务的人的顺序是：众议院议长，参议院临时议长，按各部建立先后排列的内阁部长。此法至今仍然有效。

后来，国会又提出了新的宪法修正案并于 1967 年 2 月 10 日为各州批准后成为第 25 条修正案。此修正案第一、二两款规定："如遇总统免职、死亡或辞职，副总统应成为总统。""凡当副总统职位出缺时，总统应提名一名副总统，经国会两院都以半数票批准后就职。"这一规定解决如何填补副总统空缺的问题。第三、四两款则解决了由谁来确定总统丧失工作能力的问题。办法有两种：一种是"凡当总统向参议院临时议长和众议院议长提交书面声明，声称他不能够履行其职务的权力和责任，直至他向他们提交一份相反的声明为止"，由副总统代行总统职务。另一种是"凡当副总统和行政各部长官的多数或国会以法律设立的其他机构成员的多数，向参议院临时议长和众议院议长提交书面声明，声称总统不能够履行总统职务的权力和责任时"，副总统应即代理总统的职务，直到总统向上述两议长提交书面声明声称他能重新工作时为止。如果副总统和行政各部长官的多数或国会以法律设立的其他机构成员的多数在 4 天内再次向上述两议长提交书面声明，仍坚持总统尚未恢复工作能力，则由国会裁决，国会如在休会期间，则应在 48 小时内召开会议。国会在收到后一书面声明的 21 天以内，或休会期间将为此召开会议以后的 21 天以内，以两院 2/3 多数票决定总统不能履行其职务时，副总统应继续代理总统职务；否则，总统应恢复其职务。

3．总统的免职

关于总统的免职，宪法第二条第四款规定：总统、副总统和合众国的所有文职官员，因叛国、贿赂或其他重罪和轻罪而受弹劾并被定罪时，应予免职。宪法第一条规定了众议院独自拥有弹劾权，弹劾案以简单多数票提出；参议院独自拥有审判一切弹劾案的权力。合众国总统受审时，最高法院首席大法官主持审判，无论何人，非经出席参议员 2/3 的同意，不得被定罪。

由于弹劾总统是一个复杂而又有重大政治影响的程序，因此并不常用。在美国历史上第一个受到弹劾的总统是第 17 任总统安德鲁·约翰逊，约翰逊因实行亲南方奴隶主的政策深为国会的激进共和党人不满。1868 年众议院以他违反 1867 年公职任期内，未经参院同意即免除了陆军部长职务而对他提出弹劾案，参议院以一票之差（35：19）未能将他定罪。1974 年众议院司法委员会已通过对尼克松总统进行弹劾的决定，但在提交众议院表决前，尼克松已宣布辞职，弹劾未再继续进行。克林顿在第二任任期内的 1998 年因莱温斯基案，而被众议院以作伪证和妨碍司法为由提出弹劾条款，但由于克林顿任期以来经济发展状况良好，其个人善于与公众沟通，也由于党派政治运作的缘故，在 1999 年 2

月份参议院的表决中，两条弹劾条款分别以45票赞成对55票反对和50票赞成对50票反对而被参议院否决。弹劾案由此结束。虽然几次弹劾都未将总统直接免职，但弹劾权仍是国会制约总统权力的一个有效手段，特别是尼克松因惧怕弹劾而自动辞职更能说明这一点。

二、联邦权与州权的较量及“二元联邦主义”的形成

1787年宪法确定美国是联邦制国家，并对联邦和州各自拥有的权力进行了划分。然而由于历史、经济和政治的原因，州同联邦争权的斗争持续了一个半世纪之久，直到20世纪30年代后期，联邦高于州的地位才终于最后确立起来。在这150年中，虽然南北战争的结局维护和提高了联邦的地位，然而总的说来，19世纪还是所谓“二元联邦主义”的时代，联邦和州各有其职权和权限范围，二者分离，相互独立。各州是制约联邦政府权力的重要力量。南北战争以后，伴随着资本主义发展而来的周期性经济危机和其他复杂的社会问题，已不是一个州能够解决的。人们期望联邦政府采取行动，联邦政府的权力逐渐扩大。但是直到罗斯福政府为应付空前的经济危机推行“新政”，加强国家对经济的干预，最高法院对宪法作从宽解释使联邦权力的扩大合法化以后，联邦高于州的地位才最后确立。

（一）宪法规定的联邦权与州权

按照美国宪法，联邦政府和州政府的权力划分如下：

明确授予联邦政府的权力有：征税、供款和发行货币；管理对外贸易和州贸易；制定统一的归化法和破产法；制定伪造合众国证券和货币的惩罚条例；设立邮局和兴建邮政道路；颁布专利权和版权；设立联邦法院；规定和惩罚公海上的海盗行为和违反国际法的犯罪行为；宣战、颁布捕获敌船许可状、制定陆上和水上的捕获规章；建立陆军和海军；征招民兵；管理领地和财产；管理度量衡；管理外交事务和缔结条约；批准新州加入联邦；提出宪法修正案。

保留给各州的权力有：管理州内的商业；建立和监督州以下的地方政府；保护健康，维持安全和道德；保护生命、财产和维持秩序；批准宪法修正案；举行选举；改变州宪法和州政府。

联邦政府和州政府的共有权力包括：征税、借款、设立银行和公司、设立法院、制定和实施法律、为公共目的而征用财产和举办公共福利。

禁止联邦政府行使的权力有：不得对从任何州输出的商品征税；间接税税率必须全国一致；权力法案所作的保证不得剥夺；在商业上，不得给予任何一州优惠于他州的待遇；未经州的同意，不得改变州的疆界；不得把新接纳的州

置于低于创始州的地位；不得许可奴隶制；不得授予贵族爵位；不得通过公民权利剥夺法案或追溯既往的法律；不得中止人身保护状的特权，除非发生叛乱或外敌入侵；不经正当法律程序，不得剥夺任何人的生命、自由和财产。

禁止州行使的权力有：不得铸造货币；在和平时期不得保持军队和兵舰；不得缔结条约；不得制定损害契约义务的法律；不得否定人民享有法律的同等保护；不得违反联邦宪法或阻挠联邦法律的实施；不得因种族、肤色或性别而剥夺公民的选举权；不得对进口货和出口货征税；不得允许奴隶制；不得授予贵族爵位；不得通过公民权利剥夺法案或追溯既往的法律；不得中止人身保护状的特权，除非发生叛乱或外敌入侵；不经正当法律程序，不得剥夺任何人的生命、自由和财产。

（二）默示权力与联邦政府权力的扩大

联邦政府刚建立时，联邦政府的权力有限，州权派采用上述列举权力的方式限定了联邦政府的权力。而且，由于惧怕一个强大的中央集权政府对州权可能造成的侵蚀，宪法第十条修正案规定："凡宪法未授予联邦或未禁止各州行使的权力，皆由各州或人民保留。"但是由于社会经济发展的需要和最高法院在建国初期对扩大联邦政府权力的支持，通过最高法院的判决和对宪法的解释，联邦政府获得了很多引申权力。这些引申权力包括：

• 设立银行和其他公司。引申于征税、借款和管理商业的权力。

• 为修建道路、举办学校、健康和保险事业等提供经费。引申于兴建邮政道路、提供公共福利、国家防务和管理商业的权力。

• 设立军事院校和海军学院。引申于建立和维护海军陆军的权力。

• 发电和出售剩余物资。引申于处置政府财产、管理商业和宣战的权力。

• 帮助和管制农业。引申于征税、提供公共福利、管理商业的权力。

其中一些权力主要是通过联邦最高法院对两个案件的判决而确定的。一个是1819年的麦卡洛克诉马里兰州案，最高法院通过这一判例，确定联邦政府既拥有明白授予的权力，又拥有从授予的权力引申出来的"默示权力"。宪法第一条第八款的"必要和适当"条款成为默示权力的宪法依据。由于默示权力几乎是可以无限制地引申出来，它成为扩大联邦政府权力的主要法律和理论依据。另一个是1824年吉本斯诉奥格登案，在这一案例中，马歇尔大法官对宪法的"商业条款"即国会有权管制同外国的、各州之间的和同印第安部落的商业中的"商业"定义为所有的商业来往和生意来往，包括人员的航运和运输，而且认为联邦政府的商业权力可以在州的管辖范围内行使，即使州内商业不完全受制于它，这一解释实际上大大扩大了联邦政府管理经济事务的权力，但国会并未立即行使这一授权，直到20世纪30年代大危机后才得以广泛实施，而这一判例无疑成为联邦政府行使这些权力的宪法依据。

麦卡洛克诉马里兰案

1816年，国会建立了美国第二银行，麦卡洛克是该行在马里兰州巴尔的摩分行的出纳员。马里兰州对该行征税，麦卡洛克拒绝支付。于是马里兰州向州法院起诉，麦卡洛克向最高法院上诉。这一案件涉及的宪法问题是：国会是否有权建立银行？马里兰州是否有权向该行的分行征税？马里兰州的辩护如下：

（1）联邦政府的权力是由各州授予的，只有各州才真正是至高无上的。联邦政府行使权力必须服从各州，只有各州才拥有最高权力。

（2）授予国会的列举权力中没有设立银行的权力，国会设立银行是违反宪法的，因为这不是为执行列举权力"所必要和适当"的法律。马里兰州作为一个主权州有权征税，包括向美国银行征税。

在美国宪法第一条第八款，列举了国会的权力后，宪法又规定：国会有"以及制定为行使上述权力和由本宪法授予合众国政府或其任何部门或官员的一切其他权力所必要的和适当的所有法律"。

马里兰州认为设立银行不是执行列举权力"所必要的和适当"的法律。

最高法院判决：

（1）联邦宪法是由人民批准的，联邦政府是由人民建立的，它的权力是人民授予的。它的权力虽然受到限制，但"在其行动的范围内是至高无上的"。在联邦和州的关系上，"重大的原则是：联邦宪法和依照宪法制定的法律是最高法律，它们控制各州的宪法和法律，而不能受后者的控制"。

（2）列举权力中没有建立银行的权力，但宪法在列举权力后，规定国会有权"制定为行使上述权力……所必要的和适当的一切法律"。这一"必要和适当"条款扩大和增加了，而不是减少和限制了已经授予国会的权力。国会建立银行的权力是从明白授予的权力，即从处理财政的权力和"必要和适当"条款引申出来的"默示权力"。国会为行使授予的权力，如果目的是合法的，是在宪法范围之内的，则一切适当的手段，凡是明显合乎目的，未被禁止而又符合宪法的文字和精神，都是合乎宪法的。因此，建立银行的法律是合乎宪法的。

（3）"征税的权力包含摧毁的权力"。"州无权以征税或其他办法厌恶、妨碍、困扰或……控制国会为行使授予总统的权力而制定的合乎宪法法律的实施。”

因此，马里兰州向美国银行征税的法律是违宪的和无效的。

转引自韩国明著，《外国行政制度》，兰州大学出版社，2004年，第255～256页。

（三）向州权的回摆与内战

联邦政府的权力在建国初期得到了扩张，但由于对宪法第十条修正案的不同理解，更由于美国的历史是先有州而后有联邦，很多人认为，联邦的权力来源于州，后来又由于新州的加入使得南方蓄奴州和北方自由州之间的矛盾愈演愈烈，终于爆发了南北战争。南北战争后形成了“二元联邦主义”，并一直到罗斯福新政才发展为“合作联邦主义”。

1．向州权的回摆

从安德鲁·杰克逊（任1829～1837年美国总统）开始，州权开始回摆，商业管理问题成了联邦和州关系中的一个主要问题。1816年建立的第二合众国银行因特许状期满而于1832年终止，直到1846年，由于国家经济的需要，联邦主义者与州权主义者才达成妥协，建立起半银行性质的独立国库，负责掌管联邦政府征收的税款。这一过程反映了此时期美国州权主义者力量的强大。而直到1912年美国才建立起永久性的中央银行——美国联邦储备委员会。

1828年，国会通过一项新关税法，被南方人称为“可恶税率”。1831年，来自南卡罗来纳州的副总统卡尔霍恩宣称：宪法只是各州之间的契约，当联邦与州之间就涉及州的根本利益发生冲突时，各州有权宣布联邦法律无效。1832年，该州议会召开全州大会并通过决议，通过《联邦法令废止权公告》，声称如果联邦政府强制实行关税法，南卡罗来纳州将考虑退出联邦。杰克逊总统要求国会授予用兵执法权，威胁要绞死卡尔霍恩，后经调解，双方作出让步，联邦政府同意降低关税，南卡罗来纳州也不再硬抗。由此事件可以看出，联邦高于州的地位还远远没有确立。

其后由于领土扩大，新州不停地申请加入联邦，南北矛盾一波未平，一波又起，宪政危机愈演愈烈，州权日益对联邦权分庭抗礼，联邦的至上地位遭到严重挑战，又由于联邦最高法院在1857年的斯科特诉桑弗特案中判决黑人奴隶不是美国公民，火上浇油，最终导致了1861年南北战争的爆发。南北战争的爆发固然有黑人奴隶问题和经济利益的因素，但最深刻的原因还是州权挑战联邦权，并试图从联邦分离出去。

2."二元联邦主义"的形成

内战的结束确立了联邦的至高地位，并通过了第13、14、15条宪法修正案，废除奴隶制，限制州权力，规定权利法案各州也要遵守。由于经济发展需要加强调控，出现了联邦政府权力逐渐增强的趋势。尽管如此，在总体上，联邦政府和州政府仍主要在各自的权限范围内活动，形成了二者分离、相互独立，被形容为分层蛋糕式的"二元联邦主义"。

1887年为了调节美国国内的各种商业贸易关系，改变由各州自行管理所造成的混乱局面，建立联邦政府管理制度，美国国会制定了《州际商务法》，这一法律成为联邦政府扩大州际贸易管理权的重要立法。根据该法律成立的州际商务委员会，成为美国联邦政府第一个管理国家贸易的委员会。此后，美国国会又通过了一系列法律，加强联邦政府的权力。1890年国会制定了《谢尔曼反托拉斯法》，虽然经最高法院解释后其应用范围大大缩小，但它毕竟是美国联邦政府干预国家经济的一次尝试。1913年，国会通过了《联邦储备法》，并在全国建立了一系列联邦储备银行，形成了联邦储备银行体系，为联邦政府实现全国性的金融监督和调节奠定了基础。1914年，联邦政府又制定了《克莱顿反托拉斯法》，并建立了"联邦贸易委员会"，以监督有关反托拉斯法的实施。

各州对联邦政府权力的抵制，主要通过联邦最高法院的司法判决得以体现。从1868年的"保罗诉弗吉尼亚案"开始，联邦最高法院在一系列判决中限制了联邦政府州际商业管辖权的范围，将保险业、制造业和广告业等排除在联邦政府的干预范围之外，并对联邦政府的征税权加以限制。1895年，最高法院判决波洛克诉农民信贷公司一案中，裁定联邦政府1894年征收所得税的法律违宪。理由是：所得税属于直接税，而按照宪法第一条第九款规定，联邦征收直接税，应根据各州人口比例加以分摊。即某州占全国人口百分之几，就应分担联邦征收直接税税额的百分之几。但是由于各州富裕程度相差悬殊，按人口分摊引起穷州的强烈不满，从而使联邦无法通过直接税征收议案。1913年，国会和各州通过了宪法第十六条修正案，推翻了这一判例。从此联邦政府有权向个人或公司征收所得税，而且这一税种成为联邦的主要收入来源。

到20世纪30年代，由于经济大危机，处理联邦与州关系的"二元联邦主义"的理念弱化，代之以"合作联邦主义"。

三、从绅士政府到文官制度的建立

美国建国时虽然是民主共和国，但当时担任联邦政府官员的却大多是拥有财产并受过良好教育的有产者，到杰克逊时形成了"政党分肥制"，后经改革于

1882 年通过《彭德尔顿法》，建立了文官制度。

（一）绅士政府

1787 年宪法生效后，按照宪法和一般惯例，联邦政府的少数高级官员由总统提名，经参议院同意；中级官员由总统直接任命；各部门的工作人员则由各部首长任命。从华盛顿到约翰·亚当斯，任用官员的标准主要是个人品格。联邦政府的创始人认为应以合适的品格和能力作为任用政府工作人员的标准。当时任命的行政官员，或者是总统所熟悉的人，或者高级行政官员、参众两院议员及总统亲友推荐的人。这些人一般出身于中上层家庭，受过良好的教育，属于有一定名望的家族，往往在独立战争及其后来的政治活动中比较活跃。但在华盛顿任期的末期，美国的两党开始形成并越来越具有影响力，也日益表现在官员的任命上。亚当斯任职期间，官员的任命已经有了明显的政党偏好。“星夜任命法官事件”[①]即是一例。

1800 年杰斐逊当选总统，是政党轮流执政的开端。杰斐逊被亚当斯的午夜任命激怒，并说他将把亚当斯 1800 年 12 月 12 日得知选举结果后任命的官员一律解职。他的任免同样带有明显的政党色彩，解职的都是联邦党人，任命的都是共和党人。但杰斐逊并没有把所有的联邦党人免职。在 316 个由总统任免的职位中，1803 年共和党占 158 人，联邦党占 132 人，26 个在中立者手中。

由于杰斐逊的政策同联邦党人的政策相去并不甚远，也由于杰斐逊没有从政府中全然排除联邦党人，并且还利用许以官职来争取联邦党人中的温和派，联邦党迅速衰落，很快形成共和党一党独大的局面。杰斐逊任职期间坚持受过高等教育是当官的必要条件，但当时仅有 2‰的人受过高等教育。而从杰斐逊到安德鲁·杰克逊之前的几任总统，因为都是共和党人，不存在因政党原因大换班的条件，所以官员班子几乎没有重大变动，其成员占住职位也就不动了。因此，美国一些学者称这个时期为“绅士政府”时期。

（二）政党分肥制

政党分肥制肇始于杰克逊时期。1824 年，当杰克逊首次接受总统提名时，新兴政客和普通民众都认为要打破绅士政府时期的政治机器。而杰克逊在 1824 年的大选中虽然得票最多，却未能成为总统，此事导致共和党分裂，而成立了杰克逊的民主党和反杰克逊的国家共和党。当 1828 年杰克逊当选总统后，便有了一个两党抗衡的局面，也使政党分肥规模化。

---

① 1800 年总统大选，联邦党人约翰·亚当斯谋求连任的努力失败，败给了当时的共和党人杰斐逊，为了使联邦党人的政策能继续得以执行，在他卸任前的午夜，还任命了许多联邦党人做法官，这一事件被史学界称为“星夜任命法官事件”。

杰克逊当选后，顺应其支持者的要求，提倡平民政治，宣扬官职轮换说，并大批罢免政府官员。当时的联邦雇员有1万多名，其中高级官员大约600名，杰克逊撤换了 1/3。从杰克逊最初的意图看，撤换官员并不完全是为了空出职位酬劳民主党人，还有清除腐败官员、整顿吏治的一面。但与其前几任总统相比，已经明显带有政党分肥制的色彩。

杰克逊及其追随者提出担任公职是每个人的权利，从而打破了上流社会对公职的垄断，无疑是一个巨大的进步。然而，以政党分赃来完成官职轮换，却并不能保障公民担任公职的权利。事实上，是政党取代了旧有的特权集团而成为新的特权集团，各级政党组织控制了各级政府的公职分配。而从下至上，又是由大大小小的党魁控制了政党组织，结果是公职的分配权落入了这些党魁的手中。

1840年，辉格党人哈里森当选总统。此后数十年，两党频频轮流执政，政党分赃愈演愈烈，官员更换的规模越来越大，终于成了真正的大换班。而所有自认为有资格当官的人，或希望当官的人，便开始疯狂地追逐官职。每逢新总统就职，尤其是一个政党下台另一个政党上台时，白宫就肯定要瘫痪几个月，直到全部官位填满或事先答应的任命全部兑现为止，有时为此需要大量增加官位。政党分肥制腐蚀了政党本身，也使得美国政界的腐败达到了登峰造极的地步。

（三）《彭德尔顿法》与文官制度的建立

与此同时，改革也在逐步展开，在政党分肥制最猖獗的年代，国会制定了《官员任职期限法》，1853年，国会通过《考试法》，要求华盛顿各部文官必须参加合格考试，今后任命的文官必须是考试成绩合格者。这项法律规定的是一种资格考试，即参加考试者往往仅限于被提名的少数人，而非竞争性考试，并不能解决政党分赃问题，而且行政部门既不认真执行，国会也不予以严格监督，几年之后就荒废了。

改革家们仍在不屈不挠地努力。进入19世纪80年代，文官改革已上升为美国政治生活中的首要问题。议员们提出了形形色色的改革议案，其中民主党参议员彭德尔顿1881年提出的文官改革法案最引人注目。1880年的总统竞选中，两党纲领也都写上了文官制度改革的内容。1881年7月2日，就职仅4个月的加菲尔德总统被一个谋求公职而未达到目的的人枪击而去世，在这一事件的刺激下，国会于1882年通过了《彭德尔顿法》，确立了政治中立的原则，建立起常任文官制度，使文官脱离政党的控制。

《彭德尔顿法》缩小了政党分肥的范围，也撤销了许多根据政党分肥设立的职位，但并没有废除政党分肥。直到1885年克里夫兰总统上任时，仍需任命

88%的联邦行政人员。但《彭德尔顿法》确立了文官制度的基本原则。随着19世纪末20世纪初进步主义运动的展开，文官制度也不断完善。国会1920年通过《文官退休法》，明确文官退休问题。1923年通过职位分类法，使文官制度更加科学化。文官考选制度、工资体制也先后建立。总体来说，文官制度适应了当时美国的社会经济状况，而且根据变化了的实际情况不断进行修补。直到1978年卡特总统在任时才对文官制度进行了自其确立以来一次较大的改革。

伴随着文官制度的确立及其改革，联邦行政机构也在缓慢发展之中。联邦行政机构主要是指联邦政府各部、独立的委员会和政府企业组织。宪法对于联邦行政机构的设置及其权限未作任何规定，其建立是国会根据美国经济、政治和社会发展的实际需要，以法律逐渐建立的。

1789年，联邦政府初建时只有陆军部、财政部和国务院三个部，共雇用文职人员351人。在以后的岁月里，联邦行政机构发展缓慢。1849年成立了内务部，负责开发美国的自然资源和保护环境。南北战争前夕，文职雇员为3.5万人。内战后，由于工业化的迅速进展所产生的问题，联邦政府职能扩张，随即建立起新的行政机构。1870年成立司法部，1889年成立农业部，1913年成立商务部和劳工部。一些独立的委员会也在这一时期建立起来，1887年建立了调整州际商务的州际商业委员会，1913年建立了美国的中央银行即联邦储备委员会，1914年建立了负责实行反托拉斯法的联邦贸易委员会，著名的政府公司田纳西流域管理局也是在这一时期为了调节州际关系充分利用自然资源而建立起来的。随着新的行政机构的建立，联邦政府的雇用人员也不断增加，1900年达23万人，1930年为59万人。

以内战为转折点的大规模工业化进程，给联邦政府对经济和社会的管理带来了新的挑战，而政府的腐败也在这一由农业社会向工业社会的转型期达到了顶峰，财富集团向政府官员行贿的丑闻时有发生。文官制度的建立就是试图克服政治腐败的一种努力。此外，19世纪末20世纪初，美国还发生了轰轰烈烈的进步主义运动，通过自下而上的社会批判和上下结合的改革，抑制了大财富集团对政治的操纵，进一步改进了政府管理。联邦政府开始对经济与社会事务实行有力干预，其权力结构也大有调整，行政部门开始占据中心地位，用西奥多·罗斯福的话说，联邦政府开始成为“实际改善全国社会和经济条件的有效机构”。他鼓励媒体揭露黑幕，对制约政府腐败也起了一定作用，更为大众媒体日后发展为除行政权、立法权和司法权之外的“第四种权力”奠定了基础。在城市改革中诞生了城市委员会制与城市经理制两种新型的城市管理体制，尤其是后者，既提高了效率，又增强了管理的科学性，至今仍具有旺盛的生命力。

但这一时期的改革仍然是在自由放任主义思想的框架内进行的，政府调整经济的权力受到较大限制，终于导致1929年经济大危机的爆发，为应付经济危机，富兰克林·罗斯福实行新政，接过进步主义运动的旗帜并进一步改革，给美国的行政制度带来了一次较大的变化。

第三节　罗斯福新政与美国行政制度的演变

1929年的经济大危机及应对危机的罗斯福新政和第二次世界大战的爆发，对美国行政制度的演变产生了深远的影响。总统权力急剧膨胀，建立了总统办事机构，联邦行政机构也不断扩大，联邦政府对经济生活的干预增多，联邦和州之间的关系发展为“合作联邦主义”，联邦政府权力扩大而州权削弱。

一、总统权力的扩大及其限度

（一）当代总统与传统总统

在富兰克林·罗斯福任内，总统权力急剧膨胀，总统职位发生了“本质的变化”。总统开始在联邦政府和政治生活中逐渐居于主导地位，甚至一度出现了“帝王式总统”（小阿瑟·施瓦辛格语）。美国政治学者弗雷德·格林斯坦把富兰克林·罗斯福以来的总统称为“当代总统”，以区别于他之前的30位“传统总统”。当代总统区别在以下四个方面区别于传统总统：

第一，传统总统只是可能对国会的立法工作感兴趣，当代总统则积极倡议立法，并更多行使否决权。第二，传统总统只行使宪法授予的很少的单方面权力，当代总统则从法律、法院裁决和先例得到多得多的机会以未经国会正式批准的行政命令和其他行动直接决策。第三，传统总统只有很少的工作人员，当代总统则有在总统办事机构中工作的和从行政部门“借调”的为数众多的工作人员供其差遣，去实施其倡议。正是依靠这支庞大的队伍，当代总统才得以从事第一、二两项工作。第四，公众对在职总统的注意力发生了数量和质量的变化，大多数美国人认为，当今复杂多变的政治世界只能由总统来处理。人们期望总统是信心的象征，期望总统提供政治领导，解决国家和个人面临的种种问题。

（二）总统办事机构的建立

原来美国并无总统办事机构，总统往往自掏腰包雇几个办事员，1857年才为总统设置了一名由国库支付薪水的私人秘书。直到1932年，白宫工作人员只有3人。历届总统主要依靠他们的各部部长推动行政工作和提供意见。罗斯福总统执政期间，为了应付日益庞杂的国内事务和国际危机，1939 年获国会同意，正式设立总统办事机构，其职能主要有二：协助总统和协调庞大的联邦行政机构的工作。总统办事机构由总统的亲信、顾问、专家和行政人员组成，最初只有五个单位，二战后不断扩大，现在已经有行政管理和预算局、白宫办公厅、国家安全委员会、经济顾问委员会、政策发展办公室、环境质量委员会、美国贸易代表办公室、国家航空和航天委员会等十几个机构。

总统办事机构的建立和扩大，不仅给总统提供了一个直接为他服务的处理日常工作的办公机构，而且给总统提供了一个阵容强大的高级参谋集团。总统国家安全事务助理是美国总统制定外交、军事战略政策的主要顾问，协调美国庞大的各种情报机构。总统经济事务助理是国际经济政策委员会的实际负责人。由总统助理和顾问构成白宫办公厅的主要人员，大多数是总统的幕僚和亲信。他们与总统接触频繁，对总统个人忠心耿耿。这些人由总统自由任命，无需参议院同意（行政管理和预算局长除外）。他们所做的工作完全取决于总统的当前需要、行动和目标，是总统的一个强有力的后盾。正是这些“既不是选举出来又未经过批准的无名助手，对外交和国内政策作出重要决定”。通过他们把政府各部门各专业机构决定政策的功能协调起来，在这个过程中把总统的观点传达给整个行政部门，从而使总统的权力得以集中。

（三）总统权力扩大的其他表现

1．立法权

在罗斯福新政以前，立法权基本上掌握在国会手中。从罗斯福新政起，特别是战后，情况发生了变化。首先，由于权力和责任日益集中到总统身上，国会的重要议事日程基本上由总统决定，总统向国会提出的“国情咨文”、“预算咨文”、“经济报告”和各种专门咨文成为国会立法活动的指南。到 20 世纪 70 年代末，每年根据总统的建议而提出的法案，占国会通过的全部法案的 80%。其次，总统管辖下的行政部门和机构所通过的规章条例，也具有法律效力和作用，仅 1981 年联邦政府一级就通过了 6500 项，而同年国会通过的法律和决议却只有 157 项。最后，战后总统使用否决权的范围和总统享有的国会委托立法权，都有所扩大。

2．外交权

总统是美国外交政策的最高负责人。战后历届总统都把很大部分时间花在外交和国际问题上。总统作为国家元首和政府首脑，经常出国访问，参加各种国际会议和最高级会议，亲自领导有关政治、经济和军事问题的外交活动。由于战后美国成为资本主义世界的霸主，美国对外政策的最高负责人实际上成为西方世界的领袖和国际舞台上的主要角色。

自二战以来，美国历届总统越来越频繁地使用行政协定来替代缔结国际条约，以回避参议院的否决，加强总统在外交领域的权力。在美国建国后的1789～1889年，美国总统对外总共签订行政协定265项（条约275项），平均每年不到三项，一般只作为条约的辅助形式，所涉及的主要是非重大的外交问题。1889～1939年的50年期间总共签订行政协定917项（条约524项），平均每年18项。1940～1973年，总统签署的行政协定迅速增长到6395项，平均每年高达194项，而这33年中，缔结的条约只有364项。这些数字充分说明行政协定在美国国际协定中的比例和作用愈来愈大，总统在外交事务中的权力空前增长。

3．国防军事权

根据宪法规定，总统虽然拥有作为陆、海、空三军最高司令的权限，但宣战权属于国会，也就是说，总统作为最高司令没有宣战权。然而，二战后的历届总统却认为国家安全处于紧急状态时，总统有权动员军队，向海外派兵，采取战争行动，并把这些看作总统固有的权力。1950年杜鲁门总统出兵干涉朝鲜，1958年艾森豪威尔总统下令美国海军陆战队在黎巴嫩登陆，60年代肯尼迪和约翰逊两位总统出兵侵略越南，1962年肯尼迪总统在古巴导弹危机期间下令封锁古巴，1965年约翰逊总统武装干涉多米尼加共和国，1970年尼克松总统下令轰炸柬埔寨。所有这些战争行动，都是在事前没有得到国会批准的情况下进行的。

由于以上事实，美国舆论惊呼，美国总统权力已发展到帝王般的程度，如不加以限制，势必使参议院的条约权和国会的宣战权化为乌有。

4．限制总统权力的努力

为了限制总统滥用行政协定权，1972年国会通过《凯斯法》。该法规定，国务院必须将一切行政协定的副本在协定签署后60天之内送交国会。如果总统认为，某项行政协定内容的公布有损于美国的安全，他可以根据一项保密命令，将该协定交由参议院外交委员会保管，而这项保密命令只有总统本人或其继任者才可以撤销。

1973年11月7日，民主党占多数的美国国会参众两院不顾当时共和党在职总统尼克松的否决，分别以超过2/3的多数票通过了《战争权力法》。主要内容为：总统在命令军队进入战争后48小时内得向国会报告，除非国会特别授权总统继续承担义务，否则在60天之内就要停止军事行动；在90天之内撤军，如果国会指示总统这样做的话；在开战后的任何时间，国会可用不经总统否决的共同决议，终止使用合众国军队。此外，国会还利用其预算审议权，加强对联邦预算的控制，拒绝有关战争的预算拨款，谋求制止扩大侵越战争。1974年

8月尼克松这位“帝王式总统”因“水门事件”被迫辞职，是对现代总统权力的最大冲击。可见，即使在总统已居于国内政治主导地位的当代，国会和法院依旧是制衡总统的极其重要的力量。

这样，以罗斯福新政为开端的美国总统权力膨胀进程至美国陷入越战泥潭和1972年“水门事件”而逆转，国会重新以强势形象介入对外关系决策。冷战结束后，美国政治焦点从总统权力较大的国际安全事务转向国会权力较大的国内经济和社会事务，国会的政治影响力上升。“帝王式总统”（Imperial Presidency）成为前总统福特所说的“备受侵蚀的总统”（Imperiled Presidency）。2001年发生“9·11事件”之后，美国本土安全第一次遭到攻击，加之发动阿富汗战争和伊拉克战争，布什总统的权力再次扩大，但没有再回到“帝王式总统”的情况。总体而言，美国的分权制衡体制是行之有效的，总统的权力在一个全球化的复杂事务年代不可能再缩小到传统总统时的情况，但也仍会在三权分立的框架中运作。

二、联邦行政机构的扩大

20世纪30年代的大萧条和两次世界大战，使联邦政府职能急剧扩大，联邦行政机构也由此得以扩大，联邦政府成立了很多新的行政部和独立的委员会，卫生与公共服务部、住房和城市发展部、运输部、能源部、教育部、退伍军人事务部等行政部以及证券和交易委员会、国家劳工关系委员会、平等就业委员会等独立委员会都是在战后成立的。行政机构工作人员也大幅增加，1945年时为380万人，以后历经裁减又扩大，20世纪80年代大致保持在280万人左右。其中，在首都华盛顿工作的约30万人，其余均在各部、局、办公室及地方机构中任职。在这批官员中，职业文官约占170万人，占行政部门雇员的60%。

（一）联邦政府各部

联邦政府各部部长，按传统和惯例，都是总统内阁的成员，因此这些行政部又称为内阁部。行政部都是由国会通过的专门法律设立的，法律对每个部的目的和职责都作出了规定。各部一般均设正副部长各1人。部长是首脑，负责指导和监督本部的行政工作。在该部主管事务方面作为总统的主要顾问，向总统提出政策建议。部长是该部的主要发言人。副部长是部长的顾问，协助部长工作，在部长缺勤时代理部长工作。助理部长协助部长工作或主管一个部属部门。有7个部除一名副部长外，还有专门负责某方面事务的专业副部长，能源部、司法部、财政部各1人，农业部、国防部各2人，商务部3人，国务院4人。各部下辖若干局，局下为处，设局长和处长。

各部部长、副部长和助理部长等高级官员，是政治任命官员，由总统任命，参议院批准。总统可以随时解除他们的职务，无须参议院批准。他们通常与总统共进退。局长以下官员多半是职业文官。

各行政部下辖部门中，除了一些业务职能司局外，还有一些管理机构，如行政管理、人事、预算机构等。另外还设法律顾问办公室和监察长办公室等。法律总顾问作为部长和部内事务的法律顾问，属于部内高级官员，由总统任命，参议院批准。监察长一职是按1978年《国会监察长法》设立的，其职责是监督与本部门有关的审计和调查，协调和监督本部的活动，以促进计划的节约和提高效率，防止舞弊行为。监察长也由总统任命，参议院批准。此外，各部多半设有“国会事务办公室”、“公众事务办公室”等，沟通本部同国会、联邦政府其他机构、传媒及公众间的关系。

联邦政府把全国50个州、关岛、波多黎各和维尔京群岛划分为10个标准联邦大区，并设立大区办公室。各部及其下属司局和办公室也往往在这些大区办公室设立办事处。大区办事处下有地区办事处，再下有地方办事处。各部工作人员多半在这些办事处工作，留驻华盛顿的仅占全部工作人员的12%～13%。

理论上，政府各部是总统控制最严的部门，但由于总统精力有限，国会又倾向于加强各部局的权力和独立性，从而使得这种控制非常有限。国会可以通过法令明确授权给局长，使他们行使职权时可以不受总统或部长的控制。国会各委员会主席倾向于同局长们发展直接关系，而各局局长则可能利用有权势的众议员或参议员来对抗政府中上级的权力，因此权力分散是联邦政府的一大特点。

（二）独立的管理委员会

独立的管理委员会是国会以立法为某一专门目的而设立的，不属于各行政部管辖，由总统直接领导。其职责是监督和管制企业：制定企业必须遵守的规章制度、发放许可证、制定税率和收费标准等。它也接受申诉，举行听证会，作出具有约束力的裁决。若当事者不服，可以向联邦法院申诉，而对违反其裁决者，委员会将向法院控告，要求可以民事惩罚。因此，它既是一个行政机关，又有半立法和半司法的职能。

这些委员会不实行首长负责制，而实行委员会制，由一个委员会领导。委员会由总统任命，参议院批准。他们的任期固定，在5～14年间。总统没有正当理由，不能免除其职务，只有在他们出缺时，才能补任。法律还规定委员会成员必须从两党中产生。这些规定使得管理委员会有极大的独立性，被认为是美国政府中“无人领导的第四部门”。

联邦政府主要的独立委员会为：州际商业委员会、联邦储备委员会、联邦贸易委员会、联邦电讯委员会、证券和交易委员会、国家劳工关系委员会、平等就业委员会等。

国会通过立法设立的另外一些独立机构还有：关于信贷的机构，如农场信贷局、联邦信贷局、联邦住宅信贷委员会；处理劳资关系的，如联邦调解和解局、国家调解委员会；有关联邦政府人事管理的，如人事管理局、联邦劳工关系局、功绩制保护委员会等。这一类独立机构实行局长署长负责制。正副局长、署长及某些高级官员由总统提名，参议院批准。

（三）政府公司

政府公司有两种，全为政府所有或者部分为政府所有。全为政府所有的公司又分两种：一种是单独成立的，如田纳西流域管理局、宾夕法尼亚大街开发公司、退休金福利保证公司等。另一种是各部和其他独立机构所属的政府公司，如教育部的美国盲人印书馆，农业部的商品信贷公司、联邦农作物保险公司等。

政府公司在日常业务方面拥有较大自主权，可以制定自己的预算，以自己的名义向银行贷款，有权取得、发展和处置不动产。政府公司由董事会领导，下设总经理负责日常管理工作。董事由总统任命，参议院批准。董事会任期固定，总统不得随意把他们免职。

三、联邦政府与州政府关系的演变

“二元联邦主义”主导联邦政府与州政府关系的局面在罗斯福新政时宣告结束，并开创了“合作联邦主义”的年代，后来又被尼克松的“新联邦主义”所取代，用以调整联邦和各州之间的关系。

（一）合作联邦主义

所谓“合作联邦主义”是指各个层级的政府在履行其特定职能时不是相互隔离和相互独立的，相反，呈现为相互连接和相互合作的关系。美国政治学家莫顿·格罗津斯认为，政府不是一层一层的蛋糕，[①]而是强调美国联邦制运转过程中联邦与各州之间的相互影响、相互依赖和相互合作。美国“合作联邦主义”时期的主要特征为：权力特别是政策制定权向联邦政府集中，权力集中的过程又表现为各级政府间的相互合作。“合作联邦主义”政治的出现是美国联邦政府权力不断上升、州政府、地方政府权力持续下降的现实反映，也是美国社会经济迅速发展的结果。这一时期大约从20世纪30年代延续至20世纪70年代。

① 谭融著，《权力的分配与权力的角逐——美国分权体制研究》，天津大学出版社，1994年，第179页。

1933年富兰克林·罗斯福任总统后，为应对经济危机，制定了《农业经济调整法》、《全国产业复兴法》和《社会保障条例》等涉及经济领域和社会福利的法律；同时建立了国家复兴管理局、农业经济调整署、全国劳工关系局等一系列新的联邦机构，使联邦政府的管理权扩展到包括金融、工业、农业、交通运输、劳资关系、民权、健康福利以及环境保护等各个领域。这些措施有效地开创了20世纪合作联邦主义的时代。联邦政府承担了一些新的合作计划，内容包括农业、公路建设、银行和铁路之类公用事业的管理。其目的是把州和联邦政府拉在一起，为达到共同的目标而协作。通常这种合作既符合州的利益，也符合由国会决定的国家政策，因而州和联邦政府存在着广泛的一致性。

二战结束后，杜鲁门的"公平施政"、肯尼迪的"新边疆"和约翰逊的"伟大社会"实施的结果，大大加强了从罗斯福新政开始的合作联邦主义，联邦对社会经济生活的干预和管制空前扩大。联邦政府通过大量的补助计划，将许多本应属于州政府和地方政府的决策权转移到自己手中，并在很大程度上使州政府成为自己的执行机关。这种合作关系给联邦政府带来了沉重的负担，特别是20世纪60年代中期约翰逊政府在"伟大社会"口号下推行的联邦补助计划，使联邦政府的权力事实上延伸到了包括教育、卫生、福利、水源与空气污染、消费安全保障、噪音处理和美化公路等一切政策领域，造成联邦政府财政的紧张乃至联邦政府计划管理的瘫痪。联邦资助项目的大幅度增长使联邦预算出现大量财政赤字，仅约翰逊执政的6年间（1963～1969），赤字便高达420亿美元之多。联邦政府的赤字财政政策进而引发了滞胀危机。

"合作联邦主义"后期，随着美国联邦政府权力的扩大，美国国内产生了许多问题，引起了人们的不满。联邦政府的多数计划未能收到实效，使公众感到失望。联邦政府权力的扩大导致了"大政府"的出现，引发了种种批评。一些人认为，"大政府"本身的问题比它要解决的问题还要多，力主改革。此外，联邦政府的资助方式也遭到一些州政府的反对。"合作联邦主义"时期的联邦资助主要是分类拨款，它是最早的一种联邦资助方式，其特点是由法律或行政法规严格规定拨款的目的和附加条件。联邦政府拨款的附带条件是，接受拨款的州必须从州财政中拿出部分款项配合联邦项目的实施，州政府在使用此类拨款时自主权很小。各州抱怨联邦的资助项目导致了它们预算的不平衡，因为联邦政府分类拨款中的附加条件迫使州政府将更多的资金投放于容易获得联邦资助的项目上，而不是放在本州急需的项目上，最终导致了州政府收支的不平衡。

面对"合作联邦主义"时期出现的种种问题，联邦政府不得不予以关注，并寻求解决问题的途径，由此而出现了20世纪七八十年代对联邦政府与州政府间关系的较大幅度的调整，“新联邦主义”也应运而生。

（二）“新联邦主义”的产生

所谓“新联邦主义”是指寻求改变美国联邦政府权力日益集中的趋势，力图恢复联邦与州之间权力关系的平衡，使州政府和地方政府重新获得权力的联邦政治模式。美国的“新联邦主义”政策始于20世纪70年代尼克松政府期间。

20世纪60年代，随着美国联邦政府权力的日益集中，美国社会要求改变联邦政府与州政府间权力失衡状况的呼声也越来越高。为了部分地实现社会的这一要求，改变联邦预算的严重失衡，60年代末尼克松上台后便提出了“还权于州”、“还政于民”的口号，他公开许诺要削减华盛顿手中掌握的经济政治大权，将之还给各州和城市，以满足“美国选民要求改变华盛顿的家长式的统治的愿望”，试图改变新政以来美国联邦政治的权力流向，使权力、经费和责任重新转移到各州和人民手中。

尼克松政府主要是通过税收分享计划实施新联邦主义的，即把联邦所得税的一部分直接交给各州，把新政以来联邦政府对各州的主要拨款方式——分类拨款，逐步改为整笔拨款，以此加强州和地方政府在使用联邦援助经费上的自主权，削弱联邦政府对州和地方政府的干预和控制。1972年，美国国会通过《州和地方财政援助法》，规定联邦政府从1972年开始，在五年内将302亿美元的岁入拨于州和地方。尽管如此，尼克松政府计划中岁入分享资金的数额在整个联邦补助金额中占的比例仍很小，不足以改变各州和地方政府对联邦财政的依赖状况，加上来自各方的阻力，使政策实施的结果并不理想。

新联邦主义虽然以“还权为州”、“还权为民”为口号，但它并不是要州与联邦政府平起平坐，更不是要回到州权主义的老路上去，而是要克服由于联邦政府过度集权而造成的弊病，把对经济生活进行干预的权力在联邦、州和地方政府之间进行一些调整，以减轻联邦政府的负担，发挥州和地方政府的积极性，使政府对经济生活的干预更为有效。尼克松因“水门事件”辞职后，他之后的总统如里根、克林顿、小布什等继续在“新联邦主义”确立的原则下进行了一系列改革。

第四节　美国州政府与地方政府的沿革

美国的州最初是由英属北美13个殖民地发展而来，后经过西进运动和历次战争及购买土地，发展为今天的50个州。因此，美国的州不是按民族标志建立的，而是历史、地理因素的产物。而美国地方政府指的是州级以下的所有政府单位，包括县、市、镇、学区和特别政区五大类政府。通常来讲，地方政府是州的地方政府，而不是联邦的地方政府。这也是美国特殊的历史和联邦制的原则决定的。由于这些因素，美国地方政府的区划、职能及与联邦政府的关系等方面有一些与其他国家截然不同的特点。

一、州政府

（一）概况

美国最初有 13 个州，是由独立前的 13 个殖民地转变而来。1803 年，美国从法国购买了土地，成为路易斯安那等 13 个州。1845 年与墨西哥战争，兼并了新墨西哥、得克萨斯等 6 个州。1846 年兼并了俄勒冈地区，成为俄勒冈州等 5 州。直到 1959 年又接纳了阿拉斯加州和夏威夷州。至此，美国共有 50 个州和 1 个半自治性的联邦特区即哥伦比亚特区（美国首都所在地）。

美国各州的面积大小和人口差别很大。面积最大的是阿拉斯加州，约为 150 万平方公里。面积最小的州是罗得岛，仅 3000 平方公里。哥伦比亚特区只有 176 平方公里。人口最多的是加利福尼亚州，有 2300 万人。而阿拉斯加州则只有 40 万人。

美国各州都有自己的宪法，州议会、州法院及行政机构的职能权限和组织方式都由宪法规定。由于各州加入联邦的时间不同，各州的宪法制定的时间也不同。大约有 1/5 的州的宪法还是 18、19 世纪的产物。马萨诸塞州和新罕布什尔州的现行宪法还是独立战争时期制定的，比联邦宪法的历史还早几年。和联邦宪法一样，州宪法也很难推倒重新制定，多数情况下只能进行修改。因此，某些州的宪法已经有几百条宪法修正案。只有弗吉尼亚州等少数几个州才在 20 世纪 70 年代重新制定了宪法。

美国 50 个州，只有内布拉斯加州实行一院制，其他各州均为两院制议会。参众两院议员人数、任期长短，由于各州宪法不同，也有所不同，少则二三十人，多则六七十人。众议员任期一般为 2 年，有的州为 4 年，参议员任期多为 4 年，也有的州仅为 2 年。

各州法院自成体系，从小城镇、乡村的治安法庭、市区法庭到县法院、巡回法院，直到最高法院。州最高法院也有司法审查的职能。在少数几个州，最高法院可以应州长或州议会的请求，在某些法律生效前提供咨询性意见。这种制度在联邦最高法院是不适用的。

（二）州长

美国州政府最主要的行政长官是州长。州长在本州的地位和作用类似于联邦总统在美国联邦政府的地位和作用。各州跟联邦政府一样实行“三权分立”行政体制，州行政权主要由州长掌握和行使。州长的权力包括以下几个方面：

第一，任免权。按照各州宪法，州长有权任命某些指定的公职人员，以及任命未经选举的其他一些人员，特别是从事技术性工作的各局或各种行政及公共事务委员会成员。通常高级行政官员的任命要经州参议院的同意。

州行政官员中，如检察长、审计官、学监、农业委员会委员等，由选举产生，州长无权任命或罢免。许多州的大学董事也不能由州长免职。

第二，行政统率权。州长是一州的最高行政长官，他对本州的行政事务负有全面的领导责任。这种行政统率权包括州长对本州行政管理的大政方针作出决策，领导和协调行政部门的工作，对下属各部门的工作进行行政监督。州长的行政监督是否有效，主要取决于州长对该部门的行政首长是否具有任免权。同时，也与州长在该州政党中的地位有关。

第三，财政权。州长的财政权具体表现在以下三个方面：其一，编制预算草案；其二，对议会通过的预算或拨款法案有分项否决权；其三，对预算法案的具体执行权。

第四，军事权。在战时，各州的国民警备队或民兵被征调加入联邦部队，置于联邦总统兼总司令的指挥之下。在平时，州长作为警备队司令，可使用国民警备队执行法律、镇压叛乱、预防及消除暴动。同时，州宪法及法律授权州长制定警备队的编制、维持、训练等所必需的规章。在某些情况下，州长有权宣布戒严。

除以上行政权外，州长还有立法方面的职权，如向州议会呈送咨文、召集议会特别会议、对议会通过的法案行使否决权等。州长有某些准司法职能，如赦免权，以及缓刑、假释、免除罚金、减刑等权力。各州之间引渡罪犯，也是州长的准司法职能之一。

美国各州州长多数由选民直接选举产生。少数州如密苏里州，是间接选举，即由选民选举选举人，再由选举人选举州长。美国有 3/4 的州设副州长，其选举方法和任期与州长相同。副州长通常兼任参议院主席，但在少数州则不兼此职。如果州长暂时出国，副州长可以代理州长。如州长去世、辞职或因弹劾而罢免，副州长可以继任为州长。但州长如被公民投票罢免，则副州长不能继任，而由选民重新选举。

除了州长外，州政府的其他重要官员还包括秘书长、检察长和审计长等，秘书长负责州的日常事务；检察长是州的首席司法官员，主要负责监督地方法律的执行；审计长是州的财务监督官员，负责审核支付命令，检查会议账册，批准州的所有财政债务支付，记录州所有款项的收入支出。他们协助州长共同完成州政府的职责。

二、州际关系

美国州与州之间是“平等与合作”的关系。宪法第四条第一款规定，各州对其他州的法令、官方文件和诉讼有“完全的诚意和信任”。

由于各州对宪法的解释和执行有很大的差别，因此各州之间常有矛盾。一般来说，某一州承认的产权、遗嘱、合同等，在其他州也被承认。但像离婚之类的问题就不同。某一州判决的离婚，其他州也许就不承认，这往往是出于宗教的原因。某一州发的出生证、汽车驾驶证，其他州也被承认。可是某一州所发的律师、医师执照，其他州往往不予承认。因为这牵涉到律师和医生的就业机会的竞争，被这两个利益团体所反对。

宪法第四条第二款规定:“每州公民得享受各州公民之一切特权与豁免权。”从文字上讲，指的是对他州公民不得加以歧视。在实际执行中，意味着某州公民有权在其他任何一州拥有产权、旅行、诉讼，任何州不能对外州公民征收超过本州公民的税等。但外州公民不能享有仅本州居民所享有的权利，如选举权、在州大学中缴纳低学费等。

宪法第四条第二款还规定:“在任何一州被控告犯有叛国罪、重罪或其他罪行的人，逃脱法网而在其他州被寻获时，应根据他逃出州行政当局的要求将他交出，以便送到对犯罪行为有管辖权的州。”即罪犯逃往外州后，外州州长在犯罪所在州州长的请求下，应该将罪犯交付后者。但根据最高法院的解释，引渡逃犯仅是州长的“道德义务”，联邦无权强迫州履行这一义务。各州之间经常为引渡逃犯而发生冲突。有的州当局往往拒绝引渡。

各州之间可以志愿结成和发展各种合作关系，这种志愿合作关系有以下几种：

1. 订立州际公约或协议。按宪法规定，这类公约或协议须经国会批准。在19世纪，这类公约或协议的内容主要是有关州边界问题。到20世纪，才开始出现有关经济社会方面的公约与协议。较典型的是新泽西州和纽约州在1921年订立的关于成立纽约港口管理局的公约，以及1956年印第安纳州和伊利诺伊州之间的州际空气污染公约等。

2. 建立各州政府委员会的固定组织，由各州州际合作委员会官员组成，作为处理和改变州际事务的常设机构，其总部设在芝加哥。

3. 召开各州行政、议会或司法高级官员的会议，如每年召开一次的全国州长议会，以及各地区，如南部、西部、新英格兰、中西部各州的州长会议。

4. 州法律统一化。由于各州法律不同造成许多矛盾，早在1892年就举行了统一州法律的全国委员会第一次会议，由各州州长任命3名代表出席。会议每年召开一次，讨论通过各种统一化法律草案，然后将其推荐给各州的立法机关。但最后由各州全部通过或多数州通过的很少。

三、州与地方政府的关系

在美国，地方政府是指州级以下的所有政府单位，包括县、市、镇、特别区等。每一个县、市、镇、学区或特别区，形成一个政府个体。根据联邦统计局的定义，政府个体"是一个有组织的实体，具有政府属性和充分的自主性"。[①]这并不意味着美国的地方政府可以不受上级政府即州和联邦政府的约束而自行其事，地方政府与州及联邦政府之间的关系，首先是由美国的联邦主义制度决定的。美国宪法第十条修正案规定，"宪法未授予合众国，也未禁止各州行使的权力，由各州各自保留，或由人民保留"。宪法没有任何条款谈到地方政府及其设置问题，因此，根据第十条修正案，对这些问题的处置，完全属于州政府的权限。1868年，艾奥瓦州法官迪隆就城市自治体和州立法部门关系所做的一项判决，被法律学者、法官和律师称为"迪隆规则"，是美国司法界处理地方政府和州政府关系的基本准则：

"城市自治体在起源上，在权力和权利上，一概来自（州）议会。是州议会给予城市以生命，没有前者，后者就无存在的可能。州可以创造，因此也可以废止。如果州可以废止城市，那么它也能剥夺城市的权力，控制它的作为。除非在有宪法对州的权力加以限制的情况下，否则州议会可以通过一道法律，如果我们设想它竟然是如此之愚蠢与荒谬，一举废除所有的城市自治体，而后者则无法抗拒。可以说，城市自治体不过是州议会的代理人。"[②]

此外，"迪隆规则"还规定，地方政府不仅其设置和废止完全依赖于州，而且其具有的一切权力，亦悉数来自州的明确授权。地方政府的权力、职能都由相应的法案规定，它们与州政府的关系为：

1. 州政府将所制定的行政管理方案通知地方政府，使之参照执行。

---

① 美国统计局，《美国统计局摘要》，第260页。

② 转引自张光，《美国地方政府的设置》，《政治学研究》，2004年第1期，第93页。

2. 下级政府可独立地行使法定的管理权力。州政府可以派人视察下级政府的工作，但无权直接控制下级政府。

3. 在多数情况下，州政府得应下级政府的请示拨款协助下级政府的行政管理工作。

4. 州政府有权审核下级政府的财政收支。

5. 在法律规定的范围内，州政府有权纠正或制止下级政府失当的行政管理活动。

由于各州以下地方政府的种类很复杂，以上各条在实际执行中差别很大。近年来，联邦政府实行一些拨款计划时，往往绕过州政府，直接和地方政府合作，特别是在实行城建计划时直接同市政府一起合作。对这种情况，州政府往往会设法阻止。

四、地方政府

由于地方政府的产生一般要经过州的批准，而各州的宪法和法律规定不尽相同，因此，各州的地方政府的体制和设置标准不统一。一般而言，各州地方政府都包括县、市、乡、镇、市镇、村以及学校区等特别区。

（一）县（County）

县政府在美国的行政区划里是介于州和市、镇及学区等地方政府之间的建制，即在地理上，州包含着县，县包含若干市、镇、村、特别区等。然而，在县与市、特别区之间，不存在领导和被领导的关系。但县政府对镇政府的事务，享有相当大的管辖权。今天除康涅狄格和罗得岛外，美国其他所有的州都被划分为县。因此，县是美国州以下相对比较统一的地方行政区划单位。在今天美国的三千多个县中，除了新英格兰地区的6个州外，县是其他州最主要的地方行政单位。

美国县政府不像州、联邦那样按照分权制衡原则建立政府。县政府是一个兼管立法、司法、行政的地方机关。这个机关的官员多半由民选产生，称为县管理委员会，或县议会。另外再设置一些同样由民选产生的官员或委员会，负责某些专门事务。如县行政司法长官、检察官、秘书长、审计官、司库，甚至测量员、法医、学监、陪审员等。他们与县议会有某种程度的独立性，这样就使行政权无法统一，权力分散。

在美国历史上，县政府的设置，主要是为了州的统治方便。在这种意义上，可把县看作州政府的派出机构。19世纪中叶的一项法律判决写道：县不过是“州为了更加方便地行使权力，划分地域的结果”。根据托克维尔对19世纪30年代美国的观察，“美国的县，……是随意划定的，……（其）建制纯系出于行政上的考虑”。[①]

在19世纪，县政府的设立主要是适应农村生活的需要。例如，本县居民利用马车等传统代步工具，可在一天内从居往处往返县政府所在地。今天的县政府一般具有四个方面的功能：其一，作为州政府以及联邦政府的行政代理。例如，美国联邦政府对生活在官方规定贫困线以下家庭提供食品补贴的食品券项目，一般都由县政府有关部门负责审查食品券的申请和发放。其二，传统政府功能。这些功能包括维持治安，评估登录居民财产特别是房产并承担征收房产税的业务，管理各类选举事务，运营县立医院，提供司法（法院）服务，建筑和养护公路，这些功能仍旧构成县政府财政的最大支出。其三，在那些不属于城市自治体管辖的地区，发挥城市政府的某些功能，如土地计划与管理，提供公立图书馆服务和公园等休闲健身服务。其四，行使区域性政府功能，即在本县甚至跨县范围内发挥某种区域性协调作用，其作用领域主要包括交通、大气污染治理、水土保持、经济发展等。

今天美国多数的县都已相当城市化，一个县往往包括一个和数个小城镇，县也为这些小的城镇承担许多城市职能。还有不少县包含两个或两个以上的乡及若干个村镇。在大多数州，市成立后，虽然仍然保留在县的疆界内，但却享有特许的自治权。在美国，县和市的行政地域一般有如下的关系：县的大部分面积被市占据，但市仍保留在县的辖区内；市、县疆域重合，政府并存；一个市的行政地域内存在两个或两个以上的县。

由于历史的缘故，县政府缺乏一个权力高度集中的行政首脑，难免导致效率低下。目前县政府正在改革，推行县经理制，即由县议会聘任一名县经理，县经理对县议会负责，县议会掌握立法权，县经理掌握行政权。

（二）市（City）

市是一种规模较大的市政自治体（Municipality）。从法律安排上看，市与县都是州的分治区。其区别在于县是州设立的行政管理分治区，是州议会的意愿；市是为居民提供公共服务、根据居民申请、经州特许成立的，是自愿结成法人团体的分治区。因此，市享有更多的自治权。二者的法律地位相同。

美国各州各市的政府体制千差万别，主要体现在行政职务的设立及其与议会的关系上。但是，全国所有的市都有一个经选举产生的市议会，市议会均实行一院制。在美国的城市化过程中，市政府体制的演化呈现出缩小市议会规模

① ［法］托克维尔著，《论美国的民主》，商务印书馆，1988年，第77页。

加强行政首脑权力的趋势。由此，形成了三种基本的市政府体制，即市长议会制、委员会制和委员会经理制。

第一，市长议会制。

市长议会制是美国最早实行的一种市级管理模式。这种模式基于分权原则，在组织结构上与州或联邦中央类似，实行立法、司法、行政分立。市长由选民选举产生，是市行政部门的首长。市行政机构的其他官员，有的由选民选举，有的由市长任命，有的由议会选举。市议会是市的立法或决策机关，行使市的立法权。

这种模式有两种不同情况，一种是弱市长制，另一种是强市长制。弱市长制是指市长由民选产生，市长以外的其他主要行政官员也是选举产生的。他们与市长共同分担责任，各负其责。市长可以任命的官员很少。这样一来，市长对各行政部门基本上无法指挥和监督。同时，市长对市议会没有否决权或仅有有限的否决权，无法与议会抗衡。这样的行政机构往往使行政管理陷入混乱，因此市议会往往直接行使行政权。

强市长制是在一切行政官员中，一般只有市长才是选举产生的，市长集中了所有的行政权，有权任命和罢免其他的行政官员，能对市议会的决议行使否决权，对市的预算具有较强的控制权。

这两种体制走到了极端，就出现少数城市的市长权力极大，几乎达到了一个人说了算的地步；或者会出现市长只是个挂名的首脑，大权操在议会手中，市长对议会的活动根本无从过问。最初的市政府组织一般是弱市长制，由于效率低下，不能适应城市社会经济的发展，才逐渐改进为强市长制。

第二，委员会制。

委员会制始于 1901 年得克萨斯州的加尔维斯顿市。当时该市洪水泛滥，损失惨重，市长和市议会无力应付。于是，该市商人首先组织了一个特别委员会，以改善港口，并起草了新宪章，提请州议会批准。州议会当年批准了新宪章，建立了委员会制的市政府体制。起初，市委员会的 5 名委员中有 3 人由州长任命。由于这一规定否定了地方公民有选择政府官员的权力，被法院判决为违宪。于是州议会修改宪章，将 5 名委员都交由选民选举。选举产生的市 5 人委员会具有市的一切立法与行政权力。除被推举为市长的一人以外，其他委员都直接领导一个行政部门。

这种模式为其他一些城市效仿。各城市有一些差异，一般来说，委员会由 3～9 名委员组成。委员会定期举行会议，制定市的政策和规章制度，履行市议会的职能，即在集会时，他们是立法机构的成员，构成市的立法机关。平时，则作为各部门的行政首长，分别负责财政、公共工程、卫生福利等。委员会成立时，在第一次会议上进行职务分配，确定某个委员负责某一行政部门。

第三，委员会经理制。

这种模式于1908年由弗吉尼亚州的斯丹顿市第一次采用。到50年代，已有近千个城市采用。委员会经理制的产生和运行机制是：选民以全市为一个大选区，选举一个由5～9人组成的委员会。该委员会是市的立法机构，负责制定规章，决定改革，控制财政并根据市政府管理的需要，聘请一个受过专业训练的市政专家为市经理。市经理领导和负责市的行政工作。市经理在受聘时，不必为本市居民。

市委员会对市经理有聘任、监督和随时撤换的权力。市经理要执行市委员会制定的政策和规章，并对市委员会负责。作为市委员会聘任的行政首长，市经理有权任命、监督和罢免各行政部门的官员和其他行政人员，有权监督和指导各行政部门的工作。在委员会经理制体制下，市长担任市委员会的主席，但他只作为市立法和礼仪上的首长，不掌握行政权，不得插手和干预行政部门的工作。

在委员会经理制下，城市的各行政部门为局，各局实行首长负责制。一般有卫生局、安全局、教育局、福利局、公用局等。另外还有一些辅助机关如法律处、人事处、供应处等。在实行市长议会制的城市，各行政部门是一些行政委员会，如警察委员会、供水委员会、教育委员会等。

比较三种模式，委员会经理制可以克服前两种模式的缺点而又能吸取其优点，因此在美国有许多城市采用。有些县也采用这种模式。

（三）乡、镇、市镇与村镇

除了县和市，美国各州设有下述更小的行政区划单位，这些行政单位名称各州很不相同。即使使用同一名称，其实际设立标准、法律地位、行政职能各州也不相同。所谓更小是指其地域规模，而非行政等级。在一个县的地域内可能存在市、乡、镇或村。在一个市的地域内可能存在县、镇或村镇。因此，美国的地方行政区划地图好比一幅重叠交错地拼缀起来的图画。

乡（Township）主要是农村地区的政府单位，广泛存在于美国中西部和中部大西洋沿岸的纽约、宾夕法尼亚、新泽西、堪萨斯、密苏里、内布拉斯加、华盛顿等15个州。乡的职能主要涉及道路、福利、教育和执行法律，但近来随着乡人口的增加和城市化的发展，有的乡被并入市或结成新的市政自治体。因而乡的职能呈现出比较单一化的趋势，乡实行的是乡民大会制，由乡民大会产生一个委员会以行使管理职能。

镇（Town）。虽然在美国的官方统计中把乡、镇都归为乡（Township）一类，但二者是有区别的。在有的州，它是小型城镇，而有的州的镇就是乡（如纽约州和威斯康星州），有的州二词可以互换（如明尼苏达州和宾夕法尼亚州）。这些地方镇的职能和体制与乡没有多少不同。而在新英格兰地区各州，镇是新英格兰地区的综合职能地方政府的基本单位，地位极为突出，县则形同虚设。在一个镇的地域内既有城镇也有农村。在法律上，镇不是市政自治体，而是由州法律创设的，在职能上，总体来说相当于其他地方的县。新英格兰的镇实行镇民大会体制。镇民大会是镇的决策机关，其行政机关是镇管理委员会，这种政府体制曾被美国学者普遍誉为直接民主的最显著范例。然而随着人们社会活动的变化和镇人口的不断增长，许多选民都不能出席大会，政策还是由少数居民决定。

市镇（Borough，又译为自治镇）与阿拉斯加州的行政区（Borough）一词相同，但所指不同。主要分布在康涅狄格、宾夕法尼亚、新泽西等州。

村镇（Village）是最小的市政自治体，实行于美国的中西部邻近于大城市的社区。

市镇与村镇都是市政自治体，但规模比市小。在有的州它们甚至可能位于乡的辖区以内。与市相比，村镇和市镇的公共事务比较简单，权力较小。政府体制一般采用类似市长议会的体制，其行政首长由选民选举产生。

上述市、市镇和村镇在美国的官方统计中均被称为市政自治体。除市以外，一般市政自治体的地域规模比县更小，它是根据州政府颁发的特许状经营和管理且有明确区域的居民聚居单位。目前，全美共有9000多个市政自治体。

（四）特别区（Special District）

特别区是一种单一职能的行政区划单位（如学校区、消防区、公园区、水资源管理区、环境监测保护区、卫生管理区等），广泛实行于除阿拉斯加州和哥伦比亚特区以外的地区。其区划往往不与普通行政区划一致，也不从属于所在市、县、乡政府，甚至切割普通行政区划的疆界。特别区的建立由各州法律规定，少数特区经州议会通过专门法律成立。但大多数情况下，由当地居民按一般法律的规定，向县请愿，如获县通过，再经公民投票，如果通过，特别区即宣告成立。可见，特别区的地域规模一般是小于县的，在个别情况下，也有可能包括几个县市。

各种特别区的设置目的有以下几种：适应特定区域自然地理上的特别需要；规避州法律、法令所规定的课税负担；避免一般行政区政治斗争的干扰；为了某些共同的行政目的。在美国的官方统计和政府的术语中，特别区被当作地方政府，是一种自治体，享有法人的权利。特别区一般由一个管理委员会进行管理，其官员由选举产生或上级政府（一般是县、市，也有可能是州）任命。总体来说，在美国特别政区中，以其职能以自来水供应及污水处理与消防最为重要。在过去的半个世纪多里，特别政区是数量增长最大的一类地方政府。1942年，全美的特别政区总数为 8299 个，2002 年则高达 35356 个。

由此可见，美国的行政区划可总结如下：

<table>
<tr><td colspan="3">联邦政府</td></tr>
<tr><td colspan="3">州政府</td></tr>
<tr><td>县政府</td><td>市政府</td><td>特别区政府</td></tr>
<tr><td>乡、镇政府</td><td></td><td></td></tr>
</table>

总的来说，美国联邦、州、地方政府之间很少有直接的行政隶属控制关系，它们各自按照宪法和法律授予的权力行使各自的职能，通过法院处理纠纷。其间最重要的联系渠道是联邦政府的拨款和州政府给下级政府的拨款。美国联邦政府、州政府以及地方政府——县、市、镇之间的关系，最充分地体现了通过多元组织形成权力分散与制衡的原则。

第五节　“重塑政府”运动以来的行政制度的改革

在美国，“重塑政府”（Reinventing Government）的口号是由克林顿于 1993 年提出的，但实际上美国“重塑政府”的改革始于州和地方政府的行政改革，其主要措施是建立“企业化政府”：重新界定政府的作用，政府应集中精力作好决策性工作；转变政府行政观念，树立服务意识和效益理念；改善政府运行机制，引入竞争机制和企业化管理模式。联邦政府的行政改革始于卡特总统的文官制度改革，之后在地方行政改革的推动下，重塑联邦政府的改革也如火如荼地展开。

一、州政府和地方政府的行政改革

由于美国实行联邦制，许多制度创新或改革往往发端于地方政府，继而推动联邦政府。例如，公务员制度中的职位分类法，于 1911 年至 1920 年率先在芝加哥、洛杉矶、纽约等地方政府实行，联邦政府则在 1923 年后开始推行。美国的政府重塑运动同样是一种自下而上的改革进程。

（一）改革原因

改革的深层次原因是传统的科层官僚型行政体制滞后于变化了的社会经济环境。随着社会的发展，政府所管理的事务多样化、复杂化、综合化，处理这些事务需要掌握更多的知识和技能；政府机构及公务员面对大量的信息和迅速变化的情势，需要及时地作出决断；公众要求政府提供的服务趋向于殊异化，政府不再能以划一或同一的服务来满足不同需求。传统的官僚型行政体制难以应对时代的挑战，日益暴露出机构臃肿、行动缓慢、资源浪费、效率低下等体制上的弊端，改革势在必行。

州和地方政府行政改革的直接原因在于面临着财政来源减少而公众需求增多这一双重压力。1978 年，加利福尼亚州选民投票通过把地方财政税收减少一半的议案后，抗税和减税运动蔓延全美各地。1982 年起，联邦政府对州及地方政府的财政拨款减少约 1/4。与此同时，民众对州和地方政府提供服务的需求却有增无减。这一矛盾迫使州和地方政府通过自身改革来寻求出路，在增加税收或减少服务两者取一的选择之外，寻求既不增加税收又不减少服务的第三种选择，即用少花钱多办事的企业化运作方式来改造政府。

州和地方政府的重塑大多是一种自发的改革政府活动。改革前，并没有预先设计出一整套系统的改革方案，改革中也并非有意着眼于变革整个行政体制。许多州和地方政府往往是在面对一个和几个实际问题时，例如，减少财政支出，改进某项服务的质量，改变公务员的工作行为，解决某一难题等，突破了传统官僚体制中的思维观念、行为模式以及规章制度的束缚，敢为人先地采用了一些行政管理的新手段、新方法、新途径。从总体上看，州和地方政府在破旧立新的自发性改革中，更多地采用了企业化的行政管理模式。

（二）改革内容

州和地方政府的重塑政府活动涉及以下 5 个方面的改革内容：

一是确认政府作为组织、协调和管理者而非单一的服务提供者的角色，充分利用本地区的各种资源，与私营企业、金融机构、非营利组织以及基金会等建立伙伴关系，通过多种合作方式，如制定税收政策、财政补贴、特许经营、合同承包、股权投资以及发行有价债券等，为公众提供少花钱多办事的有效服务。

二是突破导致官僚主义和行政效率低下的繁规陋习的束缚，废除或修订不合时宜的规章制度，简化照章办事的规则及程序，实行全新的预算制度。早在 1976 年，科罗拉多州就率先颁布了一个“日落”法，规定每一项规章制度都必须规定一个时效期限，到期限后须对其进行重新审查，以决定该项规章制度是否失效。后来其他许多州也先后制定了这一类“日落”法。1980 年，加利福尼亚州的费尔菲尔德市政府，开始实行了一种“支出控制式”的新预算制度，这种新预算制度取消了传统预算制度中的细分项目专用款，实行财政总额预算，使财政资金可以在各项目之间相互调剂；同时，各机构上一年度尚未用完的资金，可以转入下一年度使用，以制止各机构在本财政年度结束前突击乱花钱的浪费现象。

三是破除行政机构本位主义和对上级机关、立法机关、利益集团负责的传统思维定势，确立本地区纳税人是政府及各行政机构的顾客的思维观念，通过社区调查、顾客问卷、顾客联系、顾客投诉等方式来了解不同时期、不同顾客的不同需求，并为顾客提供适合其需求的和具有可选择性的服务。同时，在公共事务的管理中适当地运用市场机制，许多州和地方政府通过调整征税额和收取使用费等手段，来保护环境、节约能源、改善交通状况，扩大或减少公众对某些公共服务的需求。

四是改革等级分明、层次过多、权力集中的行政管理体制，取消多余的中间层次，把权力下放或分散到直接提供服务和直接面对实际问题的基层机构及主管人员手中，使基层机构、主管人员以至普通公务员，能对需要及时解决的问题迅速地作出切实可行的决策。另外，把有关社区事务的管理授权给社区组织，让社区居民普遍地参与社区管理。得克萨斯州休斯敦市警察局推行了一种“面向社区的治安”，每个社区组织一个由一名警察参与指导的居民治安组，并动员居民参与社区的治安防范工作。至20世纪90年代初，全美已有300多个城市开展了面向社区的治安工作。

五是改变政府及其官员只讲投入不讲产出、不求有功但求无过和只会浪费不会谋利的行为方式，引入企业经营中的成本效益原则，财政拨款多少根据实际产生的效益而定，对公务员实行奖优罚劣的激励机制，允许行政部门合理地谋取适度的税收外收入或利润。阿肯色等10多个州，把职业教育的拨款与受培训者的就业率挂钩；对公立学校的财政投入，不是依据注册的学生人数，而依据退学率和学生的成绩来决定。加利福尼亚州的维塞利亚市，给工作突出的公务员发上千美元的奖金，并规定公务员可以把节省下来的行政经费中的15%归于自己。

二、联邦政府的重塑

在州和地方政府进行改革的同时，联邦政府也在一次又一次地进行着或大或小的改革。改革首先在文官制度上取得进展，随后又展开了塑造“企业化政府”的改革。

（一）1978 年文官制度改革法

二战以后，美国的文官制度暴露出许多问题，引起公众的不满，几乎战后历届政府都在探索政府改革。约翰逊总统尝试过用计划和项目管理改革政府，尼克松政府根据阿什委员会的建议，试行过目标管理。但自文官制度确立以来最大的改革是由卡特总统 1978 年签署《文官制度改革法》而展开的。

卡特在竞选中作出了“组建一个更可理解、更有效率、更经济的政府”的承诺，1977 年上台后不久，他便组建了一个由约 300 人组成的“管理与预算局”，专门负责联邦政府行政机构及公务员制度的改革，并制定出了政府改革方案。

根据《文官制度改革法》，对人事机构作了较大的调整，撤销了文官委员会，其职责分散到新设的人事管理局、功绩制保护委员会和联邦劳工关系局。人事管理局是联邦政府最高决策与协调机构，负责实施功绩制，制定人事政策，监督各部门的人事工作。功绩制保护委员会是一个具有准司法职能的独立管理委员会，它的 3 名成员由总统经参议院同意后以两党为基础任命，任期 7 年，期满不得连任，非有正常理由不得中途被解职。该委员会的职能是接受申诉，审查人事管理局的规章，保护功绩制和每个雇员不受权力滥用之害。联邦劳工关系局是一个独立委员会，3 名委员的任命与功绩制保护委员会相同，任期 5 年，非有正当理由不得被中途解职。该局的职责是解决联邦政府机构的工会与行政部门的争端，监督集体谈判组织的建立，监督代表雇员进行谈判的工会选举和关于谈判监督条例的实施，听取受到不公正待遇的雇员的申诉等。

这次改革还对职位分类制进行了改革。1923 年确立职位分类制以后，在 1928 年、1930 年和 1949 年又进行了修正。其中 1949 年的职位分类法将公务职位分为两大类：第一类为一般表或普通表，包括以前的专门类、次专门类、文书管理类等，分为 18 级；第二类为技术保管类，分为 10 级。1978 年的改革将高级文官即一般行政级 GS16、17、18 三等以及行政长官 4 级和 5 级职务的人员合并为约 9200 个“高级行政职务”，按品位分类管理，级别随人走，从而使整个分类制度具有一定的灵活性。

此外，这次改革还简化了对文官的处分和解雇程序，强化功绩制原则，实行功绩薪金制，即将文官业绩考核结果与报酬挂钩等。改革的主要目的是改进政府的效率，让机关首长在录用、开除和调转人员时更为容易。改革几乎涉及公务员制度的每个方面，但大体仍在《彭德尔顿法》的轨道上进行，总体上是试图在管理权力（效率）和公务人员的保护之间取得平衡。

（二）里根总统的行政改革

卡特政府的改革方案在实施中遇到了较大的阻力，加之卡特只当了一届总统，这次改革未自始至终地完成，除了公务员制度的改革有较大成果外，行政机构的改革则半途而废。20 世纪 80 年代初，联邦政府的机构总数多达 110 个，联邦政府的公务员总数达到 280 万，创历史之最。庞大的政府相伴于巨额的财政开支，至 80 年代末，联邦政府的财政赤字上升至 3500 亿美元。在整个 80 年代，美国经济始终处于低迷不振的徘徊之中，而政府对此却束手无策。以至于 80 年代末，美国著名的《时代周刊》在其某一期的封面上提出了“政府死亡了吗”的质问。

卡特的继任总统里根在竞选中承诺“改变浪费而又缺乏竞争力的政府”，其改革思路是着重从财政政策上着手，约束政府的浪费行为，减少行政开支。1982 年，里根总统任命企业家 J. P. 葛瑞斯组建了一个由约 200 名委员及工作人员组成的委员会，直接由总统领导，其任务是从成本及预算控制角度设计政府改革方案。两年后，葛瑞斯委员会拿出了 47 个改革报告，共提出了 2478 条改革建议，并断言：假如所有这些报告及建议都付诸实施，3 年中将为政府节省约 4244 亿美元。然而，由于葛瑞斯委员会完全运用企业中的成本控制方法来设计政府的改革，使绝大部分改革建议缺乏可行性，因此，里根改革政府的抱负也只能不了了之。

（三）克林顿总统的行政改革

1993 年克林顿就任总统后几周，就提出了全面改革联邦政府的设想，并由副总统戈尔挂帅组建了一个由约 200 名顾问和工作人员组成的从事政府改革任务的机构——全国绩效评价（National Performance Review，简称 NPR）。克林顿指出，“我们的目标是使整个联邦政府少花钱而更有效率，使我们国家的官僚文化由自足和指挥转变为创新和授权”。克林顿改革政府的目的与卡特和里根一样，一是使对政府日益疏远和厌恶的公众恢复对政府的信心；二是解决政府财政不足及巨大的预算赤字问题。实际上，这两大问题一直困扰着当代美国政府。但克林顿与卡特和里根不同的是，不仅改革的规模更大，而且更重要的是从州和地方政府的重塑中找到了改革联邦政府的新思路。克林顿的改革可以说是州和地方政府的重塑运动在联邦政府的延续。

1993 年 9 月，克林顿总统公布了由 NPR 设计的联邦政府第一阶段改革总体报告——“从官样文章到效果：创造一个做得更好和花费更少的政府”。这个长达 168 页的总体报告共提出了约 800 条改革建议，此外 NPR 还制定出了 38 个附加的项目报告。该报告所确立的重塑联邦政府的总目标是：建造一个把民众即顾客放在第一位并为其提供更好服务的做得更好和花费更少的政府。为了成就这一总目标，改革“主要注重于政府应该如何做，而不是应该做什么”。而为了解决政府如何做的问题，并由此建造一个做得更好和花费更少的政府，就需要改变政府做事的体制、方式、程序以及观念等，借鉴企业界经营管理中行之有效的概念、技术和方法，把官僚型行政体制改造成企业化行政模式。该报告为构造企业化行政体制而设计的主要原则是：由对规章制度负责的官样文章转变为追求创新和注重实际效果；了解顾客的需求并提供优质服务来满足其需求；授权给第一线的公务员并由他们作出更多的决策和解决更多的问题；使公务员负有使命感并激励优秀者；依据项目的实际效果来确定预算开支。改革报告计划在 5 年内，在 210 万联邦政府公务员中裁减 25.2 万人；同时计划在 1995 年至 1999 年期间，节省财政开支 1080 亿美元。

1995 年 NPR 又提出了联邦政府第二阶段改革方案——“重塑联邦政府：第二阶段的改革”。第二阶段改革的重心，“从政府应该如何做转向为应该做什么这一更基本的问题”。改革方案包含 4 个主题：一是合并同类项目及与其有关的行政项目；二是把某些行政项目下放给州和地方政府；三是撤销一批行政机构和项目；四是把部分政府项目私有化。第二阶段的改革计划在 1996 年至 2000 年间节省财政开支 265 亿美元。

克林顿政府的改革取得了较大成果：第一，机构臃肿的问题得到缓解，1993 年 1 月至 1998 年 1 月的 5 年间，联邦政府雇员从 215 万人裁减为 180 万人，总数减少了 35.1 万人，即裁减了 16%，使联邦政府节省行政开支 1370 亿美元。第二，对美国经济产生了积极影响，并实现了收支平衡和财政盈余。美国经济走出低谷，并赢得了历史上的最长经济扩张期；联邦政府财政赤字逐年减少，并在 2000 年实现了 560 亿美元的盈余。

（四）小结

因时代背景不同，这次行政改革与 19 世纪后期至 20 世纪初期的改革可谓背道而驰，呈现收缩政府职能、下放政府权力的特征。解除政府对经济的过度管制，重新肯定市场机制对经济活动的调节作用，把政府提供的公共服务市场化。

改革在一定程度上冲击了美国行政制度的核心价值理念。它简化了行政程序，开始以行政效果评价文官，试图改变服从规制胜过一切的服从性文化；但大幅度裁减文官雇员破坏了文官终身任职原则，从而也影响了他们对政府的忠诚和信任。国会对重塑政府改革也仅仅给予了有限支持，国会在 1987 年和 1995 年两次否决了旨在放松文官体制的《文官改革议案》。总体而言，改革取得了较大成效，但也由此产生了新的问题，改革仍会继续进行。

三、"新联邦主义"的继续发展

由尼克松总统提出的"新联邦主义"在其以后的总统中继续得以实施和发展。"水门事件"之后，杰拉尔德·福特继任总统。他认为自己的任务是使国家受到的创伤得到愈合，而不是把总统职权伸到新的领域中去。他忠实地继承尼克松的新联邦主义，提出了一个时间更长、开支更大的税收分享计划。

1981年里根上台后，再次提出"新联邦主义"的理论概念。他在就职演说中说："我想要做的事是限制联邦政府的规模和影响，重新明确授予联邦政府的权力同各州和人民所保留的权力之间的区别。"以后，他又多次强调改进联邦制，强调各州作为政治实体的重要性；各州具有自行制定政策和决策的权力，而不只是执行联邦政府各项指示的中间人。其政策的核心是将联邦政府的权力和承担的社会责任部分地下放给各州和地方政府。他下放了联邦的部分法规制定权，调整了联邦资助体系，调整并实施联邦政府拨款计划，划分联邦政府和州政府的社会福利责任，扩大整批资助（Block Grants）计划的范围。

里根"新联邦主义"政策的实施取得了一定的效果。1981年至1984年，联邦政府对各州和地方政府拨款的数额逐年减少，联邦资助占州总收入、占州和地方开支的比例也逐年下降。但也出现了一些不协调的状况，它使地方政府不仅要继续对联邦政府的各项政策负责，还须承受联邦政府财政紧缩的巨大压力，导致了联邦政府和地方政府之间关系的紧张，使州政府的官员和一些国会议员纷纷要求联邦政府增加对各州和地方的财政资助。

"新联邦主义"政策的实施并没有从根本上改变联邦政府在政策过程中的主导地位，也不可能在短时期内改变各州政府和地方政府对联邦政府的依赖状况，但它在一定程度上减少了联邦政府对许多国内规划的控制，州政府也通过联邦政府的整体拨款项目一定程度上获得了政策自由裁夺权。

1993年克林顿总统上台后，提出了"重塑政府"的口号，决心调整政府系统的权力关系，创造一个廉价实用的政府，国会对总统的政策给予了支持。1995年，国会通过了《联邦不提供资金改革法案》，并通过了为支持乡村发展和社会福利等事业予以整批拨款的相关法律。

2001年小布什上台，在调整联邦政府与州政府的关系上，他也坚持"新联邦主义"政策，主张缩小联邦政府权限，相应扩大州政府的权限。但与克林顿政府的政策不同，他所强调的是实行社会福利私有化，减少政府对养老退休金的负担，赋予地方政府更多办教育的权力；在环保问题上主要依靠州政府和地方社区的力量等政策主张。

联邦政府与州政府的关系，从殖民地时代州权至上到建国确立联邦主义的原则，历经南北战争，经济大危机，最终确立联邦至上的原则，再到联邦权力的过度扩张引发把权力放还给州的改革，历经两百多年的历程，可以说已发生了天翻地覆的变化，但联邦主义的原则仍然是二者关系调整磨合的宪法依据。

思考题

一、名词解释

1. 二元联邦主义

2. 政党分肥制

3.“必要适当条款”

4. 绅士政府

二、简答题

1. 简述殖民地时期的地方行政制度。

2. 简述美国当代总统与传统总统权限的区别。

3. 简述美国“重塑政府”改革的原因。

三、论述题

1. 试述美国联邦政府与州政府关系的演变。

2. 试述美国总统的权力及其限度。

3. 试述美国的地方行政区划及地方政府。

4. 试述罗斯福新政对美国行政制度的影响。

第六章　日本行政制度的发展变迁

本章重点

1. 大化改新建立的行政制度。
2. 幕藩制下的日本行政制度。
3. 日本近代内阁制与官吏制度。
4. 战后日本行政制度的变与不变。
5. 20 世纪 80 年代之后日本的行政改革。

日本行政制度是其本土条件与大量外来影响相结合的产物。古代日本的政治制度与行政制度受到中国的极大影响，近代日本行政体制吸收了当时德国的经验，二战之后则在占领当局的主导下大量引入美国制度。然而，由于日本政治、经济、文化、地理、历史等各方面条件与中国、德国、美国相比存在着高度的差异性，因此在吸收外来文化的同时，其行政制度始终保持着独特的发展轨迹，并形成一些重要的特征。例如，大化改新后全面模仿唐制建立起的中央集权性质的律令制，演变为分权性质的幕藩制度。同样，自 1867～1868 年间开展明治维新以来，日本按照西方模式建立起来的近代内阁制与英、法内阁制存在着质的差异。战后，日本的公务员制度、中央－地方关系、内阁制度的运行过程当中也依旧保留着很多重要的源自历史与文化的惯例。

第一节　古代日本的行政制度

据中国史书记载，日本于公元 2 世纪末已出现以邪马台国为中心的由 30 多个小国组成的联合王国，但其政治机构尚未成熟。[①]因而，本节内容以公元 3

① 王新生著，《日本简史》，北京大学出版社，2005 年，第 7 页。

世纪末出现的大和政权为起点，下迄19世纪60年代明治维新，讨论这一时期日本行政制度的发展与变化。

一、大和政权下的行政

大量考古发掘表明，公元3世纪末，以大和（今奈良）为中心的畿内地区，兴起了一个国家。因位于大和地区，史称大和国家。大和国于4世纪末至5世纪初基本上统一了日本。统一带来了国家事务的复杂化，促进了政权机构的完备。

大和国统一日本之后，建立了以大王（后来的天皇）为最高统治者的政权。5世纪以后，形成了王位由大王家族成员继承的惯例。大和政权在很大程度上是以大王为中心的畿内地区贵族的联合体。

由于统一后管理地域的扩大，大和政权下的官制随之复杂化。大王政权同时存在着几个系统的官职：（1）中国官职。包括自行设置和中国刘宋王朝授予的。《日本书纪》显宗二年条称："集公卿、大夫、臣、连、国造、伴造等为宴。""公卿、大夫"即为中国官职。（2）固有官职。如伴在大王左右负责警卫和仪礼的"仗刀人"和"典曹人"。（3）新设官职。主要有两个：一是大藏官，掌财政，是大王政权中的关键性官职；二是史，掌管文书的书记官，多由渡来人[①]担任。

为维系国家统一，防止离心倾向，大和政权采用氏姓制。将从中央到地方的各级豪族分别联结成氏，然后再赐予姓，按照氏姓的顺序编入大和政权，组成一个统治阶级。氏在相互之间是独立的，领有田庄和部曲，是一个自成系统的豪族集团。对于大王而言，氏的机能则是在中央或地方协助大王。大王政权中的某项职掌，固定由某氏世袭，如大伴氏、物部氏掌管军事、警察，苏我氏掌管财政、经济，中臣氏掌管祭祀，土师氏掌管土师部，汉氏掌管鞍部及其他手工业部等。[②]随着国事日趋复杂繁多，世袭地分担军事、祭祀、财政等事务的各氏，逐渐比没有特定世袭职务的旧豪族更有势力。[③]

5世纪末，大和政权根据氏的血统和职位授予相应的姓。种类有臣、连、君、别、公、宜、造、首、史、村主、稻置等。天皇的后裔姓臣、君，所谓天神地祀的后裔姓连，中国、朝鲜移民的后裔姓使主、史、村主等。臣姓、连姓的贵族地位最高，最有权势者称大臣、大连，辅佐天皇，处理朝政。参与国政的又有伴造、国造、县主。伴造是管理品部、子代、名代等部民的中小贵族，

① 渡来人是指由日本以外迁移来的移民，多来自中国和朝鲜半岛。渡来人的文明程度普遍高于当时的日本本土居民。

② 沈仁安著，《日本起源考》，昆仑出版社，2004年，第249～257页。

③［日］井上清著，《日本历史》，天津人民出版社，1974年，第36页。

世袭朝廷的某种职务，多姓首、造、连。大和政权最初在重要的地区设置县，其首长称为“县主”，由有实力的贵族担任。到7世纪初，逐步将县改造为“国”，其首长称为“国造”，仍由地方有实力的贵族担任。国造掌管特定区域的行政事务，并管理屯仓与部民、统帅军队等，但要向中央政权提供地方特产、战马、士兵等，其家族也有为大和政权承担徭役的义务。①

大和政权的王室、中央及地方贵族均有自己的土地及其耕种者。国家即王室的收入主要来源于田部民耕作的屯仓及品部民提供的贡纳品或服务。田部民是从事农业生产的皇室私有民，被奴役于皇室的直辖领地屯仓。在有些地方，皇室还把中国与朝鲜移民以及调来的被征服者编成田部，役使他们开垦和耕种屯仓的土地。这类屯仓里的田部民全部用皇室的生产资料进行生产。他们并无人身自由，其生产所得亦全部由皇室支配。此外，征伐过程中，皇室在一些被征服地区将公社成员编成田部，委托当地国造、县主管理，向他们征收年贡，即“屯仓之税”。另据史籍记载，地方贵族自愿、被迫或为赎罪而奉献屯仓，这些屯仓也都采取这种贡纳制形式。品部民是从事某种专门行业的皇室私有民，种类繁多，大体有两种类型：一是贡纳型。这类品部民为皇室生产特定贡纳品。如山部在下级伴造山部公、山部直、山部首、山部阿爵古的管理下，生产树果、猪、鹿等贡纳品；海部在海部直等伴造的管理下，贡纳海产物；土师部在土师连的管理下，生产土师器、埴轮及天皇的食器等贡纳品；忌部在忌部首的管理下，生产用于神事的棉布、麻布、木材等贡纳品。二是上班型。这类品部民在一定时期到皇室的工房或其他部门从事某种专门生产或服务。如锻冶部在伴造锻冶造的管理下，一定时期到宫廷工房生产铜、铁器。马饲部在马饲造率领下，轮流上班饲养和训练马。②

二、大化改新与中央集权的行政体制的建立

（一）推古朝改革与12阶冠位制

6世纪中叶以后，部民制开始瓦解，部民纷纷逃亡，这严重影响了朝廷的收入。政治上，朝廷内部新旧势力之间的斗争也日益加剧。经历一场残酷的派别斗争之后，公元593年，推古天皇立厩户皇子为皇太子，即后世所称圣德太子（公元574年～622年）。

圣德太子接受中国的尊王大一统思想，在其执政期间，试图建立以天皇为

① 王新生著，《日本简史》，北京大学出版社，2005年，第11页。
② 本节内容参见吴廷璆主编，《日本史》，南开大学出版社，1994年。

中心的中央集权体制来挽救社会危机，为此他实行了一系列改革。在行政方面，主要采取的措施就是划定冠位 12 阶。12 阶冠位制定于公元 603 年，按照德、仁、礼、信、义、智的大小分为 12 个等级，并以紫、青、赤、黄、白、黑等色的浓淡装饰冠戴，分别按才能、功绩、忠诚等标准授予各级官员。冠位“员无定数”，又无职权，所以它不是官职，而是授予贵族的荣爵。冠位只限本人一代，不能世袭，但如有功绩，可以升级。冠位制的实行在一定程度上起到了抑制氏姓门阀势力和选拔人才的作用，并推进了贵族的官僚化和以天皇为首的官僚体制的形成。不过，冠位制是在没有废除氏姓制的基础上建立起来的，而且仅在畿内及其周边地区的中下级贵族中实行，大臣级贵族和地方贵族不在其列，这使得它的作用受到了限制。

除制定冠位 12 阶之外，圣德太子还采取了制定《十七条宪法》、提倡并重视佛教等一系列改革措施，在一定程度上抑制了氏族贵族的势力，从而加强了天皇及其政权的权威，但是，改革没有触动当时的社会症结，即部民制，所以作用有限。

（二）大化改新与律令制

圣德太子的改革没有能够挽救社会危机，国内阶级矛盾日渐激化。7 世纪前半叶，统治阶级内部矛盾加深。贵族们为争夺土地，战争不断。同时，部民的反抗斗争日益高涨。在社会危机日益严重的时期，出现了主张改新的新兴势力，其代表人物是中大兄皇子和中臣镰足。

革新派在取得政权之后，仿中国建年号为大化，以唐制为蓝本，有步骤地实行改革。大化二年（公元 646 年）元旦，发布《改新之诏》，其后陆续颁布革新措施，至 701 年发布《大宝律令》、718 年发布《养老律令》，改革最终完成。大化革新大约经历了半个世纪，使日本确立起以天皇为首的中央集权的封建制国家，史称“律令制”。在这一过程中，日本也建立了一套中央集权的行政制度以及封建性质的租税制度。

1. 中央与地方行政体制的建立

根据律令制，天皇是创造国土的神的子孙，是国家的化身。天皇对人民的实际统治，是由天皇任命官僚通过法令和机构来实现的。

大化五年（公元 649 年），天皇下诏令国博士高向玄理与僧旻“置八省百官”，废除世袭氏姓贵族制度，建立中央集权式的官僚政治体制，即“改去旧制，新设百官”。中央设二官八省一台五卫府。二官即神祇官，掌管祭祀天皇祖神和其他各种神以及管理神社；太政官，掌管一般政务。太政官的最高首脑为太政大臣，与左大臣、右大臣、大纳言同为公卿。公卿会议决定最重要的国家事务，然后报请天皇裁决。大纳言下设少纳言、左弁官、右弁官，少纳言掌管宫内事务，左右弁官分管八省之事务。其中，左弁官负责掌管诏书的中务、掌管官吏的式部、掌管典礼的治部以及掌管户籍的民部四省；右弁官负责掌管军队的兵部、掌管司法的刑部、掌管财政的大藏以及掌管皇室事务的宫内四省。省下又置职、察、司等下级机关。一台即弹正台，是肃正风俗和弹劾官吏不法行为的机构。五卫府即卫门府、左右卫士府、左右兵卫府，是担负宫廷警卫的军事机构。

在区域划分上，全日本划分为畿内和七个道，下设地方行政机关国、郡、里（后改为乡），分别由国司、郡司、里长治理。国司由中央派遣，任期6年（后改为4年），掌握管辖区内的行政、审判、军事、警察的全权；郡司和里长由地方贵族选任，可终身任职并可世袭。里是行政上的最低单位，里长承担征税、警察、编造户籍等工作。此外，在重要地区设特别行政机关，如在京城设左、右京职，在摄律、九州分别置摄津职、大宰府等。各机关原则上由长官、次官、判官、主典四等官和附属他们的很多下级官吏组成。在首都周围的五个国作为“畿内”，给予特殊待遇。

“八省百官”制和国郡里制均受到唐朝的三省六部制和州县制的影响。两者在形式上虽有差异，但其性质都是中央集权的行政体制。

2．新税收制度的建立

大化革新期间，日本废除部民制，实行班田收授法，建立封建制度下的税收制度——租庸调制。皇室的屯仓、贵族的田庄以及部民被废除，全国的土地和人民被收归国有，变成“公地、公民”。在此基础上，又实行了班田收授法与租庸调制。据《大宝律令》和《养老律令》的田令推测，政府每隔6年，班给6岁以上的男子口分田2段，女子为男子的2/3，奴婢为公民的1/3。受田人死后，口分田归公。

班田农民担负租庸调。租，即实物地租，受田每段交纳租稻2束2把（公元706年改为1束5把），约占收获量的3%。庸，是力役及其代纳物。正丁（21岁至60岁）每年到都城服劳役10天，京城以外各地人民一般可交庸布2丈6尺代替。次丁（61岁至65岁）减半。调，是征收的地方特产手工业品，分为田调、户调、付调。田调按土地面积征收，田1町征收绢1丈、统2丈、布4丈。户调按户征收，其数量为1户货布1丈2尺。付调随乡土特产征收。庸调物品由农民自己负责运往首都。

班田农民还要承担徭役。国司和郡司每年可以役使正丁60天以内，次丁30天以内，少丁15天以内的杂徭，且期限往往延长。班田农民还须按每50户出2名仕丁的比率，到京城服三年的朝廷劳役。此外还有兵役、雇役等。因而，人民的负担十分繁重。

为实施班田法和征收赋税，日本模仿唐朝建立户籍制度。公元670年在畿内、东海、山阳、南海、西海广大地区编制公民、部民、奴隶的户籍，即“庚午年籍”。690年，完成了全国户籍的编制工作，为“庚寅年籍”。日本的户籍制度全面师承唐制，以唐令为蓝本。

3．官员的任用与教育

大化改新以后，各级官吏的任命及罢免权属于中央政府。官吏分为30个等级，按业绩晋升职务，五位以上官吏及其家族被称为贵族，拥有许多特权，包括根据等级和职位分给位田、职田等土地，免除赋税徭役等，犯罪时还可以减刑。不过，律令制并没有采用唐制中依靠考试从全体国民中铨选官员的办法，而允许贵族身份者垄断官员的位置。

日本政府为全面吸收唐朝文化，中央设“大学”，地方设“国学”，作为培养官吏的机构。只有三位以上贵族的子孙以及五位以上贵族之子才能进入大学，大学定员为400人。教授的课程是明经（儒家经典）、明法（法律）、纪传（历史）、音、书、算等学科，其中以明经科为主。大学有大学头、大学助、大允、小允、大属、小属等官员。地方各国设立的国学，主要选拔地方贵族子弟入学，学员名额20人至50人。教授的课程以纪传科为主，官员设置与大学相同。

4．国都的建立

在官僚机构完备的同时，就出现了建立政治中心地的首都的问题。在这以前，凡有天皇宫殿之处就是京城（叫做宫所），这种京城随天皇的变换而变迁。公元694年，天皇在飞鸟建立了模仿长安的藤原京，14年后又在奈良地方建造了平城京。710年，元明天皇率百官贵族迁到这里。此后直到桓武天皇初年，共74年间，平城京成为七代天皇的首都。[①]

从推古朝改革开始，经过长达一个多世纪的时间，日本终于建立了一整套较为完善的、以天皇为最高统治者的中央集权政治体制。但是，日本内部仍然保留了氏族贵族社会的浓厚特征，天皇政权很快就陷入不稳定状态。

公元707年，元明天皇即位，三年后迁都平城京，日本进入奈良时代（公元710－794年）。奈良时代末期，由于土地私有化和阶级分化的发展，班田农民大量离开土地逃亡以及庄园开始产生，公地公民制和班田制日益动摇，贵族势力又复膨胀。虽然桓武、嵯峨等天皇为维持律令制进行了一些行政改革，但仍然无法阻止律令制的衰落。自公元9世纪开始，很多享有特权的官僚贵族集

---

① [日] 井上清著，《日本历史》（上），天津人民出版社，1974年，第66～67页。

团掌握了政治权力，日本出现了摄关政治、院政政治，天皇则渐渐远离了实际政治决策的中心。1192 年以后，皇室因新兴社会力量——武士的兴起而进一步失去了对政府的控制，国家大权落到幕府将军手中。天皇和皇室虽然依然存在，但是他们在政治上没有任何权力，也无力干涉任何政治事务。此后的七个世纪里，武家在天皇授权的名义下统治着日本。

三、幕府时代的行政制度

公元 12 世纪之后，日本陷入平氏与源氏之间的斗争。1185 年，源氏家族的源赖朝最终消灭平氏，并于 1192 年获得“征夷大将军”的称号，取得了他渴望已久的军人最高头衔。至此，镰仓幕府名副其实地建立起来，开始了日本历史上军人专政的幕府统治时期。

日本的幕府时代可分为四个时期：镰仓幕府（1192 年－1333 年），室町幕府（1333 年－1573 年），安土、桃山时代（1573 年－1603 年），德川幕府（1603 年－1867 年）。

（一）镰仓幕府

早在公元 1184 年，源赖朝就在镰仓（今神奈川县镰仓市）设处理行政事务与财政事务的“公文所”（后改称“政所”），从京都请来老练的政治家大江广元充任长官“别当”，掌管幕府的行政事务。公元 1185 年平氏灭亡之后，源赖朝获得在各国设置“守护”（初名总追捕使），往庄园或公领派遣“地头”的权力，两职均由他的“御家人”①充任，朝廷无权过问。守护是各国的军警头目，平时的职责为“大犯三条”，即监督区域内的御家人定期到镰仓担任警卫、逮捕谋反者和杀人犯，行使警察权；战时则统率国内地头、“御家人”为将军作战。在镰仓时代，尽管朝廷任命各国的国司，但守护可以向国衙的官员下达命令，拥有较强的行政权，后来守护更逐渐演变成一国的实际统治者。“地头”是庄园的监管人，职责是督促土地耕种者向领主和国衙缴纳租税和维护秩序。地头在管区内拥有警察权、征税权和土地管理权。通过任命高级御家人担任各地的守护或地头等官职，镰仓幕府建立了覆盖全日本的统治机构，把朝廷掌握的行政权限在一定程度上夺到武士手里。

皇室不甘心于部分权力的丧失而伺机反扑。公元 1221 年，皇室贵族发动了倒幕战争，史称“承久之乱”。幕府军迅速取得对皇室军队的胜利后，没收大量

---

① 御家人是在源平战争中同源赖朝结成主从关系的武士，为其家臣。[日] 井上清著，《日本历史》（上），天津人民出版社，1974 年，第 138 页。

皇室贵族的土地，幕府的经济基础迅速扩大，并且在政治上确立了对京都朝廷的绝对优势，甚至皇位继承和朝廷官职的任命都需要幕府同意，京都朝廷的权力大为削弱。不过，虽然“武家政权”具有压倒性的军事力量，但其统治的合法性仍需借助天皇的精神权威，将军职位的继承须得到天皇的任命。而且，在形式上京都政权仍然通过任命国司掌握着全日本的行政机关。地头虽然拥有土地的监督权，但并没有否定天皇朝廷的土地所有权。因而，在镰仓幕府时期，天皇“公家政权”仍然得以保留。

源赖朝去世后不久，镰仓幕府就由北条家族进行专权统治。北条家族以辅佐将军的名义掌握幕府大权，被称为“执权”。公元1224年，北条泰时任幕府执权，在其任职的18年间不断地完善幕府的统治体制。他增设“联署”一职，辅助执权掌管政务；为保持统治集团的团结，设置“评定众”，使前所设置的13人协商制度化。“评定众”由北条氏一族以及实际负责政务的官僚组成，共约十三四名，研究重要政务，裁决诉讼，成为幕府最高决策机关。1232年，北条制定了名为《御成败式目》的武家法规，概述行政、司法规则以及武士应遵守的行为准则和道德规范，要求各级武士严守职责、向公背私，不得越权妄为。

镰仓幕府的经济基础以将军所有的封地和直辖领地为中心。在封地上，将军可获得该国的部分收入。直辖领地由幕府政所统一管理并征收租税，是幕府的主要财政来源。[①]

13世纪后半期，元朝军队两次征日。虽然未能成功，却对镰仓幕府的统治产生了重大影响。御家人对幕府的不满日益强烈，幕政混乱。公元1333年5月22日，镰仓幕府在农民和不满幕府的武士们的打击下灭亡。1338年，足利高氏（被天皇赐姓尊，亦称尊氏）获得征夷大将军称号，在京都建立了足利幕府（后改称室町幕府）。

（二）室町幕府

室町幕府的统治机构在第三代将军足利义满时期逐渐完善。将军之下设有辅政机关“管领”，由三个家族的守护轮流担任，称“三管领”。他们无实权，实际上等于将军的秘书长。室町幕府仍设“政所”掌管幕府财政以及行政事务，但其权限较镰仓时代大为缩小，虽有长官“执事”，具体事务却由直属将军的家臣“奉行人”担任。

作为地方机构，在要地镰仓设“镰仓府”，在奥羽置“奥州探题”（后又置“羽州探题”），在九州置“镇西探题”。“镰仓府”辖10国（关东8国，加上甲

---

① 王新生著，《日本简史》，北京大学出版社，2005年，第49～52页。

斐、伊豆 2 国），下设机构一如幕府，故向有小幕府之称。各国置守护。

足利尊氏结合当时形势，按“量时设制”原则制成新法典《建武式目》17 条，作为足利幕府开创期的基本施政方针。《建武式目》总结了镰仓幕府和中国自周秦迄隋唐历代封建统治的历史经验，禁止官吏贪污行贿、奢侈腐化，提倡节俭；规定用人要精选，使称职者出任官吏；禁止权贵和僧侣插手政界。

和镰仓幕府不同，足利幕府并不拥有御家人那样封建主从关系很强的家臣。为了对抗皇室、贵族等旧势力，为了压制农民，只有依靠各国守护的力量。1352 年，足利幕府发布了“半济法”，赋予守护以“兵粮米”的名义征收属于公家、贵族和寺社庄园一半年贡的权力； 1346 年，又赋予守护对领地地界和继承权纠纷的处理权和强制执行权。守护以扩大了的权限为基础，控制庄园，把国内武士编进自己的家臣团，成为领有自己领地、统治农民、与国内武士结成主从关系的大封建主。当时称这种守护为“守护大名”，称其国为“领国”或“分国”。在足利幕府最强盛的时期过后，成长为大封建领主的守护大名势力的发展，导致地方分裂主义倾向日益增强。公元 1467 年，即应仁元年，日本全国三分之二以上的守护大名分成两派进行混战，史称应仁之乱。应仁之乱历时 11 年。新型的战国大名在动乱中兴起。战国大名以武力创建自己的领国，取得领国的土地最高所有权，并且以绝对统治者身份在领国内实施自己的统一法律。和守护大名不同，战国大名彻底摆脱了幕府的束缚，独立于幕府统治体制之外，取得了完全独立的领主权。战国大名之间为争夺或扩大领地相互之间争斗不已。

在地方势力强大的情况下，从足利义满时代开始，幕府难以从封地上征收赋税，来自幕府直辖地的收入、仓役、酒屋役成为主要收入来源。①据史料得知，散在日本各地的直辖领地约 200 余处，规模不大。在幕府财政支出日益增多的情况下，入不敷出。公元 1393 年，幕府定“仓役”、“酒屋役”。“仓役”是对京都市内及其附近的经营高利贷的“土仓”（当铺）按收取抵押品的多少课税，“酒屋役”是对兼营高利贷的酿酒业者按酿酒坛数课税。这两种课税成为幕府的重要财源。幕府还在交通要道设关口，即所谓关所，对人、马、货物征收关税；在码头、渡口设卡，征收码头税、渡口税，即所谓津料。此外幕府在建造宫殿时征收临时货币赋税，如按“段”征收的土地税——“段钱”，按“间”征收的房屋税，称“栋别钱”。

战国大名为巩固自己的统治，并在相互之间进行的战争中获胜，均在其管辖区域内实施了诸多改革政策。16 世纪上半期，为确保农业劳动力和增加年贡

① [日] 井上清著，《日本历史》，天津人民出版社，1974 年，第 210 页。

收入，部分战国大名开始实行“检地”，即对耕地的面积、质量等级、稻米产量和耕种土地的农民，按村实行调查登记，借以按等级标准确定年贡征收额，按一地一佃农原则落实年贡完纳人。由于此举废除了层层中间剥削，客观上有利于农业生产的发展。

在富国方针指导下，战国大名们都大力发展生产。他们鼓励农民开发新田，致力于大规模水利工程的兴修和灌溉体系的整备。武田信玄组织人力兴修釜无川堤坝和越中佐佐氏治理常愿川等事，都非常有名。新田开发和水利事业的发展，使许多极易受灾的低洼地变成高产水田地带，耕地面积有了大幅度增长。大名们还努力使工商业者逐渐集中于本领国境内。为此，不少大名废除妨碍工商业自由活动的特权行会“座”，开办自由买卖的“乐市”、“乐座”市场，免除市场税、商业税，废除领国内各地的关卡。这样，城下町遂作为领国的政治经济中心繁荣起来。大名们出于经济和军事目的，恢复早已荒废了的驿站制度，以城下町为中心整顿了道路，并在所有要害之地设驿站，便利了国内陆路交通，有助于商品经济的发达。

足利氏开府以来，尤其第三代将军足利义满继任之后，天皇朝廷与幕府政权的关系发生了变化。朝廷拥有的诸种权能大多被逐渐吸收于幕府权能之中。例如，天皇即位大典、伊势神宫改建修缮等所需经费，原由朝廷从地方征收临时税解决，至公元 1370 年前后这种税的征课权与免征权转归将军之手；都城京都的检断、土地问题等市政权原属朝廷职权，至公元 1380 年以后则被吸收于幕府侍所、政所权限之内。与此同时，足利义满在传统的朝廷身份秩序中迅速取得最高位阶。他从 1380 年起历任左大臣、藏人所别当、源氏长者等要职，1394 年取得朝廷最高荣誉职太政大臣职，将军实际上已居于日本最高统治者的地位。至此，天皇朝廷已失去了作为一个政权存在的意义，镰仓时代以来出现的公武二元政治体制基本上消失。

室町幕府时期出现了日本地方自治的萌芽。在与领主斗争的过程中，农民自发形成了一种农民结合的组织，名为“惣”。有“惣”的自然村叫做“惣村”。“惣”有自己的规章，违者受罚，逐渐形成为带有农民自治色彩的组织机构。“惣”在其发展过程中，除肩负组织农民同领主作斗争的任务外，还掌握了处理用水和“入会地”（公有的山野）等农村日常生活中经常需要解决的问题的权力。不过，到室町幕府后期，战国大名们为防止农民武装反抗和保证年贡的征收，将农民的自治团体“惣”变成基层的统治工具，即在农村组织“五人组”（5 户为一组），实行组内交纳年贡的连环保制度。

应仁之乱之后，城市自治逐步兴起。最具代表性的城市自治是堺市。堺在内乱后一跃成为最大的港湾城市。堺原为京都寺院的一个庄园，其自治可溯源于15世纪初村民集体负责向庄园领主交纳年贡；至15世纪末产生了由门阀商人组成的议会，出现城市自治。在16世纪，议会成员达36名，称为“36人众”，每月由其中3名代表轮流管理市政，裁断诉讼，处罚罪人。该市三面围以护城河，拥有自己的武装。除堺外，筑前的博多、伊势的桑名也属于享有自治权的城市。但是这类城为数极少，远不及中世纪的欧洲。而且，大部分自治城市只享有部分的自治权。

（三）安土、桃山时代

16世纪后半期，日本从长期纷乱割据开始走向封建统一国家。强有力的战国大名织田信长（1534年—1582年）和丰臣秀吉（1536年—1598年）凭借经济和军事的优势，加紧对其他大名的征服，镇压农民起义，逐步实现了全日本的统一。史称织田和丰臣统治时期为安土桃山时代。

织田信长与丰臣秀吉都没有建立自己的幕府。丰臣秀吉在世时大权独揽，中央机构并不完备。最初设五“奉行”，由五位亲信分别掌管行政、司法、财政等事务，如有重大事务则“五人合议，妥善解决”。后又任命5名实力雄厚的大名为“大老”，作为他的政策顾问。为巩固对全日本的统治，丰臣秀吉还对大名实行严密控制。

织田、丰臣致力于发展工商业。1577年，织田为安土城下町制定《乐市乐座令》，共13条。该令的基本内容是奖励商人来此定居，免除土木工程的徭役负担，保障治安，免除房屋税等等。织田并于1568年撤销其势力范围内的关卡，禁征“关钱”。丰臣继此政策，至元1586年废除了全国的关卡。稳定通货是发展商业所必需，织田于1569年公布了《择钱令》，规定良币与劣币的交换比率，丰臣更改铸统一货币，开发金银矿，还统一了度量衡制，其规定有的一直沿用至今。

（四）德川幕府

公元1603年，德川家康效法源氏及足利氏，迫使皇室封他为右大臣和征夷大将军，在江户开设幕府。后经第二、三两代将军统治，确立了德川时代政治经济的基本体制。

德川幕府形式上尊奉皇室，实际上把天皇当作傀儡，利用它来对付诸藩。幕府给皇室的土地极少，皇室只能靠幕府供养，只好事事听命于幕府。幕府又规定天皇只许从事学问，吟咏和歌，不得过问政治。天皇虽然继续保持宗教领袖的地位，仍然是日本全国的精神权威，但在政治上只有任命征夷大将军的象征性权力。

德川幕府采用幕藩制。将军只控制幕府直辖地，即幕领，掌控外交、铸币、驿邮等全国事务。各藩实际上是小的国家，大名在自己的领地上有军备、刑罚、裁判、警察、课税等统治实权。[①]这些地方诸侯割据一方，拥有自己的武装，各自的领地被称为“藩国”。整个德川时代，全国大名保持割据状态。不过，由于幕府在政治、经济、军事上占绝对优势，德川幕府基本上保持了260年的安定局面。

在行政机构方面，最初沿袭德川家康在三河时的小领主衙署的规模，体制简单。从第二代将军德川秀忠时起，着手整顿幕府官制。根据新官制，将军下设“大老”、“老中”、“若年寄”等职。“大老”是非常设最高官职，从谱代大名[②]中选任。“老中”或称“年寄”，是负责日常行政的最高常设官员，相当于内阁，名额4至6人，按月轮值主持大政，负责掌管皇室、公卿、大名、寺社和外交事务，由谱代大名选任。“若年寄”辅助老中管理旗本、御家人及江户市政，名额5至6人，也由谱代大名选任。老中下设三“奉行”，即“寺社奉行”、“江户町奉行”、“勘定奉行”。“寺社奉行”四人，掌管寺院神社及寺社领地的行政、司法，处理关东8国以外幕领的诉讼。“江户町奉行”2人，分掌江户南北两区的行政、司法。“勘定奉行”4至5人，管辖幕领内郡代和代官及一般行政、财政。三奉行分别由谱代大名及旗本选任。以上各高官都轮流执政，重要事件协商处理，以防一部分人篡夺中央权力。为监视官吏与武士，还设有监察机关。老中下属的“大目付”监视大名及幕府高官，若年寄下属的“目付”监视旗本以下幕府官吏武士，兼管江户城内警政。

京都及幕领各地方的行政官员，由幕府任命。其中以“京都所司代”权职最重，它负责幕府对皇室、公卿及西部各藩大名的监督。二条城、骏府及大阪三要地各设城代，任军事警卫，大名城主外出则代行政务。京都、大阪两地还设置“町奉行”（相当于市长）。其他幕府直辖要地设置“奉行”或“郡代”、“代官”等，处理行政及司法。

为保证对各地大名的统治，幕府颁布了《武家诸法度》，违者处以禁闭、减封、除封，没收家禄，贬为平民，甚至赐死的严刑。1635年，明定大名“参觐交代”的制度，大名必须隔年到江户晋见将军，一年值勤幕府，一年驻守领地，妻子留江户作人质。同时派遣巡见使、隐者、目付等官员于各藩侦察地方动静，加强对大名的控制。

---

① 万峰著，《日本近代史》，中国社会科学出版社，1978年，第12页。

② 指1600年决定德川地位的关原战争之前就跟随德川的大名，被看作德川幕府的亲信。以后臣服的大名则被称为“外样大名”，一般不被幕府信任，也没有资格参与幕府政治动作。

诸藩大名在自己领地内具有相对独立的统治权，设置藩机构和官职，武士组成家臣团。藩的政治组织略如幕府。总理藩政的重臣称“家老”（相当于幕府的老中，世袭职，一藩有数人或10余人），也采取轮值协议执政的制度。家老下设郡、町、寺社等“奉行”。郡奉行专管农村司法行政，町奉行掌市镇（城下町）的司法行政，勘定奉行管理藩的财政。

德川时代农村中还保留自治体的形态。村落共同体内设庄屋、组头和百姓代，称村方三役，负责管理村落共同体的事务和充当村与藩交涉的带头人。村落共同体内最重要的是村中的议决机关，即寄合。寄合是所有户主的联合会，基本上是由本百姓（年贡负担者）一户一人组成。所协议的事情除了最主要的年贡的分割外，还包括选举村役、决定村预算、兴办工程、冠婚、葬礼和祭礼等议题。①

城市的工匠和商人按行业住在一定的地域。町（市镇、街区），和村一样，近于一种自治体。有房地的可参加町政，租赁房地的则无此资格。町内的日常行政事务由“町年寄”（长老）、“町名主”（市、镇董）等有财力的工商业头目处理，他们负责在町里传达领主的指令，预防火灾，调解诉讼案件，审理房屋和宅地买卖等事宜。到后来，街道、上下水道以及大多数桥梁等都由町人负责整修和管理。町实行五人组制度，市民负有种种连坐责任。町人租用地产须交纳“地子钱”（租金），经营工商业要交纳“运上金”（营业税）、“冥加金”（牌照税）。

德川幕府建立的幕藩体制的社会，以严格的身份制为支柱。到18世纪，所谓士、农、工、商即“四民”的身份区别逐步固定，各阶层内部又细分为种种等级。四民中，士是统治阶级的基干部分。士即武士，是统治阶级，连其家属约占日本总人口的十分之一。其中又分为上自将军、大名、家臣，下至散居乡村的乡士和失去俸禄的浪人等20多个等级。尽管地位各有不同，但都有称姓、佩刀以及对“无礼”平民“斩舍御免”（格杀勿论）等特权。

德川时代的四个社会等级

日本的封建社会划分为复杂的阶层，每个人的身份都是由世袭固定的。德川氏巩固了这种制度，并且对各阶层成员的日常行为作了详尽的规定。每一户的家长必须在门口张贴有关其阶层地位和世袭身份的标志。他的衣着、

① 郭冬梅，《近代日本的地方自治与村落共同体》，《日本学论坛》，2004年第1期，第35页。

食物，以及可以合法居住的房舍，都要依照世袭身份的规定。在皇室和官廷贵族（公卿）之下，日本有四个世袭等级，其顺序是士（武士）、农、工、商。其下还有贱民。贱民中人数最多、最为人所知的是“秽多”，即从事各种污秽职业的人。他们是清道夫、掩埋死囚者、剥取死兽皮及鞣制者。他们是日本的“不可接触者”，更准确地说，他们根本不算人，甚至通过他们居住部落的道路也不计入里程，仿佛这块土地及其居民根本不存在。这些人生活极为贫困，虽准许他们从事所批准的职业，却被排斥在正式社会组织之外。

商人的地位仅在贱民之上。商人阶级总是封建制度的破坏者。商人一旦受到尊敬而繁荣，封建制度就会衰亡。十七世纪时，德川氏颁布了世界上任何国家所未有过的严峻的锁国令，从根本上铲除了商人的基础。另有一些法律规定商人地位低下。《奢侈取缔令》中规定了商人的穿戴、雨伞以及在婚丧时的费用限额。商人不能和武士住在同一区域内。法律不保证他们可以免受特权阶层——武士之刀的凌辱。

维持封建社会安定的是武士和农民两个阶级，德川幕府把他们分别冻结起来。在德川家康平定天下以前，伟大的名将丰臣秀吉已经用著名的“缴刀令”，完成了这两个阶级的分离。他收缴了农民的武器并规定只有武士才有佩刀的特权。武士再不能兼作农民、工匠或商人。即使身份最低的武士也不能合法地从事生产，他成了寄生阶级的一分子，每年从农民的赋税中抽取年贡米作为俸禄。大名把征收的谷米按份额分给每个武士家臣。武士无须考虑生活来源，他完全成了仰赖领主者。在日本历史的早些时期，封建大名与手下武士之间的牢固纽带，是在各藩国之间兵连祸结的战争中结成的。在天下太平的德川时代，这种纽带变成经济性的了。日本的武士与中世纪欧洲的骑士不一样，既不是拥有领地和农奴的小首领，也不是有钱的士兵。他们是依靠俸禄生活的人。俸禄并不富裕，只够维持最起码的生活。

武士和其他三个阶级，即农、工、商之间有一条巨大鸿沟。后三个阶级是“庶民”，而武士则不是。武士的佩刀不单纯是装饰，而是其特权和阶级的标志。他们对庶民有使用佩刀的权利。这在德川时代以前就已经形成传统。

在德川时代，武士已不仅舞刀弄剑，他们日益成为藩主财产的管理人及各种风雅艺术的专家。所有文书均由他们处理，藩主的谋略也靠他们来实施。两百年的和平是一段很长的岁月，个人舞刀弄剑的机会非常有限。

［美］鲁思·本尼迪克特著，《菊与刀：日本文化的类型》，商务印书馆，1990年，第43～45页。

第二节　日本近代行政制度的建立

幕府统治末期，日本社会发生巨大变化，德川幕府赖以生存的基础——武士阶层由于经济地位的不断下降而逐步丧失在社会中的核心地位，幕藩体制出现动摇，面临深刻的政治危机。同时，来自西方列强的外部压力成为幕府体制迅速崩溃、近代日本政治体制创立的催化剂。在列强的强大压力下，幕府的无能暴露无遗，日本国内出现了倒幕、尊王、攘夷的浪潮，发生一连串的军事政变与政治改革。到 1868 年 9 月，明治政权基本上建立起来。1868 年至 1912 年，经过对国家体制的一系列改革和维新，日本建立起近代政治体制，即从以将军幕府为核心的幕藩联合控制体制转变为以天皇为核心的中央绝对统治的一元化体制。在这一过程中，日本也建立起天皇掌握行政大权、内阁辅弼天皇的中央集权行政体制。

一、天皇的行政权力

明治政府颁布的日本宪法，称为“帝国宪法”，名义上是“君主立宪”，实质上天皇仍保有绝大的统治权力。这部宪法从法律上肯定了“万世一系”的天皇统治日本国家的权力“神圣不可侵犯”。

（一）天皇大权

明治宪法的起草者伊藤博文在谈到宪法的基本原则时说：“一国之权力，以君主大权为其枢轴，凡百权利皆由来于此。”明治宪法以法律形式确定天皇的大权。天皇可用敕令形式随意立法，可召集解散帝国议会、制定行政部门官制、任免文武官员、统帅陆海军、制定陆海军编制及常备军兵员及额度，拥有宣战、媾和及缔结条约、颁布戒严令等广泛的最高权力。在明治宪法的政治框架中，天皇大权是十分明确而庞大的。内阁要辅弼、议会要协赞天皇，军部只能执行天皇向军队发出的命令，按照天皇的意志行事。

总理大臣是天皇在行政方面的辅弼，以天皇的名义行使行政权力。对总理及内阁大臣的任命是天皇的专属权力，因而在明治宪政体制下不可能出现与天皇意志相反的总理大臣。可以说，当时的“日本政府”的概念实际上可以分为内外相连的两个部分，其内是以天皇为中心的内核政府，其外是由内阁总理出面主持的表面政府。后者辅弼前者工作。表面政府揣测天皇的态度，按其旨意行事，负责具体操作，但在核心问题上没有决定权。内核政府的实质性权力中心掌控全局，由天皇认可所有重大国家行为，特别是决定战争与和平等国家重大决策，并控制表面政府的运作。

军事统帅的战争权力属于天皇专属大权。起初在太政官制下，军事统帅不过是太政大臣的辅弼，在制度上军事统帅权同其他行政权力没有什么大的区别。明治维新开始之后，天皇开始强调“我国军队世世代代由天皇统帅”，逐步突出统帅权只能由天皇行使的原则。明治宪法将这一权力正式赋予天皇，甚至内阁总理也无权过问军部首脑的人事任命。

（二）天皇的辅佐机构

1．宫中机构

宫中机构主要包括内大臣、宫内大臣和侍从武官长。

内大臣于1885年设立，其主要任务是作为天皇有关政务方面的辅佐官员，是天皇的“常侍辅弼”，也是天皇商量政务的参谋和天皇与政府要人之间顺利沟通的牵线人。各大臣及军部首脑等朝见天皇必须经过内大臣的安排。到了二战时期，内大臣秉承天皇的旨意，负责调整、推荐总理人选，直接参与政治决策过程。内大臣还掌管天皇的玉玺。

宫内大臣主要负责管理皇室财产，负责监督、管理皇族与贵族，向天皇提供一些国务、军备方面的资讯。

1896年，明治政权又设立侍从武官制度。侍从武官长由“高级老资格者”担任，是天皇的军事顾问，在军事方面对天皇的影响很大。宫内设有侍从武官室，四名陆军侍从武官和三名海军侍从武官在天皇处轮流值班，负责答复天皇有关军事及军务方面的所有提问，以及保证天皇与军部之间的沟通。

2．元老

除上述宫中机构之外，对天皇处理政务和军务影响甚大的还有元老。元老都是担任过总理或其他重要职务的政治家，大多由明治维新以来对日本政治产生重要影响的政治家担任。例如伊藤博文、山县有朋、西园寺公望、大隈重信等人。日本政治中存在一个不成文的规矩，即在对一些重大问题作出决定之前，要先征求元老的意见，元老向天皇提出具体的建议。元老没有公职，但深受天皇信任，所以对天皇及国家决策可以产生直接影响。①

3．枢密院

枢密院于1888年在伊藤博文的建议下成立。明治宪政体制用三权分立的原

① 殷燕军著，《近代日本政治体制》，社会科学文献出版社，2006年，第214～220页；万峰著，《日本近代史》，中国社会科学出版社，1978年，第187～188页。

则取代了原先太政官制三权合一的原则，这一舶来品引进日本之后，引起人们的担忧，枢密院就是这种担忧的产物。在关于枢密院作用的意见书中，伊藤称："我国宪法原则的核心是主权归王室，以天皇之圣断为最终决策。而议会与政府意见不协调时，只能大臣辞职、或议会解散。此种情况下需要一个能够体察国家大势、了解国民感情、提出善良忠告之顾问（集团），枢密院乃此种机构。"因而，建立枢密院的本意在于当政府（行政）与议会（立法）出现意见对立的时候，由该机构"正确引导"天皇作出解散议会或罢免国务大臣的裁决。从本质上说，枢密院是一个咨询机构。明治宪法规定，"枢密顾问官根据枢密院官制，答复天皇的咨询，审议重要国务"。枢密院会议只有在天皇咨询时才召开。它负责有关宪法的草拟和对宪法及法律疑义的解释，戒严令及紧急敕令的颁布，对外签订条约等重大事务的咨询。在当时的日本，重大国务不是由内阁直接上报天皇，而是先经过枢密院。尽管只拥有咨询权，但枢密院通过对咨询案的审议制约着政治决策的运作，指导行政之方向，使内阁在政治决策中的地位受到限制。

早期枢密院议长都是由伊藤博文、山县有朋等政界元老担任。到 20 世纪 20 年代，开始选择政界资历相对较浅的人物担任议长，这也使枢密院的地位受到削弱。不过，枢密院仍然可以利用自己的权力对内阁进行限制，使内阁陷于困境，因而它也被一些大臣称为"内阁的鬼门关"。例如，1927 年，若槻内阁提出的关于台湾银行救济紧急敕令案被枢密院以违反"宪法"为由否决，导致若槻内阁当天总辞职，田中义一内阁建立。[①]

二、近代内阁制度

近代日本虽然仿照西方建立了内阁制度，但却始终没有继承西方式议院内阁责任制的精神，内阁更没有发展成为掌握行政权的唯一执行者。

（一）太政官体制

1868 年 6 月，新建立的明治政府公布了政府组织法《政体书》，宣称"天下之权力，所有归于太政官"。太政官之权力分立法、行政、司法三权，并分别设立三权分立的政府机构。太政官制同幕藩制的中央机构完全不同，是对大化改新后日本建立的政府体制的仿照与继承。不过，由于明治政府机构新的改组和扩充，《政体书》未能完全贯彻执行。1871 年废藩置县后，一切权力向天皇集中。总的来说政府机构还是太政官制，但它只起到辅佐天皇执政的作用。

① 魏晓阳著，《制度突破与文化变迁——透视日本宪政的百年历程》，北京大学出版社，2006 年，第 106 页。

太政官设正院和左院、右院。正院设太政大臣负责辅佐天皇总揽政务、祭祀和外交大权，大纳言在太政大臣缺席时代行其职务，参议帮助太政大臣和纳言管理官吏及其他政务。正院下设外务省、内务省、大藏省（财政部）、兵部省（不久改为陆军和海军二省）、工部省、宫内省（管理皇室事务）、教部省（掌管祭祀）、文部省（文教部）、司法省等，各省采用卿、大辅（次官）以下四等官制的旧制度。左院是立法机关，其职能是创建、修改、考订各项制度条例，由议长、议员组成，实质上是正院的咨询机构。右院由各省大臣、次官组成，负责草拟法案，审核各省工作。在这样的机构中，大权在太政大臣为首的正院，万事由它裁决，它的顶上是天皇。

随着政权的逐步稳定，1873 年 5 月 2 日进行了太政官制改革，开始在太政官中设内阁。参议作为内阁的议官，主持商议机密政务，同时兼任省卿。1875 年，左院、右院撤销。成立元老院，作为新的立法机构；设立大审院，作为新的司法机构。1877 年，正院被废止，太政官、左右大臣的权限明显缩小，权力中心向各省转移。经过改革，以往掌握一切权力的太政官即将消失，并被肢解为行政、立法与行政三种权力。在这种背景下，近代内阁制度呼之欲出。

废藩置县后，明治政府当中来自萨摩、长州等藩的下级武士改革派出身的官僚进一步扩大了实权。从前几乎由强藩诸侯和宫廷贵族出身者所把持的一些重要职位，都相继转入下级武士改革派出身者手里。1873 年内阁出现后，他们又占据了权力中枢的地位。他们还以出身的藩籍结成派系，并以萨摩、长州两藩出身的人为中心，极力排斥异己，独揽国家大权。这种按原藩籍出身结成的派系，在日本历史上称为“藩阀”。[①]

（二）近代内阁制度的确立

太政官制是古代政治制度的一种延伸，是以行政为中心的专制政权。在明治政权向近代西方式资本主义转变的过程中，这一体制难以满足新政府执政的需要，已经无法适应现代国家的政府运作。首先，太政大臣、大纳言与诸参议的职务责任不够分明，名义上的权力与实际的权力经常出现矛盾。其次，立宪体制中的政府最重要的任务之一就是如何应对议会对其行政能力的监督，而由太政大臣承担全部国政责任的太政官体制显然无法完成这一职责。[②]

1885 年 12 月，在藩阀元老伊藤博文的全力主张下，明治政府决定废除太政官制的行政制度，实行西方式的资产阶级内阁制，建立内阁，这成为明治立

① 万峰著，《日本近代史》，中国社会科学出版社，1978 年，第 183 页。

② 魏晓阳著，《制度突破与文化变迁——透视日本实政百年历程》，北京大学出版社，2006 年，第 41 页。

宪政治体制的开端。同时制定的《内阁职权》规定，总理大臣作为内阁各大臣的首班向天皇奏宣行政事务，秉承天皇御旨指示大政方针，统督各行政部门，有义务“保持行政各务的统一”，拥有对内阁成员的统辖权。总理大臣的统一指导权力得到加强。首任总理大臣由伊藤博文担任。

内阁制度对以往的太政官制行政制度进行了一系列修改：其一，把宫中（朝廷一天皇）与府中（政府）的职权分离，明确规定宫内大臣不能进入内阁；其二，建立平行于内阁的宫中机构，最重要的是设立宫内大臣、内大臣等职务，直属天皇；其三，废除太政大臣、左右大臣、参议、卿等职务，建立内阁总理、宫内、外务、内务、大藏、陆军、海军、司法、文部等各省大臣，同时各省大臣兼任国务大臣，组成内阁。

新创立的内阁制运行没有多长时间，日本就颁布了明治宪法，宪法所建立的内阁制度同其创立之初有很大的区别。根据1889年2月颁布的明治宪法，行政权由天皇总揽，并经天皇授权各省及其他行政机构行使职权，内阁总理大臣及各内阁大臣的作用是辅弼天皇施政，他们向天皇而不是国会负责。近代日本的内阁制并非西方的责任内阁制。在明治宪政体制下，帝国议会地位虚弱，权力受到很大限制。根据《明治宪法》，关于天皇统治大权的事项，帝国议会一概无权过问。议会最重要的权力是审议预算，然而根据天皇大权而提出的既定岁入计划，不经过内阁的同意是不能废除或削减的。明治宪法规定议会有对政府的建议权（第四十条）和向天皇的上奏权（第四十九条），上奏权因有将天皇卷入实际政治的嫌疑而最终流为形式，建议则不得侵犯天皇大权，一般限制在国务大臣权限以内。虽然议会通过弹劾、质问等可对内阁进行批判或追究某大臣的政治责任，但由于总理可以通过天皇掌握众议院的解散权，随时可以解散众议院，使众议院监督政府的功能受到限制。在明治宪政史中，内阁或内阁总理大臣从未因众议院通过了对内阁的不信任案而辞职。①

明治宪法建立的日本近代行政体制中，总理的权力有限。这首先体现在总理的任命程序上。总理的任命属于天皇的大权范围。总理人选的推荐、任命及内阁的组成都不是按民主程序进行的。虽然宪法中并无明文规定，但由元老奏荐首相人选成为定制。直到第一次近卫内阁，即1937年后，首相的选任由元老奏荐改为重臣②与内大臣协商决定。此外，天皇在总理人选决策中也能够发挥自己的影响。明治、昭和天皇都不是机械地按照元老推荐任命总理的，而是把

① 殷燕军著，《近代日本政治体制》，社会科学文献出版社，2006年，第321～322.页。

② 重臣主要是昭和时期担任过重要政治职务的政治家、军人。元老和重臣都是明治宪政体制外的政治存在，两者在政治决策中占有重要地位。

自己的条件反映给推荐者，并根据自己好恶来任命。在接受任命后，总理着手组阁，其中陆海军大臣由军部推荐。整个名单还要再次得到天皇认可后才能正式成立。

其次，总理与各大臣的地位平行。明治宪法制定之时，采纳各大臣单独辅弼责任制，并没有采用英国内阁制度中的连带责任制，以加强内阁统合性。这样，构成内阁的各个大臣对国政有各自单独直接辅弼天皇的责任，如果一个大臣与其他大臣或内阁意见不一致时，可以单独直接上奏天皇。如果仍不能达成一致，内阁需要总辞职，而非罢免该大臣。在这种体制下，总理在内阁中并没有特别优越的地位。[①]

最后，在内阁中，军人具有独立地位。明治政府模仿德国采用“军令”和“军政”分开的形式：1878年末废除了陆军省参谋局，代之以直接隶属于天皇的参谋省，专门负责军队作战、指挥命令的有关事宜，即军令；同时，建设、维持和管理一国军队的“军政”事项交由军事行政首长陆军卿负责。这样，在明治宪法制定之前，参谋本部已经取得了对内阁完全独立的地位，可直接向天皇上奏军令事项，取得裁可。明治宪法制定之时，统帅权独立的惯例得到进一步确认。军事统帅权是天皇的专属大权，文官介入军事事务是被严格禁止的。陆海军大臣的职位是军人的专属职位，这也成为历届内阁的惯例。由于陆海军大臣是军部派往内阁的代表，军部如果要使某届内阁垮台，只要军部大臣辞职，又不提名新的大臣就可以达到，1937年广田内阁辞职与之后的宇垣组阁失败都是军部利用军部大臣现役武官制操纵内阁的典型实例。这种情况在战争时期曾数次出现，其结果是迫使总理及内阁不断向军部让步，军部在政府中的政治地位和发言权不断加强。昭和[②]时期，军人的政治影响越来越大。战时政权基本掌握在军人或与军人关系密切的政客手中，军人担任总理越来越成为常态。

总的来看，明治宪法建立的内阁制度与太政官制度相比，在结构与功能上存在着重大的差异。太政官是以太政大臣为首长的独立机关，而内阁则是以国务大臣全体成员组成的合议机关；太政大臣对各省长官有指挥监督权，内阁总理则没有这种权限；宫内省隶属于太政官，而宫内省是内阁外机构；太政官是整个明治政府的核心、国家政策的决策中心，而与内阁相平行的政治机构很多，特别是在军事指挥权上，内阁基本上成为“局外人”。[③]

---

① 魏晓阳著，《制度突破与文化变迁——透视日本宪政百年历程》，北京大学出版社，2006年，第43页。

② 日本昭和天皇在位时的年号，时间为1926年12月26日至1989年1月7日。

③ 殷燕军著，《近代日本政治体制》，社会科学文献出版社，2006年，第294～302页。

（三）政党内阁

1898年，以大隈重信为首相、板垣退助为内务大臣的大隈内阁上台，这是以自由党和进步党联合而成的宪政党为基础的第一届大隈内阁，也是日本最初的政党内阁。但是，由于当时的陆、海军大臣仍然根据天皇诏敕而留任，因此是一个不完全的政党内阁。日本第一个真正的政党控制的内阁是大正时期1918年政友会的原敬领导的内阁。1912年，明治天皇去世，太子嘉仁即位，为大正天皇。从1912年到1925年的大正年间，日本工业化、城市化急剧发展，市民阶层逐渐形成。随着资产阶级在经济领域主宰地位的形成及其力量的逐渐壮大，他们要求进行政治改革，抑制明治维新以来一直把持政权的藩阀政治以及积极干预政权的军部势力，增加自己在政治上的发言权。在大正年代，从1918年原敬内阁的成立到1924年加藤高明内阁，确立了政党内阁制的政治惯例。

1918年，原敬以政党总裁身份组阁，并作为第一位没有爵位的非华族[①]出身的众议院议员出任内阁总理大臣。3年之后，原敬被右翼分子暗杀身亡，立宪政友会的高桥是清继任首相，但因内部矛盾在1922年6月辞职。接下来的连续三届内阁都是非政党内阁，于是，众议院中的立宪政友会、宪政会、革新俱乐部等三个政党结成“护宪三派”，并在社会舆论的支持下，提出“确立政党内阁”、“改革贵族院”、“改革行政”等主张。在1924年5月举行的众议院议员选举中，“护宪三派”获得压倒性胜利，宪政会总裁加藤高明组成“护宪三派”内阁。由议会最大党派出任政府首相的政党政治一直延续到1932年犬养毅政友会内阁倒台为止。1932年5月15日，海军少壮派军人伙同民间法西斯团体在东京发动军事政变，他们袭击了首相官邸，杀死首相犬养毅，同时袭击了警视厅、政友会总部等，史称“五·一五事件”。此后，陆军强烈反对政党组织内阁，因而组成了海军大将斋藤实为首相的新内阁，于是长达8年的政党内阁寿终正寝。

近代日本政党的发展是畸形的。二三十年代日本出现的几届政党内阁并不是西方真正意义上的政党内阁，因为它不是民意选举的结果，而是通过元老的推荐、天皇任命的钦定内阁。而且，政党内阁一直被藩阀统治的堡垒，如贵族院、枢密院、军部等所包围。[②]为了和这些保守势力达成妥协、维持统治，即使在政党政治的黄金时代，政党内阁的“顶点”都是由非政党出身的官僚占据。

---

① 华族是日本于明治维新至二战结束之间存在的贵族阶层。1871年日本取消旧身份制度，将国民分为皇族、华族、士族、平民四等。华族成为仅次于皇族的贵族阶层，享有许多政治、经济特权。1884年日本颁布华族令，将华族分为公爵、侯爵、伯爵、子爵、男爵五个等级，正式建立华族制度。

② ［日］升味准之辅著，《日本政治史》（第二卷），商务印书馆，1997年，第544～546页。

（四）军人内阁

“五·一五事件”标志着政党内阁的结束，此后相继出现了分别以冈田、广田和林铣十郎等人为首相的几届中间内阁。他们对政党和军部采取了中间路线，试图放弃政党内阁，建立“举国一致”内阁，以此压制激进的军部。例如，冈田内阁曾试图在内阁和议会之间，建立由重臣、政友会、民政党、贵族院、官僚和财阀代表组成的内阁审议会，来加强内阁对军部的对抗性力量。然而，几届中间内阁的努力最后证明是失败的。中间内阁既丧失了组建政党内阁的力量，又进一步受到军部的强有力控制。军部可以直接决定阁僚的人选，陆海军大臣的发言权远远超过政党。政党出身的阁僚数量明显减少，发言权也逐渐微弱，被排除于重要政策之外。

从 1937 年第一届军部内阁近卫内阁成立，到 1945 年 8 月 17 日铃木贯太郎内阁倒台止，日本战时共经历 9 届内阁，不仅总理由军人担任，而且内阁主要成员的构成也多与军方关系密切。[①]同时，议会对军人政府的监督权也消失殆尽。自 1932 年 5 月的第 62 次临时议会起至 1937 年的第 71 次特别议会期间，政府法案的成立数为 271 件，成立率为 83.1%；自 1937 年的第 71 次特别议会起至 1945 年的第 87 次临时议会为止，内阁提出的议案中仅 3 件没有成立，成立率高达 99.6%。这一系列数据表明，议会已经不能从立法上对政府加以控制。此外，自 1936 年 12 月的第 70 次议会起，议会上几乎已经听不到反对预算案的任何声音，预算案总是全会一致通过。卢沟桥事件之后，议会成立了临时军费特别会计，它不是以年度审议为原则，而是以特别会计开始到战争终结为一个会计年度。议会的预算审议功能完全形式化。[②]

三、近代官吏制度

明治维新的一项重要内容是建立近代官吏制度。日本近代官吏制度的建立主要参考了近代德意志特别是普鲁士官僚制度的模式，因为普鲁士建立的考试录用制度既强调所有官吏必须忠于国家和国王，又强调官员的高效率，这十分合乎日本统治者的需要。

明治初期的日本，没有一部完整的有关官吏制度的法典。太政官时代，有关官吏任用、分类、服务等方面的原则，都是靠发布单项的天皇“敕令”来规定的。1869 年，天皇发布职员令，设立从正在位到从八位及大少初位的 18 阶

① 殷燕军著，《近代日本政治体制》，社会科学文献出版社，2006 年，第 308 页。

② 魏晓阳著，《制度突破与文化变迁——透视日本宪政的百年历程》，北京大学出版社，2006 年，第 130～134 页。

完位。其中四位以上为敕任，六位以上为奏任，七位以下为判任。同时，废除公卿、诸侯，改为华族。1871年8月，官吏制度改为15等。1872年，规定平民被任命为官僚者，在官期间其子孙都按士族（武士）待遇。1876年，日本制定《官吏惩戒例》，规定了有关官吏惩戒的事项。1882年，制定《行政官吏服务纪律》。1884年，又制定《官吏恩给令》等。上述敕令的颁布，奠定了日本近代官吏制度的基础。与官吏有关的法律均以天皇敕命而不是一般的国家法律为基础，不受议会的控制，这也反映出官吏凌驾于一般国民之上的地位。在近代日本，官僚"在职务上被认为是天皇的奴仆，但由于与天皇的特殊关系，他们享有很高的地位和特权，所以不论从政治上还是从社会上看，都高人一等。"[①]

近代日本没有建立统一的中央人事行政机构，官吏的管理由内阁数个机构分工担任。有关官吏管理的制度设置由内阁法制局负责，考试由考试委员会负责，官吏的身份、地位由分限委员会管理，俸禄则归大藏省管理。各省厅的"雇员"、"佣人"等非官吏的任用也缺乏统一性，他们的录用以及工资，主要由各省厅负责人事的课长级的干部酌情处理。

日本近代的官吏制度将在国家机关工作的职员大致分为官吏与非官吏两大类。官吏是由天皇根据天皇的任官大权或由某些行政机构根据天皇委任的权限来任免的，其身份建立在公法关系之上。非官吏则是以一般的雇佣关系为基础录用的人员，其身份建立在私法上的契约关系之上。

明治时期的官吏任用，采用任官补职制度。即对特定的人任命特定的官职，先取得了身份，再任命此人担任特定的具体的职位。官吏的等级根据任命方式来区分。由天皇亲自任命的官吏称为"敕任官"，"敕任官"中地位特别高的称"亲任官"；由总理大臣上奏天皇任命的官吏称为"奏任官"；由各省大臣通过总理大臣上奏天皇任命的官吏称为"判任官"。敕任官及奏任官统称为高等官。高等官分为九等，敕任官为一等和二等，敕任官中包括内阁书记官长、法制局长官、各省政务次官、各省事务次官、各省局长、府县知事、高等技官等职。奏任官从三等到九等，包括内阁书记官、法制局参事官、各省书记官、各省事务官、各省秘书官、各省技官、内阁理事官、各省理事官等职。判任官分成四等，包括各省的办事系统的下级官、各省技术系统的下级技术官。

非官吏专门从事辅助性的工作，没有行政执行权。对他们的任用由各省在预算的范围内任意进行，没有特定的资格规定，其职务的内容也不一定明确。非官吏中有"雇员"、"佣人"、"嘱托"之分。"雇员"往往被当作担任判任官的

---

① 自［美］费勒尔·海迪著，《比较公共行政》（第六版），中国人民大学出版社，2006年，第268页。

预备阶段，主要辅助下级官从事具有机械性、重复性特点的业务工作。“佣人”主要从事体力劳动。“嘱托”是一种临时性职务，通常由再次雇用的退职官吏担任，他们大多是和某些大臣、政务次官有特殊关系，并且与他们共同进退官场的人。

近代日本官吏的等级划分不是建立在职位分类基础上，而是建立在以身份来划分等级的品位分类基础上，因此，无论公私，在各种场合，高级官吏都具有一种高人一等的优越感。同时，严格的身份等级制也使高低级官僚之间存在着一道难以逾越的屏障。

为了使不同等级的官吏能过一种与其等级地位相对应的生活，政府确定了根据官吏的等级来划分官吏的俸禄的基本原则。1886 年，日本颁布《高等官官等俸给令》、《判任官俸给令》以及《技术官官等俸给令》，对各等级官员的俸禄作了规定。1910 年和 1920 年，考虑到物价上涨因素，两度增加官员的俸禄，近代日本还规定，如果持续做官 17 年，还能够享受由政府提供的称为“恩给”的养老金。

官吏必须履行其身份所要求履行的义务。1887 年，日本政府对以前的行政官吏服务纪律作了全面修改，制定《官吏服务纪律》，全文共 17 条，详细规定了官吏职务上的义务和身份上或职务外的义务，前者指履行职务以及服从、诚实的义务，后者指保守秘密以及守信的义务。《官吏服务纪律》要求官吏无论在职务内外，都要保持自身廉洁，不滥用权威，不准过度负债，不得擅自接受他人的宴请、赠品以及酬金，与私人企业的关系以及取得本职以外的报酬要有限制。这一文件是明治宪法体制下的官吏服务的基本规则，从发布之日起到 1945 年日本战败为止，长期实行。

日本也制定了官吏违反纪律时的惩治措施。根据 1876 年制定的《官吏惩戒例》和 1899 年制定的《文官惩戒令》，如果官吏违反了应尽的义务，将会受到处分。处分的种类包括警告、减薪、免职三种。其中免职处分是非常慎重的。

在官吏任用方面，日本很早就采取了考试制度。1887 年明治政府规定文官考试及见习制度，从帝国大学及文科大学毕业生中经过考试选拔见习官员。1894 年伊藤内阁正式规定文官任用令，确立了奏任官从文官高等考试合格者当中任命的原则。1893 年制定外交官、领事官及外交书记生任用令及考试规则。1893 年制定文官任用令、文官考试规则。1899 年又修改文官任用令、制定文官分限令等，最终形成了明治宪政体制下的近代官僚任用制度。

建立在考试制度之上的日本官僚社会具有较强的封闭性。组成官僚核心力量的主要是毕业于东京帝国大学法律系、具有法律知识、高等考试及格、并从奏任官晋升到敕任官的那批官僚。他们在被录用时，就已被定为干部候选人。官僚社会是一个封闭的、只对高等考试及格者开放、带有特权性质的圈子，它竭力阻拦政党和民间势力的渗入。

近代日本的官吏制度建立在天皇制大权的政治背景之下，强调官吏对天皇的个人忠诚。明治20年《官吏服务纪律》第一条规定："凡官吏以对天皇陛下及天皇陛下之政府的忠顺勤勉为主，依法律命令各尽其职。"强调作为天皇的官吏要具有比一般民众更高的忠诚心。同时，作为天皇的官吏，官僚的任命与活动排除了来自议会的干涉。官吏效忠天皇，国会代表人民，形成了战前日本的二元对立结构，天皇则在其中发挥着统合作用。

此外，明治维新在法律上废除了封建等级制度，使士、农、工、商四民平等。日本国民从此在法律上都有可能担任官吏。不过，在实际的官吏任用过程当中，仍然重视身份等级，贵族享有特权。

1914年第二次大隈内阁后，官僚势力与政党势力之间围绕文官的作用和自由任用的范围出现冲突，多次修改文官任用制。例如，1924年，第一届加藤高明内阁按敕令设置了政务次官、参与官，由政党人士担任，可自由任用。20世纪30年代之后，随着日本对外侵略战争的升级，为了满足战时行政的需要，日本又对文官任用办法进行了一些修改。但是，上述变动只代表了某一阶层的利益，而且，其中一些变化是和对外侵略战争联系在一起的，是为战时需要服务的临时性措施。因此，这些修改并不具备现代文官制度改革的意义。①

四、近代日本中央与地方关系

明治政府成立之后，最紧迫的任务便是取消封建诸侯领地，改变诸侯藩国割据局面，建立中央集权的统一国家。②

明治政府成立之初，地方行政设置为为府、国、县。皇室领地、旧幕府领地多数改为府和县，由政府任命其首长"知事"，藩仍由旧藩主统治。1869年1月，萨摩、长州等藩带头"奉还版籍"，即将领地和人民的统治权上交中央政府。6月政府正式颁布《奉还版籍令》，将所有藩的统治权收归中央，旧藩主成为中央政府任命的藩知事，成为新政府的地方官，算是受政府委任管理旧领地，并以原领地收入的十分之一作为他们的俸禄。对村一级的事务，明治政府尚无暇顾及，村落共同体的村方三役原封不动地暂时保留下来。

---

① 郑励志主编，《日本公务员制度与政治过程》，上海财经大学出版社，2001年，第2～15页。

② 万峰著，《日本近代史》，中国社会科学出版社，1978年，第68页。

“奉还版籍”后，陆续出现藩主因财政困难主动请求废藩的情况。1871年7月，明治天皇颁布《废藩置县》诏书，将旧藩主迁往东京，坐食俸禄。废除藩国制度，打破藩界，将藩改为府县制单位。最初全国共有3府302个县，后改为3府72县，1888年又合并为3府42县，由中央政府任命的府、县知事管理。废藩置县之后，明治政府通过了《户籍法》，废除从前的町村制，建立新的区制。各地因地制宜划分“区”，每区设区长、副区长。地方的事务开始由新设的区长或副区长、户长等负责，原来的村方三役被取消。区制的实行是明治政府对地方实行官僚统治的开始。新的行政区打破了村落共同体的范围，区长等官吏都由政府指定或任命，而非传统的由村民来共同选举，从而加强了中央集权的统治。

明治政府统治初期，受到自由民权运动的鼓舞，地方自治也得到一定程度的发展。明治宪法制定之时，地方自治也成为各方势力注目的焦点。在民权派的宪法构想中，地方自治的实行得到了普遍的热烈拥护。与此形成鲜明对照，地方自治并没有进入统治层的宪政制度建构中。当时，在明治政府内部普遍存有怀疑或否定国民具有自治能力的观点。日本的地方自治制度虽然在设计之时为德国模式，却在实施之时带有了鲜明的东方色彩。在日本明治政府的许多开国元老看来，作为国家代表的中央政府是地方各级政府的家长，如果中央对地方进行干预和监督，那不是对地方自治的违反，而是家长对子女合理的约束；地方政府作为子女，只是国家在地方上的分派组织，需分担国家事务，其官员由上级任命、指派，不需对地方居民负责。

明治宪法体制确立了府县－市－町村三级的地方政权体系。府县设府县议会，议员由居民以间接方式选出，但府县的行政长官知事需由中央政府任命。而且，知事的地位高于府县议会，并对其拥有控制权。市、町村被作为基层的自治体加以确认，通过有限的选举产生市议会和町村议会，市和町村的首长由议会推选产生，但必须经中央政府的批准方可任职。中央政府可以直接干预并监督地方政府。中央与地方的关系是一种金字塔式的行政监督体制。例如，内阁的内务大臣对下级的地方政府包括府县一级、市町村级的行政机关进行监督，并有命令权和处分权。市町村又由上一级的府县知事进行监督，内务大臣对府县议会和市町村议会有解散权，有权批准地方条例的制定、修改或废止。[①]地方的主要事务，如征兵、征税、办学校等，大部分须遵从中央政府的命令办事。

① 魏晓阳著，《制度突破与文化变迁——透视日本实政的百年历程》，北京大学出版社，2006年，第112～113页。

例如，学校的费用由町村支出，而教师的任免和规定教育内容的权利，则完全不在町村。①地方自治只是一个标签而已。随着日本不断扩大侵略战争，诸如物资分配、粮食征收、征兵征税等事务均由国家委派，在战争激烈的时候，国家、府县还要介入市、町、村长的任命。

五、近代日本政府的经济与教育职能

（一）殖产兴业

幕府末期和明治初期，日本的社会经济十分落后，家庭劳动仍占据优势，工业生产远远落在西方先进资本主义国家的后面，重工业几乎不存在。明治政府为了在日本建立和发展资本主义，实行“殖产兴业”政策，即，运用国家政权的力量，通过各种政策手段和动用国库资金推动现代工业的发展，实行自上而下的资本主义近代化。在初期的明治政府中，曾任大藏卿、内务卿的大久保利通曾积极推进这一政策。他在1874年的“关于殖产兴业的建议”一文中写道：“大凡国之强弱皆由于民之贫富，民之贫富又系于物产之多寡。而物产之多寡起源于人民致力于工业与否，然而寻其源头，又无不依赖于政府政官的诱导奖励之力。”②近代日本历届政府无不以推进国民经济发展作为重要目标，并为此采取了一系列措施。

1868至1869年，政府采取了一系列促进国内经济统一的措施，包括：废除各处关卡；取消批发行垄断组织，准许买卖自由；禁止各藩私铸货币；取消各藩商会所，取消各藩粮米外运禁令；取缔株仲间。为统一货币，政府在1871年颁布《新货币条例》。1872年，政府颁布《国立银行条例》，依靠民间资本陆续创办了四个银行。由政府出资经营的东京－横滨间第一条铁路在1872年通车，此后陆续开通了大阪－神户线、大阪－京都线等。政府还大力推进电信事业和邮政事业的发展。

为鼓励民间资本投资近代工业，政府在1870年设立工部省，1873年设立内务省，两省配合共同推行殖产兴业政策。同时，投入大量资金进口西方国家的先进设备，高薪雇佣外国技术人员，建立许多具有示范效应的国营“模范工厂”，其范围涉及军工、铁路、矿山、造船、机械、水泥、玻璃、纺织、制丝等产业，目的是让它们起示范作用，以推动私人资本主义工业的发展。

为了加速工业化的进程，政府在1880年又发布“官业下放令”，把官营企

① [日] 井上清、铃木正四著，《日本近代史》，商务印书馆，1972年，第83页。
② [日] 富永健一著，《日本的现代化与社会变迁》，商务印书馆，2004年，第118页。

业转让给与政府有密切联系的、享有特权的大资本家。这也标志着日本的“殖产兴业”政策的根本性转变，它放弃了以国营企业为主导的资本主义工业化方针，转而实行大力扶持和保护私人资本主义的方针。“官营处理”是日本民间企业培育的重要标志，在日本历史上具有重要意义。由于政府的大力扶持和保护，从 80 年代中期起，在日本出现了早期工业革命的热潮。工业革命席卷了一切工业部门，又以纺织业为重点的轻工业发展得尤为迅速。在 1885 年—1890 年的短时期内，棉纺厂就从 20 个增加到 30 个，纱锭也从 7 万个增至 28 万个，棉纱的产量增加大约 8 倍。

1878－1900 年被认为是日本经济起飞年代，在这一过程中，近代日本政府不仅充当了经济与社会生活调节者的角色，而且承担了引进现代经济制度、启动工业化以及促进其发展的责任，在经济领域成为领导者和组织者。①

（二）大办近代教育

明治时期，日本非常重视教育问题。政府希望通过提高全民族的文明素质使日本自立于世界民族之林，实现教育强国的目标。

明治维新各项改革，无论就其兴革之频繁、法令规章制度颁发之多，其他任何一项改革都无法同教育改革相比拟。仅据粗略统计，从 1870 年到 1896 年，明治政府颁发的重要教育法令规章达近三十次，占同期所颁各类规章的大部分。从教育行政管理到大中小学、师范学校和各种专业学校的教学内容，以至整个近代教育制度的建构，都不断总结经验教训，不断加以修改补充。明治政府对教育的投资最多。文部省的经费在政府各省中为最高，1873 年达 143 万余日元。明治政府不但聘请数以百计的外籍教师帮助工作，还不断派人到海外留学。明治时期的教育改革对于普及现代文化知识、提升民族文化水平具有强有力的催化作用。

在大力开办近代教育的同时，为巩固自己的统治，近代日本政府采用了佐久间象山“东方道德、西方技术”的观点，企图通过教育敕语的严格规定来维护传统的儒教伦理。1878 年，明治天皇拟就并发表《教学大旨》，决定“从今以后，专述仁义道德之学应以孔学为主。”要求在学校里“悬挂古今忠臣义士孝子节妇画像”。明治宪法颁布之后，1890 年 10 月日本颁布以“忠”、“孝”为核心内容的《教育敕语》。敕语颁布后，日本的教育制度进行了适应国家主义、军国主义需要的改革。敕语发布的同年，文部省公布了《小学校令》，第二年公布了《小学校祝日大祭日仪式规程》，每逢所谓的“纪元节”、“天长节”都要举行庆祝仪式：先向“御真影”（天皇和皇后的照片）拜礼，然后山呼万岁、奉读敕

① 回艳、靳迎迎，《日本政府角色在经济学视野中的变迁》，《日本问题研究》，2005 年第 1 期，第 33 页。

语、校长训话、歌曲合唱。同年还公布了修改的《小学校教则大纲》，此后各种学校教育失去了多样性，全部以培养国家主义和军国主义精神为内容，甚至各小学和中学的校舍建设也都采用标准化建筑。1903 年，开始实行教科书“国定化”制度，至此，以《教育敕语》为标志的专制“德育”制度建立完成并随着“日俄战争”而逐渐转向全面军国主义教育制度，直至 1945 年。[①]

第三节　二战后的日本行政体制

1945 年 8 月，日本政府接受了《波茨坦公告》，宣布无条件投降。此后，在人民民主运动的推动下和美国占领当局的主持下，日本实行了大规模的政治与社会改革。天皇被改造成象征性的存在，军部与财阀被解散和“整肃”，行政部门也经历了美国占领当局主持的改革。改革虽然产生了重要影响，但并没有彻底改变日本的行政制度。在战后的初期阶段做了一些必要调整之后，日本行政部门就出现了一种所谓“复归”的发展趋势，重新回到先前的做法上去。[②]而结合了西方元素与日本传统建立起来的战后日本行政体制具有相当高的行政效能，为促进日本经济的迅速发展、保持日本政治的基本稳定发挥了重要作用。

一、内阁

在 1947 年开始生效的新宪法中，君主政体虽然保留下来，但是剥夺了天皇所有的实权，日本的政治制度正式转变为君主立宪政治。立法权授予两院制的国会，两院中，众议院居于主导地位，上议院只是拥有延迟立法的有限权力。行政权则由内阁执掌。

内阁由其首长——内阁总理大臣及其他国务大臣组成，是行使国家行政权力的最高机构。它的主要职权包括：执行法律、总理国务；处理外交关系；缔结条约（但是根据情况需要事前或事后得到国会的认可）；根据法律的规定掌管有关官吏的事务；制定预算并向国会提出；制定政令以实施宪法和法律的规定；决定大赦、特赦、减刑、免刑以及恢复公民权利等。对重大问题，内阁一般以一致同意的形式形成决议，但总理大臣有最后决定权。[③]

---

① 甘超英，《〈教育敕语〉与日本近代教育的启示》，日本法在线网站，http://www.japanlawinfo.com/news.asp?id=603.

② ［美］费勒尔·海迪著，《比较公共行政》（第六版），中国人民大学出版社，2006 年，第 272 页。

③ 包霞琴、臧志军主编，《变革中的日本政治与外交》，时事出版社，2004 年，第 55～56 页。

内阁总理大臣经由国会从国会议员中选举推荐，然后天皇根据国会的提名任命。《日本国宪法》第 67 条规定：“众议院与参议院作相异的提名决议时，两议院依法律规定召开协议会。意见仍不一致时，或众议院作提名决议后，除国会休会期间外，十日以内参议院不作提名决议时，即以众议院的决议作为国会决议。”在日本，基本上是由众议院的多数党领袖为内阁总理大臣的当然人选。从 1955 年至 1993 年期间，日本自民党长期占据众议院的多数席位，其党总裁自然成为内阁总理大臣。

内阁总理大臣任命其他国务大臣。国务大臣的任命必须符合两个条件：第一，总理大臣和其他国务大臣必须是文民（即不是军人）；第二，国务大臣的半数以上必须来自国会议员。在日本，总理大臣的组阁过程一般是这样：将事先酝酿好的大臣人选逐一召到首相官邸谈话；待全部人选确定后，总理大臣便带领全体阁僚到皇宫履行“认证式”，全体阁僚合影留念；随后内阁官房长官举行记者招待会，宣布新内阁成员名单。

内阁对国会负责。《日本国宪法》第 69 条规定：“内阁在众议院通过不信任案或信任案遭否决时，10 日内若不解散众议院则必须总辞职。”

内阁总理大臣的权力主要有：解散国会；代表内阁向国会提出议案；指挥和监督行政各部；在由分管大臣署名的法律和政令上联合署名；主持内阁会议；代表内阁对自卫队行使最高指挥监督权；未经总理大臣的同意，国务大臣在任期间不受追诉等。其他国务大臣的权限包括：国会的出席及发言权；作为内阁成员，出席阁议的权限；可以就任何议案向内阁总理大臣提出要求阁议；主管各自的省厅。

内阁的日常事务在内阁总理大臣指挥下由内阁官房长官具体负责。内阁官房长官是内阁会议的司会，同时负责内阁与各省厅之间的联系与协调。

根据 1948 年日本《国家行政组织法》的规定，日本中央行政机构采取省厅制。在几十年的发展过程中，逐渐演变成为以总理府为首的 22 个省厅的庞大体系。总理府是由内阁总理大臣亲自担任首长的行政机构，下设总理本府、3 个委员会和 9 个厅。与总理府并列，中央行政机构设有外务省、大藏省、法务省、文部省、厚生省、农林水产省、运输省、邮政省、劳动省、建设省、自治省 12 个省。此外，作为日本内阁的辅助机构，设有内阁官房、内阁法制局、人事院和安全保障会议。①

日本各省厅下一般设置局（厅）和课（室）两个层次。日本的“厅”有两

① 徐万胜著，《日本政治与对外关系》，人民出版社，2006 年，第 32～34 页。

种：一是总理府下设的9个厅，其地位或相当于“省”或略低于“省”；二是各省下设的外局，称为“厅”。①

虽然宪法对内阁及首相的权限作出了规定，但在实际行政结构的形成和行政运作中，还存在着许多行政惯例，这些惯例具有很大影响。例如，由于在长期执政的政党自民党内部存在着派阀结构，为了维护党内的团结，就形成了自民党在组阁时通常遵循“派阀均衡”和“年功序列”的惯例。所谓“派阀均衡”的原则，指的是来自自民党的首相在组织内阁时不仅按照各派阀的实力大小分配大臣职位，而且还要努力使所有的派阀都有人出任内阁大臣。这样，在作出重大决策之前，首相必须与来自其他派阀的阁员进行协调和讨价还价，从而大大降低了首相和内阁对行政事务的决断能力。年功序列指的是按照当选国会议员的届数来确定内阁大臣人选。为了能够让更多的符合年资条件的议员进入内阁，不得不频繁地进行内阁更迭。

在各省厅，由于内阁频繁更迭，造成大臣在任期间非常短，不可能深入了解所在官厅的行政事务，更无从进行具体领导和指挥。在官僚眼中，这些如同走马灯一样频繁更迭的大臣，更像是来政府机关做客的客人。虽然大臣名义上是各省厅的最高领导，并且掌握着官僚的人事任免权，但实际上很难控制官僚。各个省厅行政官僚实际上控制着各自所管辖的行政领域的决策。宪法规定由内阁会议决定的事项，其实际的决策程序通常是：先由某个行政部门或者是某些议员提出政策议题，经过相关行政部门与自民党政策调查会内相关小组，形成政策方案，交各省厅事务次官每周例会讨论协调。经各省厅事务次官联席会议讨论通过的政策方案，需要交内阁会议讨论决定。内阁会议实行全体一致的原则，而且一般难以对有关事项进行具体、认真的研究，因此只要是经由各省厅事务次官联席会议通过的政策方案，在内阁会议上总是能够通过，内阁会议纯粹成了各大臣在政策方案决议签名的场所。②

55年体制

战后日本政党在资产阶级议会民主制下重建，经历了10年的分化改组之后，至1955年形成自民党与社会党对峙的政治格局，这种政治格局被称为“55年体制”。该体制从1955年形成到1993年崩溃，持续了38年之久。

① 严强、魏姝编著，《东亚公共行政比较研究》，南京大学出版社，2002年，第63页。

② 包霞琴、臧志军主编，《变革中的日本政治与外交》，第58～59页。

“55年体制”的特征是：

第一，形式上是自民、社会“两大政党制”，实质上是自民党占绝对优势的“一党制”。自民党与社会党的力量对比过于悬殊，在众议院自民党始终占有2/3左右的议席，而社会党不足1/3，无法取代自民党。也有日本学者将这个时期的政党制称为“一个半政党制”，一个政党持续统治，经常执掌政权，并且只知道统治；另一个政党是万年少数党，只知道反对，有时甚至害怕掌握政权。

第二，政府权力的更换由战后初期的多党轮流执政转变为自民党内不同派系之间的相互更替。日本国宪法规定，内阁首相由众议院确定。1955年以后，自民党一直是众议院第一大党，自民党总裁理所当然地被确定为首相。而自民党内有很多派系，总裁一般由党内不同派系领袖中产生。

第三，政府决策过程被自民党、政府和四大经济团体为中心的高级官僚与大财团所控制，即所谓“政、官、财”三位一体的决策机制。战后，不同财团和企业曾经根据自己的不同需要向不同保守党进行政治捐款。保守党在财界的强烈要求下实现联合，成立自民党后，财界通过“经济再建恳谈会”把政治资金统一交给自民党。与此同时，财界以多种形式和途径向自民党及其政府施加影响，从而形成了一个以财界意志为基础，以自民党为政治代表，通过立法、行政等措施，由政府机构付诸实施的“政官财”三位一体的政治体制。

20世纪90年代以后，日本多元民主政治进一步的发展，在野党的力量不断加强。1992年，原自民党成员细川护熙退党并另立门户，成立了日本新党。这是自民党最终分裂的前兆。1993年，由于执政的宫泽内阁没有实现政治改革，不仅遭到在野党的抨击，也引起党内主张政治改革议员的强烈不满。以武村正义为首的10名年轻议员宣布退党，并在当日组成“先驱新党”，亦称“新党魁党”。他们大多数来自各主要派系的年轻骨干议员。接着，自民党羽田孜、小泽一郎派的44名国会议员宣布集体退党，组成“新生党”，自民党宣告分裂。

1993年7月19日，日本第40届众议院选举揭晓.自民党在选举中，利用原有选举地盘的优势，仍保持了第一大党地位，获223席，但未达到过半数的256席，因而失去单独组阁执政的机会。社会党获70席，比选举前的134席少64席，虽仍为第二大党，但实际地位下降，从而导致日本政党政治格局发生了变化，“55年体制”宣告结束。

沈美华，《日本55年体制的成因及其瓦解的根源》，《江西社会科学》，2003年第2期，第195～196页。

二、公务员制度

二战战败之后，在美国占领当局的推动下，日本废除了旧的官吏制度，采用欧美国家通行的公务员制度。

与战前相比，日本现代公务员制度一个最为根本性的变化是将天皇的官吏转变为人民的公务员。1947 年 5 月生效的《日本国宪法》第 15 条第 1 款规定“一切公务员都是为全体服务，而不是为一部分服务”，从而否定了“天皇的官吏概念”。官僚由天皇的仆人、国民的老爷向国民的公仆转变。

另一个重要的变化是设立了统一的中央人事行政机构。宪法第 65 条规定“行政权属于内阁”，第 73 条第 4 款规定内阁“按照法律规定的准则，掌握关于官吏的事务。”在内阁之下，人事院和内阁总理大臣具体负责战后日本中央人事管理。

在战后美国占领当局的压力下，日本人事院于 1948 年 12 月成立。人事院是一个地位与职能都比较特殊的中央人事行政管理机构。它在组织、人事、财政等方面对内阁保持相对的独立性，又是在内阁管辖之下的担当国家公务员人事管理的中立的专门机构，由三名人事官领导。人事官由内阁提名，议会众参两院同意，内阁任命，天皇认证，首相不得随意罢免。人事官任期四年，可以连任，但最多不得超过十二年。在三名人事官中，内阁任命一人为人事院总裁，总理院务。但总裁一人不能决定重大问题，人事官会议是人事院最高决策机构，每周至少召开一次。

人事院兼有三种职能：实施公务员法令的行政职能；制定、修改、废除人事院的规则的准立法职能；审查并最后裁决对公职人员的不当处分的准司法职能。它负责规划、实施公务员的考试、录用；对公务员的工资待遇和工作时间等方面的进一步改善进行调研并提出建议；决定关于劳动条件的具体内容；执行关于身份保障、惩戒制度等方面的规定；审查到盈利性企业再就职问题；审查不公平处分的申诉问题；适应时代要求，研究、设计有活力的、开放型的人事体系。自人事院成立之时起，它的特殊地位和职能就引起争议。1965 年，人事院的一部分权力被移交总理府，新设总理府人事局，即现在的总务厅人事局。诸如公务员的福利待遇、工作纪律、人事记录、在职人员的统计报告等事务皆划归总理大臣管辖，总理大臣还要负责综合协调各行政机关制定的人事管理方针和计划，以保证其统一性。

此外，日本地方政府还设有人事委员会或公平委员会，依地方公务员法的规定办理人事行政事宜。这些组织与中央人事院并无实质上的隶属关系，人事院对地方人事行政居于指导协助地位。[①]

日本公务员分为国家公务员和地方公务员两种，公务员不仅适用于资格任用制的公务人员，也适用于公选任职的公职人员。中央国家机关和国营事业单位的官员和职员，均称为“国家公务员”，地方政府机关和企事业单位的官员、职员，均称为“地方公务员”。国家公务员和地方公务员又分为“一般职”和“特别职”。“特别职”产生于选举和政治任命，是指经公众选举或议会表决任职的政治家以及待遇特殊的重要人物，执行带有政治色彩的重要任务。“一般职”产生于考试，是指为执行国会通过的法案而进行业务和行政工作的职务，凡是各个省厅事务次官以下到各个省厅的清洁工在内的所有在职的公务人员，均属于“一般职”公务员，其范围大体相当于英国的文官。《国家公务员法》只适用于“一般职”公务员，即不适用于“特别职”公务员。在此，我们关注的主要是“一般职”的公务员。

《日本公务员法》规定：一切职员的任用，均应依据本法律以及人事院规则的规定，根据本人的考试成绩、勤务成绩以及其他能力方面实际证明来进行。由此确定了日本公务员任用的功绩主义原则，即通过公开竞争考试的方法，严格挑选，择优录用。公务员的各种录用考试，都公告通知，公开进行。通过考试录用的一般职国家公务员不受政局动荡影响，从而确保了国家机关行政工作的稳定性和连续性。战后日本择优任用的一大批高素质的经济部门的国家公务员，在经济高速增长的过程中也发挥了相当重要的作用。

战后，日本的公务员考试向一切人平等开放。《国家公务员法》第 46 条规定:“录用考试对于具备人事院规则规定的报考资格的所有国民在平等的条件下公开进行。”考试分为高级考试、中级考试、初级考试三种，即 I 种、II 种、III 种考试。各类考试均严格规定应试资格。参加高级考试的资格要求必须是 22 岁以上具有大学本科学历的青年，考试合格可以担任事务官；参加中级考试必须是 20 岁以上短期大学毕业（2 年制）或具有同等学历者，合格者可以担任一般职员。报考高级和中级考试者，必须懂得法律。参加初级考试必须是 18 岁以上高级中学毕业或具有同等学历者，考试合格者可以做辅助性的工作。

公务员被录用后的晋升速度、升任程度会因为参加考试的各类不同存在巨大的差异：通过“I 级”考试的公务员不仅比仅通过“II 级”考试的提拔得快，而且最终可跃升为事务次官；“II 级”和“III 级”考试合格的公务员不仅提拔

① 阎树森著，《日本公务员制度研究》，国家行政学院出版社，2001 年，第 63～65 页。

得慢，而且最多只能做到课长助理和股长一级。[①]在管理上，I种考试合格被省厅本部录用后，其人事调动一开始就由内阁官房的人事部门主管。这些人俗称为干部后备生、高级公务员（career）。日语的官僚一词，常常指这一类的职员。通过III种和II种考试而被录用的普通公务员（no-career），其人事的管理则是由各省内的局人事管理部门管理。在高级考试的申请者、考试合格者和被录用者当中，东京大学法学部出身者占极大的比重。

日本的高级公务员通过人事院统一实施的录用考试后，由各省厅分别采用。日本对公务员的录用办法是，人事院把全体合格者按照分数高低排列成录用候补名册，应各个省厅的要求，推荐候补者。每要录用一人，人事院从名册中提供五个得分最高的志愿者，由各用人单位进行面试后，最终选定一人。这意味着，人事院的考试合格并不等于被录用，高级公务员的录用组织以及归属组织单位是省厅。因而，各个公务员基本上忠诚于最初录用他的省厅。大部分日本公务员都在最初被录用的省厅工作一生，即使有些人偶尔因人事交流调动到其他省厅，但其仍然归属于原来的录用省厅。公务员忠诚指向所属省厅使日本行政具有“纵向行政”特征，导致省厅之间或省厅内部的割据性，部门倾向严重。

在晋升方面，除上述入口选别原则之外，还存在着其他不成文的惯例，如年功序列、后期选拔晋升等。日本的中央省厅非常讲究所谓“年次”的问题，将公务员按哪一年进入官厅，或者说在官厅连续任职的年限进行分类管理。在公务员职务晋升中，通常获得晋升的是单位内资历较深者。后期选拔晋升指的是，同期进入公司或政府部门的职员，在一定的时间内共同晋升提级，在其职历后期再逐渐拉开差距。日本的公务员管理中长期实行这一模式。以通过I种考试被录用的公务员为例，同期录用者一般在四十岁以前一直实行同期同时晋升；约从四十岁以后逐渐拉开差距。

在公务员录用、晋升方面，还存在着通才类官职和技术类官职的区分。日本国家公务员I种考试根据大学的专业分为法律职、行政职、经济职等28种(现在减少到13种)，其中通过法律职、行政职、经济职考试合格被录用的职员称为事务官，理工专业的考试合格录用者称为技官。[②]事务官就任的职位和技术官就任的职位有明确区分，他们在晋升方面也是不同的。在同等资格的情况下，事务官要比技官早两三年晋升。而且，据1992年调查资料表明，在厚生省、农林水产省、运输省、邮政省，越到高级管理职位，具有同等资历的技官所占的

① 沈美华，《日本现代公务员制度的形成及其特点》，《山东师范大学学报》，2004年第1期，第67页。
② 毛桂荣，《日本公务员制度及人事管理运作改革》，《中国行政管理》，2006年第5期，第74页。

比率就越低。

日本公务员制度的另一特色是公务员退休年龄比较早，这一现象在战前就已经存在。直到1985年，日本才正式建立公务员退休制度，之前一直按照惯例实行“劝退”，而高级文官实际上大多会提前退职。①有学者认为，文官在这个相对较早的年龄就大批退休，是由基于资历的晋升制度、来自下层晋升到更高空缺职位上的压力、选择公职的效用性等因素造成的。退休后的高级文官在政府内外占据着大量重要职位。在退休的高级文官中，大约有三成人员进入半自治的政府公司，另有三成人员进入工商企业(常常担任较大私人公司的管理者)，剩下的四成人员则参加各种专业活动和政府活动。他们中有很多人参加竞选并竞选成功，担任政治公职，也常常有人在战后担任内阁成员。例如，1959年，国会中有165名议员原先都是职业官僚，他们占下院议员总数的18%，在上院中占32%。1986年，退休官僚在下院中占有执政的自民党的70席，上院中占有49席，共占自民党议员的30%。战后的内阁部长中，先前曾是官僚的部长大约占20%。战后日本首相中有半数都出身于文官。

上述考试、录用、晋升、退休方面的原则与不成文惯例在战前的日本官吏制度中就已经存在，这也体现出战后日本公务员制度连续性的一面，展示出日本传统行政制度与行政文化的影响力。

日本的政治是“官僚主导型”的，官僚对政治的影响要大于其他的政治参与者，包括议会、政党和利益集团。自从二战以来，官僚机构一直控制着立法的进程。在决策过程中，官僚机构不仅是绝大部分决策的首倡者，而且还通过利益引导操纵政策的起草、政策的修改、政策的审议，从而影响政策的内容和命运。②造成这种官僚主导特征的主要原因可以从传统因素和现实因素两方面来考察。日本具有偏重行政权力的历史传统。明治维新奠定了以天皇为中心的一元政治结构，行政机构与行政权力随之不断膨胀并逐渐取得超越于立法权和司法权之上的地位。在现实因素方面，行政官僚具有政治家无可比拟的组织优势，严格而完善的文官制度增强了官僚集团的整体知识水平和业务能力；官僚具有人员上的技术优势和事务上的职业优势；人事上的独立性则使行政官僚自成一体，相对稳定。③日本的这种官僚主导式的行政模式存在一定弊端，而且自20世纪90年代以后表现得越来越明显，并引发日本新一轮的行政改革。

① 郑励志主编，《日本公务员制度与政治过程》，上海财经大学出版社，2001年，第76页。

② [美] 费勒尔·海迪著，《比较公共行政》(第六版)，中国人民大学出版社，2006年，第272～273页。

③ 包霞琴、臧志军主编著，《变革中的日本政治与外交》，时事出版社，2004年，第123页。

三、地方政府体制

日本战败之后，占领军当局宣布中央集权政府是违反民主主义的，进而肢解了内务省，强行推进地方分权。日本新宪法也明确规定日本实行地方自治制度。

战后，日本地方政府分为都、道、府、县——市、町、村两个层次。都道府县一级行政首长称为知事，市町村一级的行政首长分别称为市长、町长、村长。地方行政长官和议员均由地方居民直接选举产生，任期均为四年。

日本的地方自治机关由地方行政机关和地方议会两部分组成，但是，地方政府与议会的权力并不真正平衡，而是强行政和弱立法。一般来说，府的所有活动都是在作为主要执行机构的长官知事的直接领导下进行的。知事负责向立法机关提交法律提案，执行预算。知事选拔和管理所有公务员，组织和管理政府各部门。知事还可以建立和监管公共企业来发展公共经济。除了管理警察的独立公共安全委员会以及管理所有学校和其他教育、文化和科学设施的教育委员会，所有的政府机构都向知事汇报。地方政府项目也在地方长官的管理下，这些项目包括公共设施的计划、建设和维护；必要的记录、注册、报告等。①

在地方政府的行政首长之下，分别设置权限明确、各司其职的辅助人员或机关，主要有：（1）辅助官吏，即辅助行政首长工作的高级职员，包括都道府县的副知事和出纳长，市町村的“助役”和“收入役”，他们由行政首长选任，经议会同意，任期四年。（2）行政委员会，分别负责教育、选举、人事、监察、公安、劳动仲裁等中立和技术性较强的行政事务。行政委员一般由非职业官吏担任，人选要求严格，注重自身条件，强调专业知识，属特别职公务员，行政首长不得随意罢免。此外，行政委员会拥有准立法和准司法权能，可依据法律和自治条例制定规则，独立裁定有关事项。（3）具体职能机构，一般分为部（局）、课、系。

日本法律对中央政府和地方政府的事权作了具体、明确的划分。属于国家全局利益的国防、外交归由中央负责；消防、港湾建设、城市规划、公共卫生和住宅由地方负责；公路、河流治理、教育、社会福利、劳动卫生、工商农林等行政事务则由中央和地方共同负责。

具体来说，地方政府的权限和义务包括：第一，执行国家法令，管理地方警察，制定地方预算和征收地方税，管理地方财政，办理户口登记。第二，保护和使用属于地方自治体的财产，如对地方的学校、体育、医疗以及公园、道

① 沈亚平、吴志成编著，《当代西方公共行政》，天津大学出版社，2004年，第56页。

路、桥梁、河流等事业单位进行管理。第三，主管地方的消防、清洁、美化以及防止公害等事务。第四，地方有义务必须遵守国家法律，地方条例不能与国家法律抵触。第五，有义务接受中央政府各省对地方财政、经济的监督，各有关大臣发现地方知事没有执行中央政府发布的命令时，可以上告高级法院，请求处理。第六，内阁总理大臣有权罢免不称职的知事，知事不得拒绝。

二战后，日本的地方自治制度得到加强，扩大了地方自治权力，但是，中央和地方政府的关系实质上仍是监督与被监督、控制与被控制的关系。中央对地方具有较强的行政和财政控制。在行政方面，国内事务大臣通过对地方有关决定或计划发出意见和口头建议来发挥重要作用。内阁大臣可以命令一个府的长官采取特定的行动，如果长官不遵守命令，他将被辞退。在同样的情况下，一个市长也可能因为没有遵守一名府的长官的命令而下台。中央政府还有权在地方政府对中央法律、条例以及内阁政令的不完全执行或违背时强令其修正。此外，中央省厅的退职官员可以到地方政府中担任要职。根据1979年的资料，被称为都道府县“四大首脑”的知事、副知事、总务部长、财政课长级官吏中，来自省厅所占比重在50%以上，这种做法无疑加强了中央省厅对地方的控制。

地方财政收入多寡直接制约着地方的自治程度，因此，控制地方财政规模是日本中央政府制约地方的重要手段。地方政府的财政来源严格受到中央政府的限制，其财政也依赖中央政府。地方政府的财政收入主要来自地方的“自主财源”和中央再分配。在地方政府的财政预算中，作为自主性财政收入主要来源的地方税仅占三到四成的比例，远低于中央政府财政收入的70%左右来自税收的比例。地方财政预算中的非自主性收入的大部分则依赖于中央政府的税收转移，其中地方交付税和国库支出金所占的比例合计在35%以上。

日本政府在加强对地方的控制与监督的同时，也重视听取地方意见，通过各种组织和手段对地方关系和地方事务进行协调。日本成立了地方政府的全国性组织，进行整体协调；并设置地区性机构，进行区域协调。①

四、公共财政体制

战后日本政府根据“财政法”和“税法”规定的组织原则，建立了适合日本经济发展的财政管理体制。日本现行财政体制对日本经济发展起到了至关重要的作用。

日本财政预算体制基本上是中央和地方两级。大藏省负责编制中央预算和

① 严强、魏姝编著，《东亚公共行政比较研究》，南京大学出版社，2002年，第66～67页。

决算。日本中央财政预算包括一般会计预算、特别会计预算和政府关系机构预算。地方财政预算有普通会计预算和公营事业会计预算（相当于中央的特别会计）。“一般会计预算”是综合管理国家主要收入和支出的预算。它不仅确定政府活动的方向与范围，也反映出年内政府的政策取向。其收入主要是税收，支出是各种事业经费，如公共事业、教育事业、社会保险、国防支出等。“普通会计预算”是反映地方政府财政收支的预算。地方财政预算包括 47 个都道府县和下属 3000 多个市町村各级政府的预算。这些预算是在中央政府统一管理下编制并执行的。地方政府的预算制度与中央预算大致相同。特别会计预算是根据特殊目的而设立的专款专用的预算，其种类及内容因年而异。政府关系机构预算是根据单行法设立的预算，全部资金由政府投资，通过预算向政府有关机构提供贷款。预算编制遵循事前审批、全额预算、分类管理和公开原则。①

战后，日本的新公共财政体制既吸收了英美公共财政“分权—分税”的成功之处，又依循日本传统治国理论，保留了中央集权的制度特点。日本实行分税制的财政体制，各级政府间的财权划分以税源划分为基础。日本税源的初次分配，大约七分归中央，三分归地方。财源的这种分配方式确保了中央的绝对优势，体现了以中央集权为主与地方自治相结合的财政管理体制。中央收入与地方收入按税种划分，所遵循的一项重要标准是：将那些以个人、法人的收入、财产所得为征税对象的，即所谓“基于能力原则”的税种划给中央，这类税收具有收入的再分配效应，而且对经济景气状况也有自动稳定效果，中央掌握这类税收的立法和征收，可以有效实施政府宏观经济政策；基于利益原则征收的税收划归地方,主要指那些对事业、土地、房屋、折旧资产等能带来收益的财产而征收的税收。中央税也称国税，主要税种有：所得税、公司税、继承税、消费税、酒税、香烟税、汽油税、天然气税、飞机燃料税、石油税、交易所税、有价证券交易税、关税等等。地方税也称地税，其中属于都道府县的主要税种有：都道府县居民税、公司营业税、不动产购置税、道府县卷烟消费税等等。属于市町村的主要税种有：市町村居民税、固定资产税、轻型机动车税、市町村卷烟消费税等等。每个序列前面的两个税种都是其主要税种。

由于地方政府承担了绝大部分公共产品的供给，因而日本财权集中在中央，支出却主要在地方。从两级地方政府的支出结构上看，都道府县政府比较侧重经济服务，市町村政府比较侧重居民生活服务。由于各地经济发展不平衡等原因，有的地方政府光靠自己的收入难以满足正常需要，没有能力向本地区提供

① 张锁柱，《日本财政管理体制及其特点》，《日本问题研究》，2000 年第 3 期，第 11～12 页。

全国统一标准的公共产品和服务，为此，日本对转移支付制度进行了改革。把转移支付由过去以解决地方财政困难为目标的应急性措施，逐渐过渡到平衡地区间财力差异的调节手段，最终转至以均等化为理念的机制性财力均衡制度，从国税中拿出一部分转移给入不敷出的地方政府。①

在日本，财政体制的核心是大藏省（即财务省），它是主管日本财政、金融、税收的行政机关。大藏省的主要职能是管理国家的一切财务，负责编制国家预算方案，管理国家税收和预算开支，保管、支配国库金，统一领导并监管国家金融机关，以及造币等事务。自2001年1月6日起，大藏省改组为财务省。

五、行政职能与管理方式

战后，日本行政机关运用各种正式和非正式的手段管理着广泛的社会公共事务。由于多方面的原因，政府的行政职能不断扩张，尤其是社会职能显著增加。《日本国宪法》明确规定了公民享受社会福利的权力以及政府社会职能的内容。在宪法公布前后，政府还制定了《生活保护法》、《儿童福利法》、《残疾人福利法》、《失业保险法》等法规，初步建立了社会保障方面的法律体系。此后，厚生省根据这些法律采取了一系列措施，到20世纪60年代，全体国民都可以加入某种健康保险和养老保险的社会保障体系。60年代末70年代初，各地方政府在修建供老人、残疾人、孤儿使用的福利设施，向老人提供免费医疗等方面展开竞争，从而推动了中央政府提高社会保障水平。20世纪80年代以后，日本政府的社会职能显著增加。目前，日本的社会保障制度已经比较完善。

从明治维新起，日本政府就承担着重要的经济职能。战后，日本为最大限度地动员社会资源、实现赶超发达国家经济的战略目标，以出口导向为手段，通过政府与产业界密切配合，对经济进行积极和广泛的干预，形成了政府主导型的市场经济体制。日本政府宏观经济管理系统由20个中央一级的经济管理机构和一群精通经济的官僚构成。其中经济企划厅起到神经中枢的作用，国土厅、科学技术厅和北海道、冲绳两个开发厅则是几条重要的专职神经，大藏省及其控制下的国有金融体系则是日本经济的血液循环系统。通产省扮演总管家的角色，公正交易委员会和内阁法制局则充当监督者。这一庞大系统借助金融体系提供的资金保障，通过使用产业政策、对外贸易政策引导和调节企业行为，使用行政规制手段将资源优先分配给特定的产业，为创造日本战后的经济奇迹发

① 卢友富，《略论日本战后财政体制及其影响因素》，《东北亚论坛》，2003年第1期，第50～51页。

挥了重要作用，并且使日本一跃成为世界性的经济大国。[①]

与经济与社会职能相比，日本政府的政治和军事职能要小得多。直到20世纪80年代后，这种状况才发生变化。财政支出中外交与军事方面的支出比例不断上升，外务省公务员数量在公务员总定量大幅度减少的情况下却有较大增加。

为完成其行政职能，除使用一般政府施政时拥有的手段，如行政立法、行政执法、行政审批等，日本还大量使用了非正式手段，其中最著名、最重要的就是行政指导。行政指导是日本政府各种行政手段当中运用最多、最普遍的手段。政府进行行政指导的范围极其广泛，从生产到对外贸易、商业金融，从生活到文体卫生、社会福利，几乎无所不包，其中最主要的是对企业的行政指导。[②]

政府对企业的行政指导是政府干预企业的重要手段，其目的在于沟通和协调二者关系，将各个分散的各自为政的企业经营活动，尽可能与政府各个时期发展经济的宏观政策、目标统一起来。实践中，日本行政指导的突出特色在于科学计划基础上的“诱导性”，即行政指导是通过“劝告”、“期望”、“指示”、“希望”以及“建议”等非强制性语言表现的。政府通过各种方式与企业沟通，帮助其理解“计划”内容和给自身带来的利益。政府尊重企业的独立决策权，通过对企业提供有较高的参考价值的计划或建议，为企业决策提供参照。这些政府“指导”行为，主要通过官助民办的行业组织和民间团体实施。[③]

行政指导给日本政府行政带来多方面的便利，并对特定的被指导者也具有许多有利之处。在日本的经济发展中，行政指导发挥的重要作用令人瞩目。美国著名学者查默斯·约翰逊（Chalmers Johnson）在其《通产省和日本的奇迹》一书中，把政府的宏观管理和行政指导列为日本成功地发展市场经济、造成经济奇迹的几个重大因素之一。然而，行政指导也存在一定问题。例如，由于政府机关在实际运作中往往将对企业申请的审批、优惠待遇的提供等与是否接受行政指导挂钩，结果影响企业之间的平等、自由竞争。此外，由于程序上的缺陷，行政官僚往往得以规避对指导后果理应承担的责任，甚至得以随意运用该手段为自己谋取私利，造成许多行政丑闻。[④]正是这些问题引发20世纪90年代以来日本针对行政指导进行的改革。

---

① 回艳、靳迎迎，《日本政府角色在经济学视野中的变迁》，《日本问题研究》，2005年第1期，第34页。

② 严强、魏姝编著，《东亚公共行政比较研究》，南京大学出版社，2002年，第46～53页。

③ 秦铁铮，《法治视野中的日本行政指导》，《日本研究》，2005年第2期，第89页。

④ 包霞琴、臧志军主编，《变革中的日本政治与外交》，时事出版社，2004年，第85页。

第四节 20世纪90年代以来的日本行政改革

从20世纪50年代初开始，日本隔一段时间就要对行政制度进行改革，其主要目标是减轻财政负担、精简机构人员、提高行政效率。而自20世纪90年代中期以来，日本进行的新一轮行政改革可说是最大、最彻底的一次：中央政府机构由1府22省厅减为1府12省厅，官僚主导体制转为政治主导体制，政府职能重新进行了定位，中央与地方的关系重新进行调整。这次改革以90年代以来日本经济、社会、政治状况的深刻变化为背景，是行政环境变化导致战后日本行政体制固有弊端凸显的结果。

一、行政环境的变化与日本行政体制的困境

日本战后的行政体制在促进经济繁荣上功不可没，但同时也给社会、政治、行政各个方面带来了许多负面影响。如长期片面追求经济增长导致的各种政府管制在各个领域的渗透；由划一和固定化引发的僵化、闭塞以及缺乏活力与创新精神等。20世纪八九十年代以来，面对迅速变化的行政环境，战后行政体制本身所具有的缺陷变得更加严重和深刻，日本政府不得不进行新一轮的行政改革。

第一，经济的持续不景气要求对原有行政模式进行改革。日本经济自20世纪70年代告别高速增长时期之后，先是转入低速增长期，然后在80年代后期进入以土地、股票等资产价格迅速膨胀为标志的“经济繁荣期”。但是，随后的事实表明，那只是一种“泡沫”。20世纪90年代，随着泡沫经济的瓦解，日本经济陷入持续的低迷状态，其间虽有反复，但是经济高速增长以及泡沫经济时代积累起来的各种经济矛盾和问题一直困扰着日本。

经济的持续不景气给日本政府传统的行政模式带来了巨大的压力。例如，经济持续不振使政府在运用公共投资拉动经济增长和克服经济危机的常用行政手法时不得不谨慎从事。经济的持续不景气也给公务员人事管理带来了难题：在高级公务员退职后的第二部分收入预期越来越不明朗的背景下，如何维持公务员的上进心、忠诚心，已经对日本行政形成严峻挑战。而且，为了摆脱经济的持续低迷，需要进一步调动民间的活动，要实现这一点，也必须对传统行政模式进行改革，放松政府官制。

第二，全球化与国际化浪潮要求进行行政改革。冷战结束之后，经济全球化、国际化深入发展，欧美国家要求日本放松政府管制、完善行政程序法规的

压力与日俱增。全球化、国际化的深入，对政府行政系统内部权力分布以及公务员的知识、能力结构等也带来新的课题。日本公务员制度中的年功序列、精英主义模式已经难以有效适应新的行政需求。

第三，行政文化的变迁要求进行行政改革。随着经济和社会的发展，日本国民的行政文化观念发生变化，人们开始对没有法律依据的干预的正当性发生疑问，对于官僚主导模式带来的行政官员的腐败行为越来越不能容忍。社会舆论中要求放松行政管制、提高行政透明度、确保行政的公正以及扩展国民参与行政的途径的呼声越来越高。

第四，新的行政需求大量涌现，原有行政模式难以有效应付。如伴随老龄化社会而来的对社会福利、社会保障的需求日益增长，给原先的中央－地方政府关系带来挑战。又如处理突发性重大自然灾害和严重的集团犯罪，需要政府有完备的危机处理体制。①

在这种情况下，行政改革成为20世纪90年代以后日本国内的热门话题。

日本的泡沫经济

20世纪70年代中后期，日本开始进入低速增长期，有利的投资机会减少，但资金供应却没随资本的减少而减少，这部分剩余资金便被用于金融、房地产投资和相互持有。80年代日本经济持续繁荣，而通货膨胀率保持在较低的水平，使日本银行可以保持较高的货币发行量。此后，为防止美元贬值，日本于1985、1987年两次降低利率，进一步放松银根。超低利率和大幅度增加的货币供应量使越来越多的企业和个人有可能用大量贷款来参与股票、房地产投机，使经济无可避免会产生泡沫。而且，日本的金融机构也加入到投机者的行列，进一步刺激了股价、地价的暴涨。从1985年到1990年，日本国内生产总值名义增长率年均5.7%，而股票、住宅用地、商业用地的价格增长率分别高达31.3%、14.4%和15.6%，这种虚拟资产膨胀速度远远超过实际资产膨胀速度的现象被称为“泡沫经济”，其经济景气也被称为“泡沫景气”。泡沫经济时期，日本经济繁荣，消费、投资空前旺盛。日本工商企业与金融机构拥有的巨额剩余资金也流往国外，而且多用于购买房地产和娱乐业。1985年，日本对美国的不动产投资只有18.6亿美元，到1988年已达166亿美元。80年代末，全美国10%的不动产已归日本所有。在洛杉

① 包霞琴、臧志军主编，《变革中的日本政治与外交》，时事出版社，2004年，第73～77页。

矾闹市区，几乎一半的房地产落入日本人手里。

过度的泡沫总是要破裂的，1991 年日本股市、房市开始出现大幅度下跌，泡沫经济终于在 1992 年崩溃.从股市来看，日经指数上升到 1989 年的 38915 点之后急速下降，到 1992 年 8 月，竟跌到 14309 点，跌幅高达 63.2%，甚至超过 20 年代末世界经济大危机时的数值。同时，房地产价格也在迅速下降，降幅在一半以上的地区到处可见，土地与住宅的买卖停滞，不动产价格迅速下降，严重影响了为不动产提供抵押贷款的金融机构，大量呆账坏账形成的不良资产使大批中小金融机构倒闭及大型金融机构负担过重。从 1992 年开始，连续三年的经济增长率分别为 0.4%、0.5%、0.6%，基本为零增长，企业倒闭及失业人数急剧增加。从此日本经济开始低迷而一发不可收拾，

谢芳，《日本泡沫经济的原因》，《日本问题研究》，1999 年第 2 期，第 2～3 页；王新生著，《日本简史》，第 215～216 页。

二、行政改革的主要内容

此次日本行政改革的目标是建立起能够有效发挥国家机能的精干、高效和公开的政府。改革后的行政体制首先要具有综合性和战略性，能够在国内外形势不断发生变化的情况下，根据面临的形势和课题作出综合性和战略性的判断，并大胆地进行政策选择和确立政策方案；其次要重视机动性，能够在危机管理和安全保障等紧急的国家性课题方面迅速高效地作出决策；第三要公开和透明，彻底地实行行政信息公开和向国民说明的责任制度；第四是要实现政府机构的精干化和高效性。①

为了实现上述的行政改革目标，改革政策的重点可以划分为两大方向：一是增强政治势力即内阁在国家事务的指挥权和管理权，强调在重大问题上权力的集中和决策的高效性；二是重新界定一般性政府机构的行政管理范围和职权范围，重新划定民间组织与政府机构在经济及其他领域内的责任分担界限，大幅度地削减政府的一般性管理权力，建立精干、高效的政府组织体系。具体的改革措施都是围绕着上述两个方面展开的。

（一）中央政府改革

1．确立政治主导的行政模式

战后，日本形成所谓官僚主导的权力格局，国家行政权力很大部分落入官

① 崔岩，《日本行政体制改革分析》，《日本研究》，2003 年第 2 期，第 90 页。

僚集团手中。由于日本的官僚体制具有割据性的特点，省厅之间摩擦严重，行政政策的综合协调能力低下，加之部门私利，使得中央行政系统无法适应日本在追求“大国化”和行政环境变化过程中突发性及跨部门行政需求不断涌现的局面，行政效能下降。为此，在实施行政改革过程中，日本将改变官僚主导、确立政治主导的行政模式作为首要目标，改革中央政府行政机构，强化内阁机能与首相权力。

为了加强政治与行政系统的控制力以及首相对政府的集中控制能力，日本从机构、体制以及人事方面采取了措施。一是通过适当调整阁僚会议以及设置特命担当大臣职位等措施加强内阁的职能。内阁会议原来的表决规则是“一致通过”，现改为“多数通过”，从而防止了少数部门利益对政府决策过程的干扰。二是加强首相对政府的领导，明确规定了首相在内阁会议上的重大问题的提议权，并使其实际成为政府决策的主宰。首相对各行政部门的监督权、对各省厅长官的任免权也得到了加强。三是设立了内阁府。内阁府的主要职能是帮助首相进行重大政策企划和综合政策协调，同时承担一些跨部门的行政事务。内阁府设置了由首相与相关人士组成的经济财政咨询会议等审议机构，作为辅佐首相决策的咨询机关。内阁府可横向综合协调各省厅事务，改变了过去条块分割、政令不一、相互掣肘的局面。四是在各省厅中设立副大臣，以协助大臣强化对行政机关的政治控制。新设的副大臣属政务官，常驻各省厅，以监督和促进各行政部门在决策过程中贯彻首相的政治意图。

2．中央政府各省厅改组

为改变因纵向分割而带来的组织摩擦严重、政治控制力低下的局面，改革中对原来的省厅设置进行了大幅变动。2001 年 1 月，日本中央政府的机构改组得以最终完成，新的政府体制正式启动。原来的 1 府 22 个省厅被综合改编成 1 府 12 省厅，最早可以追溯至明治维新时期和在战后经过调整的日本行政体系发生了重大的变化。现机构设置如下：内阁府，由原总理府、冲绳开发厅、经济企划厅合并而成；总务省，原总务厅、自治省、邮政省合并；国土交通省：原运输省、国土厅、北海道开发厅、建设省合并；文部科学省：原文部省、科学技术厅合并；厚生劳动省：原劳动省、厚生省的一部分合并；环境省：原环境厅、厚生省的另一部分合并；财务省：原大藏省更名；经济产业省：原通商产业省更名；国家公安委员会、防卫厅、法务省、外务省、农林水产省不变。省厅合并时最多的是由原来 4 个省厅合并成 1 个，一些没有合并的省厅，其内部也进行了机构精简和人员裁减。通过将相似与相同的职能部门进行合并，用内部的协调取代了过去的外部冲突，从而解决条块分割的问题。各省厅的官房和局的总数也由128个削减为96个。此外，还确立了协调省厅之间政策的机制和程序，建立政策评估机制。

3．简政放权

在机构大改组的同时，从职能、体制、编制三方面实现中央行政机关的“减肥”。把政府对公共事务方面的职能更多地转给社会，实现“由官到民”的转移，政府只起补充作用。主要措施包括：（1）改革国营企业的经营方式。例如，原来中央政府经营的邮政、国有林地等实行民营化，委托给民间组织。（2）创立独立行政法人制度，将部分中央行政机关改为独立行政法人，让其从“公正和效率”两方面自主设定目标和开展活动。（3）放松政府管制，实行地方分权。（4）裁减人员编制。日本中央政府从1968年至20世纪90年代，已经实施了七次裁员计划，每次大体按1%削减行政定员。1991年又制定了第八次削减定员计划。[①]

（二）地方行政体制改革

地方行政体制改革源于20世纪70年代中期之后日本中央－地方关系所处环境的深刻变化：首先，中央财政越来越困难，日本开始考虑通过削减中央政府对地方自治体的支付和向地方分权来减轻中央财政负担。其次，由于中央政府对地方政府的补助金制度以及中央在地方的建设项目投资导致严重的政治和行政腐败，人们希望借助地方分权改革和规范中央对地方的干预以防止腐败。第三，地方上的分权意识不断增长。第四，20世纪90年代以来，由于经济长期停滞、税收下降和为刺激经济复苏而实施的减税和扩大公共支出的政策，使地方政府财政状况出现了急剧的恶化。第五，中央政府的过度经济干预不仅抑制了地方政府积极性的发挥,而且导致了大量的资源配置的低效率和浪费现象。因此，无论是从长远发展角度来看，还是就解决目前的地方财政恶化的问题，推进地方行政改革已经成为行政改革的紧迫任务。

20世纪80年代以来，日本就一直在研究实施地方行政改革的方案。1999年7月，日本国会终于通过了有关地方行政改革的一揽子法律修正案，并决定总体上从2000年4月1日开始实施。此次日本地方行政改革的主要内容是：首先，改变集权型的行政模式，规定中央“在制定有关地方公共团体的制度以及实施有关地方公共团体的政策时，必须注意充分发挥地方公共团体的自主性和自立性。”其次，明确划分中央政府和地方政府的职能。改革后的法律确定中央将重点承担涉及国家在国际社会中生存和立足的事务，涉及制定全国统一标准

① 董武，《日本的行政改革及启示》，《北京行政学院学报》，2005年第6期，第20～21页。

或有关地方自治基本准则的事务等，地方政府作为自治体自主、统一地广泛承担地区行政事务。第三，对中央在地方自治事务中所起的作用作出了限制性规定。如中央在制定和解释有关地方自治体的法令时，必须符合地方自治的宗旨以及中央和地方自治体职能分工的原则。第四，对中央干预地方自治体事务方式的内涵和程序都作出了明确的规定，并且规定中央的干预必须遵循法制化、最低限度和公正透明三大原则。第五，确立了处理中央和地方自治体之间纠纷的程序。在总理府之下设置"中央地方纠纷处理委员会"，从公平、中立的立场出发，对因中央干预地方事务而引起的中央和地方之间的纠纷进行审查、提出规劝等。[①]

由于财税制度涉及到中央对地方的影响力以及中央一些省厅的利益，阻力较大，2000 年实施的改革没有在这一领域形成法律性文件。然而，新型地方行政体制的建立需要对与地方财政相关的一系列制度进行彻底的改革，以保证地方政府的财力，实现地方的自立和自律。改革财税制度将是日本加速推进地方行政改革过程中的一个重点与难点。

（三）政府规制改革

行政规制（Regulation），亦称行政管制、政府规制，指行政权对私人经济和社会生活的干涉和限制。行政规制是一个国家政府调控社会经济活动、引导社会经济发展的重要手段。日本的政府规制由来已久。早在明治维新时期，日本政府就通过对部分行业实行特殊的扶植政策造就起了一批大财阀。二战期间，日本实行统制经济，规制更是无处不在。战后日本政府再次选择了政府主导下的经济发展模式，因此，又设立起了一个庞大的规制体系。在战后国内产业弱小缺乏竞争力的时代，日本的强规制体系在保护国内产业、维护社会经济秩序、促进产业在国际市场上的竞争力方面起到了积极的作用，并成为日本经济快速增长的一个重要动力。在社会发展方面，政府规制则保证了国民日常生活领域的基本安全，促进了教育、医疗、福利等公共服务的均衡发展。

但是，20 世纪 80 年代之后，日本的国内国际情况发生了巨大的变化，继续实施"统制型"规制和"保护型"行政的前提条件已经发生了改变，再规制的必要性和合理性已不复存在。原有规制体系开始走向其反面，成为阻碍日本进一步提高经济活力的重要因素。全面的行政规制限制了公平竞争，保护了产业垄断。规制体系庞大、规制机构臃肿，导致维持政府日常规制运作的成本不断增加，高额的规制费用成为政府财政的一项沉重负担。而且，由于规制依据

---

① 包霞琴、臧志军主编，《变革中的日本政治与外交》，时事出版社，2004 年，第 104～108 页。

和规制过程不透明，在规制过程中政治家、官僚机构与行业部门之间形成“铁三角”关系，官商勾结，贪污贿赂盛行。政、官、企三方成为全面规制的既得利益者，对于制度创新、技术革新并不积极推动和参与，导致日本产业的萎缩。这些弊端表明，日本传统的行政规制已经不能适应其经济发展之要求，具有改革之迫切性和必要性。再加上来自欧美国家要求日本放松规制、放开国内市场的压力，日本从 20 世纪 80 年代初期开始就已经将放松行政规制纳入日本政府的议事日程。①

此后二十多年的时间里，日本政府逐步放松规制。规制改革的范围从单纯的经济规制扩大到社会规制，改革的力度从注重规制数量的减少到最近彻底的“结构性改革”。日本的规制改革具有其自身的特点。与英美等国的规制改革不同，日本的规制改革着重于现有规制的调整而不是机械的解除规制。“Deregulation”一词在英美等国译为“取消规制”或“不规制”，但在日本被译为“规制缓和”或“放松规制”。这也表明日本的规制改革不是以取消原有规制为目的而是通过缓和原有规制进行规制的再调整。

（四）规范行政程序改革

日本行政改革的一个重点是提高政府运作过程的透明性和公平性，解决行政指导中存在的问题。1993 年 5 月，日本内阁向国会提交《行政程序法草案》，同年 11 月，该法案正式通过。

日本的《行政程序法》明确规定了行政机关对对象人提出的申请进行处理的程序，通过一系列规定，保证迅速、透明地处理对象人提出的申请，防止以往经常通过搁置或拖延处理来实现某种特定目标的做法。法案还规定了对对象人进行不利益处理的程序，以保证行政机关的行政处理行为在程序上的公正与公平。更为重要的是，《行政程序法》用专门的条款和大量的篇幅对行政指导的定义、实施原则、限制性条件、方式以及程序等作出了具体规定，特别强调了明确性和透明性，将维护行政的透明度提高到了与维护行政的公正性同等的地位。②

三、改革的进一步发展及前景展望

2001 年小泉纯一郎上台后，日本行政改革的力度进一步加大，改革重点放在彻底推翻对国民经济实施保护的战后行政体制上。小泉政府撤销对经济的保

① 李煜兴，《日本行政规制改革的全景透析及其启示》，《现代日本经济》，2006 年第 1 期，第 60～63 页。

② 包霞琴、臧志军主编，《变革中的日本政治与外交》，时事出版社，2004 年，第 88～90 页。

护性政策，对大型金融机构和经营失败的大企业不留情面。为减少政府职能，小泉内阁把邮政民营化列为政府最为重要的行政改革任务。并结合日本社会结构变化的现实，大力实施社会保障制度改革，降低公共事业费用的支出。

此外，日本还开始着手进行公务员制度的改革，措施主要包括：第一，大幅下放人事管理权限，强调各省为公务员人事管理主体。第二，改革公务员的收入分配方式，以结构工资制取代传统的职务工资制，打破“年功工资制”的惯例。第三，为与公务员工资制度改革相适应，要求建立一个完善而科学的人事评价体制，实现人事管理由传统的“事先管制型”向“事后评价型”的转换。第四，加强公务员退职管理，以增强社会公众对政府的信任。

总的来说，日本的行政结构改革已经取得了一定成果。日本经济在各个方面都出现了一些恢复迹象，经济增长率和就业率都得以提升，尤其是金融机构不良债权的比例逐步下降。但是，推行中央政府小型化、地方分权化和国有产业民营化的努力仍然面对着大量阻力。改革前景现在还很难判断。

思考题

一、名词解释

1. 12 阶冠位制

2. 参觐交代

3. 元老

4. 派阀均衡原则

二、简答题

1. 简述大化改新的内容与意义。

2. 简析日本官吏任用中的“入口选别方式”及其影响。

3. 简析战后日本官僚机构在政治中的作用。

4. 简述 20 世纪 80 年代之后日本中央政府改革的主要内容。

三、论述题

1. 试述日本近代内阁制的建立与变迁。

2. 试析战后日本地方自治制度的变化。

第七章 西方行政制度的发展趋势及其对中国的启示

本章重点

1. 西方国家行政制度的演变脉络。
2. 当代西方行政制度的发展趋势。
3. 西方行政制度发展趋势对中国的启示与借鉴。

当代西方行政制度经历了漫长的历史演变过程。尽管在具体过程与细节上并不一致，西方各国行政制度总体上还是按照共同的演变脉络发展的。这导致当代西方行政制度在存在个体趋异性的同时，确实具有某些重要的共同特征和相似的发展趋势。西方行政制度的发展演变也体现了行政制度发展演变的一般规律，其经验与教训对我国行政制度建设与改革具有启示与借鉴作用。

第一节 西方国家行政制度的演变脉络

当代西方文明主要源于地中海城邦文明（包括古希腊城邦和罗马共和国）与罗马帝国，就行政制度而言，罗马帝国尤为重要，它高度发达的行政制度为后世留下了丰富的遗产。在帝国时代向封建社会过渡时期的行政管理中，法兰克王国与基督教会发挥着重要的作用。查理曼帝国分裂之后，封建关系在西欧各地相继确立，西欧逐步形成英吉利、法兰西、德意志、意大利诸民族国家。不同的地理条件、不同的经济发展状况、不同的社会力量对比，使西欧各国的发展进程出现诸多差异，行政制度的演变各有特色。至于美国与日本，虽然受到西欧国家的强烈影响，但两国社会与历史的独特性必然使得它们政治与行政制度的发展轨迹有很多不同于西欧国家之处。不过，西方各国的行政制度仍然具有可以清晰分辨出的共同的历史演变脉络，尽管制度演变发展的具体过程不同、发生变化的时间不一，在制度设计上也存在着个体差异。

一、西方国家的行政职能由政治领域扩展到经济、社会领域，现已经渗透到社会生活的各个主要方面

行政职能可以分为政治管理职能、社会管理职能和经济管理职能。政治管理主要包括国防、外交、司法、治安等，是西方政府最古老、最基本的一个职能。中世纪西欧各国的国王，关心的主要是防御和审判。中世纪后期，随着封建专制君主政体的建立，为获得财富、增加税收，国家通过政策形式控制经济活动和社会活动的范围越来越广，并最终形成了16和17世纪的重商主义政策。不过，与政治管理职能相比，封建专制国家的经济与社会管理职能仍然处于较为次要的地位。而且，由于当时技术手段与社会条件的限制，封建专制国家对经济与社会的管理与当代行政机构对社会生活的全面渗透更是无法相提并论。

在近代初期的自由资本主义时代，西方国家奉行政府不干预的自由放任理论，政府只是消极地充当守夜人的角色。为摆脱封建制度及其重商主义对市场经济发展的束缚，资产阶级通过宪法所确认的政府职能极其有限，只有国防、外交、财政、安全的政治管理职能以及极少的社会职能，国民经济的运转完全依靠市场这只看不见的手来调控。在这个时代，人们奉行“最好的政府，最少的管理”的理念，为谋求社会、文化、经济的发展和繁荣，力图将行政干预限制在必要的最小限度之内。

然而，没有约束的自由竞争却导致庞大的垄断性公司的形成，给经济的健康运行带来一些问题。于是，19世纪末、20世纪初，西方一些国家的政府开始了干预经济的试验。第一次世界大战期间，西方各国又对经济进行了成功的战时控制，并使企业界初步改变了对政府干预的敌意和成见。而1929～1933年资本主义世界经济危机的爆发，则宣告了放任主义主张的彻底破产。为了解决纯粹市场调节带来的问题，主张通过政府这只“看得见的手”干预经济的凯恩斯主义逐渐为人们所接受。西方各国政府开始运用经济、法律、行政等手段，全面介入市场经济活动，干预和调节市场的运作，纠正市场失灵。二战以后，许多国家推行国有化、经济计划化，政府干预经济的措施层出不穷。然而，从20世纪60年代末70年代初起，西方发达国家战后经济发展的黄金时代结束，出现了经济停滞、高失业和高通货膨胀并存的现象。70年代的滞胀表明市场经济条件下政府对于纠正市场失灵的能力有限，新自由主义经济理论广泛复兴，并逐渐取代凯恩斯主义而成为西方政府经济管理的主导思想。西方各国政府经济

职能出现了令人瞩目的变化，范围收缩，市场机制大大增强。不过，西方资本主义经济并没有因这些转变而彻底摆脱滞胀困境。20 世纪 80 年代中后期以来，新自由主义在西方国家开始受到冷落，各国重新加强了对经济的干预。

19 世纪末开始，西方国家越来越多地承担起社会管理职能。始于 19 世纪 60 年代的欧洲工业革命给西方国家带来了发展的机会，但也带来了新的冲击。工业化和城市化进程导致人口激增，环境和卫生问题日益严重，贫富差距拉大，经济上的弱者多陷入失业和贫困，甚至生存濒临绝境。为了社会的稳定，西方国家不得不扩大社会管理职能，其中最重要的就是建立并逐步完善社会保障制度。俾斯麦在德国首先推行福利国家政策。一战后，美国在罗斯福“新政”时期开始建立社会福利制度。二战后，西欧国家和日本的社会保障制度逐步建立起来。西方各国还在二战后普遍加强了教育科学文化管理方面的职能。20 世纪 60 年代以后，随着环境问题日益严峻，政府又加强了环境保护力度。随着当代经济与社会生活复杂性的进一步增加，西方各国政府在社会公共事务方面的作用普遍增长，职能范围扩大到人们生活的方方面面。[①]

二、随着职能的扩张，西方国家的行政机构的规模与复杂性不断增加，这一趋势在近一个世纪以来大大强化

中世纪初期，西欧各国君主的权力有限，行政机构简陋，王廷中最为重要的机构是为国王提供意见建议的咨询部门和处理公文的中书部门。在王权扩张的过程中，随着国家财政、外交、军事、司法事务日益复杂化，行政机构内部出现专业化趋势，专门负责管理军事与财政的部门从原先总揽国家一切重大事务的机构中相继独立出来。到封建君主专制时期，国家的中央与地方行政机构逐步完善，行政机构的规模也有所扩大。特别是执行重商主义政策的需要在一些西欧国家导致新的经济管理部门的设立。

在自由竞争时代，政府机构并没有发生明显的改变，虽然设置了一些专门用于履行社会公共事务管理的职能部门，但是，用于政治统治的政府机构在整个政府体系中仍然占主导地位。以美国为例，在 1789 年联邦政府成立之初，只设置国务院、陆军部、财政部，官员仅有 300 多人，并在随后相当长的时间内保持相对的稳定。

20 世纪 30 年代后，西方政府机构管理经济和社会事务的部门大量出现，

① 李传军著，《管理主义的终结》，中国人民大学出版社，2007 年，第 66～69 页。

同时，政府机构也急遽膨胀，人员数量大量增加。例如，美国在 1933 年罗斯福新政期间增设了国家劳工关系理事会、国家调解理事会、田纳西流域管理局、联邦储蓄保险公司、债券与交易管理委员会、铁路退休全体董事会等十个独立行政机构。

二战之后，西方各国政府承担越来越多的经济社会管理职能，行政机构的数量与规模进一步增加。而且，新设立的部门当中又大多是承担经济社会管理职能的。例如，英国政府机构几经改组合并后，管理经济、教科文和社会事务的部占了一半以上。①

三、随着自由民主制度的逐步确立，西方国家的行政部门经历了法制化与民主化的过程

中世纪的行政系统基本上是个人性质的，行政机构与行政官员的权力来源于君主。只要君主认为合适，他就可以随意建立、撤销机构，任免、升迁官员。这一时期，君主一人掌握着国家的最高统治权，他凌驾于法律之上，不受法律的约束。而由于受君主的意志支配，控制行政机构行为的法律体系尚不完备或不稳定。行政官吏在政治和经济上自成特殊的阶级，政府与民众较少沟通。行政权与司法权没有严格区分，议会或等级会议要么成为国王统治的工具，要么干脆不予召开，对行政机构的监督权力有限。随着资产阶级革命的胜利，西方国家先后建立起自由民主制度，各国的行政机构也先后经历了法制化与民主化的过程。

法国大革命给国家行政带来了巨大变化。拿破仑统治时期，公共官员的效忠对象从君主转向国家。他不再是国王的奴仆，而是政府的服务员。他变成了公共权力的工具，而不是某个人的代理人。他依照法律行事，而不是根据个人的意志行事，他效忠的应该是法律，因为法律表达的是这个国家的意愿。②公共官员效忠与目的的转变导致的一个直接后果就是行政的法制化。十八九世纪以后，西方各国开始对政府各部门的权限、管理方式和行为通过宪法以及其他法规详尽地加以规定，政府的职能履行方式逐渐由人治转向法治。行政机关只能在法律授权的范围内采取行动，政府对社会的管理必须以议会制定的法律为依据，否则，就是无效和非法的。西方国家还通过法律的形式具体规范行政机关及其工作人员行政管理过程，保证行政行为的实施符合法律规定的方式、程

---

① 卓越主编：《比较公共行政》，福建人民出版社，2003 年，第 159～161 页。

② ［美］费勒尔·海迪著，《比较公共行政》（第六版），中国人民大学出版社，2006 年，第 203 页。

序和目的。

自由民主制下的行政还意味着行政权作为一个独立的分支受到制度化的监督。从18世纪末到20世纪初，以立法行政监督和司法行政监督为核心的资产阶级行政监督体系确立起来。英国、美国、法国资产阶级革命制定了《权利法案》、《独立宣言》、《人权宣言》等宪法性文件，规定了议会和平民对政府监督的原则，确立了议会对政府的质询权、调查权、弹劾权和不信任案等基本的行政法制监督制度；魏玛时代的德国也在宪法中明确提出了国会对部长的弹劾制度和监督政府依法行政的原则。在三权分立架构下，行政权与司法权分离，司法机构也成为行政监督制度中的一个重要主体。司法审查与违宪诉讼构成司法行政监督的主要内容。近一个世纪以来，由于国家对社会经济生活的干预加强、行政权力上升，防止违法行政和行政权力滥用一直是许多发达国家公共行政的一个关注焦点。传统的立法与司法行政监督在西方各国进一步完善，新的监督方式也不断出现。

近年来，随着社会的发展、科技的进步，西方国家出现了行政进一步民主化的潮流。一方面，公民监督政府和公民参与行政决策的能力与意愿大为增强。另一方面，西方一些国家采取多种措施加强地方的直接民主，如将地方政府首脑选举方式改为公民直选，扩大公民公决使用的范围等。

四、在组织内部人事管理上，西方国家经历了从政治恩赐制到功绩制，从传统人事管理到现代人力资源管理的变迁

欧洲中世纪早期的王廷或诸侯，通常是通过豢养的家臣来履行行政职能，并不存在一般意义上的文官。在西欧封建专制政体建立过程中，伴随着行政事务的细致分化、官员群体的增长，负责管理家庭事务的官员和那些负责管理国家的公共事务的官员之间发生了分离，出现了一类由专制君主直接任命和垂直统御、协助君主进行统治、对君主负责的文职人员，这就是欧洲最早的文职官员阶层。

从文官阶层产生到近代文官制度形成，其间经历了三个时期，即封建专制君主的恩赐官职制时期，资产阶级权贵的个人赡徇制时期，资产阶级政党政治的政党分赃制时期。前两个时期，即封建君主统治时期和资产阶级掌权初期，政府文职官员职位的获得，大多是由国家统治者根据个人的好恶而恩赐或凭依私人关系授予的。唯有普鲁士在一定程度上是个例外，在18世纪它就形成了自己的一套官员选拔与培训方式。高级职位的候选人要拥有良好的履历，还要完

成一段时期的实际工作的训练，并经过考试才能取得高级职位。政治恩赐制或政党分赃制是随着西方两党政治和议会制度的形成而出现的。它意味着，一旦某党的候选人当选，可将公共职位授予其党员和助选工作人员。

19世纪中叶以后，政治恩赐制的弊端日益显露，同时工业革命也要求建立适应于工业社会的行政机制。西方国家相继进行改革，政治恩赐制逐渐为功绩制所取代。在吸取古代中国吏制、近代普鲁士官僚制度以及资本主义工业管理经验的基础上，英国和美国先后建立公务员制度，随后向西方各国普及，从而使公共人事管理走上了理性化、科学化的道路。在西方公务员制度下，行政人员按明确的职位等级系列组织起来，每一职务都有在法律上明确规定的权利与义务。行政人员通过证明其专业能力的考试后方可被录用，只有在存在重大过错的情况下，才能被解职，有固定的薪金作为报酬。他们必须遵守组织的纪律并服从对其行为的控制和监督，其职务的升迁依据资历和成绩由上级来确定。行政人员与公共经费和设备等组织的财产明确分离，亦不可滥用公职。

20世纪八九十年代以来，在新的管理理念的指导下，为克服传统体制弊端，适应信息社会、组织内外环境变迁和政府改革的潮流，公共人事管理发生了从传统的人事管理到现代人力资源管理的变迁。人事管理与人力资源管理在对人的假定的基本理念上有着根本的区别。在人力资源管理的视角下，人不再被看作是组织机器上可供更换的零件，而是组织应当重视的、可进行有效管理和开发的重要资源。理念上的变化引起管理体制和方式的全方位变迁：奉行以人为中心的管理，管理方式人性化，强调尊重人、依靠人、发展人、爱护人和服务于人，注重塑造组织人才成长的环境；管理机制灵活化，员工的办公时间和办公地点也将更富有弹性，职位分类更加灵活；更关注产品的质量，而不是数量，并大量采用合同管理、目标管理、全面质量管理、付酬的灵活性和业绩奖励等措施来提高管理绩效；加强员工的专业化和团队合作。①

第二节　当代西方行政制度的共同特征与发展趋势

一、当代西方行政制度的共同特征

20世纪八九十年代，西方国家掀起了一场行政改革运动。西方各国的行政

① 卓越主编，《比较公共行政》，福建人民出版社，2003年，第245～255页。

改革具有共同的取向以及相似的核心内容与主题，从而导致当代西方行政制度形成以下共同特征：

（一）政府职能社会化、市场化

在经济方面，西方国家政府职能市场化主要体现在国有企业民营化和放松对经济活动的管制两方面。进入20世纪80年代后，西方世界掀起了一场私有化浪潮，各国将部分国有企业或资产卖给私人经营。同时，为缩小政府规模、减少开支，并且尽量发挥市场和社会的作用，西方国家又逐步放松对经济活动的管制，实现了从事前管制向事后监督的转移。

在公共服务方面，政府职能的社会化与市场化包括以下几种方式：公共事务管理民营化，即，将部分公共服务事务，如供电、城市交通、清洁卫生等委托给地方自治体、民间团体或私人管理；政府业务合同化，由政府与企业签订合同保证业务目标的实现；在基础设施和公共设施领域，引入竞争机制，打破以往由政府垄断的局面；逐渐把公共服务的管理权从官僚和专业人士手中转到社区手中，由社区进行自我服务、自我管理。政府公共服务功能的社会化与市场化扩大了政府供给公共服务的财源和技术力量，降低了成本，提高了效率。

在改变过去对经济活动和所有公共事务实行直接管理的方式的同时，西方国家十分注意加强政府的宏观调控和综合协调功能。各国通过计划手段、经济手段、法律手段的综合运用，通过建立和完善综合协调机制，来保证经济活动得到有效管理、公共服务的质量不会下降。①

（二）在政府间关系上，采取集权与分权相结合、趋向分权的模式

西方国家中央与地方关系屡经调整，不断追求集权与分权的适度化、合理化，目前，分权是主要的价值取向。20世纪80年代之后，西方国家纷纷将管理公共项目的权力、人事权、法规制定权等权力下放给地方政府。实行向地方政府的分权，有利于缩减中央政府的规模、削减预算开支，有利于增强地方政府的积极性与责任心，有利于满足公众多样化的需求。分权也是资本主义民主思想与实践发展的要求：近代以来，地方政府就被视为民主政治训练的场所、公民道德和意识培养的基地、中央政府集权倾向的制衡者。在事权分散的同时，西方国家坚持财权集中的原则，这样既保证国家整体利益得以维护，又充分调动地方政府的积极性。此外，西方各国还不同程度强化了中央政府对地方政府的监督，加强了中央的宏观调控。

---

① 李传军，《管理主义的终结》，中国人民大学出版社，2007年，第191～193页。

（三）在内部组织模式上，进行以提高绩效为取向的调整

20 世纪 90 年代以来，人们对工业化时代形成的刻板僵化、理性至上的政府官僚组织普遍持批评态度，认为这种管理方式导致政府管理效率、效益、质量的低下和行政成本的大幅度提高。西方国家在行政改革中，普遍借鉴企业重视结果、重视成本效益核算的理念，对官僚制进行以绩效为取向的调整。例如，在人事管理上，实行业绩工资和技能工资制度；在组织结构上，将官僚制下金字塔式的等级结构扁平化，减少层级，缩小上下级间的距离，加强部门间的协作与沟通。通过机构与人事制度改革，提高政府工作效率，加强其责任感。

（四）积极吸收企业管理技术与科学技术进步的成果，实行科学管理

西方国家行政科学化始于 20 世纪初，由泰勒发起的科学管理运动迅速地风靡了美国社会，并且很快地影响到行政领域。职位分类、业绩考评等制度引入西方行政管理，极大地提高了政府工作效率。当前，西方国家广泛采用私营部门成功的管理经验，引入绩效目标控制、全面质量管理等科学管理方式。信息技术的发展也给政府模式带来深刻的改变。西方国家积极倡导“信息高速公路”，建立全新的行政方法和行政措施；发展电子政府，利用信息和通信技术，有效地实现行政、服务及内部管理等功能。

（五）公民广泛参与行政管理

西方政府普遍重视激励、鼓励公民参与行政管理。公民参与不仅包括政治性的间接参与，即由公民选举公共权力机构及领导人的过程，还包括“在公共行政活动中直接参与关系到公民切身利益的公共决策以及公共事务的处理”。而且，随着信息化社会的到来，公民的直接参与日益重要。西方国家的公民可以通过多种形式直接参与行政决策。例如在德国，地方政府在制定行政计划之前必须告知一般公众，公民可以对这些计划加以评议并提出建议，合理的意见将被吸纳到计划的最终方案中。①公民也是公共服务的评价人，西方国家普遍通过公民调查等形式来了解他们对于公共服务是否满意，这在保证公共服务质量和改善服务方面发挥着重要的作用。

行政改革的观念

市场　在过去二十年里，改革采用的主导观念是市场。它的理论假设是，

① [德] 迪尔特·格诺若、托马斯·海贝勒，《德国的行政改革》，《经济与社会体制比较》，2007 年第 1 期，第 77～78 页。

公共机构如果像私人机构一样将更为经济有效。政府在市场途径上的错误主要表现为，多数政府服务是垄断性的，因此它们的管理者缺乏使之变得更为经济或公开生产成本的动力。在极端情况下，引入市场性改革意味着对政府行为的私有化。市场模式要求使用市场观念改变政府本身的运行，并且区分政策制定与执行。政府也一直在寻找决策方面市场思维的措施，促使人们在公共部门内行为，如同切实置身于竞争性环境中。此外，市场模式还提倡允许公众对公共政策作出更多自己的选择。利用市场和竞争的观念在目前新一轮改革中最为成功，但它们并没有被普遍接受。对该观念存在着很多激烈的批评。其中最重要的批评是规范性的，认为政府与私人机构不同，所以试图开展真正的竞争、允许公民做不同的选择的结果将威胁平等的价值，而平等价值是公共机构的核心。

参与 市场模式的基础是经济方法，参与模式则倾向于政治方法。这里，公共机构的问题被诊断为：政府过度等级制。所以，该模式认为组织首先需要的是参与。参与式改革的支持者认为，如果政府机构的成员有机会密切参与机构的决策，那么将改善政府机构的工作，因此，应当减少政府内部的层级。此外，参与模式还强调，顾客乃至更普通的公众应参与到项目的设计和执行中。参与模式也有自己的问题。顾客或雇员以为他们能决定政策，但可能事实上他们却不能。由于法律和管理的原因，情况确实如此。而且，顾客和下级雇员在很多情况下在项目利益上存在矛盾，试图给他们授权将造成这些团体之间的冲突。另外，项目的顾客和一般公众也有不同的利益。

放松管制 关于公共机构改革的另一个思想流派认为，政府的错误在于，公共机构中的人受到法律和规则的束缚，阻碍他们有效地工作。这些规则体现了以前改革的成果，但是现在已经失效。对于过度管制的问题，最明显的解决办法是废除其中一些规定。

灵活的政府 行政改革或许尚不完善的最后一个途径被称为“灵活的政府”。在这种改革途径中，政府的问题被确定为组织过度稳定，以至于使治理模式制度化，而该模式可能在特定时间有效，但不一定适应社会经济环境的变化。另外，分派给政府部长的任务固定而且定义得相当严格，难以适应围绕着新问题进行工作。建立灵活的政府对于传统政府机构来说是一个有趣的挑战。

[美] B. 盖伊·彼得斯著，《官僚政治》（第五版），中国人民大学出版社，2006 年，第 366～373 页。

二、当代西方行政制度的发展趋势

具有上述共性的当代西方国家行政制度面对着相似的外部环境和内部挑战，在未来的发展变革上，存在以下总体趋势：

（一）公共行政越来越多地受到国际环境的约束

全球化使整个国际社会成为一个相互联系和相互依赖的网络。西方国家政府曾经能够真正地控制国内经济和社会制度，然而，现在它们却为众多国际力量所包围，越来越多地受到国际环境的约束。具有一定影响力的国际组织，如欧盟、世界贸易组织、国际货币基金组织的规则与决定对西方国家的行政体制已经产生了重要影响。政府还必须应对全球化给政府能力带来的诸多挑战，适应全球经济中生产要素尤其是资本的流动性，处理国际恐怖主义、全球气候变暖、非法移民等全球性问题。

（二）信息技术将推动行政组织管理上的深度变革

除科技本身外，与新通信科技相伴进入组织的行为方式也具有十分深刻的意义，它对西方行政制度的影响将随着新技术的进一步应用而呈现。

信息技术的发展有利于提高工作效率，行政组织要完成与过去同样的工作量所需的行政人员数量减少，从而使行政组织更加精干高效。计算机提高了沟通速度，把复杂松散组织的各个部分连结起来，保证行政组织成员间的全方位沟通，这有利于管理者的科学决策，加强基层执行人员的参与，缩减组织层级。新通信与信息技术还极大地加强了组织与组织之间的信息交流，许多组织甚至可以通过因特网与世界各地进行即时交流，这有利于组织间的协调与合作。

（三）政府职能的社会化与市场化趋势将继续下去

政府职能的社会化与市场化在西方国家公共行政中的重要地位将继续保持下去，因为它已经并将会继续给西方国家的公共行政带来很多好处。职能社会化与市场化有助于公共部门保持较小的规模；而且，利用签订协议的方式进行管理，比由官僚组织的复杂法规来实施控制更具灵活性。政府职能的社会化还使政府可以有效地与非政府组织进行合作，从非政府组织那里获取经验及专业知识，以解决临时出现的复杂问题，而不必为此专门建立一个常设机构。行政合同的签订也有助于增加私人部门中的就业机会。更加重要的是，通过引入竞争机制，政府可以利用市场的力量来获得公共服务提供上的高效率。不过，政府职能的社会化与市场化也带来了一些问题，其中特别突出的就是如何确保政府的责任。

（四）更加强调政府的责任性

责任性指政府作为公共权力的行使者应当对公共权力的授予者即公民负责。对许多西方国家而言，近一个多世纪以来，如何确保行政官员的责任一直是公共行政的一个焦点问题。当前，西方国家政府越来越多地利用私有部门的资源和资本，私有组织执行了大量的公共项目。当政府依赖和私有部门的伙伴关系来提供重要的公共服务时，责任和控制问题更加显著，加强政府的责任性因而也将更加得到强调。当前，在西方国家，政治责任与法律责任两个方面已经呈现出融合趋势。与此同时，强调绩效评价的市场责任的重要性也在日益上升。①

政府的市场责任

市场责任将公共部门的任务比作为顾客提供服务，它强调的是责任的绩效评价标准。总的说来，市场责任的经济效率优先理念有几种不同的表现形式。第一种是成本维度，即假定成本越小越好。第二种是成本收益分析法。根据这一维度进行判断，只要政府行为的收益大于成本，那么它就算符合市场责任的要求。第三种形式是绩效标准。它强调的是产出结果，尤其是可以测量的结果。而测量过程则由权威当局或由某项规则来进行监督控制。市场责任的最后一种形式关注的是顾客满意度。它假定如果顾客在适当价格上得到了满意的服务，那么公共部门的责任就得到了实现，其中的顾客或消费者就是公民或臣民

当然，上述这些方法在实施的过程中也存在着一些问题，如有关公共政策应以付费服务的方式来运作的前提假定就受到了人们的质疑。因为社会项目的服务对象大多都是穷人，他们交不出足够的税款来支付服务费用。人们也指责亲市场型制度也混淆了顾客与选民的区别。实际上，政策也会影响到很多非主要服务目标的公民。因此，政府部门不仅有义务对顾客负责，而且还要对广泛的选民群体负责。

［美］菲利普·J.库珀等著，《二十一世纪的公共行政》，中国人民大学出版社，2006年，第397～398页。

① ［美］菲利普·J.库珀等著，《二十一世纪的公共行政》，中国人民大学出版社，2006年，第397页。

第三节　当代西方行政制度对中国行政制度发展的启示与借鉴

行政制度有着自身的发展逻辑，存在着许多共性的东西。西方国家行政制度的变革反映了行政制度发展的一些内在规律，对我国未来的行政改革具有启示作用，而且，我国与西方国家同处于信息技术时代，同样面对着经济全球化带来的挑战，这决定了当代西方行政制度的某些方面对我国谋求行政现代化也具有借鉴意义。

一、调整中央与地方关系，积极探索我国集权与分权相结合的政府管理模式

在传统计划经济体制体制下，国家权力高度集中，中央管得过多，统得过死。由于中央集中了过多的权力，地方无法表现出自己的需要和意志，具有明显的受控制性、依附性和被动性。因此，我国行政体制改革的一大任务就是要下放权力。但是，如果权力过于分散、不利于中央政府对地方政府或上级政府对下级政府的监控，又会致使调控乏力、地方权力泛滥，中央政府的政策法规得不到有效贯彻执行，并形成地方保护主义。因此，关键是要寻找中央与地方关系上集权与分权的动态平衡点，避免和克服集权滥用和分权越轨两种倾向。这就要求我们要明确中央政府与地方政府的职责权限，区分中央专有权、地方专有权、中央地方共有权，建立健全处理中央与地方权力关系的协调机制以及中央政府对地方政府的监控机制。

二、加强公民参与，促进行政民主化建设

公民参与可以集中民众智慧，吸收不同领域知识，并为决策者提供及时有效的信息，从而提高政策制定效率，减少决策失误的可能性，提高政策过程的科学性、合理性。公民是各项公共服务的“消费者”，只有让人民参与管理，政府才能了解人民需要什么，要求政府提供什么服务，以及如何提供服务，才能知道政府提供服务的成效。从而提高公共服务的质量和效率。促进公民参与行政决策过程也有利于增强政策的合法性和公民对政策的理解，推动政策的执行。因此，我国应当大力发展和支持政务公开制度、行政立法听证会、新闻舆论监督等行政民主化的实践，逐步健全公民参与管理、监督公共行政的配套制度。

三、推进依法行政和科学行政

行政机关及行政人员管理公共事务的权力必须依据法律而获取，行政权力必须受到法律的约束，受到法律所规定的各种主体的监督。只有实行依法行政，才能保证行政权力的正当、有效行使，防止行政权力的滥用和不当行使。改革开放以来，我国在加强行政法治方面迈出了重大步伐，但在行政监督、行政程序的立法方面仍需进一步推进。此外，各级政府还需树立依法行政的理念，自觉地依法行使职权，尊重和保护各行为主体的合法权利。

行政管理方式是否科学化直接影响到工作效率的高低、行政管理成本的多少、公共服务的优劣，因此我国应当积极应用现代科学技术成果，促进科学行政。特别是需要加快步伐，加强电子政府建设。电子政府是指政府利用现代信息和通讯技术，通过信息机制的建设，为政府机关、企业、社会组织和公民提供自动化的信息及其他服务，从而建构起一个开放的、有回应力的、负责任的和高效率的政府。电子政府模式不仅符合信息社会发展的总体趋势，而且有助于政府管理成本的降低和绩效的提高。为加快电子政府的建设力度，今后尚需从建立完善的信息资源数据库、引进技术人才、推进相关的规范制度建设等多个方面加以努力。[①]

四、以提高效益为导向切实转变政府职能，加快政府机构和人事制度改革

效率是行政的一个核心目标，它贯穿于整个行政管理活动的始终，效率导向也是西方政府行政制度改革的目标模式，而效率低下正是我国现行行政体制的一个突出问题。

要提高效率，就必须在管理职能、机构设置、管理方法和制度建设等多个方面对传统低效的“大政府”进行改造。首先，必须切实转变政府职能。理顺政府与市场、社会的职能关系，变全能政府为有限政府，渐进地向社会与市场转移职能。其次，改革行政管理方式。放松对企业的规制，灵活运用行政指导、行政规制、行政许可以及各种经济法律手段为企业创造一个良好的运行环境。结合我国的实际情况，通过引入市场竞争机制、合同出租、合营化等各种灵活多样的形式，降低政府成本的同时更高效地实现政府的公共服务职能。此外，

① 程祥国、韩艺著，《国际新公共管理浪潮与行政改革》，人民出版社，2005年，第446页。

还应进一步简化行政程序，改变服务方式。第三，改革政府机构设置。裁并精简机构，降低行政成本，加强相近机构的职能整合；减少层级节制，加强横向联系和沟通，缩小官僚机构的规模和集中化程度，增强机构的弹性和效率。第四，加快人事制度改革。完善相关法律法规，确立规范的公务员职位分类制度及考试、录用、考核、晋升等各项具体制度，加强培训、提高公务员的工作能力，努力建立一支高素质的、专业化的公务员队伍。

五、健全政府问责制，建立责任政府

责任行政原则是公共行政的一条重要原则，责任政府是现代政府的题中应有之义，作为维护和实现公共利益的政府必须对赋予其权力的民众负责并满足公民的需要。大体而言，责任政府具有如下内涵：政府能够积极地对社会民众的需要作出回应；政府应积极履行其在整个社会中的职能和义务，正确地做事、做正确的事；政府机关及其工作人员违反法律规定的义务，违法行使职权时应承担政治责任和法律责任。[①]然而，由于政府本身所具有的利益动机、集体行动的逻辑、政府权力的膨胀等特性，如果没有一套严密的政府责任保障机制，政府很难主动履行其承担的责任。因此，建立一套政府责任规范与问责保障机制必然是责任政府的基本要求。我国政府问责制建设的起步较晚，实践中也表现出权责不对等、监督双方信息不对称、社会监督乏力导致政府回应不强、责任追究制度不完善等诸多问题。为保证政府履行其责任，我国需要从以下几个方面进一步完善政府问责制：把政府承担的责任明细化，落实到具体的岗位和个人；完善政府政务公开制度，提高政府信息透明化水平，以有效地保障公民的知情权和参与权，使公民对政府的监督真正落到实处；完善公民参与机制，发挥新闻舆论的监督和问责功能；完善引咎辞职制度，追究官员的政治责任和道德责任。[②]

总之，只要坚持立足于我国国情，积极吸取包括西方国家在内的其他国家行政制度发展建设的经验，我国建立有中国特色的、科学的、比较完善的公共行政体制的目标就一定能够实现。

---

① 张成福，《责任政府论》，《中国人民大学学报》，2000 年第 2 期，第 76 页。

② 韩兆柱，《责任政府与政府问责制》，《中国行政管理》，2007 年第 2 期，第 18～21 页。

思考题

一、简答题

1. 简析当代西方行政制度的共同特征。
2. 简析西方国家的依法行政。
3. 简述西方国家科学行政的发展。
4. 简析西方国家的行政监督体系。

三、论述题

1. 试述西方国家行政职能的演变。
2. 试析当代西方行政制度对我国行政制度改革的启示与借鉴。
3. 试述当代西方行政制度的发展趋势。
4. 试析西方国家公共人事管理制度的变迁。

参考文献

1.［德］迪尔特·格诺若、托马斯·海贝勒，《德国的行政改革》，《经济与社会体制比较》，2007 年第 1 期。

2.［德］迪特尔·拉夫著，《德意志史：从古老帝国到第二共和国》，中文版，波恩 Inter Nationes 出版社，1987 年。

3.［德］汉斯·班贝格，《德国的行政现代化：新瓶装旧酒》，国家行政学院国际合作交流部编译，《西方国家行政改革述评》，国家行政学院出版社，1998 年。

4.［德］赫尔穆特·沃尔曼著，《德国地方政府》，北京大学出版社，2005 年。

5.［德］赫尔穆特·沃尔曼、埃克哈特·施罗德编，《比较英德公共部门改革：主要传统与现代化的趋势》，北京大学出版社，2004 年。

6.［德］克劳斯·费舍尔著，《纳粹德国：一部新的历史》，江苏人民出版社，2005 年。

7.［德］特奥多尔·蒙森著，《罗马史》，第二卷，商务印书馆，2004 年。

8.［德］宗特海默尔著，《联邦德国政府与政治》，复旦大学出版社，1985 年。

9.［法］基佐著，《欧洲文明史：自罗马帝国败落起到法国革命》，商务印书馆，2005 年。

10.［法］库朗热著，《古代城邦：古希腊罗马祭祀、权利和政制研究》，华东师范大学出版社，2006 年.

11.［法］理查尔著，《魏玛共和国时期的德国，1919－1933》，山东画报出版社，2005 年。

12.［法］托克维尔著，《论美国的民主》，商务印书馆，1988 年。

13.［法］戴高乐著，《战争回忆录》第三卷，世界知识出版社，1964 年。

14.［法］雅克·夏普萨尔，阿兰朗·斯洛著，《1940 年以来的法国政治生

活》，上海译文出版社，1981 年

15. ［美］布鲁斯·雪莱著，《基督教会史》，北京大学出版社，2004 年。

16. ［美］丹尼尔·J. 布尔斯廷著，《美国人——殖民地历程》，上海译文出版社，1997 年。

17. ［美］菲利普·J. 库珀等著，《二十一世纪的公共行政》，中国人民大学出版社，2006 年。

18. ［美］费勒尔·海迪著，《比较公共行政》（第六版），中国人民大学出版社，2006 年。

19. ［美］哈罗德·J. 伯尔曼著，《法律与革命——西方法律传统的形成》，中国大百科全书出版社，1996 年。

20. ［美］汉密尔顿、杰伊、麦迪逊著，《联邦党人文集》，商务印书馆，1980 年。

21. ［美］汉斯·A. 波尔桑德尔著，《君士坦丁大帝》，上海译文出版社，2001 年。

22. ［美］鲁思·本尼迪克特著，《菊与刀：日本文化的类型》，商务印书馆，1990 年。

23. ［美］麦迪逊著，《辩论：美国制宪会议记录》，辽宁教育出版社，2003 年。

24. ［美］施密特等著，《美国政府与政治》，北京大学出版社，2005 年。

25. ［美］汤普逊著，《中世纪经济社会史》，商务印书馆，1997 年。

26. ［美］威尔·杜兰著，《恺撒与基督》，东方出版社，2003 年。

27. ［美］威廉·夏伊勒著，《第三帝国的兴亡》，世界知识出版社，2005 年第 2 版。

28. ［日］富永健一著，《日本的现代化与社会变迁》，商务印书馆，2004 年。

29. ［日］井上清著，《日本历史》，天津人民出版社，1974 年。

30. ［日］井上清、铃本正四著，《日本近代史》，商务印书馆，1972 年.

31. ［日］升味准之辅著，《日本政治史》，第二卷，商务印书馆，1997 年。

32. ［英］爱德华·吉本著，《罗马帝国衰亡史》，商务印书馆，1997 年。

33. ［英］布勒德著，《英国宪政史谭》，中国政法大学出版社，2003 年。

34. 布顿恩·克罗泽著，《戴高乐传》，商务印书馆，1978 年。

35.《戴高乐言论集》，世界知识出版社，1964 年。

36. 格罗特著，《格罗特希腊史选》，商务印书馆，1964 年。

37. 维纳·洛赫著，《德国史》，北京生活·读书·新知三联书店，1976年。

38.《外国法制史资料选编》，北京大学出版社，1991年。

39.《亚里士多德全集》，第十卷，中国人民大学出版社，1997年。

40. 包霞琴、臧志军主编，《变革中的日本政治与外交》，时事出版社，2004年。

41. 曹绍濂著，《美国政治制度史》，甘肃人民出版社，1982年。

42. 陈可风著，《罗马共和宪政研究》，法律出版社，2004年。

43. 程汉大著，《英国政治制度史》，中国社会科学出版社，1995年。

程祥国、韩艺著，《国际新公共管理浪潮与行政改革》，人民出版社，2005年。

44. 崔岩，《日本行政体制改革分析》，《日本研究》，2003年第2期。

45. 丁建弘、李霞著，《德国文化：普鲁士精神和文化》，上海社会科学院出版社，2003年。

46. 董武，《日本的行政改革及启示》，《北京行政学院学报》2005年，第6期。

47. 顾准著，《顾准文集》，贵州人民出版社，1994年。

48. 甘超英，《联邦德国宪法的基本原则》，《中外法学》，1995年，第3期。

49. 龚祥瑞著，《英国行政机构和文官制度》，人民出版社，1983年。

50. 宫秀华著，《罗马：从共和走向帝制》，高等教育出版社，2006年。

51. 郭冬梅，《近代日本的地方自治与村落共同体》，《日本学论坛》，2004年第1期。

52. 郭华榕著，《法国政治制度史》，人民出版社，2005年。

53. 韩国明著，《外国行政制度》，兰州大学出版社，2004年。

54. 韩兆柱，《责任政府与政府问责制》，《中国行政管理》，2007年第2期。

55. 侯树栋著，《德意志中古史》，商务印书馆，2006年。

56. 洪波著，《法国政治制度的变迁：从大革命到第五共和国》，中国社会科学出版社，1993年。

57. 黄绍湘著，《美国史纲 1492—1823》，重庆出版社，1987年。

58. 黄正柏、邢来顺著，《未竟的中兴：18世纪的奥地利改革》，南京大学出版社，2001年。

59. 回艳、靳迎迎，《日本政府角色在经济学视野中的变迁》，《日本问题研究》，2005年第1期。

60. 蒋保，《演说与古希腊民主政治》，《历史研究》，2006年第6期。

61. 李传军著，《管理主义的终结》，中国人民大学出版社，2007年。

62. 李道揆著，《美国政府和美国政治》，商务印书馆，1999年。

63. 李剑鸣，《英国的殖民地政策与北美独立运动的兴起》，《历史研究》，2002 年第 1 期。

64. 刘小荣，《来库古政制改革辨析》，《南开学报》（哲学社会科学版），2002 年，第 2 期。

65. 卢友富，《略论日本战后财政体制及其影响因素》，《东北亚论坛》，2003 年第 1 期。

66. 吕耀坤，《德意志联邦共和国的政治制度》，《德国研究》，1995 年第 4 期。

67. 马啸原著，《西方政治制度史》，高等教育出版社，2004 年。

68. 毛桂荣，《日本公务员制度及人事管理运作改革》，《中国行政管理》，2006 年，第 5 期。

69. 孟利利，《英法中央政府制度比较》，辽宁行政学院学报，2006 年第 12 期。

70. 秦铁铮，《法治视野中的日本行政指导》，《日本研究》，2005 年第 2 期。

71. 沈美华，《日本 55 年体制的成因及其瓦解的根源》，《江西社会科学》，2003 年第 2 期。

72. 沈仁安著，《日本起源考》，昆仑出版社，2004 年。

73. 沈亚平、吴志成编著，《当代西方公共行政》，天津大学出版社，2004 年。

74. 施治生、徐建新主编，《古代国家的等级制度》，中国社会科学出版社，2003 年。

75. 孙迎春，《英国行政制度的现代化改革》，《国家行政学院学报》，2001 年第 5 期。

76. 谭融著，《权力的分配与权力的角逐——美国分权体制研究》，天津大学出版社，1994 年。

77. 王新生著，《日本简史》，北京大学出版社，2005 年。

78. 王勇兵，《德国地方政府治理及其改革与创新》，《中国行政管理》，2006 年第 10 期。

79. 魏晓阳著，《制度突破与文化变迁——透视日本宪政的百年历程》，北京大学出版社，2006 年。

80. 万峰著，《日本近代史》，中国社会科学出版社，1978 年。

81. 吴国庆著，《当代各国政治体制——法国》，兰州大学出版社，1998 年。

82. 吴国庆著，《当代法国政治制度研究》，社会科学文献出版社，1993 年。

83. 吴廷璆主编，《日本史》，南开大学出版社，1994 年。

84．谢芳，《日本泡沫经济的原因》，《日本问题研究》，1999 年第 2 期。

85．谢汪送，《社会市场经济：德国模式的解读与借鉴》，《经济社会体制比较》2007 年第 2 期。

86．徐健著，《近代普鲁士官僚制度研究》，北京大学出版社，2005 年。

87．徐万胜著，《日本政治与对外关系》，人民出版社，2006 年。

88．阎树森著，《日本公务员制度研究》，国家行政学院出版社，2001 年。

89．严强、魏姝编著，《东亚公共行政比较研究》，南京大学出版社，2002 年。

90．阎照祥著，《英国政治制度史》，人民出版社，2003 年。

91．阎照祥著，《英国史》，人民出版社，2003 年。

92．杨共乐、杨俊民著，《璀璨的古希腊罗马文明》，中国青年出版社，1999 年。

93．殷燕军著，《近代日本政治体制》，社会科学文献出版社，2006 年。

94．袁辉、曹现强主编，《当代西方行政管理体制》，山东人民出版社，2001 年。

95．张成福，《责任政府论》，《中国人民大学学报》，2000 年第 2 期。

96．张定河著，《美国政治制度的起源与演变》，中国社会科学出版社，1998 年。

97．张立荣著，《中外行政制度比较》，商务印书馆，2002 年。

98．张尚仁、杨翟著，《政府改革论纲》，国家行政学院出版社，2005 年。

99．张锁柱，《日本财政管理体制及其特点》，《日本问题研究》，2000 年第 3 期。

100．郑励志主编，《日本公务员制度与政治过程》，上海财经大学出版社，2001 年。

101．郑万城，《英国行政管理改革考察》，《江南论坛》，2003 年第 4 期。

102．周志忍著，《当代国外行政改革比较研究》，国家行政学院出版社，1999 年。

103．朱秋霞编著，《德国财政制度》，中国财政经济出版社，2005 年。

104．卓越主编，《比较公共行政》，福建人民出版社，2003 年。

105．E. N. Gladden, A History of Public Administration, London : Frank Cass, 1972.

106．S. E. Finer, The History of Government from the Earliest Times, Oxford: Oxford University Press,1997.

后 记

书稿终于完成了。从确定项目，到文稿杀青，历经近30个月。这期间，我们付出了诸多辛苦。在此，首先要感谢南开大学政府管理学院的王骚教授，是王教授规划了这部系列教材，并对我们这些年轻的研究者给予了充分的信任和鼓励，为我们提供了一次锻炼的机会，使得我们能够将多年读书、教学和研究的心得，汇聚成册，奉献给行政学界。

山东大学威海分校的葛荃教授、赵沛教授对我们的编写工作倾注了心血，提供了重要的指导，对于缺乏著书立说经验的我们来说，不啻阳光雨露，在此诚致谢忱！

在本教材的编写过程中，南开大学出版社的莫建来老师与广东外语外贸大学的王达梅老师都给予了我们悉心的指导和帮助！又有诸多师友为本教材的顺利完成提供不少有益的建议，在此一并致谢！

本书是集体合作的结晶，具体分工如下：

第一、四、六、七章 古莉亚

第二章 孙卓华

第三章、第五章 刘琼

全书的定稿工作由古莉亚完成。

虽然我们竭尽全力，认真编著，但是由于学识和经验所限，疏漏之处依然难免。为此祈请学界专家斧正，亦请广大读者订正指教。

古莉亚于玛珈山麓

2008年3月31日